UND ICH SAH EINEN NEUEN HIMMEL

Und ich sah einen neuen Himmel

DIE RAMALA-OFFENBARUNG

HUGENDUBEL

Herausgeber der Reihe »Kailash-Buch«: Gerhard Riemann

Aus dem Englischen übersetzt von Sylvia Luetjohann

Die Originalausgabe erschien unter dem Titel »The revelation of Ramala«

Umschlaggestaltung: Dieter Bonhorst
Produktion: Tillmann Roeder
Gesamtherstellung: Spiegel Buch GmbH, Ulm

ISBN 3 88034 121 4

Printed in Germany

Inhaltsverzeichnis

WIDMUNG

Wir widmen dieses Buch allen Dienenden.

»Und ich sah einen neuen Himmel und eine neue Erde; denn der frühere Himmel und die frühere Erde waren vergangen, und das Meer ist nicht mehr.«

OFFENBARUNG JOHANNES
KAPITEL 21, VERS 1

Vorwort

Aus den Chroniken der frühen Geschichte Britanniens erfahren wir, daß die Jünger Christi nach seiner Kreuzigung an den sumpfigen Küsten Avalons landeten, wo heute die Abtei von Glastonbury steht. Die Druiden hießen sie willkommen und gaben ihnen den zehnten Teil des Landes für alle Zeiten als Schenkung.

Auf diesem gleichen Lande steht jetzt Chalice Hill House. Aus seinen Mauern ist eine erfrischende Inspiration in der Form dieses Buches zur Bestärkung von Suchern in der heutigen Zeit nach außen gedrungen. Derartige Sucher tauchen in dieser Zeit überall in der Welt zu Hunderten auf. Sie tragen das Siegel einer neuen Generation, die es ablehnt, sich bevormunden zu lassen, und selbst die Zielsetzung und potentielle Möglichkeit ihres eigenen Lebens in Erfahrung bringen möchte – dies gleichzeitig als Individuen und als Wegbereiter einer neuen Zivilisationsform. Unter ihrem Einfluß bilden sich überall auf dem Planeten Tausende von Gruppen jeglicher Prägung, die durch ein gemeinsames Ziel miteinander verbunden sind: das Erkennen des rechtmäßigen Verlaufs der Evolution und der Rolle, die ein jeder darin als ein sich nach oben entwickelndes »Kind Gottes« spielen kann.

Die Menschheit erwacht aus ihrer tiefen Erstarrung im Materialismus und wird sich des bedeutenden Schrittes bewußt, der vor ihr liegt: der Errichtung und Begründung des Wassermann-Zeitalters, des Wassermann-Ideals. Dazu benötigt sie Hilfe, Schulung und ein höherentwickeltes Wissen als das bisher verfügbare; diese Forderung wird erfüllt durch eine Reihe von faszinierenden neuen Lehren, die den unerschöpflichen Reichtum der inneren Wahrheiten unter Beweis stellen und gleichzeitig den Auftakt zu einer revolutionären Erweiterung des menschlichen Bewußtseins bilden. Dieses neue Buch enthält viele Hinweise darauf, welche neuen Wertmaßstäbe und Lebensformen ein derartiges Bewußtsein hervorbringen wird. Für jene, die es vorwärts drängt, könnte es eine wertvolle Hilfe und anregende Herausforderung darstellen.

Die Menschheit muß noch einen sehr langen Weg zurücklegen, ehe sie überhaupt nur die erstaunliche Entwicklung zu erkennen beginnt, die vor ihr liegt. Es ist offensichtlich einfacher, zum Mond zu fliegen, als den Himmel zu finden, der so nahe liegt – nämlich in uns selbst! Wir haben uns unserer Lebenskraft berauben lassen, die physisch und geistig durch unvernünftige, ja sogar primitive Lebensformen und Denkweisen und die von ihnen erzeugte Verschmutzung auf allen Ebenen zerfressen und allmählich zerstört wird. Ein Buch wie das vorliegende kann für die notwendige Regeneration von großer Hilfe sein. Es faßt nicht nur viele grundlegende Punkte der zeitlosen Weisheit zusammen, sondern bietet in seinen Forderungen auch Denkanstöße an, die selbst für den erfahrenen spirituellen Sucher neu sein mögen. Wir glauben, daß der Mut und die Hingabe, die hier hineingeflossen sind, unsere Dankbarkeit verdienen und sowohl diesem Buch als auch seinen Urhebern ein Leben des freudigen Dienens gewährleisten sollten.

Bournemouth 1977 *Vera Stanley Alder*

Wir möchten all jenen danken, die in so großzügiger Weise dazu beigetragen haben, das Erscheinen dieses Buches zu ermöglichen. Viele Menschen haben in gemeinsamer Bemühung durch Gedanken, Wort und Tat an seiner Entstehung mitgewirkt, und ihnen allen möchten wir unseren aufrichtigen Dank sagen.

Einleitung

Wir leben in aufregenden, wenn nicht gar turbulenten Zeiten, denn dieser Planet befindet sich in einem Zustand der Transformation und Vorbereitung für ein Neues Zeitalter der Menschheit. In den vergangenen Jahren ist viel über die Bedeutung des Wassermann-Zeitalters gesprochen und geschrieben worden, das jetzt anbricht. In fast jeder Sprache lassen sich inspirierte Schriften finden, die voraussagen, was dieser Erde und dem auf ihr lebenden Menschengeschlecht während der nächsten Jahrzehnte widerfahren wird. Von der Offenbarung des Johannes über Nostradamus bis hin zu Edgar Cayce stößt man auf viele Prophezeiungen, die alle die Tatsache hervorheben, daß die kommenden fünfundzwanzig Jahre eine außerordentlich kritische Zeit im Evolutionsprozeß der Erde darstellen.

Wenn wir uns in der heutigen Welt umsehen, so müssen wir unweigerlich die Gewalttätigkeit und den Konflikt feststellen, die auf jeder Ebene vorherrschend sind. Unsere moderne westliche Gesellschaft ist krank, und wir sind Zeuge der Symptome dieser verhängnisvollen Krankheit. Hand in Hand damit werden viele allgemein anerkannte Glaubensvorstellungen und Wertmaßstäbe in Frage gestellt, auf denen sich diese Gesellschaft gründet. Dies hat wiederum zu einem Verlust an persönlicher Richtungsgebung, zu Unsicherheit und Flucht in Materialismus, Apathie, Drogen usw. geführt. Viele Menschen stellen fest, daß sie mit den heute existierenden Lebensbedingungen nicht fertig werden können. Der Druck und die Zwänge des Lebens sind so stark geworden, daß der Mensch nicht einmal die Sinnlosigkeit von vielen seiner eigenen Handlungen erkennen kann.

Trotzdem gibt es Menschen aus allen sozialen Schichten, die nicht nur ausdrücklich ein Verständnis von Sinn und Zweck ihres eigenen Lebens in der heutigen Gesellschaft, sondern auch der Zielsetzung des Menschen überhaupt anstreben. Sie suchen nach Antworten auf Fragen, die ihnen weder die Politiker, die Wissenschaftler noch die Kirchen geben können. Diese Menschen haben eingesehen, daß Wissenschaft und Religion, da sie in hohem Maße auf dem eigenen, dualistisch-unterscheidenden Denken des Menschen beruhen, weit davon entfernt sind, sie zu einem Verständnis zu führen und sie sogar in der Tat von der heutigen Lebensrealität trennen. Sie haben erkannt, daß die moderne Wissenschaft und Religion unfähig sind, das vollkommene Ganze wahrzunehmen, das vollständige Bild zu überblicken. Einige von ihnen haben sich daher den esoterischen Lehren vergangener Generationen zugewandt, doch nur wenige können deren Terminologie und Symbolsprache verstehen, und noch weniger sind sie in der Lage dazu, zwischen ihnen und dem Alltagsleben in unserem heutigen materialistischen Zeitalter eine Beziehung herzustellen. Hier, in der westlichen Welt, wenden sich einige Menschen den spirituellen Überlieferungen des Ostens in der Hoffnung zu, dort die Antwort zu finden, die ihnen das gegenwärtige Christentum nicht geben kann, doch hat der östliche Weg den Osten nicht verwandeln können – warum sollte er dann plötzlich die Kraft haben, den Westen mit seiner vollkommen fremden Kultur und seinen unterschiedlichen Evolutionsmustern zu verwandeln? Wieder andere sind von den vielen Kulten und »Gurus« angezogen worden, die als Reaktion auf die menschliche Forderung nach einem neuen Schöpfungsbegriff wie Pilze aus dem Boden geschossen sind. Die Gefahr bei jeder Art von Wissen oder Einsicht aus zweiter Hand besteht jedoch darin, daß der Mensch leicht an etwas glauben kann, ohne danach zu leben, daß er für etwas eintritt, aber es nicht praktiziert. Wenn der Mensch das Wissen – wie hervorragend es auch immer sein mag – nicht in sein Dasein aufnimmt und danach lebt, dann wird es nichts anderes als eine Geistesübung sein, die zu Illusion und Täuschung führt. Bei vielen findet heute das Dogma, daß es keinen Gott gibt, großen Anklang, und hier im Westen, wo der Intellekt vorherrschend ist, war es nicht mehr weit bis zu der Erklärung, daß der Mensch selbst Gott sei, der Beherrscher und Lenker alles dessen, was ist.

Für die meisten Menschen ist die heutige Lebensrealität nicht mehr als das, was sie mit ihren fünf Sinnen wahrnehmen: der physische Daseinsbereich der Erde. Alles übrige, was auf eine Existenzform oberhalb oder unterhalb dieses Bereiches hinweist, wird entweder ignoriert oder verachtet. In den vergangenen Jahren haben jedoch mehr und mehr Menschen damit begonnen, außersinnliche Kräfte anzuerkennen und zu gebrauchen. Aus ihnen bislang unbekannten Gründen sind sie sich über Existenzebenen bewußt geworden, die über das hinausgehen, was der Mensch anerkennt und versteht. Sie haben damit begonnen, Talente und Fähigkeiten zu entwickeln, die sie sich nicht nur verstandesmäßig im Sinne der physischen Evolution erklären können. Sie sind sich lediglich darüber bewußt, daß plötzlich ein Zipfel des Schleiers hochgehoben wird und sie Kenntnis von einer Quelle der Einsicht und des Wissens jenseits der physischen Welt erhalten, die am besten als universelles oder unendliches Bewußtsein bezeichnet werden kann. Dieses Bewußtsein nimmt, bedingt durch das jeweilige Individuum, viele Formen an. Es ist jedoch zu allen Zeiten auf der ganzen Erde zur Hilfe und Inspiration des Menschen gegenwärtig gewesen. Während es in der Vergangenheit mit einer Vaterfigur, mit Gott, gleichgesetzt worden sein dürfte, weil sich die Gedanken des Menschen immer nach außen projizierten und einen äußeren Bezugspunkt brauchten, wird es heute zunehmend als eine innere Stimme, als ein Teil der menschlichen Seinsform anerkannt. Aus dem gesamten Verlauf der Menschheitsgeschichte läßt sich das Wirken dieser göttlichen Kraft zur Erfüllung eines Plans ablesen, der sich dem menschlichen Vorstellungsvermögen entzieht. Weiterhin haben sich zu kritischen Zeiten in der Evolution des Menschen große Seelen auf der Erde inkarniert, um dieses Bewußtsein für die gesamte Menschheit sichtbar fest zu verwurzeln.

In unseren Tagen gibt es überall auf der Welt Menschen, die in Verbindung mit diesem universellen Bewußtsein stehen. Mittels verschiedener Formen der inneren Entwicklung haben sie es gelernt – einige ziemlich rasch, andere im Verlaufe vieler Jahre –, sich an diese Quelle des unendlichen Wissens und der universellen Weisheit anzuschließen. Viele Kommunikationskanäle sind, vor allem in den vergangenen Jahren, begründet worden, und aus dieser Tatsache könnte der Eindruck erwachsen, daß ein höherer Wille die Erde auf eine neue Offenbarung, auf ein neues Zeitalter des Menschen vorbereitet. Zahlreiche Individuen sind zutiefst davon überzeugt, daß sie sich inkarniert haben, um als Botschafter, als Kanäle zur Freisetzung eines neuen Wissens zu dienen. Viele von ihnen spüren eine starke, lenkende Kraft, die ihr Leben beherrscht. Sie fühlen, wie die Hand des Göttlichen sie entlang eines Weges leitet, zu dem sie irgendwann einmal ihre Einwilligung gegeben haben. Gleiches zieht Gleiches an, und zu diesen Kanälen sind Menschen gestoßen, die intuitiv empfinden, daß die Weisheit, die von diesen Kanälen niedergelegt und enthüllt wird, und die Lebensweise, die sie befürworten, tatsächlich jenes universelle Bewußtsein widerspiegeln. Als Folge daraus haben sich überall auf der Welt kleine Gruppen oder Gemeinschaften gebildet, die gemeinsam an dieser neuen Freisetzung des Bewußtseins teilhaben wollen. Obgleich solche Gruppen über die ganze Welt verstreut sind und die Inspiration, die eine jede Gruppe empfängt, ihre persönlich geprägte Eigenart widerspiegelt, ist die zugrundeliegende Botschaft stets die gleiche und allgemeingültig in ihrer Anwendung. Dieses Buch enthält die Inspiration, die eine solche Gruppe empfangen hat – Ramala.

Dieses Buch wird anonym veröffentlicht. Der Name »Ramala« ist aus den Seelennamen – im Unterschied zu den weltlichen Namen – der Gruppe aus Mann und Frau gewählt, die als Kanal für die Lehren dienten; er wurde nur als Titel gebraucht, an den sich die Öffentlichkeit wenden konnte, wollte sie sich nach den Lehren erkundigen. Die Identität des Kanals, durch welchen die Inspiration ihren Weg genommen hat, ist nicht von Bedeutung. Wenn man Radio hört, ist man nicht am Sender, sondern am Programm interessiert. Wir möchten niemanden für die Gruppe gewinnen, denn wir sind lediglich Werkzeuge, derer sich die Lehren bedient haben. Die Geschehnisse, die zur Begründung der Gruppe und der sich daran anschließenden Entwicklung des Kanals führten, würden wahrscheinlich eine faszinierende Lektüre abgeben, doch können sie nur für die betroffenen Individuen bedeutsam sein; würden sie an dieser Stelle veröffentlicht, so könnten sie den Leser dazu veranlassen, sich unnötige und ablenkende Meinungen über die Lehren zu bilden, die für sich selbst stehen oder fallen sollten. Die einzige Zielsetzung dieses Buches besteht darin, die von der Gruppe empfangenen Lehren einem größtmöglichen Leserkreis zugänglich zu machen.

Die Persönlichkeit und das Seelenbewußtsein des Kanals haben sich den Lehren unweigerlich eingeprägt, denn bei dieser Kommunikationsform ist das universelle Bewußtsein durch die geistige Struktur des Kanals wirksam. Daher sind die Lehren durch das Wesen von Denken und Erfahrung des Kanals geprägt und gefärbt. Dies dient als Erklärung für den Hintergrund für viele der Lehren, denn der Kanal wurde als strenggläubiger Christ erzogen. Als sich sein Bewußtsein unter dem Einfluß des universellen Bewußtseins weiter entwickelte, veränderte sich damit auch deutlich das Niveau der Lehren.

Zwischen der ersten und der letzten Belehrung liegt ein Zeitraum von fast fünf Jahren. Alle Lehren wurden während Meditationszeiten empfangen. In der Regel enthüllte sich die Inspiration im Denken des Kanals; er sprach sie dann auf Tonband, von dem sie später in das geschriebene Wort übertragen wurde. Wir müssen daran erinnern, daß die Lehren ursprünglich als Unterstützung für die Entwicklung der Gruppe gedacht waren und ihr Inhalt daher die Interessen dieser Gruppe widerspiegelt. Erst später bemerkten wir ihre weitaus umfassendere Allgemeingültigkeit und machten sie in Form von Broschüren jedem zugänglich, der danach fragte.

Die Gruppe existiert seit mehreren Jahren und hat während dieser Zeit einige hundert inspirierte Lehren über eine große Vielfalt von Themen empfangen und aufgezeichnet. Es war unumgänglich, nach rein persönlichen Kriterien eine Auswahl aus den Lehren für dieses Buch zu treffen. Viele von ihnen sind für die Herausgabe bearbeitet und gestrafft worden, doch dies geschah immer unter strenger Berücksichtigung der Originalbedeutung. Wir haben jedoch versucht, die verschiedenen Entwicklungsstufen darzustellen, welche die Gruppe durchlaufen hat. Wie die Kapitelüberschriften vielleicht schon andeuten, standen die Lehren in enger Verbindung mit dem Wachstum und den Alltagsproblemen der Gruppe und sind daher in diesem Buche chronologisch angeordnet, um sowohl die Entwicklung der Gruppe als auch des Kanals widerzuspiegeln. Als Folge daraus wird man feststellen können, obwohl jede Belehrung als vollständige Aussage für sich selbst steht, daß sich die späteren Lehren sowohl in der inhaltlichen Aussage als auch im Bewußtseinsniveau deutlich von den früheren Lehren unterscheiden. Wir haben ebenfalls versucht, ein Gleichgewicht zwischen den eher esoterischen und den mehr praxisbezogenen Lehren herzustellen. Fast alle von ihnen werfen jedoch ein neues Licht auf die gegenwärtigen Probleme, und wenn sie auch nicht unbedingt die Antwort auf all die vielen Fragen über Sinn und Zweck des heutigen Lebens bereitstellen, so bieten sie doch eine Antwort für einige dieser Fragen an. An dir, dem Leser, liegt es, dir ein Urteil zu bilden.

Diese Lehren haben sich für unsere kleine Gruppe als eine Quelle der Inspiration erwiesen. Sie haben unser Leben in vielerlei Hinsicht verändert – nicht so sehr als Folge ihrer inhaltlichen Aussage, sondern durch ihr Bewußtseinsniveau und ihre subtilen Wirkungen auf uns. Die Lehren traten zu einem Zeitpunkt in unser Leben, als wir den gesamten Sinn der materiellen und sozialen Lebensform des Menschen in Zweifel zogen, und sie befähigten uns dazu, ein gewisses Verständnis des heutigen Lebens zu erlangen. Wir hoffen, daß sie für den Leser ähnlich wertvoll sein mögen. Doch was für den einen Menschen als Wahrheit gültig ist, mag für einen anderen nicht zutreffen. Daher liegt es an dir, dem Leser, die Wahrheit der Lehren durch rechte Praxis und die Anwendung deiner spirituellen Intuition zu entdecken. Wenn die Lehren eine Reaktion, einen Funken des Erkennens, in deinem Innern hervorrufen, so mache sie dir zu eigen, doch wenn dies nicht so ist, so lege sie für den Augenblick beiseite. Wichtig ist dabei nicht, daß ihr Inhalt auswendig gelernt und zum Nutzen anderer unaufhörlich wiederholt wird, sondern entscheidend ist ihre Wirkung auf dich, während du sie liest. Unser aufrichtigster Wunsch besteht darin, daß sie als der Funken wirksam sein werden, die Flammen deiner eigenen Intuition zu entzünden, und eine Hilfe für dich darstellen werden, deine eigene persönliche und einzigartige Verbindung zu jenem großen universellen Bewußtsein auszubilden.

Glastonbury 1977 *Ramala Centre*

Der Kreislauf des Lebens
– Tod –

Der Tod hat keine größere Bedeutsamkeit als die Geburt, beide sind von gleicher Wichtigkeit. Sie haben lediglich den Übergang von einem Körper in einen anderen zur Folge, nämlich vom physischen in den astralen oder vom astralen in den physischen Bereich. Während der Mensch den Übergang der Geburt vielleicht noch begreifen kann, weil er sich von einem ihm unbekannten Bereich zu der für ihn erfaßbaren physischen Ebene vollzieht, bereitet ihm der Tod, als Übergang aus dem physischen in einen unbekannten Zustand, größere Schwierigkeiten. So akzeptiert der Mensch zwar die Geburt und ihre Bedeutung, doch das gleiche gilt nicht für den Tod. Die unterschiedliche Denkweise über den Tod wird nicht nur durch sein individuelles Seelenbewußtsein, sondern auch durch seine Emotionen bedingt – denn schließlich ist der Tod eine gefühlsmäßige Angelegenheit. Was bedeutet er anderes für einen Menschen in der heutigen Zeit als eine emotionale Erregung, eine Angst vor Verlust, ein Gefühl des Mitleids entweder für sich selbst oder für andere, die sterben oder bald sterben werden? Würde der Mensch die wahre Bedeutung dieses Übergangs verstehen und sich klarmachen, daß es sich dabei lediglich um ein Ereignis des Naturgesetzes handelt, so könnten daraus nicht die affektiven Gefühlsbewegungen erwachsen, wie dies der Fall ist.

Weil einige Menschen den Tod als endgültigen Schlußpunkt und nicht als Übergang betrachten, stellen sie von ihrem Gefühlszentrum aus Überlegungen über die Bedeutung für sie selbst an. Jemand stirbt, und sie sind der Meinung, daß sie diesen Menschen für immer verlieren und niemals wiedersehen werden, daß ihr Leben nach seinem Tode nicht mehr das gleiche sein wird, daß sie dauerhaft getrennt sein werden und nicht mehr in der gleichen Weise wie in der Vergangenheit weiterleben können. Angst vor dem Tode ist eine grundlegend selbst-süchtige Gefühlsbewegung, denn was sonst als das Selbst wird durch den Tod beunruhigt? Das kleine »Ich«, das Ego, ist es, das über die Veränderung des Lebens nachdenkt, wenn jemand gestorben ist. »Wie wird sich *mein* Leben verändern?« denkst du, wenn du mit dem Tode eines Freundes oder Familienangehörigen konfrontiert wirst. Du empfindest Schmerz, vielleicht nicht so sehr, weil der andere stirbt und seinen Körper verändert, sondern im Grunde deshalb, weil er sich nicht mehr in deiner Nähe aufhalten und sich damit eine bestimmte Lebensform verändern wird. Selbst wenn jemand stirbt, den du nicht magst, den du sogar haßt, betrachtest du auch dann noch den Tod unter dem gleichen Gesichtspunkt: »Welche Wirkung hat dies auf *mich*?«

Wie ich bereits erwähnt habe, sind Geburt und Tod von gleicher Bedeutsamkeit. Sie sollten dich nicht mehr beschäftigen als die Tatsache, daß du jeden Abend schlafen gehst und jeden Morgen wieder erwachst. Wenn du einschläfst, stirbst du; wenn du aufwachst, wirst du geboren. Jeder Tag ein Leben – so einfach ist das. Der Mensch fürchtet den Tod hauptsächlich wegen seiner mangelnden Spiritualität und auch aufgrund der Art und Weise, wie er sein Leben führt und seine Mitmenschen behandelt. Wenn er nicht akzeptiert, daß sein Leben auf der Erde nichts anderes als eine Reise zwischen zwei Existenzformen ist, sondern vielmehr annimmt, daß er nur für seine rasch beendeten siebzig Jahre hier ist und dann für immer vergeht, so müssen sich dadurch die gesamte Bedeutung seines Lebens und die Wertmaßstäbe, nach denen er es führt, notwendigerweise unterscheiden. Wenn er davon ausgeht, daß dies sein einziges Leben sei, dann wird er sicherlich versuchen, den größten Nutzen für sich selbst daraus zu ziehen. Ist jemand gestorben und aus seinem Leben gegangen, so hält er dies für endgültig und daher nicht mehr für notwendig, weiter an diesen Menschen zu denken. Damit setzt der Mensch seine Ansichten über das Leben nach seiner begrifflichen Vorstellung über den Tod fest. Ist der Mensch sich nicht über das natürliche Gesetz bewußt, dann wird er sein Leben außerhalb dieser Gesetzmäßigkeit führen, und selbst wenn sie auf ihn einwirkt, wird er diese Beeinflussung nicht bemerken. Er leugnet sie ab, weil er sie nicht wahrnimmt und nicht anerkennt.

Tod ist also ein Übergang. Für viele, weniger entwickelte Seelen ist er so etwas wie der Ferienbeginn, nachdem sie zur Schule gegangen sind. Sie sind auf der Erdoberfläche dieses Planeten zur Schule gegangen und haben jetzt Ferien, in denen sie sich von ihren Mühen ausruhen, um zu überdenken, was sie während ihrer Schulzeit erlebt haben, um das Gelernte in ihren Gedanken zu ordnen und zu bewerten, und um sich schließlich zu stärken, ehe sie wieder zur Schule zurückkehren, wo sie weitere Lektionen lernen werden.

Es ist unmöglich, jemanden von einem Leben nach dem Tode zu überzeugen, der dafür den Beweis von dir fordert, denn dies wirst du niemals unter Beweis stellen können. Das, was du weißt, erfühlst du von deinem eigenen Seelenbewußtsein, und wenn das

Seelenbewußtsein des Menschen, der vor dir steht, bisher noch nicht zu jenem Punkt der Evolution fortgeschritten ist, wo er den Tod in seinem wahren Lichte erfassen kann, so wirst du ihn niemals von einem Leben nach dem Tode überzeugen. Er wird das, was dadurch impliziert wird, nicht würdigen können. Vergeude daher deine Zeit niemals für eine Beweisführung über ein Leben nach dem Tode, denn sie ist sinnlos. Entweder weißt du, daß es ein Leben nach dem Tode gibt, oder du weißt es nicht. Es ist nicht deine Aufgabe, irgendeinen anderen Menschen davon zu überzeugen, denn diese Entdeckung muß von innen heraus erfolgen. Du kannst jedoch einen anderen, wenn er an ein Leben nach dem Tode glaubt, zu der Überlegung auffordern, daß sein Leben dann eine Zielsetzung haben muß. Wenn er nach seinem Tode weiterleben soll, dann muß es andere Existenzebenen, einen höheren Sinn des Lebens geben. Diese Erkenntnis muß ohne Zweifel seine jetzige Lebensführung beeinflussen. Laß ihn daher in Betracht ziehen, daß seine Gedanken, seine Worte, seine Handlungen für alle Zeiten niedergeschrieben werden und daß sein Tun sich nicht nur auf sein Leben im physischen Körper, sondern auch auf anderen Existenzebenen nach seinem Tode auswirken wird.

Es scheint dem Menschen eingeboren zu sein, daß er sich vor dem Tode fürchtet. Dies wollen wir einen Augenblick lang in Erwägung ziehen. Jeder von euch, selbst die höchstentwickelte Seele, ist sich dieser Todesangst bewußt. Würdet ihr diese Gefühlsbewegung untersuchen, so wäre sie für einige eine wirkliche Angst vor dem Sterben, weil dies einen Verlust der Freude am Leben bedeutet, während sie für die höherentwickelte Seele ein anderes Angstgefühl darstellt: die Furcht davor, sein Leben unnötig zu verlieren. Du könntest annehmen, dies sei das gleiche, doch in Wirklichkeit ist dem nicht so. Im letzteren Fall sagt dir deine Seele von innen heraus, daß du eine Bestimmung zu erfüllen hast, daß du dein Leben nicht fortwerfen darfst und damit an der Erfüllung dieser Bestimmung scheiterst. Deine Furcht ist eigentlich keine Angst vor dem Sterben, sondern vielmehr die Furcht davor, deine Bestimmung nicht zu erfüllen. Denn in der Erfüllung des Plans, zu dem du selbst vor deiner Geburt deine Einwilligung gegeben und den du in allen Einzelheiten entworfen hast, liegt die gesamte Zielsetzung deines Lebens in einem physischen Körper auf diesem Planeten. Du bist hier, um gewisse Lektionen zu lernen und bestimmte Schwingungen zu erfahren, und wie bei einem Kind, das zur Schule geht, wäre es daher sinnlos, dich mitten aus deinen Studien herauszureißen. Daher heißt dich deine Seele, sorgfältig darauf zu achten, daß du nicht vor der Zeit fortgehst, und dieser schützende Instinkt der Seele hindert dich daran, deinen physischen Körper in persönlich motivierten Handlungen aufs Spiel zu setzen – wenn du beispielsweise zu schnell fährst, auf einen hohen Baum kletterst oder deinen Körper bei irgendeiner waghalsigen Torheit gefährdest. Diese schützende Fürsorge entspringt deiner Seele, die über deine schicksalhafte Bestimmung wacht.

Je höher die Seele entwickelt ist, desto größer ist auch die Gewißheit, daß sie ihre Bestimmung erfüllen wird – nicht nur, weil die unsichtbaren Führer und Meister der höheren Bereiche sie darin bestärken, daß sie die damit verbundene Verantwortung ausführen kann, sondern auch, weil die Möglichkeit eines zufälligen Todes, etwa durch Unfall, geringer ist. Jeder von euch wird zu einem festgesetzten Zeitpunkt innerhalb der spirituellen Zeit geboren und ist dazu bestimmt, zu einem festgesetzten Zeitpunkt, ebenfalls innerhalb des spirituellen Zeitgefüges, zu sterben. Es ist trotzdem möglich, daß eine Seele vor ihrer festgesetzten Zeit stirbt, doch kann sich dies nur aufgrund des Eingreifens einer höherentwickelten Seele ereignen. Einem Naturgesetz zufolge kann eine weniger entwickelte Seele eine höherentwickelte Seele nicht des physischen Lebens berauben. Wenn du also auf der aufwärtsführenden Evolutionsspirale fortschreitest und dich weiter entwickelst, kann eine immer geringere Anzahl von Menschen dich angreifen oder beeinträchtigen. Es bedarf einer in gleichem Maße oder höher entwickelten Seele, um dir dein physisches Leben zu nehmen. Deshalb wird eine hochentwickelte Seele ihre Bestimmung in der Regel erfüllen. Die weniger entwickelte Seele ist einer größeren Gefahr ausgesetzt, ihre Bestimmung nicht erfüllen zu können, doch weil diese nicht die gleiche Bedeutsamkeit wie jene einer höherentwickelten Seele hat, steht nicht soviel auf dem Spiel. Die Todeserfahrung selbst ist eine wertvolle Lektion für eine junge Seele, denn solange bis der Tod nichts anderes bedeutet als den einfachen Übergang, den er nämlich darstellt, hat sie viel aus dem Vorgang des Todes zu lernen. Der tatsächliche Übergang wirkt sich für eine junge Seele zerschmetternd aus, während er für eine entwickelte Seele damit vergleichbar ist, sich zur Ruhe zu legen und am nächsten Morgen auf einer anderen Existenzebene wieder zu erwachen. Eine junge Seele kann also vor ihrer festgesetzten Zeit abtreten. Sie mag dann ihre schicksalhafte Bestimmung nicht erfüllen, doch das Gesetz des Karma, das Gesetz von Ursache und Wirkung, verlangt, daß die höherentwickelte Seele, welche dafür die Verantwortung trägt, für diese Wirkung aufkommt. Du kannst nicht ohne guten Grund ein Schicksal verändern.

Eine Todesart ist der Selbstmord. Er kann dann eintreten, wenn ein Mensch sich dazu entschließt, seinem Leben ein Ende zu setzen, weil er seiner Bestimmung nicht ins Auge sehen kann. Dies kann entweder der Fall sein, weil die Emotionen den Körper bis zum Ausschluß der Seeleneinwirkung vollkommen beherrschen, so daß die betreffende Person aufgrund von Selbst-Mitleid den Körper vernichten möchte, da sie das Leben nicht mehr ertragen kann, oder aufgrund eines der Berauschungsmittel des Menschen, sei es Alkohol oder irgendeine Droge. In solchen Fällen, wenn die Seele den Körper nicht schützt, da sie aus ihm herausgedrängt worden ist, kann der Körper zu vielen Dingen veranlaßt werden, die bei einer Überwachung durch die Seele nicht möglich wären; beispielsweise kann ein Betrunkener sein Leben unnötig aufs Spiel setzen. Sind die schützenden Kräfte der Seele erst einmal ausgeschaltet, so können sich die Emotionen ungehindert austoben. Weil du keine Angst hast, kannst du leicht zu schnell fahren oder zu nahe an den Rand einer Klippe kommen.

Es gibt noch andere Gegebenheiten, wo ein Mensch vor seiner festgesetzten Zeit sterben kann. Ich möchte dafür zwei Beispiele geben. Im ersten Fall kann sich eine Seele aufgrund ihrer eigenen Willensentscheidung dazu entschließen, ein Opfer zu bringen und sich zurückzuziehen, wenn es darum geht, eine andere Seele zu unterstützen, die Hilfe für ihr irdisches Weiterkommen benötigt. Wenn sich eine Seele dafür entscheidet, daß sie durch das Verlassen der physischen Form einer anderen Seele dabei helfen kann, weitere Fortschritte zu machen, eine Herausforderung zu überwinden, mit der sie noch nicht konfrontiert war, eine Lektion zu lernen, die sie in anderen Leben unbeachtet ließ, dann kann sie sich, im Rahmen des natürlichen Gesetzes, zur Rückkehr entschließen, und der Vorgang des Todes wird eintreten.

Im zweiten Beispiel hat sich die Seele so weit von ihrem schicksalhaft vorgegebenen Pfad entfernt, zu dem sie herabkam, daß sie aus ihrer gegenwärtigen Inkarnation und der Art und Weise ihrer Lebensführung keine weiteren Lektionen mehr lernen kann; wenn überdies jede bekannte Möglichkeit der Führung ignoriert oder zurückgewiesen wurde, dann kann sich die Seele selbst, da nichts mehr aus dieser Inkarnation zu gewinnen ist, wiederum aus eigenem Antrieb zur Rückkehr entscheiden, um diese Lebensform auf einer späteren Stufe in der Evolution der Erde erneut zu beginnen. Auch hier wieder tritt der Vorgang des Todes ein. Alle derartigen Entscheidungen werden natürlich auf Bewußtseinsebenen oberhalb des physischen Bereichs getroffen.

Du magst sehr wohl die Frage stellen: »Was geschieht denn in Kriegszeiten?« Vielleicht kannst du es nur schwer akzeptieren, aber das Naturgesetz wirkt selbst während des Krieges. Eine weniger entwickelte Seele kann keine höherentwickelte Seele ohne deren Einwilligung töten. Selbst jemand, der aus sehr großer Höhe eine Bombe über einer Stadt abwirft, kann eine höherentwickelte Seele dort unten nicht umbringen. So will es das Naturgesetz. Aus diesem Grunde gibt es jene sogenannten wunderbaren Rettungen, bei denen ein Mensch in einem Haus verschont wird und die übrigen sterben. Das gleiche Gesetz gilt auch für den Kampf auf dem Schlachtfeld, wo es wiederum darüber entscheidet, warum ein Mensch stirbt und ein anderer nicht.

Unter dem Druck des Krieges hat der Mensch viele wichtige Entscheidungen zu treffen. Dies ist in der Tat eine Zeit der Prüfung, vielleicht die einzige Zeit, wo der Mensch die Werte des Lebens wahrhaft ins Auge faßt. Weil er mit dem Tode konfrontiert wird, muß er sich mit der Zielsetzung des Lebens, mit Sinn und Zweck seines Tuns auseinandersetzen, und nächtlich gelangt er zur Erforschung seiner Seele. Für eine junge Seele ist der Krieg ein Läuterungsprozeß, doch findet man nur sehr wenige höherentwickelte Seelen, die daran teilnehmen. Sie können jedoch für eine bestimmte Aufgabe, als Werkzeuge des göttlichen Willens, dort eingesetzt werden, um einen bestimmten Lauf der Ereignisse zu bekämpfen oder um dafür zu sorgen, daß sich die schicksalhafte Bestimmung eines Landes erfüllt. Im letzten Weltkrieg hatten sich viele hochentwikkelte Seelen in der Absicht inkarniert, das drohende Geschehen zu verhindern, und dies ist ihnen auch gelungen. Äußerst selten findet man jedoch hochentwickelte Seelen mitten im Kampfesgeschehen, weil sie diese Lektion nicht mehr zu erlernen brauchen. Sie haben bereits die Bewußtseinsstufe erreicht, wo sie die Heiligkeit des Lebens erkennen und verstehen, was auf dem Spiel steht. Viele von ihnen würden eher ihr eigenes Leben hingeben als ein anderes zu töten, um damit einem Ziel oder einer Sache zu dienen, an die sie nicht einmal glauben können.

Der Tod ist in Wirklichkeit nichts anderes als ein Augenblick des Übergangs, und für jene, die ihre Bestimmung erfüllt haben, ein angenehmer Moment. Sie haben ihre Prüfungen in der Schule bestanden und können voller Freude in die Ferien zurückkehren. Haben sie ihre Prüfungen jedoch nicht bestanden, so wird ein anderes Gefühl vorherrschen; jene, die ihre Bestimmung nicht erfüllt haben, werden unglücklich sterben. Für die anderen aber wird der Übergang große Freude und Belohnung mit sich bringen. Sie gehen in einen anderen Zustand über, um ihren Führern und Meistern zu begegnen, die sie während ihres Lebens in der körperhaften Materie beraten haben, und für die wenigen, die bereits in Kommunikation mit diesen höheren Wesen standen, wird kein Unterschied auftreten. Alle höherentwickelten Seelen sollten vor ihrem Tode dazu in der Lage sein, mit den höheren Schwingungen in Verbindung zu treten, sie auch auf bestimmten Existenzebenen wahrzunehmen, so daß der Tod für sie keinerlei Bedeutung haben wird und etwas ist, dessen sie sich kaum bewußt sein werden. So einfach ist es damit.

Nachdem der Augenblick des Todes eingetreten ist, wirst du lediglich aus einem deiner höheren Körper auf das physische Leben herabblicken, das du gerade verlassen hast, und das Leben wird dir ebenso erscheinen, wie es dies jetzt tut. Nichts wird verändert sein – einzig die Begrenzungen des physischen Körpers sind abgeworfen, und du wirst dich an die Orte begeben können, von denen du immer nur geträumt hast. Du magst in den Hallen des Wissens studieren, von denen du gehört, die du aber niemals in deinem physischen Körper aufgesucht hast. Du kannst die großen Meister, von denen du gelesen hast, aber ihnen niemals begegnet bist, sehen und ihren Worten lauschen. Diese Entwicklungsstufe deines Lebens hast du nicht zu fürchten, sie braucht dich nicht zu beunruhigen.

Der Übergang vom Leben zum Tode dauert drei Tage. Diese Zeit benötigen deine Seele und dein Geist, um deinen physischen Körper zu verlassen und sich aus der Hülle, die sie bewohnt haben, in einen höheren Körper zurückzuziehen. Deshalb sprechen die christlichen Kirchen zu Ostern von der Auferstehung des Nazareners am dritten Tage. Bis zu diesem Zeitpunkt war er noch nicht gänzlich in einen höheren Körper eingetreten, doch danach konnte er sich umherbewegen und erscheinen, wenn er es so wünschte.

Zum Schluß möchte ich dich dazu auffordern, den Tod in seine angemessene Perspektive zu rücken. Bewerte das Leben all deiner Mitmenschen ebenso hoch wie dein eigenes. Je höher du entwickelt bist, desto bewußter wirst du dir über den Tod und seine Bedeutung, und desto größer wird auch deine Verantwortung gegenüber deinen Mitmenschen und ihrem Leben sein. Beraube einen weniger entwickelten Bruder nicht unnötig seines Lebens, denn damit lädst du ein schmerzliches Karma auf dich. Vergegenwärtige dir, daß alles Leben heilig ist. Es liegt nicht in deiner Hand, zu nehmen oder zu geben. Dies ist nicht Sache des Individuums, sondern jenes unendlichen Geistes, der uns alle lenkt.

Der Kreislauf des Lebens – Geburt –

Die Gedanken des Menschen drehen sich ebensosehr um die Geburt wie um den Tod, denn beide stellen einen Übergangszustand im Rad des Lebens dar. Während Sinn und Zweck des Todes den Menschen möglicherweise eher verwirren dürften, kann er die Sinngebung der Geburt bereitwilliger akzeptieren, weil ihre Entwicklung im Gegensatz zum Tode aus dem Bereich des Unbekannten in die reale Wirklichkeit erfolgt. Die Geburt hat ein sichtbares Ergebnis: Ein Kind wird geboren und ist in materiell-körperlicher Form gegenwärtig, wodurch alles, was in dieses Kind hineingeflossen ist, gerechtfertigt zu sein scheint – die Liebe, der Zeugungsvorgang, Vorbereitungen und Träume sind alle in diesem Kind lebendig. Daher kann der Mensch die Sinngebung der Geburt leichter als die Sinngebung des Todes erfassen. Der Tod ist für ihn in den meisten Fällen sinnlos, weil er ihn als einen unwiderruflichen Schlußpunkt, als das Ende eines nutzbringenden Lebens in der materiellen Welt betrachtet, während er die Geburt als den Beginn des Lebens ansieht und das gerade geborene Kind alles hat, wofür es leben und woran es sich erfreuen kann. Die Geburt bedeutet für den Menschen die erste Sprosse auf der Leiter zu einem fruchtbaren Leben.

Ich möchte nicht über den physischen Vorgang der Geburt sprechen, denn er ist lediglich eine Eigenheit dieses Planeten. Für die meisten Frauen bedeutet er eine kleine Initiation, wenn das Kind, das geboren wird, ein vorherbestimmtes Kind ist, das heißt, wenn seine Eltern dazu prädestiniert waren, es zu empfangen. Dies mag dir merkwürdig erscheinen, aber viele der in die Materie hineingeborenen Kinder sind nicht vorherbestimmt, und wenn dies anders wäre, so würden auf der heutigen Welt nicht soviele Probleme existieren. Die Empfängnis und das aus diesem Akt hervorgehende Kind sollten die Frucht aus einer wahrhaft spirituellen Ehe sein. Aus dieser wirklichen Vereinigung wird ein spirituelles – oder vorherbestimmtes – Kind geboren, und bei einer solchen Geburt wird die Mutter eine Initiation erfahren. In der heutigen Welt geschieht es jedoch häufig, daß Kinder aus gänzlich falschen Gründen heraus gezeugt werden. Sie werden gezeugt, wenn sie gar nicht erwünscht sind oder aus fehlgeleiteten, niederen Emotionen: aus sinnlicher

Lust, aus Selbstbemitleidung, aus Stolz, aus Begierde. Aus einer solchen Vereinigung kann kein spirituelles, kein vorherbestimmtes Kind hervorgehen.

Viele Kinder, die heute geboren werden, sind natürlich nicht eingeplant. Der Mensch hat die ursprüngliche Absicht des Geschlechtsaktes in grober Weise entstellt und benutzt ihn nun zu seinem Vergnügen anstatt zu der beabsichtigten Erzeugung von Kindern. Obgleich der Mensch den Geschlechtsakt häufig ausübt, hat er bis heute noch nicht die Funktion der Schöpfung und Zeugung verstanden. Als Folge daraus kann selbst bei größter Vorsicht in den Beziehungen ein Kind empfangen und ungeplant geboren werden. Es ist eine betrübliche Feststellung, daß viele der Kinder, welche diese Welt bevölkern, nicht eingeplant sind. Wenn du bewußt bist und ein Kind aus einer wahren Ehe erblickst, wenn du ein Kind siehst, das Eltern mit der richtigen Motivation geboren und das zu kommen aufgefordert worden ist, dann wirst du wahrnehmen, daß sich dieses Kind von seinen Gefährten unterscheidet. Du erblickst ein wahrhaft spirituelles Kind, und wie dieses sollte ein jedes Kind sein, das jemals in die Materie hineingeboren wird. Ist dies nicht der Fall, so ist das Kind stark benachteiligt, und abgesehen von dem Karma für die Eltern, welche die Verantwortung dafür tragen, das Kind in die Materie herabgezogen zu haben, hat es selbst in diesem Leben eine schwere Last zu tragen. Der heutige Mensch ist sich nicht über die Bedeutung von Schwingungseinwirkungen der Materie auf ein Kind in seinen Entwicklungsjahren bewußt.

Wie bereits erwähnt, werde ich den physischen Vorgang der Geburt nicht behandeln. Für jene, welche die Geburt eines Kindes gesehen und erfahren haben, ist sie in der Tat ein wunderbares und eindrucksvolles Ereignis. Es gibt viele Formen der Geburt auf den verschiedenen Planeten innerhalb eures Sonnensystems. Die physische Geburt, wie ihr sie kennt, ist eine besondere Eigenheit der Erde, doch die Zeugung, das Wachstum und Leben eines Kindes im Mutterleib ist für den heutigen Menschen fast ebenso geheimnisvoll und unbekannt wie der Ort und die Größe der Seele. Es ist ein wundersames Geschehnis, das sich im Schoße der Mutter ereignet, und selbst heute ist sich die medizinische Wissenschaft nicht völlig im klaren darüber, was den Körperbau, die Größe, das Aussehen und die Merkmale des Kindes bestimmt. Aber das ist eine andere Geschichte. Ich möchte in dieser Lektion über die spirituelle Seite der Geburt sprechen, die sich in drei Hauptgruppen unterteilen läßt.

Als erstes gibt es Kinder, die auserwählten Eltern aus einem besonderen Grund geboren werden. Die betreffenden Seelen gehören in der Regel einer fortgeschrittenen Evolutionsstufe an. Die Eltern haben sich daher vorsätzlich mit der Absicht inkarniert, es diesen besonderen Kindern zu ermöglichen, durch sie zur Entstehung zu kommen. Die Geburt solcher Kinder ist das Ergebnis eines Abkommens, das die Seelen vor ihrer Inkarnation in die Materie miteinander getroffen haben. Es gibt keinen Zweifel daran, daß die damit eingegangene Verpflichtung ausgeführt werden wird, da das Schicksal von Nationen, vielleicht sogar der Welt, davon beeinflußt werden kann. Ein Beispiel dafür wäre die Geburt des Nazareners.

Die zweite Gruppe der Geburt würde ich als karmisch bezeichnen, das heißt, ein Kind wird seinen Eltern aus karmischen Gründen geboren. Entweder müssen die Eltern dem Kind, das durch sie geboren wird, eine Schuld zahlen, oder aber das Kind selbst muß den Eltern, die es empfangen haben, eine Schuld abtragen. Dies kann entweder das Ergebnis aus Handlungen in früheren Leben sein oder auch das freiwillige Anerbieten des Kindes, den Eltern durch seine Geburt dabei zu helfen, bestimmte Lektionen zu lernen, selbst wenn es die Eltern in anderen Leben nicht gekannt hat. Die Seele des Kindes zeigt beispielhaft die Lektion dieses Planeten, das aufopfernde Dienen, noch bevor sie in die Materie eintritt. Sie gibt ihre Einwilligung, den Eltern beim Erlernen bestimmter Lektionen zu helfen und wird durch sie geboren, auch wenn sie selbst nichts von ihnen zu lernen hat. In ähnlicher Weise können zwei hochentwickelte Elternteile der Geburt einer Seele zustimmen, die ihnen gegenüber keine Verpflichtung hat oder umgekehrt, die jedoch aufgrund vergangener, in der Regel unglücklicher Erlebnisse die Unterstützung von ausgeglichenen Eltern braucht, damit sie in ihrem Leben bestimmte Lektionen erfahren kann. Deshalb geben die beiden spirituellen Elternteile ihre Einwilligung zu der Geburt dieser Seele – wiederum ein Opfer.

Die dritte Gruppe der Geburt umfaßt unglücklicherweise die größte Anzahl von Kindern, die auf dieser Erde geboren werden. Sie ist das Ergebnis aus dem Naturgesetz: Wenn Mann und Frau sich paaren, bedingt durch die Funktionen ihrer Körper, die wiederum dem Naturgesetz unterliegen, werden sie Leben hervorbringen. Dies geschieht nicht, weil sie den Wunsch danach haben, sondern weil sie die Funktionen ihrer Körper nicht beherrschen. In der heutigen Welt wird es für jedes verheiratete Paar als natürlich angesehen, Kinder zu haben. Eine Frau hat ihre Bestimmung nicht voll und ganz erfüllt, wenn sie nicht mindestens ein oder zwei Kinder zur Welt gebracht hat. Wie irrig dies ist! Die einzige Funktion der Frau besteht nicht darin, wie so häufig angenommen wird, Kinder zu haben. Zugegeben, die Frau trägt das Kind aus und bringt es zur Welt, doch dies ist nicht ihre einzige Aufgabe in der Inkarnation auf diesem Planeten. Der Ausgleich des Männlichen ist der eigentliche Grund dafür, daß sie hier ist. Sie verkörpert den Weisheitsaspekt, der die Kraft und Stärke des Mannes in ein Gleichgewicht bringt, und eine Frau kann ihre Bestimmung gänzlich erfüllen, ohne Kinder zu haben, wenn sie die Weisheit, über die sie verfügt, in vollem Maße zeigt und einsetzt. Würden Frauen nur die für sie prädestinierten Kinder zur Welt bringen, so wäre die Erde nicht so überbevölkert, wie sie es heute ist, und ihr hättet nicht all die Probleme, die mit einer zu hohen Bevölkerungszahl in Verbindung stehen: die Verknappung an Nahrungsmitteln und Rohstoffen sowie die Kriege, die dadurch verursacht werden, daß der Mensch versucht, neue Landgebiete zu seiner Versorgung an sich zu bringen. Alle diese Schwierigkeiten werden im wesentlichen durch das eine Kernproblem der Überbevölkerung hervorgerufen. Wiederum sind es auch zu viele Menschen, welche die Bodenschätze der Erde übermäßig beanspruchen und das natürliche Gleichgewicht zerstören, welches das Naturgesetz zu bewahren sucht. Durch seine allzu große Bevölkerungsdichte beeinträchtigt der Mensch ebenfalls das Tier- und das Pflanzenreich und ruft durch seine eigene Unausgewogenheit auch dort eine Störung des Gleichgewichts hervor.

Eine Geburt, so wie ihr sie kennt, sollte also nur eine vorherbestimmte Geburt sein. Dies zu glauben ist schwer, doch die Wahrheit. Es bedeutet, daß Mann und Frau nur dann zusammenkommen sollten, wenn sie durch den göttlichen Willen in ausreichender Weise dazu inspiriert sind, wenn sie wissen, daß der Zeitpunkt für sie gekommen ist, dieses Kind in die Materie zu bringen, auf das sie sich geeinigt haben. Nur dann paaren sie sich und vereinigen die Samen, welche dieses Kind des Geistes hervorbringen werden. Inspiriert durch den göttlichen Willen und getragen von der Überzeugung, das Kind zur rechten Zeit zu empfangen, ist die Empfängnis gewährleistet. Es gibt keinen Grund zur Besorgnis, ob zu diesem Zeitpunkt ein Kind empfangen werden kann oder nicht, ob es zu einem korrekten Zeitpunkt geboren werden wird oder nicht, denn das Geschehnis fällt unter das natürliche Gesetz, und dieses kennt keinen Fehlschlag.

Die Seele, die sich zur Inkarnation entschlossen hat, hat die Seelen der für sie bestimmten Eltern in der Materie bereits befragt und ist von ihnen angenommen worden. Da sie den Zeitpunkt ihrer Empfängnis kennt, kommt sie durch ihren Astralkörper nun nahe an die Aura der Erde und im besonderen an die Aura ihrer Eltern heran. In ihrer Astralform erwartet sie den Augenblick ihrer Empfängnis. Sie beobachtet die ihr bestimmten Eltern in ihrem Leben in der Materie. Im Augenblick der Empfängnis vereinigen sich die drei Seelen auf der Astralebene. Dies ist eigentlich so etwas wie eine Wiedervereinigung, ein feierliches Ereignis. Doch nur sehr wenige Menschen in der heutigen Welt können angeben, wann sie ihre Kinder empfangen haben. Sie wissen es nicht, weil sie sich über die Wichtigkeit und tiefere Bedeutung dieses Augenblicks nicht bewußt sind. Alle Eltern kennen den Zeitpunkt der Geburt, doch nur wenige den Augenblick der Empfängnis. Wie merkwürdig, daß ein derart wichtiges Ereignis für den Menschen vergessen und verloren sein sollte! Im kommenden Neuen Zeitalter wird sich der Mensch über dieses Geschehen bewußt werden, denn es ist ebenso bedeutsam wie die Geburt.

Im Augenblick der Empfängnis vollzieht sich diese Wiedervereinigung der Seelen. Ein sehr kleiner Teil der Seele, die später Geburt annimmt, läßt sich im Samenkorn dieser Vereinigung nieder. Im Verlaufe der folgenden Monate, während sich der Körper des ungeborenen Kindes im Mutterleib entwickelt, beginnt der kleine Teil der Seele anzuwachsen, bis sich im Augenblick der Geburt ein Siebentel der Seele im Körper des Kindes befindet. Zum Zeitpunkt der Geburt, wenn das Kind die Aura der Mutter verläßt und die Nabelschnur durchschnitten wird, kommt durch den Äther der göttliche Funke zu ihm, erfüllt es mit Lebenskraft und läßt es seinen Weg antreten. Die Seele hat mit der Erfüllung ihrer schicksalhaften Bestimmung begonnen, und die Lektionen, die sie zu erlernen hat, werden jetzt in Bewegung gesetzt. Das Leben, in das die Seele eingewilligt hat, hat nun angefangen.

In der heutigen Zeit stellen viele Menschen die Frage, warum die Geburt für manche ein freudiges Ereignis und für andere eine Tragödie ist, warum einige vollkommene Kinder haben und andere nicht, warum einige, die sich Jungen wünschen, Mädchen haben und umgekehrt. Warum kann der Mensch nicht selbst darüber entscheiden und das hervorbringen, was er möchte? Alle diese Fragen machen ein Verständnis des Naturgesetzes notwendig. Wie du selbst bist, so wirst du auch erschaffen. Eine ausgewogene Ehe wird ein ausgewogenes Kind hervorbringen. Die Lebensführung der Eltern in ihrer gegenwärtigen Inkarnation wird ihr Kind beeinflussen. So lautet das Gesetz. Gleichfalls wird sich die Lebensweise der Eltern, während das Kind entsteht, auf dieses auswirken. Auch dies entspricht dem Gesetz, denn das Kind wird im Mutterleib aus den Schwingungen beider Elternteile gebildet. Es erhält seine Gestalt und seine irdischen Merkmale von den Eltern, während es ausgetragen wird. Wenn die Eltern während der Schwangerschaft ein ausgewogenes Leben führen, wird ein ausgewogenes Kind daraus resultieren, und damit ist eine Ausgewogenheit in körperlicher Hinsicht gemeint, denn die Eltern können keinen Einfluß auf die Seele des Kindes oder seine damit verbundene Persönlichkeit nehmen. Letztere sind einzig und allein Sache des Kindes, doch seine körperliche Gestalt und die damit verbundenen Merkmale können die Eltern beeinflussen und tun dies auch. Wenn sich eine Seele daher gewisse Merkmale erwerben möchte, damit sie bestimmte Lektionen lernen kann – und ich denke jetzt an Rasse, Hautfarbe oder Religionszugehörigkeit –, dann wird sie sich ihre Eltern äußerst sorgfältig auswählen, um sichergehen zu können, daß sie sich in Verhältnisse hinein inkarnieren wird, wo sie die für sie notwendigen Lektionen erfahren kann.

Der Mensch muß begreifen, daß sich nichts nur zufällig ereignet: So etwas wie Zufall gibt es nicht. Wenn eine Mutter ein schönes Kind hat und eine andere nicht, dann erforsche die Ursache. Im Augenblick der Empfängnis ist jenes Kind vollkommen und makellos gewesen – es muß so sein, denn dies ist das Gesetz. Eine Veränderung kann sich nur in den neun Monaten ereignet haben, während es im Mutterleib Form angenommen hat. Alle Kinder sollten in einer vollkommenen Form geboren werden, denn zur Erfüllung einer schicksalhaften Bestimmung ist ein vollkommener Körper notwendig. Nur in äußerst seltenen Gelegenheiten erwählt sich eine Seele vorsätzlich für ihre Inkarnation eine körperliche Mißbildung, wozu ich nicht jene Kinder rechne, die ihr als mongoloid bezeichnet, weil es sich dabei um keine Mißbildung handelt. Kinder, die mit Mißbildungen geboren werden, haben sich diese in der Regel durch das Verhalten ihrer Eltern erworben. Es gibt jedoch einige wenige Fälle, in denen ein Kind aus karmischen Gründen mißgestaltet geboren wird, weil es entweder selbst die mit einem mißgestalteten Körper verbundenen Lektionen zu lernen hat oder dies für seine Eltern gilt.

Die Schwierigkeiten, die einige Mütter in der heutigen Welt dabei erleben, wenn sie unbedingt Kinder haben wollen, rühren daher, daß sie diese Kinder im Grunde nicht bekommen sollten. Das erhebliche Ausmaß, in dem eure Wissenschaftler sicherstellen wollen, daß Frauen Kinder haben, bedeutet einen Verstoß gegen das Naturgesetz. Wenn ein Paar nicht aus der natürlichen Vereinigung heraus ein Kind erzeugen kann, so ist dies beabsichtigt. Die künstliche Empfängnis eines unspirituellen Kindes durch die Verwendung von

Drogen oder ähnlichen Hilfsmitteln ist völlig falsch und richtet sich gegen das Naturgesetz; kein spirituelles oder vorherbestimmtes Kind wird aus einer solchen Empfängnis hervorgehen. Ihr solltet nur einmal die Kinder sehen, die künstlich empfangen worden sind, wenn sie das Alter von dreiunddreißig Jahren erreicht haben.

Es entspricht allen Formen der Evolution, daß man sich um so bewußter über das Naturgesetz wird und ihm gehorcht, je weiter man in seiner Entwicklung fortgeschritten ist. Daher sind Kinder, die aus hochentwickelten Seelen hervorgehen, auch selbst in der Regel hochentwickelt. Das Naturgesetz bestimmt, daß entwickelte Seelen nicht durch unentwickelte Eltern geboren werden können, und natürlich ziehen hochentwickelte Eltern gewöhnlich keine unentwickelten Seelen an. In sehr wenigen Fällen werden hochentwickelte Eltern jedoch ein Opfer bringen und einer unentwickelten Seele die Inkarnation durch sie ermöglichen, um ihr dabei zu helfen, eine Lektion zu erlernen, bei der sie in früheren Leben versagt hat, oder damit sie auf eine neue Spirale in der Evolution gelangen kann.

Mongoloide Kinder sind, wie bereits erwähnt, nicht mißgestaltet. Sie stellen die erste Inkarnation einer Seele auf der Oberfläche dieses Planeten dar. Sie haben sich von einem anderen Planeten entwickelt, der in der Evolution unterhalb der Erde liegt, und die Lektionen dieses Planeten voll und ganz erlernt. Mit ihrer Inkarnation auf dieser Erde haben sie jetzt die zweite Sprosse auf der Leiter der Evolution betreten und erscheinen daher in derjenigen Gestalt, bis zu der sie sich in ihren früheren Leben entwickelt haben. Die Seele bildet einen mongoloiden Körper, weil sie es nicht besser weiß, und dies der höchstentwickelte Körper ist, den ihr Bewußtsein kennt. Dann erlebt die Seele ihre erste Inkarnation auf der Oberfläche dieses Planeten und wird mit Faktoren bekannt gemacht, denen sie noch nicht begegnet ist, wie beispielsweise Licht, Farbe und Gefühlsregungen. Diese Faktoren verzeichnet sie im Gedächtnis, so daß sie sich bei der folgenden Inkarnation daran erinnert, was sie gelernt hat, und ihre Vorstellung eines vollkommenen Körpers dem angleicht. Folglich wird sich das Werkzeug, das sich die Seele für ihre zweite irdische Inkarnation auswählt, von der ersten Form unterscheiden. Dieser Läuterungsprozeß wird sich während vieler Leben fortsetzen, bis die Seele den für diesen Planeten am meisten geeigneten Körper entwickelt.

Die Geburt ist, wie der Tod, ein Übergang. Für die Seele bedeutet er nicht mehr und nicht weniger als eine Veränderung von Körperformen. Ebenso wie sich der Tod damit vergleichen läßt, schlafen zu gehen, so ist die Geburt ein Erwachen. Viele Male hast du dies schon erlebt und wirst es zweifellos noch oft erleben. Im Gegensatz zum Tode ist die Geburt nur insofern bedeutsam, daß sie den Anfang einer Inkarnation und nicht ihr Ende, daß sie den Beginn eines Lebenszyklus und nicht seinen Abschluß darstellt. Wenn du in die Welt der Materie eintrittst, so tust du dies voller Erwartung auf alles das, was du in diesem vor dir liegenden Leben erreichen und lernen kannst. Du trittst voller Aufregung in das Leben ein, das du führen und erfahren wirst. Deine Seele gelangt mit dem Wissen von all dem auf die Erde, was dir widerfahren wird, wenn du deinem wahren Weg folgst. Es ist diese Atmosphäre der Aufregung, des freudigen Vorgefühls, die von den Eltern bei der Geburt aufgenommen wird. Natürlich handelt es sich um einen gefühlsbetonten Augenblick, wenn man ein Kind bekommt und das Wirklichkeit werden kann, was man sich in seinen Träumen gewünscht und herbeigesehnt hat. Die freudige Erregung bei der Geburt gilt jedoch nicht allein den Eltern, sondern auch dem Kind – jenem Funken des unendlichen Geistes, der seinen Weg in reiner Form, noch unbefleckt von einer persönlichen Prägung antritt. Er beginnt seinen Lebensweg und ist immer voller Hoffnung und freudiger Erwartung auf das kommende Leben.

Der Kreislauf des Lebens
– Leben –

Da ich bereits über die Übergangszustände gesprochen habe, die am Anfang und Ende des Lebens eintreten, nämlich Geburt und Tod, wollen wir jetzt das Leben selbst betrachten. Dies bezieht sich nicht allein auf die Zeitspanne zwischen Geburt und Tod, während du in deinem physischen Körper auf der Oberfläche dieses Planeten lebst, denn das Leben ist von unaufhörlicher Dauer: Es ist nicht beendet, wenn du stirbst, und es beginnt nicht damit, daß du geboren wirst. Obgleich die meisten Menschen nichts davon wissen, gibt es sieben Schichten von Lebensstufen, auf denen sie in sieben verschiedenen Körpern leben. Die meisten von euch sind sich natürlich nur ihres niedersten - des physischen - Körpers bewußt und können sich daher nicht vorstellen, in einem anderen Körper auf einer anderen Stufe zu leben. Sie wissen nicht, daß sie in der Tat auf mehreren Existenzebenen leben, selbst während sie sich in ihrem physischen Körper befinden, und daß sie sich, wenn sie diesen am Ende ihrer gegenwärtigen Inkarnation in der Materie verlassen, nur in einen anderen Körper, in eine andere Lebensform begeben. Das Leben ist nicht damit beendet, daß du stirbst: Der Tod ist lediglich ein Übergang in einen anderen Körper und eine Fortsetzung des Lebens auf einem anderen Existenzplan.

Der heutige Mensch ist darin fehlgegangen – und darin haben ihn viele Weltreligionen bestärkt –, daß er entweder glaubt, nur ein einziges Leben zu haben und nur auf der Oberfläche dieser Erde existieren zu können, oder aber er glaubt an die Reinkarnation oder hofft, nach dem Tode an einem angenehmen Ort zu weilen, den er »Himmel« nennt. Wenn du in solchen Begriffen denkst, so muß sich dies erheblich auf deine Haltung und Glaubensvorstellung auswirken. Wenn du annimmst, daß sich dein Tun niemals wiederholen und für alle Zeit vergehen wird, daß es nur ein einziges Leben gibt und du daher den größtmöglichen Nutzen daraus ziehen mußt, selbst auf Kosten deiner Mitmenschen, so wird dies ohne Zweifel deine Einstellung gegenüber dem Leben beeinflussen. Wir können daher feststellen, daß der Mensch, der in der heutigen Zeit auf der Erde lebt, seine gesamte Lebenseinstellung auf falschen Vorstellungen gründet, die wiederum zu einer völlig falschen Denkstruktur und Handlungsweise führen. Hier sollten seine religiösen Führer korrigierend eingreifen, was sie jedoch nicht tun.

Wie alles, was im Kosmos existiert, folgt das Leben einem Plan. Das, was du »Bestimmung« oder »Schicksal« nennst, existiert auf sämtlichen Ebenen der Lebensäußerung. Du hast eine Bestimmung in deinem physischen Körper, in deinem Astralkörper usw. In Entsprechung zu deiner Evolutionsstufe mußt du auf jeder Existenzebene, in jedem Körper eine Bestimmung erfüllen. Über diese Bestimmung entscheidet deine Seele, ehe sie sich in einem bestimmten Körper inkarniert. Wir wollen das Beispiel des physischen Körpers aufgreifen, über den sich die Menschen am ehesten bewußt sind. Bevor du dich verkörperst, entscheidest du über deine schicksalhafte Bestimmung, und die Erfüllung dieses Schicksals ist die Zielsetzung deines Lebens in einem physischen Körper. Du kannst nun mit Recht sagen: »Warum inkarniere ich mich überhaupt?« Das ist eine völlig andere Frage. Du inkarnierst dich mit einer Bestimmung, die dazu vorgesehen ist, dich bestimmte Lektionen zu lehren und es dir zu ermöglichen, Schulden zurückzuzahlen, die du in anderen Leben auf dich geladen hast. Bedingt durch die Art der Bestimmung, die du zu erfüllen hast, wählst du dir das Jahr und den Zeitpunkt deiner Geburt, dein Geburtsland und deine Eltern. Mit deiner Geburt beginnt die schicksalhaft vorgegebene Bestimmung deines Lebens. Mit deinem Tode und der Rückkehr in einen anderen Körper fängt eine andere Bestimmung in dieser Körperform an, bis du erneut in einem anderen physischen Körper wiedergeboren wirst. Diese schicksalsmäßige Bestimmung gilt nicht nur für das Leben auf dieser Erde. Alles, was existiert, hat eine Bestimmung, ein Lebensschicksal, einen Zweck für seine Existenz. Du wirst zur Erfüllung deiner Bestimmung geboren, doch aufgrund ihrer Evolutionsstufe sind sich die wenigsten Menschen über die Art und Weise ihrer Bestimmung bewußt, und nur wenige erhalten allmählich Kenntnis davon, wenn sie eine bestimmte Stufe in ihrer spirituellen Entwicklung erreicht haben.

Für viele bedeutet ihr Schicksal oder ihre Bestimmung daher eine unerkannte und unvoraussehbare Macht. Das dir bestimmte Schicksal wird durch deine Seele gelenkt, die immer bemüht ist, dich auf dem Pfade zu halten, in den sie vor ihrer Inkarnation auf der Erde eingewilligt hat. Der dir vorgegebene Lebensweg könnte vielleicht mit einer Reise um die Erde verglichen werden. Du wirst, sagen wir einmal, in England geboren, und im Verlaufe deines Lebens mußt du ganz um die Erde reisen und wieder nach England zurückkehren, wo du geboren wurdest. Deine Seele würde nun den naheliegenden Wunsch haben, daß du einem vorher festgelegten Weg um die Erde folgst, damit du dorthin zurückkehren kannst, wo du deine Reise begonnen hast. Könntest du auf deine Seele hören und wärest von ihr gelenkt, so würdest du jenem Weg folgen, doch weil dies nicht der Fall ist und du die göttliche Gabe der freien Wahl hast, kannst du hingehen, wo immer du willst. Von deinem Ausgangspunkt in England kannst du jedem beliebigen Weg nachfolgen. Du kannst sogar rückwärts gehen, was bedeutet, daß du zu deinem Ausgangspunkt zurückkehren mußt, damit du deinen Lebensweg beginnen kannst. Dies trifft auf viele Menschen zu.

Wenn ihr nun von euren vorgegebenen Wegen abkommt, so liegt es auf der Hand, daß die Bewußteren unter euch bestimmte subtile Einflüsse auf ihr Leben zu spüren beginnen. Ihr werdet das Gefühl haben, nicht das zu tun, was ihr tun solltet, nicht dort zu leben, wo ihr leben solltet; dieser Einsicht werdet ihr folgen und auf euren Weg zurückkehren. Wenn ihr dies nicht tut, so werdet ihr vielleicht Warnungen von eurer Seele und von euren Führern und Meistern erhalten, die während dieses irdischen Lebens für euch sorgen, und diese Warnungen mögt ihr beachten. Eine hochentwikkelte Seele ist sich ihrer schicksalhaften Bestimmung normalerweise genügend bewußt, um nicht allzu weit von ihrem Weg abzukommen. Eine junge Seele aber, die viel lernen muß und dabei die freie Wahl hat, kann ihren Weg dorthin fortsetzen, wo sie möchte – jegliche Einschränkungen, die ihr auferlegt werden, läßt sie unbeachtet, da sie keine Führung annehmen will. Für eine junge Seele ist dies nicht von großer Bedeutung, da sie auf jedem Weg, dem sie folgt, um zu ihrem Ausgangspunkt zurückzukehren, Lektionen lernen und Erfahrungen machen kann. Einige Seelen kehren niemals zu ihrem eigentlichen Weg zurück; sie haben sich so weit von ihrem vorgegebenen Pfad entfernt, daß sie ihn in ihrer jetzigen Lebensspanne nicht wieder aufnehmen können. Wenn dies der Fall ist, so beschließt die Seele, in Absprache mit den höheren Meistern, daß es nichts mehr zu lernen gibt und vollzieht dann den Übergang des Todes in einen anderen Körper und zu einer anderen Bestimmung, damit sie sich auf eine weitere Inkarnation vorbereiten kann. Diese Seele verliert nichts, denn wenn sie sich von ihrem schicksalhaft vorgegebenen Weg entfernt hat, übt die Erfahrung vom Übergang des Todes einen sehr starken Einfluß auf sie aus. Es bedarf vieler Inkarnationen, damit diese Erfahrung wieder ausgeglichen werden kann.

Ihr alle seid inkarniert, um die Erfahrung des physischen Lebens zu machen und bestimmte Lektionen zu lernen. Diese Lektionen könnt ihr zum erstenmal lernen, oder es kann sich auch um Lektionen handeln, an denen ihr in einem anderen Leben gescheitert seid. Sie mögen die Auswirkung von Kräften sein, die ihr in früheren Leben mißbraucht habt und deren richtige Anwendung ihr in diesem Leben erlernen müßt. Während ihr auf eurem schicksalhaft vorgegebenen Weg vorwärtsgeht, werdet ihr mit bestimmten Menschen zusammentreffen, Seelen, denen zu begegnen ihr zugestimmt habt, damit karmische Schulden beglichen werden können. Glaubt jedoch nicht, daß alle Beziehungen im Leben karmischer Natur sind, denn dies ist nicht der Fall. Viele Beziehungen dienen der gemeinsamen Entwicklung der Seelen, da eine jede der anderen etwas zu geben hat. Die meisten Menschen werden heiraten, viele werden Kinder haben. Auch dies folgt einem Plan: Dein Ehepartner und auch deine Kinder werden von deiner Seele ausgewählt, bevor du dich inkarnierst. Wenn du deinem schicksalhaften Weg folgst, wird alles in deinem Leben nach einem Plan verlaufen.

In deiner frühen Jugend bist du ein hilfloser Säugling in den Armen deiner Eltern. Im Unterschied zu den Tieren benötigen die Menschen eine lange Zeit, bis sie zur Reife kommen. In der Tat wird fast ein Drittel der durchschnittlichen Lebensdauer nur für die Vorbereitung auf das Leben verwendet. Ebenso wie in der frühen Jugend der Körper heranwächst und die Aufnahmefähigkeit von Geist und Verstand entwickelt wird, so verstärkt sich auch nach und nach die Kapazität der Seele, bis sie, bei den meisten Kindern im Alter von elf Jahren, für diese Inkarnation gänzlich in den Körper eingetreten ist. Bis zu diesem Alter kann sie diese Inkarnation immer noch beenden, wenn sie den Wunsch dazu hat, wenn sie spürt, daß bestimmte Faktoren nicht förderlich sind. Befindet sie sich aber erst einmal, nach dem Alter von elf Jahren, gänzlich im Körper, so ist sie zu diesem Leben verpflichtet, zu dieser Bestimmung und den Lektionen, die sie daraus zu lernen hat. Nach dem Alter von elf Jahren hat ein Kind dann zehn Jahre bis zum Alter von einundzwanzig Jahren zur Verfügung, um die Leistungsfähigkeit seines physischen Körpers in jeder Hinsicht voll und ganz auszubilden, damit es dazu bereit ist, die notwendigen Lektionen aus seinem Leben zu lernen. Ohne Frage wird es schon vor dem Alter von einundzwanzig Jahren viele Lehren aus der Kunst des Lebens ziehen, wie beispielsweise die Gesetze der Gesellschaft, in der es lebt, und die Art und Weise des Zusammenlebens mit seinen Mitmenschen; doch ist es eine unumstößliche Tatsache, daß es viele der wirklichen Lektionen des Lebens, viele natürliche Gesetze und spirituelle Gesetze, erst nach seinem einundzwanzigsten Lebensjahr lernen wird. Einige hochentwickelte Seelen mögen zwar schon vor diesem Alter mit dem Lernen beginnen, einige von elf Jahren an, doch die meisten Seelen erfahren die Lektionen des Lebens erst, wenn sie das einundzwanzigste Lebensjahr überschritten haben. Sie erhalten diese zehn Jahre, damit sie ihren Körper in seinen vollen Möglichkeiten entwickeln, damit sie ihren Geist, ihren Verstand, ihre Hände und die Fähigkeiten für das Leben ausbilden können, das sie einmal führen werden. Diese Zeit dient der Vorbereitung auf das Leben. Mit dem Alter von einundzwanzig Jahren setzt das Naturgesetz voraus, daß die betreffende Person ihr volles Potential erreicht hat und die Seele bereit dazu ist, die Lektionen zu lernen, wozu sie sich inkarniert hat; von diesem Augenblick an werden alle Handlungen der Seele in der Akasha-Chronik niedergeschrieben und können nicht mehr ausgelöscht werden.

Über das Wesen der Lektionen und Erfahrungen, die während des Lebens zu lernen sind, entscheidet die tatsächliche Evolution der Seele. Wenn ein Mensch seinem spirituellen Weg folgt, werden sich bestimmte Kraftzentren innerhalb des Körpers ausbilden und öffnen; dies geschieht durchschnittlich alle zehn Jahre, vorausgesetzt, daß die Seele jene Kraftquelle genügend gemeistert hat, die sich zehn Jahre vorher geöffnet hat. Folglich öffnet sich während des einundzwanzigsten Lebensjahres ein Kraftzentrum, dessen Beherrschung und Gebrauch die Seele zu lernen hat. Erlangt sie die Meisterschaft darüber, so wird sie zur nächsten Kraftquelle fortschreiten; wenn ihr dies nicht gelingt, so kommt es zum Stillstand, bis sie gelernt hat, damit umzugehen. Manche Seelen öffnen während einer Inkarnation niemals mehr als ein Kraftzentrum. Du mußt die Lektionen desjenigen Kraftzentrums lernen, das du geöffnet hast, denn Lektionen und Erfahrungen sind mit den Zentren im Körper verbunden. Wenn du in Berührung mit diesen Lektionen kommst und sie verstehst und annimmst, so wirst du dich weiter vorwärts und nach oben fortentwickeln können; wird eine Lektion jedoch nicht gelernt, so wiederholt sie sich.

Wenn ich das Wort »Lektion« verwende, so meine ich damit offensichtlich keine Lektion oder Lehrstunde, wie sie in einem Unterrichtsraum abgehalten wird, sondern eher etwas, das man vielleicht am besten mit dem Begriff »Seelenerfahrung« umschreiben könnte. Wenn du es beispielsweise lernen mußt, daß deine Eltern, die es dir ermöglicht haben, in die Materie zu gelangen, die dieses Opfer gebracht haben, für deine Erziehung verantwortlich waren und dir soviel Zeit und Liebe geschenkt haben, in ihrem Alter die gleiche Liebe und Fürsorge brauchen, die sie dir in deiner Kindheit zugewendet haben, dann wird dir diese Seelenerfahrung oder Lektion in der Form präsentiert werden, daß du zur Unterstützung deines eigenen Vaters oder deiner Mutter aufgefordert wirst. Dies meine ich mit einer Seelenerfahrung oder Lektion. Man muß es lernen, ebensoviel zu geben, wie man selbst nimmt, und da dir deine Eltern Liebe und Schutz gewährt haben, mußt du ihnen in ihrem Alter das gleiche zurückgeben. Eine andere Lektion, die du vielleicht zu lernen hast, ist ein Leben der Armut und des Mangels, ohne nach Geld zu verlangen und es anderen wegzunehmen, die es besitzen; statt dessen akzeptierst du den Zustand der Armut und erkennst, daß die Not lediglich ein irdischer Wert ist, daß sie – vorausgesetzt, du hast Vertrauen, und dein Körper befindet sich in guter Gesundheit – einzig und allein einen Geisteszustand darstellt. Eine andere Lektion kann es dich lehren, reich zu sein. Die Lektion des Reichtums ist sehr schwierig zu erlernen, denn mit Besitz ist unweigerlich die Verantwortung für das Schicksal und Karma anderer Menschen, vielleicht sogar Länder, verbunden.

Darin bestehen also die Lektionen, von denen ich spreche, und während deines Lebens wirst du entsprechend des Pfades, den du für dich erwählt hast, in Berührung mit ihnen kommen. Wenn du in dem Leben, das du jetzt führst, kein neues Karma auf dich geladen hast, wirst du in der Regel mit dem fünfundfünfzigsten Lebensjahr die Lektionen gelernt haben, zu deren Erfahrung du dich inkarniert hast; von diesem Alter an wirst du der Welt dann das zurückgeben können, was du in deinen ersten fünfundfünfzig Lebensjahren erhalten hast. Als Lehrer wirst du das, was du im Leben gelernt hast, der Jugend und deinen Mitmenschen weitergeben. Du wirst denen, die dich umgeben, deine Seelenerfahrungen vermitteln und anderen helfen. Damit du dazu befähigt bist, werden sich wiederum gewisse Kraftzentren öffnen. Wenn du diese Stufe nicht erreichst, dann wird sich das entsprechende Kraftzentrum nicht öffnen, und du wirst kein Lehrer werden. Normalerweise aber öffnest du dich vom fünfundfünfzigsten Lebensjahr an diesem Kraftzentrum, und die »Weisheit der Alten«, wie sie genannt wird, wird dir enthüllt. Du setzt diesen Weg fort und gibst Lehren an die Welt weiter, während du selbst noch die Lektionen lernst, die du über das Lehren zu erfahren hast, bis du schließlich das Alter erreichst, für das du deine Einwilligung gegeben hast, die physische Ebene zu verlassen. Wenn du zu dieser Stufe gelangst und das erreicht hast, wozu du dich gemäß deiner schicksalhaften Bestimmung aufgemacht hast, wenn du wieder bei deinem Ausgangspunkt angekommen bist, dann hat sich der volle Kreis geschlossen, und du kehrst in einen anderen Körper zurück.

Im Normalfall sollte der Mensch bis zum Ende seiner erwarteten Lebensdauer leben, doch da er die freie Wahl und Entscheidung hat, kann er sein Leben beträchtlich verkürzen, beispielsweise durch den Mißbrauch seines Körpers, durch seine Ernährungsweise, seine Lebensform oder seinen Wohnort. Wenn dies der Fall ist, so erzeugt er damit eine karmische Schuld. Wenn du nicht die Lektion lernen mußt, in einem mißgestalteten oder unvollkommenen Körper zu leben, dann erhältst du bei der Geburt einen makellosen Körper, und einen ähnlich vollkommenen Körper solltest du deinem Schöpfer zurückgeben, wenn du beim Tode den Übergang in einen anderen Körper vollziehst. So lautet das Gesetz. Der Körper ist der Tempel der Seele, und jeglicher Mißbrauch des Körpers bedeutet auch einen Mißbrauch jenes Funkens des unendlichen Geistes in dir.

Wenn du auch nur im mindesten spirituell bewußt bist, wirst du dem Lebensweg folgen, der dir bestimmt war. Du wirst die schicksalhafte Bestimmung erfüllen, in die du vor deiner Inkarnation in einem physischen Körper eingewilligt hast. Du wirst das Ziel erreichen, wozu du dich aufgemacht hast. In der heutigen Welt führen jedoch viele Seelen, die sich in der Materie inkarnieren, ihre schicksalhafte Bestimmung nicht aus – sie leben nicht so lange, wie sie eigentlich leben sollten, und sie lernen nicht die Lektionen, die zu begreifen sie herabgekommen sind. Unglücklicherweise sind die im Augenblick auf diesem Planeten existierenden Bedingungen so beschaffen, daß sie es erschweren, nach der eigenen schicksalhaften Bestimmung zu suchen und ihr zu folgen. Da der Materialismus mittlerweile das Leben in all seinen Aspekten beherrscht, hat sich der Sinn des Lebens gewandelt. Für die meisten Menschen ist er heute gleichbedeutend mit materiellen Dingen, und erst mit deren Beseitigung wird der Mensch wieder den wahren Sinn des Lebens verstehen können. Leben bedeutet nicht, etwas zu besitzen, sich etwas anzueignen, etwas auf Kosten seiner Mitmenschen zu erreichen. Leben ist Liebe – aufopferungsvolle Liebe. Leben ist eher Geben als Nehmen, bedeutet eher Hilfe, als Dinge nicht zur Kenntnis zu nehmen. Leben ist eher Segnung als Fluch, eher Opfer als Bereicherung. Leben bedeutet, daß du an deinen Nächsten vor dir selbst denkst. Wenn du dein Selbst, dein Ich beseitigst, dann lebst du wahrhaft. Aus diesem Grunde befindest du dich hier in der Materie auf diesem Planeten. Die Lektion der Selbstlosigkeit ist, neben vielen kleineren Lehren, die grundlegende Lektion, die ihr alle zu lernen habt, wenn ihr euch auf dieser Erde inkarniert.

Nimm dein Leben in Augenschein, und lege dir selbst Rechenschaft darüber ab. Betrachte, unter Berücksichtigung deines irdischen

Alters, wo du im Leben stehst, was du getan hast, was du noch erreichen mußt und was von dir erwartet wird – deine Seele weiß dies, wenn du nur auf sie hören wirst. Suche nach dem wahren Sinn des Lebens in allem, was du tust und sagst, und vergegenwärtige dir schließlich, daß dieses Leben, das du jetzt führst, nicht die Gesamtheit deiner Existenz bedeutet. Versuche, dir in diesem Augenblick über dein Leben bewußt zu sein, auch über dein Leben auf Existenzstufen, die über den Bereich des Physischen hinausgehen, und suche dem Beispiel der großen Meister zu folgen, die sich auf dieser Erde inkarniert haben. Erkenne in ihren Leben den Seelenausdruck, den zu erlangen du anstreben solltest.

Der universelle Mensch

Die amerikanischen Astronauten hatten während ihrer Flüge zum Mond und zurück das Vorrecht, den Planeten Erde aus ihrem Raumschiff zu betrachten. Sie machten eine bemerkenswerte Serie von Fotos mit dem Ergebnis, daß sich die Menschen auf der Erde gewissermaßen der Schönheit und Großartigkeit ihres Planeten bewußt werden konnten. Es sollte wahrheitsgemäß erwähnt werden, daß alle Astronauten, ohne Ausnahme, durch den Anblick der Erde aus einer Entfernung sehr stark berührt wurden. Die Sicht der Erde in ihrer Gesamtheit, ob nun vom Mond selbst aus oder von einem Raumschiff auf dem Weg zum Mond oder zurück, übte auf sie alle eine tiefgreifende Wirkung aus, und bei der Rückkehr zur Erde waren viele von ihnen zu anderen Menschen geworden. Wäre es dir möglich, die Erde aus einer Entfernung zu betrachten oder selbst nur aus deinem eigenen physischen Körper herauszutreten, so würdest du wahrscheinlich eine neue Perspektive, eine neue Sichtweise erlangen, und zwar nicht nur vom Sinn und Zweck der Erde und deinem Körper, sondern auch von ihrer Vollkommenheit und Schönheit, und damit könntest du mehr vom Wesen und der Zielsetzung ihres Schöpfers erfassen.

Würdest du die Erde aus einer gewissen Entfernung betrachten, so wärest du dazu gezwungen, sie als eine einzige Einheit wahrzunehmen. Du würdest nicht an die einzelnen Länder denken, von deren Existenz auf der Erdoberfläche du weißt, sondern vielmehr an die Erde in ihrer Gesamtheit, vergleichbar den anderen Planeten, den anderen Gestirnen und Universen, die du um dich herum erblickst. Fast könntest du dich selbst als eine Gottheit betrachten, denn du würdest über allen Ländern der Welt, über allen sich ereignenden Geschehnissen stehen, und dann würdest du vielleicht allmählich erkennen, wie jene höheren Wesen, welche das Schicksal dieser Erde lenken, in ähnlicher Weise auf sie herabblicken. Auch sie sehen die Vollkommenheit der Erde und ihre Schönheit, spüren die Emanation ihrer Ausdrucksform: universelle Liebe. Wenn du jedoch in Richtung der Erdoberfläche herabkommst, so würde sich die Erde, die du vorher als eine ungeteilte Einheit wahrnehmen konntest, jetzt in einzelne Teile und schließlich in Kontinente aufspalten müssen. Bald würdest du nur noch einzelne Länder sehen und nur noch in den ihnen entsprechenden Begriffen denken können. Die Vision der Ganzheit wäre verloren, und du würdest erneut in deine physische Hülle mit ihrer beschränkten Sichtweise zurückkehren.

Der Mensch wird auf der Erde mit einem individualisierten Bewußtsein geboren. Wenn er sich, nach vielen Inkarnationen auf dem einen Planeten, der innerhalb des Sonnensystems in seiner Evolution tiefer als die Erde steht, zum erstenmal auf der Erde inkarniert, ist er darum bemüht, seine Identität in einem menschlichen, physischen Körper zu begründen. Hat er seine eigene Identität, seine Persönlichkeit erst einmal geschaffen, dann muß er lernen, sie zu beherrschen. Er muß lernen, seinen eigenen Willen im Zaume zu halten und ihn dem Willen seines Schöpfers zu unterstellen, damit er seine Bestimmung auf dieser Erde erfüllen kann. Die grundlegende Lektion, die der Mensch zu lernen hat, besteht darin, das Selbst, seine eigene Individualität zu opfern, seine persönlichen Wünsche und Bedürfnisse aufzugeben und Rücksicht zu nehmen auf die anderen Menschen um ihn herum, nicht nur in seinem eigenen Land, sondern auf der ganzen Welt. Er muß es lernen, nicht nur an seine eigene Rasse, seine eigene Religionsgemeinschaft, seinen eigenen Teil der Erde, sondern an die Erde als eine Ganzheit zu denken. In diesem besonderen Bereich stößt der Mensch auf die allergrößten Schwierigkeiten, denn obwohl er seine Individualität fest begründet hat, hält er es zum gegenwärtigen Zeitpunkt für äußerst schwierig, diese Individualität für Menschen in seiner Nähe, noch weniger für sein Land und sogar auch für die Welt, aufzugeben, zu opfern.

Es bedarf einer starken Motivation, damit sich die Menschen zusammenschließen, daß sie an ihr Land als eine ungeteilte Einheit denken und dazu bereit sind, sich selbst, ihr Selbst für dieses Land zu opfern. Dies geschieht gewöhnlich nur in Zeiten von Konflikt und Krieg, wenn die als Patriotismus bekannte Gefühlsbewegung den Menschen dazu veranlaßt, nicht an sich selbst, sondern an sein Land zu denken und sich mit seinen Landsleuten zusammenzutun, um sein Land angesichts der Aggression zu verteidigen. Wäre nicht diese Gefühlsbewegung des Patriotismus damit verbunden, so würde er sich in der Tat nicht mit anderen zusammenschließen. In Friedenszeiten sieht es der Mensch als schwierig an, dieses Opfer seiner Individualität selbst für seine nächsten Mitmenschen, geschweige denn für sein Land zu bringen.

Wenn sich der Mensch nicht um die Bewohner seines eigenen Landes sorgt, dann wird er sich natürlich überhaupt nicht um jene kümmern, die in anderen Ländern leben; welche Berichte er auch immer von Katastrophen, wie beispielsweise Hungersnöte oder Erdbeben, hört, er wird diesen Geschehnissen, die sich so weit entfernt von seinem eigenen Land ereignen, in der Regel keine Beachtung schenken. Weil sie nicht ihm selbst oder seinem eigenen Land widerfahren, fühlt er sich nicht davon betroffen. Darin besteht eine der großen Lektionen, die der Mensch lernen muß, und ehe er diese Lektion der totalen Verantwortung für jedes menschliche Wesen auf diesem Planeten, ungeachtet seines Landes oder seiner Religionszugehörigkeit, nicht gelernt hat, wird er nicht auf dem höherführenden Pfade zur Meisterschaft fortschreiten können. Der Mensch muß es lernen, Opfer zu bringen, allen Menschen zu helfen, die auf dieser Erde leben, freizügig zu geben, ungeachtet um welchen Preis, und das, was sein Land besitzt, mit anderen Ländern zu teilen, denen es daran mangelt. Bedenke, daß die Welt der Materie nicht dem Menschen gehört. Nur weil ein Land dazu in der Lage ist, Nahrung anzubauen und ein anderes nicht, bedeutet dies noch lange nicht, daß alle Nahrung Besitz desjenigen Landes ist, das sie anbaut; schließlich können nicht alle Länder in der Welt Nahrungsmittel anbauen, doch sind diejenigen, die dazu imstande sind, verpflichtet, die anderen daran teilhaben zu lassen.

Während sich der Mensch auf seinem Weg vorwärtsbewegt, muß er lernen, sein Selbst zu opfern – zuerst für seine engere Gemeinschaft, dann für sein Land, dann für seine Rasse und schließlich für die Erde. Nur dann, wenn sich der Mensch nicht als Engländer oder Deutscher, als Europäer oder Weißer betrachtet, sondern einfach als Mensch dieser Erde, läßt sich von ihm behaupten, daß er seine potentiellen irdischen Möglichkeiten wirklich voll und ganz ausgebildet hat. Wenn du erklären kannst, daß du ein Mensch dieser Erde bist, daß du jedes menschliche Wesen auf dieser Erde, ungeachtet seiner Hautfarbe oder Religionszugehörigkeit, als dir ebenbürtig ansiehst, wenn du ihm gegenüber ebensoviel Verantwortung wie für deine eigene Familie zeigst, dann mag von dir gesagt werden, daß du bis zur Stufe einer entwickelten Seele fortgeschritten bist.

Ihr alle müßt versuchen, nicht in Unterteilungen zu denken und ein Land mit dem anderen, eine Lebensform, eine Rasse mit einer anderen zu vergleichen. Versucht nicht, die Welt in Länder und Rassen aufzuteilen. Versucht nicht, an Nationen gebundene Sitten und charakteristische Merkmale miteinander zu vergleichen, sondern betrachtet jeden Menschen als einen individuellen Funken eures Schöpfers, als ein Wesen, das euch in jeder Hinsicht gleichgestellt ist und nur einen anderen Lebensweg beschreitet. Macht euch bewußt, daß alle von euch, die ihr euch auf verschiedenen Bewußtseinsstufen befindet, sich für ihre Inkarnation auf der Erde unterschiedliche Familien und Lebensweisen, verschiedene Länder und Rassen ausgewählt haben, damit sie die Lektionen und Schwingungen dieser Länder und Rassen erfahren können. Alle diese Faktoren habt ihr vor eurer Inkarnation in dem Wissen ausgesucht, daß ihr euer Bewußtsein auf dem Weg, den ihr gewählt habt, zu einem höheren Verständnis führen würdet. Der Pfad, der für eine Seele richtig ist, eignet sich nicht unbedingt für eine andere.

Der heutige Mensch geht darin fehl, wenn er annimmt, daß eine Rasse der anderen überlegen und in ihrer Zivilisation höherentwikkelt sei. Die Länder in der heutigen Welt, die in technologischer Hinsicht weiter fortgeschritten sind, betrachten sich selbst als zivilisierter und sind bestrebt, ihren Lebensstil, ihre Lebensbedingungen allen übrigen Ländern der Erde aufzudrängen. Kein Land, keine Person hat das Recht, ihren Willen, ihren Lebensstil einem anderen aufzuerlegen, ungeachtet der Tatsache, für wie richtig sie auch ihren eigenen Lebensstil und für wie falsch sie denjenigen eines anderen halten könnte. Es ist Sache der einzelnen Länder und ihrer Bewohner, aus eigener freier Wahl heraus ohne die Einmischung eines anderen Landes Veränderungen einzugehen.

Die Meister, die über dich wachen, während du in einem physischen Körper auf der Erde lebst, wirken nicht beeinflussend oder störend auf dich ein. Sie wissen, wann du im Unrecht bist und Fehler begehst, doch lassen sie dich diese Fehler machen und dein Bewußtsein durch deine eigenen Handlungen und Entscheidungen weiterentwickeln. Es gibt keinen »Großen Bruder«, der dich dazu veranlassen wollte, etwas in der rechten Art und Weise zu tun. Beachte daher die Weisheit jener höherentwickelter Wesen, die es zulassen, daß du nach deiner Wahl handelst, und gestehe es anderen Ländern zu, daß auch sie ihre eigenen Entscheidungen treffen.

Wenn sich der Mensch zum erstenmal auf dieser Erde inkarniert, werden sein Bewußtseinszustand und seine Evolutionsstufe augenscheinlich nicht so hochentwickelt sein wie bei jenen, die sich bereits in vielen Tausenden von Leben inkarniert haben. Versuche daher nicht, einem unentwickelten Menschen eine Lebensform aufzudrängen, die er nicht versteht und erfaßt oder nicht einmal braucht. Zeige Achtung für die Individualität aller Menschen. Betrachte sie als deine Brüder und hilf ihnen, so gut du kannst. Stelle sicher, daß du ihnen mit der Verantwortlichkeit einer höherentwikkelten Seele in einer Weise hilfst, die ihrem Entwicklungsstand angemessen ist, und daß du ihren Weg zur Bewußtwerdung keinesfalls unterbrichst.

Einer der größten Irrtümer des neunzehnten und zwanzigsten Jahrhunderts hat darin bestanden, den sogenannten »Eingeborenen« der kolonisierten Länder westliche Ideen, westliche Religionen und Glaubensvorstellungen aufzuzwingen. Eine Menge Karma ist dadurch verursacht worden, das zurückgezahlt werden muß. Ebenso wie sich einzelne Menschen mit einem bestimmten Schicksal inkarnieren, so gilt dies auch für Länder, und ebenso wie die einzelnen Menschen für sich selbst Karma erschaffen, so tun dies auch ganze Völker. Deshalb leiden einige Länder als eine Gesamtheit und andere nicht, werden einige Länder in große Kriege verwickelt und andere nicht. Das Gesetz des Karma kommt bei Völkern genauso wie bei einzelnen Menschen zur Anwendung, und daher wird die Wirkung aus den Taten der einen Generation von der nächsten erfahren werden. Beispielsweise muß die heutige Generation von Amerikanern für das Karma aus dem Fehlverhalten jener zahlen, die viele Tausende schwarzer Sklaven von der afrikanischen Küste nach Amerika verschifften, sie aus ihrer wahren Umgebung, aus dem ihrer Evolution entsprechenden Land herausrissen und in eine falsche und feindliche Umwelt versetzten.

Ich habe bereits erwähnt, daß die eine Kraft, die Menschen in Kriegszeiten scheinbar miteinander verbinden kann, die als Patriotismus bekannte Gefühlsbewegung ist. Während des Krieges sind die Menschen gewillt, große Opfer für ihr Land zu bringen. Sie sind vielleicht nicht dazu bereit, für vieles sonst zu sterben, doch zur Rettung ihres Landes werden sie ihr Leben opfern. Der Patriotismus hat, einem Diamant vergleichbar, viele Facetten, viele Aspekte. Ich möchte nicht behaupten, daß es sich dabei um ein nicht erstrebenswertes Gefühl handelt, doch lassen sich viele Beispiele aufzeigen, wo er dazu mißbraucht worden ist, Menschen zum Verzicht auf ihr Leben um ihres Landes willen zu überreden. Die Feststellung ist allerdings interessant, daß die Menschen, die ihr Leben hingaben, gewöhnlich an die Sache glaubten, wofür sie kämpften. Sie starben im Glauben an ihre Sache oder ihr Land, selbst wenn andere, die außerhalb des tatsächlichen Kampfgeschehens standen, den Irrtum im Verhalten der am Kampf beteiligten Länder erkennen konnten.

Patriotismus, der manchmal auch als Nationalismus bezeichnet wird, ist häufig als Rechtfertigung für großes Unheil verwendet worden. Wenn sich ein Land anschickt, ein anderes Land zu erobern, um seinen Herrschaftsbereich zu vergrößern und sich neue Besitzungen anzueignen, werden häufig patriotische Gefühle wachgerufen. Du kannst für dein Land töten, wird dir gesagt, weil dein Land dies verlangt. Du trägst selbst keine Verantwortung dafür, sondern tust nur das, was von dir erwartet wird. Du kämpfst für dein Land. Auch wenn ein Land angegriffen wird, schließen sich Männer und Frauen dieses Landes, die normalerweise nicht kämpfen oder jemanden töten würden, in ähnlicher Weise zusammen und sind zur Verteidigung ihres Landes zum Töten bereit. Jetzt können sie das rechtfertigen und gutheißen, was sie vorher niemals in Betracht gezogen oder gebilligt hätten. Außerdem werden die wenigen Menschen, die nicht zu kämpfen bereit und zu töten gewillt sind, die sogenannten Kriegsdienstverweigerer aus Gewissensgründen, verachtet und lächerlich gemacht und in der Regel sogar eingesperrt.

Du wirst den Patriotismus entsprechend der Evolutionsstufe deiner Seele beurteilen. Wenn du eine wahrhaft entwickelte Seele bist und die Erde als eine Ganzheit und alle auf ihr lebenden Völker als eine Einheit anerkennst, dann wirst du von dieser Gefühlsbewegung unbeeinflußt sein. Die niederen Gefühle des Patriotismus und Nationalismus werden keinen Einfluß auf dich ausüben können, besonders dann nicht, wenn sie als ein Mittel dafür eingesetzt werden, eine Rasse mit einer anderen zu vergleichen, ein Land über ein anderes zu stellen, die Menschen zu trennen und Haß und Mißtrauen zwischen ihnen hervorzurufen.

Du wirst das Gefühl des Patriotismus entsprechend deiner Bewußtseinsstufe betrachten. Wenn du dich nicht mit der Erde als einer Ganzheit, mit deinem Schöpfer und den höheren Wesen, die Einfluß auf diese Erde nehmen, identifizieren kannst, dann wirst du dich natürlich mit deinem Land zu identifizieren suchen. Du wirst sagen, daß du Engländer, Deutscher, Franzose oder Amerikaner bist, und dadurch wirst du ein Gefühl der Sicherheit, der Zugehörigkeit erhalten. Doch selbst innerhalb eines Landes kann es noch Menschen geben, die sich nicht als zugehörig zu diesem Land, sondern nur zu einem kleinen Teil davon betrachten. Sie werden von sich sagen, daß sie aus Wales oder Schottland, aus den Nord- oder Südstaaten von Amerika, von der Ost- oder Westküste stammen. Sie werden sich selbst nur als zugehörig zu der kleineren Einheit betrachten und die Ganzheit nicht anerkennen. Man kann auch Menschen finden, die sich nur einer Stadt zugehörig fühlen, und es gibt sogar Menschen, die über ihre Familie hinaus keine Identifikation eingehen.

Ihr seht also, von welcher Wichtigkeit es ist, daß ihr, wenn ihr die Bedeutung der Individualität von allem und jedem Wesen gelten laßt, auch die Tatsache anerkennen solltet, daß ihr zusammen ein größeres Ganzes bildet. Jeder von euch sollte das betrachten, was er für das Ganze hält, und dann einen Schritt darüber hinausgehen, denn wenn ihr euch weiterentwickelt, werdet ihr erkennen, daß eure begriffliche Vorstellung des Ganzen begrenzt ist. Wenn ihr vorwärtsschreitet, werdet ihr nicht nur an eure Stadt, euren Staat, eurer Land, eure Rasse, sondern auch an eure Erde zu denken beginnen, und dann werdet ihr euch allmählich auch Gedanken über das Sonnensystem und euren Schöpfer machen sowie über die Sonnensysteme, die jenseits davon liegen.

Seid euch darüber bewußt, daß die Weltregierung tatsächlich innerhalb des Organismus eures Sonnensystems existiert; sie wird von den anderen Mitgliedsorganen dieses Sonnensystems ausgeübt. Weil sich der Mensch auf der Erde noch nicht zu dem erforderlichen Bewußtseinszustand hin entwickelt hat, wird er – und kann er – nicht daran teilhaben. Die Menschheit kämpft immer noch darum, ihre Identität als eine Einheit zu finden und diese Einheit zu realisieren. Wenn jener Tag kommen wird, an dem sich die Erde als Ganzes zu einer harmonischen Schwingung vereinigt und ihren Platz im Parlamentarischen Rat des Sonnensystems einnehmen wird, dann wird sie die Zielsetzung erfüllt haben, die in der Absicht ihres Schöpfers lag, und die Macht ihrer wahren Schwingung entfalten: universelle Liebe.

Position und Aufgabe der Erde innerhalb des Sonnensystems

Die Erde ist offensichtlich derjenige Planet, auf dem der Mensch lebt, wenn er sich in seinem physischen Körper befindet. Doch ist dies nicht der einzige Grund für ihre Existenz: Sie ist Teil eines weitaus größeren Ganzen – des Sonnenkörpers, des Organismus eures Sonnensystems. Dieser Sonnenkörper setzt sich, vergleichbar eurem eigenen physischen Körper, aus verschiedenen lebenswichtigen Organen zusammen, die durch Materie miteinander verbunden werden. Die hauptsächlichen Organe des menschlichen Körpers, die ihr kennt, werden durch die sie verbindende Körpermasse zusammengehalten und gestützt, während der Körper lebendig ist: durch das Gewebe, die Muskeln, Knochen usw. Die Organe des Sonnenkörpers werden durch eine andere Art der Materie zusammengehalten, welche offensichtlich nicht die Form von Fleisch und Knochen des menschlichen Körpers annimmt. Die Schwingungen, von denen ich jetzt spreche, sind wesentlich höher, und daher werden diese Organe von einer weitaus feinstofflicheren Materie eingehüllt. Würdet ihr außerhalb des Sonnenkörpers stehen können und in der Evolution ausreichend entwickelt sein, so würdet ihr den Sonnenkörper von weitem in seinen Umrissen, wie eine Gestalt, erkennen, ebenso wie ihr einen physischen Körper auf der Erde erkennt. Die lebenswichtigen Organe innerhalb dieses Sonnenkörpers sind die zwölf Planeten eures planetarischen Systems. Obgleich einige von ihnen noch entdeckt werden müssen, gibt es zwölf Planeten innerhalb des Sonnenkörpers, und sie stellen eine Entsprechung zu den Organen in eurem physischen Körper dar. Jeder von ihnen hat eine lebenswichtige Funktion innerhalb des Sonnenkörpers zu erfüllen.

In dieser Lesung möchte ich über die Position und Aufgabe der Erde innerhalb eures Sonnensystems sprechen. Die Lehren, die ich euch weitergeben werde, sind sehr einfach; glaubt daher nicht, daß meine Worte alles das darstellen werden, was sich über dieses Thema sagen läßt. Ich habe sie außerordentlich vereinfacht, damit ihr sie verstehen könnt, denn dieses Thema ist sehr komplex, und wenn ihr nicht sehr hochentwickelt und euch über die Gesetze der Natur und des Kosmos bewußt seid, werdet ihr nicht ohne weiteres für alles das empfänglich sein, was es über eure Erde zu wissen gibt.

Eines der Naturgesetze, das euch für das Verständnis dessen helfen wird, wovon ich spreche, läßt sich in dem Satz »Wie oben, so unten« zusammenfassen. Dieser Satz hat viele Bedeutungsebenen, doch in Verbindung mit dieser Lesung ist die folgende wichtig, daß alles eine Nachbildung eines größeren Musters, nur in einem verkleinerten Maßstab, darstellt. Innerhalb eures eigenen physischen Körpers existiert ein lebendiger Organismus, und ebenso wie ihr in eurem physischen Körper innerhalb des Sonnenkörpers lebt, so existiert dieser Sonnenkörper innerhalb eines Organismus, den ich als galaktischen Körper bezeichnen möchte, und dieser liegt wiederum in einem noch anderen Körper, der über eure Vorstellungskraft hinausgeht. Alles ist, nur in einem kleineren oder größeren Maßstab, eine Nachbildung eures physischen Körpers.

Auf die gleiche Art und Weise, in der sich ein Mensch auf der Erde inkarniert, um eine Bestimmung zu erfüllen, so inkarniert sich auch der Sonnenkörper, damit er eine Bestimmung erfüllen kann. Wie der Mensch nimmt der Sonnenkörper eine inkarnierte Form an und geht dann in andere Körper über. Je höher die Schwingung eines Körpers entwickelt ist, desto länger währt seine Inkarnation innerhalb der spirituellen Zeit, und je weniger die Schwingung entwickelt ist, desto kürzer die Inkarnation. Folglich sind die physischen Inkarnationen auf dem Planeten, der innerhalb eures Sonnenkörpers in seiner Evolution tiefer als die Erde steht, weitaus kürzer als die für euch normalen siebzig Jahre, und auf den höherentwikkelten Planeten innerhalb des Sonnenkörpers inkarnieren sich die Seelen für eine viel längere Zeitdauer.

In der gleichen Weise wie der Mensch entwickeln sich auch die Lebewesen auf den anderen Planeten innerhalb des Sonnenkörpers, und ebenso wie ihr alle eurer Evolution folgt, gilt dies auch für die Gesamtheit des Sonnenkörpers. Wenn sich jedoch nicht alle Organe des Sonnenkörpers gemeinsam entwickeln, kann sich auch der Sonnenkörper selbst nicht fortschreitend entfalten. Wenn ihr euch in eurem physischen Körper um größere Bewußtheit bemüht und versucht, euren Körper zu verfeinern und eure Schwingungen zu erhöhen, so müßt ihr die Organe eures Körpers miteinander in Harmonie bringen. Es hat keinen Sinn, daß einige Organe höhere Schwingungen aussenden, denn wenn dies der Fall ist, treten Disharmonie und Störung des Gleichgewichts auf. Auch der Sonnenkörper muß sich in Harmonie und Ausgewogenheit befinden, und seine sämtlichen Organe müssen sich mit gleicher Geschwindigkeit entwickeln.

Im Augenblick verhält es sich jedoch so, daß sich alle übrigen Planeten in Entsprechung zu dem großen Plan entwickeln, doch die

Erde leider nicht. Die Erde ist es, welche die fortschreitende Entwicklung des Sonnenkörpers verlangsamt; daher versuchen die Meister, die für die Evolution des Sonnenkörpers verantwortlich sind und die Verhältnisse auf der Erde kennen, die Erde zu heilen. Ebenso wie du einen erkrankten Teil deines physischen Körpers behandeln würdest, so suchen sie die Erde zu behandeln, damit sie auf ihren wahren Weg zurückkehren, sich mit einer höheren Geschwindigkeit entwickeln und ihren angemessenen Platz in Relation zu den übrigen Organen des Sonnenkörpers einnehmen kann. Ebenso wie sich eine Seele dadurch entwickelt, daß sie ihre Schwingungen erhöht, sind die für die Evolution des Sonnenkörpers verantwortlichen Meister im Begriff, die Erde zu beschleunigen und in ihrer Evolution zu unterstützen, die Erdschwingungen dadurch zu erhöhen, daß sie die Erde auf ihrer Achse aufrichten und sie sich schneller drehen lassen. Du mußt dir natürlich darüber im klaren sein, daß dieses Geschehen Veränderungen in der Lebensstruktur auf der Erde erforderlich machen wird.

Wenn ihr euch in einem physischen Körper inkarniert, so ruht euer Geist in eurem Herzen. Innerhalb des Sonnenkörpers stellt die Sonne die Entsprechung zu eurem Herzen dar, und in ihr weilt der Geist eures Sonnen-Logos, den ihr in euren irdischen Begriffen als »Gott« bezeichnen würdet. Obgleich es sich bei ihm um ein offensichtlich hochentwickeltes und besonderes Wesen handelt, ist er innerhalb der Evolutionsfolge nur ein kleiner Teil eines noch höherentwickelten Körpers, und auch er ist wiederum stetig dem Zentrum oder Herzen jenes Körpers, dem »Gott«, zugewandt, dem nachzueifern er bestrebt ist. Das Leben ist eine immer weiter aufwärtsführende Spirale, welche die verschiedenen Körper und ihre entsprechenden Schwingungsgrade ineinandergreifen läßt, doch im Augenblick habe ich das Gefühl, daß wir uns nur mit eurem kleinen Sonnenkörper beschäftigen müssen. Es ist schwierig für den Menschen, sich in seiner physischen Hülle über irgend etwas bewußt zu werden, was über seine Erde hinausgeht. Er kann sich vielleicht gerade noch eine Vorstellung von den Planeten machen, doch alles, was darüber hinausgeht, übersteigt sein Erkenntnisvermögen. Es ist nicht meine Aufgabe, etwas zu enthüllen, was jenseits der menschlichen Vorstellungskraft liegt, doch kann ich sagen, daß etwas existiert und daß es sein Geburtsrecht ist, dies zu entdecken, wenn er sich weiterentwickelt hat.

Die Planeten sind also die Organe im Organismus eures Sonnensystems. Wie die Organe in eurem physischen Körper führen auch die Organe im Sonnenkörper eine bestimmte Funktion aus, und genauso wie sich euer Herz von euren Nieren unterscheidet, so ist auch die Sonne von der Venus unterschieden. Der Sonnenkörper könnte nicht existieren, ohne daß jedes seiner Organe seine Aufgabe erfüllt, und im Augenblick sind alle Planeten, mit Ausnahme der Erde, voll leistungsfähig. Jeder der Planeten hat eine besondere Schwingung, die er auf alle übrigen Teile des Sonnenkörpers ausstrahlt. Ihr werdet, zu gegebener Zeit, den Krafteinfluß oder Strahl eines jeden Planeten entdecken. Obgleich die Erde selbst über eine Kraft verfügt, die sie auf die anderen Teile des Sonnensystems ausstrahlt, ist diese Kraft im Augenblick sehr schwach.

In der gleichen Art und Weise, in der sich der Mensch auf der Erde inkarniert und beim Tode in einen anderen Körper übergeht, gilt dies auch für die Wesen, welche die übrigen Planeten bewohnen. Sie inkarnieren sich in die Materie – Materie nicht in der Form, wie sie auf der Erde existiert, sondern Materie entsprechend der Beschaffenheit ihres Planeten –, und nach einem bestimmten Zeitraum innerhalb der spirituellen Zeit vollziehen auch sie den Übergang in einen anderen Körper und bewegen sich zu einer anderen Existenzebene weiter. Alle Wesen, die sich auf den anderen Planeten aufhalten, können sich von Planet zu Planet fortbewegen, doch hindert sie der Aufbau des Sonnenkörpers daran, sich außerhalb dieses Körpers zu begeben. Nur ein Wesen kann den Sonnenkörper verlassen, und das ist der Sonnen-Logos, euer »Gott«. Dadurch wird sichergestellt, daß keine unentwickelten Schwingungen dorthin ausstrahlen können, wo sie im Universum Schaden anrichten könnten.

Ich ersuche euch daher, an den Menschen nicht nur im Hinblick darauf zu denken, daß er sich in einem physischen Körper auf dem Planeten Erde inkarniert, dann in einen höheren Körper eintritt und sich darauf erneut inkarniert, sondern den Menschen auch als Teil eines Ganzen, als Teil der Erde zu sehen. Stellt euch die vielen Millionen von Seelen, die entweder in physischen oder höheren Körpern existieren, als Teil der Erde vor und die Erde wiederum als Teil eines größeren Ganzen, das wichtiger als der Mensch und seine kleine Erde ist.

Auch wenn die Seele aufgrund ihrer schicksalhaften Bestimmung und ihrer höheren Schwingungsrate in eurem physischen Körper von größerer Bedeutung als, sagen wir einmal, eure Nieren ist, so kann der Mensch trotzdem nicht ohne seine Nieren leben. Beide sind unerläßlich füreinander: Ihr braucht die niedere Schwingung, damit sich die höhere voll entwickeln und selbst erfüllen kann. In gleicher Weise benötigt der Sonnenkörper die Erde, damit er seine Bestimmung erfüllen kann.

Wenn du in der Nacht nach draußen gehst und zum Himmel aufblickst, dann stelle dir das Weltall nicht einfach als eine sinnlose Leere von Sternen und Planeten vor. Sie haben einen Körper wie du selbst, und das, was du außer den Planeten siehst, sind die Sonnen, die Herrscher der zahllosen Sonnenkörper. Es ist eher so, als ob du vor einer großen Menge stehst und die Menschen darin betrachtest, doch nur ihre Seelen erblickst. Dies widerfährt dir, wenn du in das Weltall schaust, doch natürlich ist deine Sicht auf das beschränkt, was du mit dem physischen Auge wahrnehmen kannst. Alles ist an seinem Platz; alles folgt dem großen Plan; alles ist Teil der Evolution. Ich erwarte nicht, daß der Mensch die Natur dessen erfaßt, was er im Weltall erblickt – ich fordere ihn nur dazu auf, daß er sich ihrer Existenz und Zielsetzung bewußt wird und in seiner Unwissenheit nicht andere Teile des Sonnenkörpers schädigt, wovon er keine Kenntnis hat.

Augenblicklich ist auf der Erde ein Gefühl des allergrößten Egoismus vorherrschend. Der Mensch hält sich selbst für die höchste Vollkommenheit und glaubt, daß auf den anderen Planeten nur eine tieferstehende Lebensform existieren kann, weil unter ihren Bedingungen das Leben in einem physischen Körper, wie er es kennt, nicht weiterbestehen könne; tatsächlich ist der physische Körper des Menschen jedoch die zweitniederste Lebensform innerhalb des Sonnenkörpers, denn zehn der Planeten sind höherentwickelt als die Erde. Der physische Körper des Menschen während seiner Lebenszeit auf der Erde ist wunderbar, eine Nachbildung des Sonnenkörpers. Seiner Anlage und seinem Aufbau nach ist er großartig, doch hat er seine Beschränkungen, die du allmählich entdecken wirst, wenn du größere spirituelle Bewußtheit erlangst. Es ist ein sehr stark verdichteter Körper, der begrenzend wirkt, weil du außerhalb der Erdatmosphäre nicht in ihm existieren kannst. Vor allem ist er Kräften unterworfen, denen deine höheren Körper nicht unterliegen, wie beispielsweise die Persönlichkeit und die körperlich bedingten Emotionen. Die Wesen, die auf den anderen Planeten leben, besitzen keine solchen physischen Körper wie ihr. Sie haben sich, mit der einen Ausnahme, alle weiter entwickelt als die Seelen auf der Erde und sind über die Stufe hinausgelangt, sich physischer Körper zu bedienen. Sie leben auf weitaus höheren Ebenen, obgleich sie in einem physischen Körper erscheinen können, wenn sie den Wunsch dazu haben. Die Gründe dafür sind jedoch ganz besonderer Art, und dies geschieht äußerst selten.

Gegenwärtig hält sich der Mensch für den König über alles, was er überblicken kann, und glaubt aufgrund seines eigenen gestörten

Gleichgewichts, verursacht durch materielles Wachstum auf Kosten von spirituellem Fortschritt, daß er der Menschheit mit seinen Pionierleistungen im Weltraum Nutzen bringt, doch in Wirklichkeit ist dies nicht der Fall. Er schafft damit Karma für die Erde, das einmal zurückgezahlt werden muß, denn mit dem Abschuß seiner Raumschiffe und Versuchsraketen schädigt er die anderen Glieder des Sonnenkörpers. Der Aufprall seiner Raketen auf dem Mond beispielsweise bedroht die Existenz der dortigen Lebewesen, die zu seinem Nutzen da sind. In seiner Unwissenheit gefährdet er den Aufbau des Sonnenkörpers und faßt nicht einmal seine Motive dafür genau ins Auge, warum er eigentlich in den Weltraum vordringt. Er tut richtig daran, in den Weltraum zu blicken und das Wesen der anderen Planeten, der anderen Teile des Sonnenkörpers, zu erforschen, doch besteht keine Notwendigkeit für ihn, sich selbst dorthin zu begeben oder seine Raumschiffe auszusenden, um mehr darüber herauszufinden. Auf diese Art und Weise kann er mit den anderen Gliedern des Sonnenkörpers nicht in Berührung kommen; dies ist ihm auf den höheren Existenzebenen mittels seiner höheren Körper möglich. Ist es schließlich nicht heuchlerisch vom Menschen, seine Energie, seine Zeit und sein Geld dafür zu verschwenden, Raketen in den Weltraum zu schießen, wenn so viel auf seiner eigenen Erde getan werden müßte?

Ich will damit schließen, daß ich euch bitte, euch die Planeten und das Weltall nicht als etwas Rätselhaftes und Geheimnisvolles vorzustellen. Sie sind ebenso real wie die Menschen, die euch in eurem alltäglichen Leben umgeben. Macht euch nicht von ausschließlich irdischen Begriffen abhängig. Das, was ihr seht, was ihr empfindet und was ihr denkt, ist gänzlich mit eurer eigenen Umwelt verbunden und allein für die Erde kennzeichnend, und da es sich um die Erde handelt, hat es eine sehr niedrige Schwingung. Laßt uns die Hoffnung haben, daß der Mensch bald seinen Platz im Evolutionsplan wiedererkennt, daß er danach strebt, seine Position innerhalb des Sonnenkörpers wiedereinzunehmen und daß er erneut und für immer zu der Kraft wird, die er eigentlich sein sollte. Dieses Ziel – die Inspiration des Menschen, sich selbst zu korrigieren – zu erreichen sind die höheren Schwingungen durch die Art und Weise bemüht, in der sie jetzt auf die Erde gelangen.

Astrologie

In dieser Lesung möchte ich etwas über die Wissenschaft der Astrologie sagen. Ich gebrauche den Begriff »Wissenschaft«, obgleich ihn nur sehr wenige in der heutigen Welt für dieses Gebiet verwenden würden. Warum ist das so? Erstens lebt ihr, wie ihr ja wißt, in einem sehr materialistischen Zeitalter. Ihr habt das Fische-Zeitalter durchlebt, und wenn ihr jetzt in das Wassermann-Zeitalter eintretet, werdet ihr noch immer von den Wesenszügen, den Gewohnheiten und den Lebensformen des Fische-Zeitalters begleitet. Wenn der Mensch des Fische-Zeitalters etwas nicht sehen, anfassen oder einen anderen Beweis für seine physische Existenz erlangen konnte, war er nicht leicht von seinem Vorhandensein zu überzeugen, und daher blieb seine Kenntnis des Lebens auf das Umfeld seiner Erde beschränkt. Er dürfte sich über die Sterne und Planeten dort oben bewußt und genügend wißbegierig gewesen sein, um sich die Frage zu stellen, warum sie wohl dort wären, um ihre Helligkeit zu messen, ihre Größe zu schätzen, sie miteinander zu vergleichen und ihre Entfernung von der Erde zu berechnen, wofür er irdische Meßmethoden verwendete – das war alles. An den möglichen Einfluß, den die Schwingungen jener Gestirne auf ihn haben könnten, die er von der Erde aus erblickte, dachte er nicht, da er sich keine Vorstellung davon machen konnte.

Dennoch leben einige in dieser heutigen Welt, die sich, obwohl sie im Fische-Zeitalter geboren wurden, durch die Anwendung der Astrologie in vergangenen Leben auch in diesem Leben wieder mit jener Weisheit, dem Glauben an den Einfluß des Kosmos, inkarniert haben. Sie haben die Wissenschaft der Astrologie im Verlaufe ihrer Inkarnationen während der vergangenen zweitausend Jahre in der Welt lebendig erhalten, denn während dieser Zeit hat die Astrologie wahrlich nicht im Vordergrund des menschlichen Bewußtseins gestanden. Mit dem Neuen Zeitalter, das jetzt herannaht, werden sich die Dinge verändern; die Astrologie wird wieder ihren angemessenen Platz einnehmen und ihre rechtmäßige Bedeutung neben allen übrigen Faktoren im Leben des Menschen erhalten. Der Mensch wird die Bedeutung, die Notwendigkeit und die Wirkung der Astrologie erkennen.

Wir wollen damit beginnen, eine Definition der Astrologie zu versuchen. Astrologie ist die Wissenschaft von den Schwingungseinflüssen des Kosmos auf die Erde. Alles, was existiert, sendet eine Schwingung aus, deren Wirkung, abhängig von der Kraftquelle jener Schwingung, von allem innerhalb ihres Einflußbereiches wahrgenommen wird, was für ihre Frequenz empfänglich ist. Selbst bei der Lektüre dieser Worte wirken nicht nur die anderen Teile eures Sonnensystems, die Planeten, sondern auch Einflüsse jenseits von diesen auf dich ein. Die am ehesten erkennbaren Einflüsse, die auf der Erde wahrgenommen werden, sind natürlich die Schwingungen der Planeten innerhalb eures Sonnenkörpers.

Die Einflüsse, die von den übrigen Planeten eures Sonnenkörpers ausgehen, sind von großer Bedeutung. Du lebst innerhalb dieses Körpers, und ebenso wie die Organe deines eigenen physischen Körpers auf dich einwirken, so wirken die Organe des Sonnenkörpers, die Planeten, in stärkstem Maße auf die Erde ein. Du bist mit der Hülle des Sonnenkörpers verbunden und stehst unter seinem Einfluß, wobei die Einwirkung der Sonne, des Sitzes eures Schöpfergeistes, von besonderer Bedeutung ist. Wäre die Astrologie der Alten dem heutigen Menschen bekannt, so würde er, als sein angestammtes Geburtsrecht, die entsprechenden Einflüsse und die Bedeutung der Planeten sowie die Rolle kennen, die jedes dieser Organe innerhalb des Sonnenkörpers spielt. Er würde wissen, wann und auf welche Weise sie wirksam wären und wie ihre Kraft und Einflußnahme genutzt oder, falls nicht erwünscht, ausgeschaltet werden könnten. Die wahre Wissenschaft der Astrologie ist seit Jahrhunderten verschwunden; der Mensch hat sie im Neuen Zeitalter wiederzuentdecken und wird dies auch tun.

Viele Menschen in der heutigen Welt halten die Voraussage der Zukunft für den wichtigsten Teil der Astrologie, doch dies ist nicht der Fall. Es ist nur ein sehr kleines Bruchstück, das sich der Mensch, mit seiner angeborenen Neugier und weil es ihm an wahrer Spiritualität mangelt und er Antworten eher außen als innen zu finden sucht, als ein Hilfsmittel zur Enthüllung seiner Zukunft herausgreift. Es wäre daher vielleicht besser, wenn wir diese Einstellung gegenüber der Astrologie einmal überprüfen würden.

Der Zeitpunkt deiner Geburt ist wichtig, denn du wirst nicht durch Zufall geboren. Wenn die Eltern des Kindes es zulassen und die moderne Medizin nicht eingreift, wird ein Kind zum exakten Zeitpunkt innerhalb der Sonnenzeit, nicht innerhalb der irdischen Zeit, geboren. Hat sich dieses Kind voll entwickelt und ist erwachsen geworden, so wird es auch wiederum zu einem genau festgelegten Zeitpunkt innerhalb der Sonnenzeit sterben, wenn der Mensch nicht eingreift. Kommen und Gehen sind von entscheidender Bedeutung, und insofern als die Astrologie, auf die ihr euch dabei beruft, diese bestimmt, verdient sie Beachtung.

An jedem Tag in deinem Leben bist du den Einflüssen eures Sonnensystems ausgesetzt; diese können vorausgesagt und genau verzeichnet werden. Auch dein tatsächlicher Standort auf der Erde beeinflußt das Ausmaß, in dem du aufnahmefähig für die Planeteneinflüsse bist, und auch dies läßt sich voraussagen. Im Hinblick auf die mathematische Seite der Astrologie kann der Mensch ziemlich genau vorgehen und die Bewegungen der ihn umgebenden Planeten und Sterne vorhersehen. Er weiß, wann sie sichtbar werden und wieder verschwinden und wann sie Einfluß auf ihn nehmen werden. In dieser Hinsicht konnte er vordringen, weil es sich dabei um die einfache Seite der Astrologie handelt, doch keine Fortschritte hat er in seinem Verständnis von den Kräften oder Einflüssen der verschiedenen Himmelskörper gemacht – ein Wissen, das manchmal als die Weisheit der alten Zeit bezeichnet wird.

Du wirst zugeben, daß die heutige Astrologie ungenau sein muß, da sie nicht die Existenz von zwölf Planeten innerhalb eures Sonnenkörpers anerkennt und der Mensch noch drei von ihnen zu entdecken hat. Einige der unterschiedlichen Einflüsse, die Tierkreiszeichen, wie ihr sie nennt, werden infolgedessen den falschen Planeten zugeordnet. Es gibt zwölf Planeten und zwölf Tierkreiszeichen, eines für jeden Planeten. Du wirst zu einem bestimmten Zeitpunkt geboren, was abhängig ist von der Lektion, die du erlernen möchtest, und von dem planetarischen Einfluß, den du in dieser Inkarnation zu meistern versuchst. Entsprechend einer frühen oder späten Geburt innerhalb des entsprechenden Zeitraums eines Tierkreiszeichens wird sich dieser Einfluß unterschiedlich auswirken. Am Anfang stehst du, bis zu einem gewissen Grade, unter dem Einfluß des vorhergehenden Zeichens, und zum Ende hin wirkt sich der Einfluß des folgenden Zeichens auf dich aus.

Wenn du daher, bevor du dich in die Materie inkarnierst, deinen Geburtstag auswählst, so entscheidest du dich nicht nur für den Kalendertag, sondern auch für den astrologischen Tag, damit du die erwünschten Einflüsse empfangen kannst; denn im Augenblick der Geburt kommt durch den Äther nicht nur jener Funke zu dem Kind, der es seinen Weg ins Leben beginnen läßt, sondern auch die astrologischen Einflüsse dieses Augenblicks gelangen zu ihm. Die tatsächlichen Einflüsse aller Planeten sind dem heutigen Menschen unbekannt. Einige dürfte er richtig verstehen, andere jedoch nicht.

Wenn er daher versucht, ein Horoskop zu stellen, so werden bestimmte Einflüsse darin fehlen, doch vor allem weiß er nichts über den Einfluß dessen, was ich einmal als Seelenweisheit bezeichnen möchte; damit meine ich die Evolutionsstufe der Seele, die Geburt annimmt, die Lebenserfahrungen, die sie vorher gemacht, den Bewußtseinszustand, den sie erlangt hat. Du wirst ohne Zweifel einsehen, daß zwei Menschen in derselben Sekunde nebeneinander im gleichen Raum geboren werden können, die doch beide ein gänzlich unterschiedliches Leben führen werden. Du magst dich fragen, wie dies denn möglich ist, da sie doch beide unter dem gleichen Sternzeichen geboren wurden. Nun kannst du allmählich einschätzen lernen, wie gering die Bedeutung der Planeten in dieser Hinsicht ist und um wieviel größer die Bedeutung des individuellen Bewußtseins. Wenn du dich entwickelst und bewußter wirst, bist du auch empfänglicher für die Schwingungen der Planeten und wirst selbst zu einem feineren Instrument. Ein grobstoffliches Instrument wäre sich dieser Kraft weniger bewußt und würde in geringerem Maße reagieren. Folglich ist der Gebrauch, den du von planetarischen Kräften machen kannst, entsprechend deiner Bewußtseinsstufe verschieden.

Wir wollen daher diesen Aspekt der Astrologie an seine richtige Stelle rücken. Er kann dir dabei helfen, die schicksalhafte Bestimmung eines Menschen vorauszusagen; er kann dich darin unterstützen, die Einflüsse zu erkennen, unter denen du selbst Schwingungen aussendest, und auf bestimmte entscheidende Phasen in deinem Leben hinweisen – doch alles dies ohne irgendeinen Grad an Genauigkeit.

Während deines Lebens auf der Oberfläche der Erde bist du den Einflüssen der Planeten unterworfen, und hier kann der Mensch genauere Voraussagen machen, denn wenn die Planeten – abhängig von deinem Standort auf der Erde – ins Blickfeld rücken und ihren Schwingungseinfluß aussenden, wird ihre Kraft spürbar. Der Mensch kann das Erscheinen von Mars und Venus, von Jupiter und Saturn voraussagen, und er weiß, wann sie auf ihn herabscheinen werden. Wäre er sich ihrer Kräfte bewußt, so könnte er ebenfalls feststellen, daß er während bestimmter Zeiträume, an bestimmten Tagen, von den Kräften dieser Planeten beeinflußt würde. Alle werden davon berührt, gleichgültig, wie weit das Seelenbewußtsein des Individuums entwickelt ist, auch wenn die Menschen nicht in der gleichen Weise auf die Kräfte reagieren mögen. In dieser Beziehung kann die Astrologie daher die Gesetzmäßigkeit der Planeten und Gestirne sowie die Einwirkungen voraussagen, die sie auf den Menschen haben werden. Wäre der Mensch doch nur dazu bereit, diese Einflüsse der Planeten wirklich klar zu erkennen und mehr darüber in Erfahrung zu bringen, so wäre er dazu in der Lage, ein ausgewogeneres Leben zu führen, wenn er die Einflüsse der Planeten zu bestimmten Zeiten im Verlauf des Jahres im voraus erkennen, für sich gebrauchen oder nach Wunsch umgehen würde.

Ein Faktor, den ich bisher noch nicht erwähnt habe, da ich keine Verwirrung in ein ohnehin schon reichlich kompliziertes Thema bringen möchte, ist das überaus wichtige Problem der Zeit. Jegliche Astrologie auf der Erde wird nun nach der Zeit des Menschen berechnet. Er gründet sein Kalenderjahr auf dem Umlauf der Erde um die Sonne, und dies ist, wie er selbst weiß, ungenau. Ebenso wie seine Zeitmessung müßte er auch seine Berechnung des Jahres verfeinern. Die Verwendung der menschlichen Zeit in einem so exakten Gebiet wie der Astrologie muß daher zu Ungenauigkeiten führen. Die Zeit des Menschen ist keine wahre oder, wie ich sie nennen würde, spirituelle Zeit. Würde der Mensch, der sich vielleicht darüber bewußt ist, daß sich die Erde auf ihrer Evolutionsspirale beschleunigt und die Zeit sich mit einer höheren Geschwindigkeit fortbewegt, korrekte Messungen der Zeit durchführen können, so würde er den wirklichen Einfluß der Planeten kennen und könnte voraussagen, was sich ereignen wird. Er ist dazu jedoch nicht in der Lage, weil er sich außerhalb der irdischen Zeit keinerlei anderen Zeitbegriff vorstellen kann; auch dies – die Unfähigkeit, über seine Erde hinauszublicken – ist wiederum ein Wesensmerkmal des Menschen im Fische-Zeitalter.

Es ist wichtig für dich, auf deinem Lebensweg zu erkennen, daß die Planeten dich tatsächlich beeinflussen. Versuche in deiner eigenen Meditation herauszufinden, worin die Einflüsse der Planeten bestehen; wenn du Wissen darüber erlangst, suche die Bedeutung und den Einfluß eines jeden Planeten zu ermitteln. Wenn du den Ephemeriden entnimmst, daß ein Planet erscheinen wird und du auf seinen Einfluß achtest und ihm entgegensiehst, so wirst du ihn auch feststellen und erkennen und kannst ihn dann nutzen oder unwirksam machen, wenn du dich dafür entscheidest. Du mußt dir jedoch darüber bewußt sein und darauf achten. Es hat keinen Sinn, draußen in der Nacht zu stehen und zu sagen: »Dort ist die Venus! Ich möchte einmal gern wissen, was sie bei mir bewirkt«, denn offen gesagt, sie wird nur eine sehr geringe Wirkung auf dich ausüben!

Ein weiterer Faktor, den ich bisher noch nicht erwähnt habe, ist der Einfluß von Sonnensystemen außerhalb eures eigenen. Euer Sonnenkörper wird von anderen Sonnenkörpern beeinflußt, die natürlich auch auf dich, da du ein Teil eures Sonnenkörpers bist, eine Wirkung haben müssen. Du bist also nicht nur den planetarischen Einflüssen, sondern auch Einwirkungen jenseits der Planeten ausgesetzt, die von ebensolcher Bedeutung sind, obwohl sich der Mensch kaum darüber bewußt ist. Wenn du die Macht eures Sonnen-Logos in Betracht ziehst, wenn du in den Himmel aufblickst und erkennst, daß selbst du mit den schwachen Augen deines physischen Körpers Tausende von Sonnen wahrnehmen kannst, so wirst du die Komplexität der Astrologie richtig einzuschätzen beginnen. Es bedarf eines großen Geistes, eines offenen Geistes, eine inspirierten Geistes, das Wesen, die Begrenzungen, die Bedeutung und die richtige Anwendung der Astrologie zu erfassen.

Für den gegenwärtigen Zeitpunkt solltet ihr euch auf der Erde daher mit den wichtigsten Einflüssen auf euren Körper beschäftigen, während ihr euer alltägliches Leben führt, und dies sind die Einflüsse der Sonne und der Planeten. Vergeßt auch nicht euren eigenen Trabanten, den euch umkreisenden Mond, der ebenfalls Einfluß auf euch nimmt. Ich weiß, daß es schwierig ist, aber versucht, euch von der besonderen Kraft unabhängig zu machen, die der Mensch in der Vergangenheit einem Planeten zugeschrieben hat. Lebt nicht in der Vergangenheit, wie es euch schon häufig geraten worden ist. Die Vergangenheit hat nicht unbedingt recht. Höherentwickelte Menschen werden einen höherentwickelten Einfluß wahrnehmen. Wenn der Mensch beispielsweise erklären würde, der Einfluß oder die Wirkungskraft eines Planeten bestehe in Liebe, so denkt nur daran, wie viele verschiedene Ausdeutungen ihr alle dem Wort Liebe geben könnt.

Vergegenwärtigt euch, daß planetarischen Einflüssen, selbst wenn sie in der Tat für einige bedeutende Geschehnisse in eurer Welt verantwortlich gewesen sind, fälschlicherweise zugeschrieben worden ist, auch die Ursache für andere Vorkommnisse gewesen zu sein. Bedenkt, daß die Astrologie den Willen des Menschen zwar beeinflußt, aber nicht verändern kann; sie ist eine treibende, doch keine erzwingende Kraft, denn ihr alle habt jene göttliche Gabe der freien Wahl erhalten. Macht euch klar, daß die Planeten einen wichtigen Einfluß auf euch ausüben. Sie wirken auf die Drüsen und die spirituellen Zentren in eurem Körper ein, sie nehmen Einfluß auf eure physische Hülle, sie beeinflussen euer spirituelles Leben und eure Arbeit; wie andere im Kosmos existierende Kräfte müssen sie jedoch verstanden, erlernt, überprüft und auch erweckt werden.

Die Probleme, die der Mensch heute in seiner kleinen Welt hat, wären über Nacht auf die Hälfte verringert, wenn er nur die Einflüsse verstehen würde, welche die Planeten auf ihn ausüben. Wenn der Mensch nur nicht die eine Quelle des Wissens verspotten und lächerlich machen würde, die ihm wirklich helfen könnte, wenn bloß eure Regierungen, die soviel Geld für die Herstellung von Waffen verschwenden, nur ein wenig davon für Forschungen über die Planeten ausgeben würden – nicht dadurch, daß sie Raketen dorthin entsenden, sondern indem sie ihre Schwingungen und ihren Einfluß auf die Erde messen –, so würdet ihr schon sehr viel erreichen können. Ihr lebt in einem faszinierenden Universum. Es ist so unendlich groß, daß ihr euch keine Vorstellung davon machen könnt; ihr könnt euch kaum euer eigenes Sonnensystem vorstellen. Vielleicht mögt ihr, in euren höherentwickelten Körpern, Kenntnis vom Leben auf den übrigen Planeten haben, doch was liegt jenseits von diesen? Mit der Astrologie hieltet ihr den Schlüssel zur Schöpfung in Händen, wenn ihr euch nur dessen bewußt wäret.

Liebe

In dieser Lesung möchte ich über das vielleicht magischste und rätselhafteste Thema der westlichen Welt sprechen – über die Liebe. Würdest du mehrere Menschen nach der Begriffsbestimmung von Liebe fragen, so würdest du viele Antworten erhalten. Selbst hochentwickelte Seelen würden viele verschiedene Vorstellungen darüber haben und zahlreiche Gradmaße von Liebe zum Ausdruck bringen; einige von diesen wären auf ihre Prägung durch die Umwelt zurückzuführen, in der sie leben, doch nur wenige von ihnen würden die richtige Ausdeutung dieses Wortes widerspiegeln. Zweifellos kannst du dir viele Arten von Liebe vorstellen. Du liebst deinen Ehepartner. Du liebst dein Land. Du liebst dein Kind. Du liebst Essen und Trinken. Alle diese Tätigkeiten schließen die Verwendung des Begriffs Liebe ein, und daher sollten wir vielleicht besser zuerst untersuchen, welchen Gebrauch der Mensch von diesem Wort macht.

Wahrscheinlich würdest du zustimmen, daß die Anwendung des Wortes Liebe auf Essen und Trinken nicht angebracht ist, denn schließlich handelt es sich dabei um persönliche Vorlieben und Wünsche, die es als solche nicht verdienen, dem Begriff Liebe zugerechnet zu werden. Wenn du etwas magst, so entspricht dies einer persönlichen Befriedigung und ist keine Liebe. Man sollte daher das Wort Liebe nicht auf physische Funktionen anwenden, die Teil deines alltäglichen Lebens sind.

Man kann sagen, daß jemand sein Land, die Gegend, in der er lebt, oder sein Haus liebt, doch ist diese Art von Liebe nicht wiederum eine persönliche Befriedigung dessen, was man für sich anstrebt oder wünscht? Du liebst eine bestimmte Gegend oder dein Land, weil sie diejenige Lebensform widerspiegeln, die du magst und mit der du zufrieden bist. Wäre dies nicht so, daß es deinen Wünschen und Bedürfnissen entspräche, so würdest du es auch nicht lieben. Demnach handelte es sich auch hierbei wieder nicht um den richtigen Gebrauch des Wortes Liebe.

Man kann sagen, daß eine Mutter und ein Vater ihre Kinder lieben, doch ist dies in Wirklichkeit Liebe? Sie sind eine physische Beziehung eingegangen, und aus dieser ist ein Kind entstanden. Sie haben es jedoch nicht selbst erschaffen, es ist nicht »ihr« Kind. Es ist lediglich durch sie hindurch auf die Erde gekommen und hat sie mit seiner Gegenwart ausgezeichnet. Genauso wie sich jedes Tier seiner Jungen annimmt, so sorgen auch Mutter und Vater für ihr Kind. Sie ernähren und beschützen es, sie erziehen es und schenken ihm Zuneigung, doch ist dies schon ein Akt der Liebe? Nein! Die Liebe der Eltern für ihr Kind ist eine Liebe für die Schöpfung, eine Anerkennung der Vollkommenheit in der Schöpfung, ehe das Kind seine Persönlichkeit ausbildet und unter den Einfluß des physischen Lebens gerät. Es ist leicht, ein kleines Kind liebzuhaben, doch ist es nicht schwieriger, ein erwachsenes Kind zu lieben, das seine Persönlichkeit entwickelt hat und weiß, was es will oder nicht, und das sich nicht immer den Wünschen und Vorlieben der Eltern fügen wird? Die Eltern werden nicht unbedingt damit aufhören, ihr Kind zu lieben, doch wenn sie ehrlich sich selbst gegenüber sind, werden sie zugeben, daß ihre Liebe mit dem Wachstum des Kindes nachläßt. Vielleicht haben wir hier einen Anhaltspunkt dafür, was Liebe wirklich ist: Die Liebe der Eltern für ihr Kind ist die Liebe zu der vollkommenen Schöpfung, das innere Erkennen – nicht durch ihre Persönlichkeit, sondern durch ihre Seele – eines vollkommenen Funkens der Schöpfung. Es ist die Anerkennung der Kraft oder der Liebe ihres Schöpfers.

Wir wollen uns nun der Frage der Liebe zwischen Mann und Frau, zwischen Bruder und Schwester oder zwischen zwei Freunden zuwenden, und ihr werdet bemerken, daß ich Ehemann und Ehefrau zu dieser Gruppe zähle. Darf ich gleich sagen, daß Liebe, auch wenn eure heutige Welt euch anders darüber denken läßt, nicht das geringste mit dem zu tun hat, was ihr als sexuellen Akt bezeichnet. Dieser ist nicht, und war niemals, dafür bestimmt, Liebe zu sein, sondern lediglich eine natürliche Funktion, mit der einzig und allein beabsichtigt wird, Kinder zu erzeugen, Seelen in die physische Materie zu bringen. Nur eure heutige Gesellschaft und das niedere Selbst des Menschen haben den sexuellen Akt unverhältnismäßig erhöht und auf das Podest gestellt, wo er jetzt steht, so daß er sehr viele gesellschaftliche Funktionen beherrscht. Der sexuelle Akt ist keine Liebe, und jeder, der ihn dafür hält, betrügt sich selbst und sollte dies einer sorgfältigen Prüfung unterziehen. Mann und Frau können einander jedoch ebenso lieben wie Bruder und Schwester oder wie zwei Freunde. Kann es verschiedene Gradmaße der Liebe geben? Liebst du vorbehaltlos oder mit Einschränkungen? Wodurch werden diese Einschränkungen gesetzt? Warum liebst du den einen mit größerer Intensität als den anderen? Was bestimmt das Ausmaß dieser Intensität? Warum solltest du den einen Menschen mehr als den anderen lieben? Wir wollen diesen Aspekt der Liebe etwas eingehender untersuchen.

Die gleiche Kraft der Liebe kann einen Mann und eine Frau miteinander verbinden, ob sie nun verheiratet sind, ob Bruder und Schwester oder ob Fremde, die einander begegnet sind und sich näher kennengelernt haben. Diese Liebe kann auch Frau mit Frau und Mann mit Mann verbinden. Eure heutige Gesellschaft würde dies vielleicht mißbilligen, doch gibt es an der Liebe zwischen zwei Männern oder zwischen zwei Frauen nichts auszusetzen. Sie kann eine ebenso starke und natürliche Bindung wie die Liebe zum anderen Geschlecht sein. Nur der Mensch hat dem Wort Liebe einen sexuellen Beiklang gegeben und sucht die Liebe auf diese Art und Weise zu begrenzen. In alter Zeit, so steht es in der Bibel, haben David und Jonathan tiefe Liebe füreinander empfunden, und niemand sah etwas Unrechtes darin. Wenn sich heute jedoch zwei Männer oder zwei Frauen lieben, so blickt die Gesellschaft mit Mißfallen auf sie; in Wahrheit aber ist es für zwei Menschen möglich und ganz natürlich, ohne irgendeine körperliche Beziehung zusammen zu sein und sich gegenseitig zu lieben.

Die Tatsache, daß ein Bruder seine Schwester liebt, ergibt sich nicht daraus, daß sie Bruder und Schwester sind, denn offen gesagt kann es einen Bruder geben, der seine Schwester haßt. Das Band der Liebe wird nicht durch die familiäre Verbindung geschaffen. Auch die Tatsache, daß ein Mann eine Frau geheiratet hat, läßt nicht zwangsläufig Liebe entstehen. Ein Teil der Mystik, die eure heutige Gesellschaft um den Akt der Heirat erschaffen hat, besteht aus dieser magischen Ausdrucksform der Liebe. Man muß aus Liebe heiraten, so heißt es, und deshalb suchen die jungen Leute überall nach Liebe, weil sie dazu konditioniert worden sind, die Liebe für den wesentlichen Teil der Ehe zu halten. Würdest du sie fragen, wonach sie suchen, so könnten sie es dir nicht sagen, denn in Wahrheit existiert die Liebe, die sie sich wünschen, nicht in der Ehe, und sie existiert weder zwischen Bruder und Schwester noch zwischen Freunden.

Ich möchte hier zwei andere Aspekte der Liebe erwähnen. Du kannst sagen, daß du Gott liebst und daß Gott dich liebt. Auch hier wiederum das Wort Liebe – doch in welch einer unterschiedlichen Bedeutung. Du könntest ebenfalls erklären, daß du das Leben, den Akt des Lebens, des Da-Seins liebst. Ihr alle habt eine starke Liebe zum Leben, und dies ist noch ein weiterer Aspekt der Liebe. Welcher gemeinsame Faktor ist denn vorhanden, der all diese Formen der Liebe zu *einer* erkennbaren Kraft miteinander verknüpft? Wodurch ist jener Glaube an die Macht begründet worden, die ihr als Liebe bezeichnet und die zwischen den Beziehungen existieren kann, die ich erwähnt habe? Ist es nicht der Vorgang des Erkennens von dem, was ich – in Ermangelung eines besseren Wortes – einmal als die Spiritualität desjenigen Menschen bezeichnen möchte, zu dem du in Beziehung stehst? Ist es nicht das Erkennen der Widerspiegelung eures Logos, eures Schöpfers in jenem Menschen? Damit meine ich nicht, daß du einen Menschen deshalb liebst, weil er gut ist oder weil er ein vermeintlich spirituelles Leben führt, denn von dieser Eigenschaft spreche ich nicht. Es ist das Erkennen des innersten Wesens, des eigentlichen Lebensatems unseres Schöpfers in einem Menschen und dessen persönlicher Ausdrucksform von der Gabe seines Schöpfers.

Wie du sicher weißt, kann dich ein Mensch geistig oder körperlich verletzen, und doch kannst du ihn immer noch lieben. Eine solche Handlung zerstört nicht das Gefühl, das Erkennen dessen, was du in diesem Menschen siehst. Es mag von zwei Menschen gesagt werden, daß sie sich lieben, wenn sie mit gegenseitigem spirituellem Erkennen einen gemeinsamen Weg gehen. Zwei Menschen, die einen Augenblick der spirituellen Zeit miteinander gehen, der während einer Inkarnation, eines Teils einer Inkarnation oder nur wenige Tage andauern mag, können das Band der Liebe durch ihre wechselseitige Anerkennung dessen erschaffen, was oberhalb und jenseits der physischen Hülle existiert. Jeder erkennt in dem anderen ihren gemeinsamen Schöpfer.

Wenn ihr zusammenkommt, damit ihr eine gemeinsame Bestimmung, eine vorherbestimmte Arbeit oder Aufgabe ausführt, oder auch, damit ihr Karma erfüllt, so kann Liebe daraus hervorgehen. Der wirkliche Akt der spirituellen Liebe fordert keine Belohnung, verlangt keine Erwiderung. Wahre Liebe, so wie sie auf diesem Planeten bekannt ist, bedeutet, sein Selbst einem anderen Menschen zu geben, und damit gibst du nichts von deiner Persönlichkeit, sondern von deinem Seelenbewußtsein. Es ist das wahre »Du«, das die seelische Qualität in einem anderen Menschen erkennt, und dessen ungeachtet, was seine kleine Persönlichkeit auch tun mag oder zu tun versucht, kannst du dies in dem Wissen ignorieren, daß es sich dabei nicht um ein Handeln der wahren Seele, sondern lediglich um eine Reaktion an der Oberfläche handelt.

Liebe ist Kraft. Liebe ist die Kraft, die Macht eures Schöpfers, die in Millionen und Abermillionen von Strahlen zu jedem von euch und zu allen existierenden Lebewesen ausgesendet wird. Es hängt von deinem individuellen Bewußtsein ab, wie du diese Kraft anzapfst und nutzbar machst. Glaube nicht, daß du lieben mußt oder Liebe hervorbringen kannst. Du kannst keine Liebe entwickeln, kannst sie nicht herstellen, kannst nicht daran arbeiten. Liebe ist ein Akt deines Da-Seins.

Wenn zwei Seelen in einer Ehe zusammenkommen, so ist jene Liebe, die sie miteinander verbindet und das Motiv für ihre Heirat ist, keine physische Liebe, keine an die Persönlichkeit gebundene Liebe. Sie ist das Erkennen zweier Seelen, daß sie bereits vor ihrer Inkarnation in die Materie in diese Ehe eingewilligt haben. Es heißt, daß sich einige Menschen auf den ersten Blick ineinander verlieben, und das trifft zu, denn es gibt Menschen, die augenblicklich wissen können, daß sie füreinander zur Heirat bestimmt sind. Das Band der Liebe ist erschaffen, bevor noch ein Wort gesprochen wird. Das gleiche gilt auch für zwei Männer oder zwei Frauen, die in den vorüberfließenden Strömen des Lebens miteinander zusammentreffen. Wenn du jemandem begegnest, so wirst du manchmal unverzüglich wissen, daß du diesen Menschen liebst, und ungeachtet dessen, was sich in den folgenden Tagen oder Jahren ereignet, wird dieses Band nicht zerbrechen, sondern in der Tat sogar verstärkt werden.

Ich fordere dich daher dazu auf, daß du versuchst, in deinem eigenen Denken das, was ich als die spirituelle Seite der Liebe bezeichnen würde – spirituell ist nicht das richtige Wort dafür, bedeutet in eurer Sprache jedoch die größte Annäherung –, von der an die Persönlichkeit gebundenen Seite der Liebe zu trennen. Die Persönlichkeit schafft sich ihre eigene Form der Liebe, da sie diese benötigt. Sie läßt Liebe aus den falschen Beweggründen heraus entstehen, und als solche ist diese zum Scheitern verurteilt, denn wenn eine an die Persönlichkeit gebundene Liebe auch viele Jahre lang andauern mag, so ist das gemeinsame Band jedoch verschwunden, wenn sich die Persönlichkeiten verändern. Ihr alle könnt euch an Menschen erinnern, die ihr zu lieben glaubtet, und doch seid ihr erstaunt, wenn ihr ihnen nach Jahren begegnet, daß ihr sie einmal lieben konntet. So äußert sich das Wesen der Veränderung in euch, während ihr euer alltägliches Leben führt. Eine Liebe, die auf persönlich geprägten Wünschen beruht, ist keine wirkliche Liebe und wird nicht von Dauer sein. Dauerhaft ist dagegen die Liebe zur Schöpfung. Wenn ihr einen Menschen seht, der nach den spirituellen Tugenden handelt und für diesen Liebe empfindet, so ist dies ein wirkliches Gefühl der Liebe. Würdet ihr die Gefühlserfahrung machen, daß ein Mensch sein Leben für euch opfert, und hättet ihr davon Kenntnis, so würdet ihr damit die höchste Empfindung der Liebe erfahren, die überhaupt existiert. Einige von euch bewahren dieses Gefühl im Gedächtnis ihrer Seele. Einige von euch haben in anderen Inkarnationen ihr Leben für ihre Mitmenschen hingegeben, und deshalb lebt ein so starkes Band der Liebe, Inkarnation um Inkarnation, weiter fort.

Das, was ihr liebt, was ihr in Wahrheit liebt, ist die Spiritualität des Lebens, das spirituelle Moment bei Menschen, bei Orten, bei Handlungen, die sich zwischen diesen Menschen und an diesen Orten ereignen. Wenn ihr alle eure Gefühle der Liebe mit dieser neuen Einsicht überprüft, dann werdet ihr allmählich für das empfänglich werden, was Liebe wirklich ist. Ihr werdet die Liebe eures Schöpfers und die Liebe der vielen Meister erkennen und schätzen lernen, die auf die Erde herabgekommen sind, um der Menschheit zu dienen. Dankbar werdet ihr die vielen großen Seelen würdigen, die sich mit der einzigen Zielsetzung auf der Erde bewegt haben, den Menschen zu helfen, die sie weder erkannten, noch – auf einer von der Persönlichkeit bestimmten Stufe – selbst den Wunsch dazu hatten. Ihr werdet die Liebe durch die Tat eines Menschen erkennen, der, als er in einer der schmerzhaftesten Todesarten ans Kreuz genagelt war, immer noch sagen konnte: »Vater, vergib ihnen, denn sie wissen nicht, was sie tun.« Wenn ihr diese Worte und diese Gefühlshaltung versteht, dann werdet ihr auch die wahre Bedeutung der Liebe verstehen.

Ein Tag im Leben

Im Laufe deiner gesamten Lebensdauer verbringst du viele einzelne Tage. Damit jeder Tag in der rechten Weise gelebt werden mag, damit der größtmögliche Nutzen daraus erwächst, ist es wichtig, dir darüber bewußt zu werden, daß jeder Tag ein Akt des spirituellen Seins ist. Wodurch ragt ein Tag für dich heraus, während die Monate und Jahre vorüberziehen? Wie unterscheidest du zwischen den einzelnen Tagen? Warum erinnerst du dich an den einen Tag und möchtest einen anderen gern vergessen? Denkst du daran, wenn du jeden Morgen zu einem neuen Tag erwachst, diesen Tag wirklich zu er-leben, oder willst du während dieses Tages lediglich deine Existenz fortsetzen? Natürlich mußt du essen und trinken, für deine Kleidung und Wohnung aufkommen, doch alles dies ist nur Mittel zu dem Zweck, den physischen Körper in einem ausgewogenen und gesunden Zustand zu erhalten. Zielsetzung dieser Funktionen ist es, daß sie die Seele dazu befähigen, innerhalb des Körpers wirksam zu sein, damit sie ihre schicksalhafte Bestimmung erfüllen kann, die sie vor ihrer Inkarnation in die physische Materie gewählt hat. Daher besteht die Zielsetzung des Lebens, die Sinngebung, jeden Morgen aufzuwachen, nicht lediglich darin, zu existieren, zu essen und zu trinken, sich um die materiellen Aspekte des Lebens oder der Gesellschaft zu sorgen – sie liegt in der Erfüllung der spirituellen Bestimmung eines jeden Tages.

In der heutigen Gesellschaft, in der du lebst, wird so leicht völlig vergessen, wozu ein Tag bestimmt ist. Ohne Unterschied geht ein Tag in den anderen über. Das Leben wird zu einem ständigen Kampf, mit materiellen Dingen zu leben oder noch weitere zu erwerben. Du möchtest gern ohne irgendwelche Einschränkungen essen, in einem prächtigen Haus wohnen, das neueste Auto haben oder dir die Vergnügen leisten, die du zu brauchen glaubst. Darin liegt jedoch nicht der Sinn und Zweck eines Tages. Du hast dich nicht inkarniert, um ein Leben des Vergnügens und des Genusses zu führen, obgleich dies nicht heißen soll, daß du völlig ohne sie auskommen solltest. Der Grund für deine Existenz auf der Erde ist der, daß du dich inkarniert hast, um die Lektionen dieses Planeten zu lernen.

Wie würdest du dein Leben gestalten, wenn du wüßtest, daß du morgen sterben würdest und daß der heutige Tag der letzte in einem physischen Körper während dieser Inkarnation sein würde? Wärest du dir über diesen Tag nicht vollkommen bewußt? Wärest du dir nicht, vielleicht zum allerersten Mal, völlig des Lebens und seiner Bedeutung bewußt, während jede Minute, jede Stunde vorüberzöge, wenn die Sonne aufginge und wieder unterginge, während sich das Leben um dich herum weiterdrehen würde? Würdest du nicht jeden anlächeln und begrüßen, dem du begegnest, selbst deine Feinde? Würdest du ihnen möglicherweise nicht alles nachsehen und verzeihen, was sie einmal getan haben? Wärest du nicht darum bemüht, anderen Menschen zu helfen? Würdest du deine Umwelt nicht mit einer neuen Bewußtheit betrachten, welche Bedeutung sie für dich hätte? Würdest du nicht mehr über das Leben nachdenken, über seine Zielsetzung, warum du hier bist, warum du sterben wirst, wohin du nach dem Tode gehen wirst? Würdest du nicht daran denken, was du in diesem Leben erreicht hast, und im besonderen, was du an dem heutigen Tag erreichen möchtest, wo du weißt, daß du morgen nicht mehr hier sein wirst? Du würdest jede Sekunde dieses Tages einplanen, um den größtmöglichen Nutzen daraus zu gewinnen. Du würdest am Morgen in dem Wissen aufwachen, daß dies dein letzter Tag ist, und du würdest diesen Tag so leben, wie es dein Schöpfer eigentlich für dich bestimmt hat. Doch dieser Druck lastet natürlich nicht auf dir, denn selbst wenn du morgen sterben solltest, so weißt du es nicht.

Diejenigen von euch, die sich über die Spiritualität des Tages bewußt sind, über die Sonne, die da ist, damit sie euch Wärme und Licht schenkt, über die ganze euch umgebende Schöpfung, erkennen, daß euch jeder Tag im Hinblick auf eine besondere Zielsetzung gegeben wird. Ihr seid hier, damit ihr den Willen eures Schöpfers erfüllt; erwägt daher sorgfältig, wenn ihr am Morgen aufsteht, wie der Wille eures Schöpfers für jeden Tag aussieht, und seid dann bewußt darum bemüht, ihn auszuführen und zu erfüllen. Die Lektion des Lebens auf diesem Planeten besteht in aufopferungsvoller und dienender Liebe, und genau dadurch sollten alle eure Handlungen während jedes Tages motiviert werden. Erweise daher allen in deiner Nähe an jedem Tag deines Lebens Dienste – nicht nur deiner Familie, sondern jedem, dem du begegnest. Dies heißt, Hilfe zu leisten und nicht zurückzuweisen, Opfer zu bringen und zu dienen. Es bedeutet, Herr über das kleine Ich zu werden, das nicht helfen will, weil ihm dies ungelegen kommt oder weil es sich andere Dinge wünscht. Es bedeutet auch, sich all der niederen Formen des Lebens

– des Tier-, Pflanzen- und Mineralreichs – und der Verantwortung ihnen gegenüber bewußt zu sein.

Betrachte jeden Tag deines Lebens mit neuen Augen und nicht mit den Augen der Erinnerung. Bemühe dich darum, jeden Tag neu zu er-leben. Sei an jedem Morgen wie neu geboren. Vergiß, was vorher geschehen ist. Beginne jeden Tag so, wie du ein neues Leben beginnen würdest. Unternimm bewußt den Versuch, deine Persönlichkeit zu beherrschen. Versuche, dieses scharfe Wort, jenen böswilligen Gedanken zurückzuhalten. Zeige Freundlichkeit und Liebe allem und jedem gegenüber, dem du begegnest. Suche deinen Mitmenschen zu helfen. Wenn du dich so verhältst, wirst du über die Veränderung in deinem Leben erstaunt sein. Würde jeder auf diesem Planeten zu jeder Minute des Tages die Kraft der Liebe weitergeben, so würde eure Welt zu dem Paradies werden, wozu sie eigentlich ausersehen war.

Beobachte, während du in deinem Zuhause, auf dem Land oder in einer Stadt umhergehst, das dich umgebende Leben so, als wäre dein letzter Tag. Blicke zum erstenmal wirklich auf die Dinge, die du vorher einfach hingenommen hast. Du wirst erstaunt darüber sein, wie du Dinge bemerken wirst, die du niemals zuvor gesehen hast, und wie du dir über das Leben bewußt werden wirst, das dich umgibt. Wenn du beispielsweise durch Elendsviertel zu deiner Arbeit fährst, wo deine weniger vom Glück begünstigten Brüder leben, so verschließe nicht deine Augen und sage, dies sei etwas, das du nicht sehen möchtest. Sieh genau hin, beobachte, und sei dir dessen bewußt. Erkenne, daß dort Menschen leben, die weniger glücklich sind als du, und überlege, was du und die Gesellschaft zu ihrer Hilfe tun können. Lebe nicht in einer kleinen, selbsterschaffenen Welt unter Ausschluß der dich umgebenden Menschen, denn wenn du dir einen Elfenbeinturm erbaust, wird er bald zusammenstürzen.

Das Leben sollte eine höhere Bedeutung haben, als jeden Tag arbeiten zu gehen und Geld für deine Familie zu verdienen; es sollte mehr bedeuten als die Tätigkeit der Hausfrau, die den ganzen Tag über für ihr Heim und ihre Kinder sorgt. Dies mag ein notwendiger Teil des Lebens sein, macht jedoch nicht seine Totalität aus. Im Verlaufe deiner vielen vergangenen Inkarnationen hast du schon oft ein Zuhause geschaffen, Kinder gehabt, in verschiedenen Berufen gearbeitet, und in deinen künftigen Inkarnationen wirst du genau das gleiche tun. Ihr alle müßt auf die Spiritualität des Lebens achten, die darüber hinausgeht.

Es sollte zum Leben dazugehören, in jeder Hinsicht zu geben, das »Ich« zu opfern, um seinen Mitmenschen zu helfen, sie glücklich zu machen, wenn man sie lieber verwünschen würde, ihnen zu helfen, wenn sie darum bitten, und ihnen selbst Hilfe anzubieten, wenn sie nicht danach fragen. Du solltest nicht nur an die Menschen in deinem Dorf, in deiner Stadt, in deinem Land, sondern an alle Menschen in der Welt denken. Unterstütze keine Regierung, wenn sie für eine Lebensweise eintritt, die dem widerspricht, was du als wahr erkannt hast. Ignoriere kein Problem in der Annahme, daß sich die Regierung schon darum kümmern wird. Denke daran, daß du mit der Art und Weise, wie du denkst, und mit dem, was du sagst, die Menschen verändern wirst. Zeige, daß du dich um sie sorgst, beweise, daß du Anteil an ihnen nimmst, und du wirst diesen Funken auch in anderen erwecken.

Wenn du jeden Morgen mit dem Vorsatz erwachst, dich so zu verhalten, dann wirst du jeden Tag wirklich voll und ganz leben. Beunruhige dich nicht um morgen oder was in einem Jahr geschehen wird. Sorge dafür, daß du jeden Tag so lebst, als wäre es dein letzter, damit du am Abend, wenn du rückschauend überprüfst, was du von jedem Tag gelernt hast, wirklich zurückblicken und sagen kannst: »Ich habe alles getan, was dem Wunsche meines Schöpfers entspricht«. Wenn du dies sagen kannst, dann hast du einen Tag für die Zielsetzung gelebt, wozu er dir geschenkt worden ist.

Die wahre Sinngebung und Bedeutung von Weihnachten

Der Mensch ist von Natur aus konservativ, das heißt, er hält am Althergebrachten fest. Er ist nicht geneigt, die Sitten und Gebräuche wieder aufzugeben, die er einmal angenommen hat. Es widerstrebt ihm, die Überlieferungen, die Glaubensvorstellungen, die Ideologien der Welt zurückzuweisen, in die hinein er sich inkarniert hat und die ihm von Kindheit an eingeprägt worden sind. Ich fordere euch jedoch dazu auf, wenn die Zeit des Jahres näherrückt, die ihr Weihnachten nennt, einmal mit anderen Augen, mit einer neuen Sichtweise darauf zu blicken. Versucht, alles das aus eurem Gedächtnis zu tilgen, was ihr über die Bedeutung von Weihnachten gehört habt. Vergeßt, was eure Kirchen euch gesagt haben. Vergeßt, was eure Eltern euch erzählt und weitervermittelt haben. Denkt nicht an die kommerziellen Aspekte von Weihnachten. Laßt alles dies außer acht und versucht, Weihnachten im Hinblick darauf zu überprüfen, was es ist – nicht das, was ihr euch wünschen würdet, nicht das, was euch gesagt wurde, wie es sein sollte, sondern das, als was euer Schöpfer es bestimmt hatte.

Man kann mit Fug und Recht sagen, daß die spirituelle Bedeutsamkeit von Weihnachten für die meisten Menschen in der heutigen westlichen Welt verlorengegangen ist. Es gibt nur einige wenige, die es für notwendig halten, dieses Ereignis auch nur anzuerkennen, und da sie so sehr dem Dogma ihrer jeweiligen Kirchen und Glaubensvorstellungen verpflichtet sind, gelingt es ihnen nicht zu sehen, was mit der Geburt des Christus-Prinzips beabsichtigt war. Daher bitte ich euch alle, gleichgültig, an welcher Glaubensrichtung oder Lehrmeinung ihr festhaltet, und selbst dann, wenn ihr euch an gar keine haltet, gemeinsam mit mir die spirituelle Bedeutung von Weihnachten zu betrachten.

Weihnachten sollte nicht isoliert gesehen werden und nur einige wenige Tage um den fünfundzwanzigsten Dezember Berücksichtigung finden, um dann mit dem Herannahen des Neuen Jahres wieder in Vergessenheit zu geraten. Allein der Mensch begrenzt Weihnachten auf diese kurze Zeitspanne und schenkt ihm dann für das restliche Jahr keinerlei Beachtung mehr. Weihnachten, die geweihte Nacht, die Christ-Messe, ist dazu bestimmt, an jedem Tag des Jahres begangen zu werden. Die Bedeutung des Weihnachten genannten Zeitraumes besteht darin, daß die astrologischen Einflüsse, die auf die Erde einwirken, die Schwingungen hoher Wesen nicht nur aus eurem eigenen Sonnensystem, sondern auch aus Sonnensystemen jenseits davon, auf die Erde herabfließen, um den Christus-Einfluß, das Christus-Prinzip neu zu beleben. Dies ist ein Zeitpunkt, wo ihr euch alle bewußt darum bemühen solltet, mehr noch als in eurem normalen Alltagsleben, zu überdenken, was mit dem Christus-Prinzip gemeint ist, euch darauf zu besinnen, warum es auf diese Erde herabgesandt wurde, und zu überprüfen, in welchem Umfang ihr es befolgt. Weihnachten ist dazu bestimmt, als eine jährliche Erinnerung und Mahnung für euch alle zu dienen, euren spirituellen Fortschritt in dem zu Ende gehenden Jahr zu ermessen, euer Bewußtsein zu prüfen, abzuschätzen, wie weit ihr euch entwickelt habt, eingehend zu betrachten, in welcher Weise ihr gelebt habt, und euch selbst auf das kommende Jahr vorzubereiten.

Du magst hier durchaus die Frage stellen: »Was hat das denn mit der Weihnachtsgeschichte zu tun, die ich so gut kenne, mit jenem Menschen, der vor fast zweitausend Jahren in einem Stall mitten unter den Tieren geboren wurde, mit den Hirten, die ihn aufsuchten, mit den Weisen, die sein Erscheinen verkündeten, mit dem Stern, der über Bethlehem schien, mit der ganzen Geschichte, wie sie in der Bibel geschrieben steht?« Ich will nicht darüber sprechen, ob diese besondere Geschichte, so wie sie in der Bibel niedergeschrieben ist, vollkommen wahr ist oder nicht. Das soll nicht heißen, daß die in der Bibel erwähnten Ereignisse nicht tatsächlich stattgefunden haben; doch weil die Originalmanuskripte in einer alten Sprache abgefaßt sind, ist im Laufe der Jahre viel von Sinn und Bedeutung in der Übersetzung verlorengegangen. In dem Maße, wie sich das Bewußtsein des Menschen erweitert oder vermindert hat, wie er daran gescheitert ist, die biblische Geschichte zu verstehen, oder wie er sie erweitern wollte, hat er sie daher entsprechend des Zeitalters verändert, in dem er gelebt hat. Ich rate dir daher, nichts von dem, was in der Bibel steht, unbedingten Glauben zu schenken. Lies es und meditiere darüber, ziehe das heraus, was dein Bewußtsein zuläßt, doch halte dich nicht sklavisch an jeden Satz, der dort geschrieben steht. Mache kein Dogma, kein Glaubensbekenntnis daraus, das dich von deinen Mitmenschen trennt, denn dies hat niemals in der Absicht der Verfasser gelegen.

Die wirkliche Geschichte der Erde ist sehr komplex. Die Wissenschaftler müssen noch herausfinden, wie dieser Planet gebildet wurde und welche evolutionsbedingten Veränderungen auf seiner

Oberfläche stattgefunden haben. Es erfordert einen sehr hohen Bewußtseinsgrad, die wirklichen Evolutionsprozesse dieser Erde zu erfassen. Wenn ich daher, zu diesem Zeitpunkt, nicht allzu tief in sie eindringe, so will ich damit dieser Kernfrage nicht ausweichen, sondern lediglich diese Lesung zum Nutzen all derer verständlicher machen, die sie einmal lesen werden.

Diese Erde, auf der ihr lebt, wurde von dem Wesen erschaffen, das ihr Abendländer »Gott« nennt. Ihr erfaßt jedoch nicht, was dieser Begriff wirklich bedeutet. Jeder von euch versteht ihn seinem eigenen Bewußtsein gemäß oder in Entsprechung zu dem, was eure religiösen Lehrer euch vermittelt haben, denn mit eurem beschränkten Bewußtsein könnt ihr euren Gott, euren Schöpfer, nicht erfassen, dessen Geist der Sonne innewohnt, dem einzig wirklichen, reinen Gestirn eures Planetensystems. Ihr könnt seine Macht, seine Herrlichkeit, seine Weisheit oder seine Liebe nicht ermessen, doch er ist es gewesen, der die Erde erschaffen hat, ebenso wie er die anderen Teile dieses Sonnenkörpers, die Planeten, erschaffen hat.

Die Erde war der letzte Planet, der erschaffen wurde. Wie ein Kind, das auf der Erde geboren wird, aus dem Schoß seiner Mutter kommt, so ist die Erde, wie auch alle übrigen Planeten, aus der Sonne hervorgegangen. Euer Gott hat diese Erde mittels seiner Liebe erschaffen. Er hat sie aus seinem Bewußtsein heraus und mit der Zielsetzung erschaffen, die universelle Liebe widerzuspiegeln. Mit der Hilfe seines Dieners, des Herrn der Erde, dessen Sitz die Erde ist, hat er alle auf der Erde existierenden Geschöpfe und Lebensbedingungen in höchster Vollkommenheit erschaffen. In diesen Zustand der Vollkommenheit hat euer Schöpfer den Menschen gesetzt. Wenn in der Weihnachtsgeschichte von der jungfräulichen Geburt gesprochen wird, so bezieht sich dies auf die Geburt des Menschen, nicht auf die Geburt des Nazareners. Der Nazarener ist nicht außerhalb des Naturgesetzes, sondern aus der Vereinigung von Mann und Frau geboren worden.

Der vollkommene Mensch, wenn ich ihn einmal so nennen darf, hat auf der Erde gemeinsam mit den Engeln gelebt, mit jenen vollkommenen Wesen, die den Willen und die Liebe eures Schöpfers überall in seinem Universum verbreiten. Während vieler Äonen hat der Mensch in Vollkommenheit mit den Engeln gelebt. Aus Gründen, auf die ich hier nicht weiter eingehen will, weil ihr sie nicht begreifen könnt, wurde von den Herrschern des Sonnenkörpers entschieden, daß der Mensch, um ihn in seiner Evolution zu fördern, um sein Bewußtsein weiterentwickeln zu können, um ein vollkommenes Ebenbild seines Schöpfers zu werden und dessen

Weisheit und Wissen exemplarisch zu verkörpern, die göttliche Gabe der freien Wahl erhalten sollte. Er sollte diese Gabe der freien Wahl gebrauchen lernen, um in seiner Bewußtheit vorwärtszukommen. Er würde Recht von Unrecht, Licht von Dunkelheit, Freude von Trauer, Gutes von Bösem unterscheiden lernen und durch Zeitalter hindurch sein Bewußtsein auf dem langsamen Pfad der Evolution weiterentwickeln.

In der Erkenntnis, daß dies keine einfache Aufgabe und nicht in einem Augenblick zu erreichen war, doch gleichzeitig mit der Erinnerung, daß die spirituelle Zeit nicht der Zeit unterworfen ist, wurde der Mensch mit den ihm innewohnenden Qualitäten seines Schöpfers auf der Erde wiedergeboren. Diese mußte er selbst ausbilden und vervollkommnen, doch verfügte er, ebenso wie auch heute jeder von euch, über das Potential seines Schöpfers. Es hing von dem Menschen ab, sein Bewußtsein weiterzuentwickeln, während er sich auf den verschiedenen Existenzebenen innerhalb dieses Sonnensystems inkarnierte. Aufgrund der Natur seiner Aufgabe war der Mensch nicht allein. Die Heerscharen der Engel waren da, um ihn zu führen und ihm zu raten, und außerdem gab es auch noch jene Wesen auf den anderen Planeten des Sonnenkörpers, die schon lange vor ihm existiert hatten. Sie mögen nicht die gleichen Funktionen wie der Mensch auf der Erde erfüllen und nicht dieselben Lebensformen wie er besitzen, doch in ihren besonderen Evolutionsbereichen haben sie einen weiten Weg zurückgelegt und können daher dem Menschen helfen, wenn er dies wünscht.

Als dem Menschen die freie Wahl gegeben wurde, erhielt er auch die Gabe der Schöpfung. Er war einer der wenigen Bewußtseinsfunken innerhalb dieses Sonnenkörpers, der das Recht auf seine eigene Fortpflanzung erhielt. Der Mensch konnte Leben hervorbringen, wenn er es wünschte. Davon wurden die Engel angezogen, die damit beauftragt waren, den Menschen zu führen, und die Hand in Hand mit ihm gingen, denn sie besaßen diese Gabe nicht. Wie ihr in der Schöpfungsgeschichte lesen könnt, ereignete sich der erste Sündenfall, als einige Engel mit dem Menschen geschlechtlich verkehrten und aus ihrem eigenen Bewußtsein anstatt nach dem Muster ihres Schöpfers Leben erzeugten. Von diesem Augenblick an fanden Irrtum, Unausgewogenheit und Disharmonie Eingang auf der Erde, und der Mensch hatte seine spirituelle Reinheit verloren.

Im Verlaufe vieler Zeitalter entwickelte sich der Mensch langsam und bildete sein Bewußtsein aus. Kulturen entstanden und vergingen wieder. Auf Zeiten von hoher Spiritualität folgten Epochen der Dunkelheit, in denen die Liebe eures Schöpfers nicht von seinen

Dienern auf der Erde widergespiegelt wurde. Mit dem Kommen und Gehen großer Kulturen reduzierte der Mensch, aufgrund seiner materiellen Habsucht und seines Strebens nach Macht über seine Mitmenschen, durch sein mangelndes Verständnis der wahren Natur sowohl seiner eigenen als auch der Existenz der Erde, aufgrund seiner Unfähigkeit, über sein gegenwärtiges Leben hinauszublicken, die Schwingungshöhe der Erde bis zu der Stufe, wo sie so weit aus dem Gleichgewicht geraten war, daß sie die anderen Teile des Sonnenkörpers beeinträchtigte.

Als Folge davon trafen die Herrscher des Sonnensystems mit dem Herrn der Erde zusammen, um darüber zu entscheiden, was unternommen werden sollte, damit dem Menschen der Irrtum seines Weges gezeigt und er davon erlöst werden könnte, damit er die Zielsetzung seiner Existenz auf der Erde erkennen und sehen könnte, was er erreichen müßte und auf welche Art und Weise es erreichbar wäre. Euer Schöpfer, der diesen Planeten, diese Reflexion seiner Liebe, so sehr liebt, brachte dann das höchste Opfer, indem er sich dazu bereit erklärte, einen Teil seiner selbst auf die Erde zu senden, um ihren Bewohnern das Beispiel vor Augen zu führen, dem sie folgen müßten. Dieser Lebensfunke, dieser Bewußtseinsaspekt, die Weisheit eures Schöpfers, wurde der Christus genannt. Damit werdet ihr erkennen, daß sich die Bezeichnung Christus nicht auf einen bestimmten Menschen bezieht. Der Nazarener ist nicht Der Christus gewesen. Der Christus ist ein Prinzip, eine Widerspiegelung der Weisheit eures Schöpfers.

Im Laufe der Zeitalter, mit dem Kommen und Gehen der Hochkulturen, als sich die astrologischen Einwirkungen auf die Oberfläche der Erde veränderten, während die vier hauptsächlichen Rassen kamen und wieder gingen und ihre Aufgaben erfüllten, wurde das Christus-Prinzip in bestimmten Zeitabständen durch die Hilfe großer Meister, wie beispielsweise des Nazareners, auf die Erde herabgesandt. Diese großen Meister erklärten sich bereit dazu, auf die Erde herabzukommen und dort das Christus-Prinzip zu begründen, damit es dem Menschen veranschaulicht würde. Der Nazarener ist nicht der einzige Meister, der das Christus-Prinzip aufgezeigt hat, die abendländische Zivilisation nicht die einzige Kultur, der es demonstriert worden ist. Es ist viele Male begründet worden, denn mit jeder Geburt eines Neuen Zeitalters erfolgt eine Demonstration des Christus-Prinzips, um dem Menschen das Beispiel vorzuführen, dem er entsprechend seines Bewußtseinsstandes folgen kann. In der heutigen Zeit seid ihr euch offensichtlich nur des Christus-Ausdrucks bewußt, wie ihn der Nazarener für das Fische-Zeitalter aufgezeigt hat. Ihr nähert euch rasch dem Ende dieses Zeitalters, und mit dem Anbruch des Wassermann-Zeitalters wird das Christus-Prinzip erneut begründet werden. Es wird eine Wiederkehr des Christus erfolgen.

Selbst wenn es fast zweitausend Jahre zurückliegt, zeigte der Nazarener, im Schatten des Christus-Prinzips, die Art und Weise auf, wie es vom Menschen erwartet würde, sein Leben zu führen, wie er seine Mitmenschen behandeln, wie er sich selbst disziplinieren, wie er sich während des Lebens in seinem physischen Körper auf der Erde entwickeln sollte. Der Mensch des Fische-Zeitalters erhielt damit das Beispiel, dem er folgen konnte, wenn er sich dafür entschied. Vor allem demonstrierte der Nazarener die natürlichen Gesetze des Universums, in dem ihr lebt. Seine »Wunder«, die in der Bibel beschrieben werden, sind sämtlich Beispiele für das Wirken des Naturgesetzes. Auch ihr könntet solche Handlungen ausführen, wenn ihr über seine Einsicht und sein Wissen verfügtet.

Der Nazarener ist daher nicht auf ein Podest zu erheben und als ein Gott zu verehren. Seine Lehren sollten nicht in ein Glaubensbekenntnis, in ein Dogma verwandelt werden, denn dies wäre nicht in seinem Sinne. Er ist als ein Diener gekommen, um das Christus-Prinzip auf der Erde zu begründen, damit es von anderen befolgt werden könnte. Er hat nicht bestimmt, daß seine Geburt zu einem feierlichen Ereignis werden sollte, wozu sie eure Kirchen heute gemacht haben. Er hat euch nicht dazu aufgefordert, seine Geburt festlich zu begehen. Der Mensch ist es gewesen, der seitdem, weil er nicht begriffen hat, warum der Nazarener erschien und was er zu tun versuchte, diesen Mystizismus, diese Aura um seine Geburt gewoben hat. Schaut auf das Leben des Nazareners. Lest, was er gesagt hat, meditiert darüber, und laßt dann aus eurem eigenen Bewußtsein die Bedeutung dessen zutage treten. Sie wird für alle von euch anders sein, denn ihr befindet euch alle auf verschiedenen Bewußtseinsstufen, während ihr euren Lebensweg geht.

Denkt nicht, wenn Weihnachten näherrückt, an den Nazarener selbst, sondern an das, was er veranschaulicht hat. Denkt an das, was er gelehrt hat und, wenn ihr sein Leben betrachtet, was er jenen enthüllt hat, die ihm nachfolgen. Es ist naheliegend, daß Seelen mit einem begrenzten Bewußtsein seinen Weg nicht werden gehen können. Für die meisten liegt ein solcher Weg weit in der Zukunft, doch ihr alle könnt euch – jeder in einem begrenzten Ausmaß – darum bemühen, diesem Christus-Prinzip zu folgen. Weihnachten, die Christ-Messe, ist der Jahrestag der Geburt des Christus-Prinzips, und ich fordere euch dazu auf, daß ihr zum erstenmal in eurem Leben versucht, die wahre Bedeutung des Christfestes neu zu begründen. Es ist derjenige Zeitpunkt, wo ihr, unterstützt durch die Einflüsse der Planeten, der Meister und hohen Wesen in eurer Nähe, die Grundlagen dafür legen könnt, wie ihr euer weiteres Leben gestalten wollt.

Es wird euch gesagt, Weihnachten sei ein Fest für Kinder, doch das ist es nicht. Weihnachten ist nur insofern für Kinder bestimmt, als daß sie das Beispiel ihrer Eltern sehen. Die Eltern sind es, welche die Bedeutung von Weihnachten anschaulich darlegen müssen. Wenn sie am Weihnachtstag in grobem Materialismus schwelgen, wie sie es schon während des restlichen Jahres getan haben, dann werden ihre Kinder diesem Beispiel folgen. Weihnachten bedeutet nicht allein Aufputz und Lichterglanz, das Empfangen und Geben von Geschenken – doch lediglich dies hat der Mensch aufgrund seines begrenzten Bewußtseins daraus gemacht.

Halte inne, wenn Weihnachten näherkommt, und blicke in dich hinein. Schau, ob du dort, in aller Bescheidenheit, das Christus-Licht, das Licht der Selbst-Aufopferung, erkennen kannst. Schau, ob du dort die Anerkennung deines Lebens als Teil des Ganzen im Gegensatz zu der Anerkennung deines Lebens als ausschließlich ichbezogen und in sich selbst befangen entdecken kannst. Kannst du damit beginnen, diesem größeren Ganzen Opfer zu bringen, kannst du sagen, daß es nicht um das geht, was du willst, sondern was dein Schöpfer will, nicht um das, was deine Familie, sondern was die Welt verlangt? Kannst du damit beginnen, jenes Christus-Licht zu erkennen und es innerlich anzunehmen? Vielleicht könntest du als erstes einsehen, daß sich die äußere Erscheinungsform von Weihnachten, wie sie der Mensch erschaffen hat – der Glimmer von Schmuck, Lametta und Kerzen, das Verteilen von Geschenken, das übermäßige Essen und Trinken, die Schaffung von Genüssen für das Selbst –, in völligem Gegensatz zu der wahren Ausdrucksform von Weihnachten befindet. Trotzdem liegt all dieser Oberflächlichkeit und Selbst-Befriedigung ein Gefühl der Güte und Freundlichkeit zugrunde, das sich der Mensch kaum erklären kann. Er weiß lediglich, daß es an Weihnachten auftritt, eine kurze Zeit andauert und dann wieder verschwindet. Doch einige unschätzbare Tage lang hat der Mensch unwissentlich Kenntnis von Christus erhalten, denn durch die Wandlung der äußeren Ausdrucksform seines tiefsten Wesens und seine veränderten Lebensanschauungen – sei es auch nur während weniger Tage – hat er damit begonnen, die Bedeutung des Christus-Prinzips zu verstehen und in welcher Weise es nicht nur sein eigenes Leben, sondern auch die Erde, auf der er lebt, verändern kann. Das Gefühl, das ihr alle an Weihnachten spürt, sollte nicht die Ausnahme sein, sondern zur Regel werden, denn in diesen wenigen Tagen mögt ihr erkennen, wie das Leben auf dieser Erde während des ganzen Jahres gelebt werden sollte. Dieses Gefühl der Güte und Freundlichkeit den Menschen gegenüber sollte nicht nur an Weihnachten, sondern unausgesetzt existieren.

Sei dir deshalb darüber bewußt, daß du an Weihnachten die Verantwortung dafür trägst, das Christfest nicht nur für einen Tag, nicht für einen Monat, sondern ein ganzes Jahr lang lebendig zu machen. Es liegt bei dir, deinem Wesen, deinem Sein eine solche Motivation zu geben, daß du, erhöht durch das Christus-Licht, erkennen wirst, daß der Geist von Weihnachten nicht nur in dieser Zeit, sondern während des ganzen Jahres existieren sollte. Sei dir dessen bewußt, daß *deine* Evolution und die keines anderen sonst, daß *dein* Bewußtsein und das keines anderen sonst dafür verantwortlich sind, die Art und Weise zu bestimmen, wie du während des weiteren Jahres dein Leben führen wirst. Bei der nächsten Weihnacht kannst du damit beginnen, dein Leben so zu führen, wie du es während des ganzen Jahres führen solltest. Kannst du diesen Höhepunkt der Einsicht und des Verstehens, wenn du ihn einmal erreicht und erfahren hast, dann weiter aufrechterhalten, so daß du in Zukunft zurückblicken und wirklich sagen kannst, daß du dich dessen würdig erwiesen hast, was dir in heiligem Vertrauen gegeben worden ist: das Christus-Licht?

Ich fordere euch alle dazu auf, daß ihr darüber nachdenkt, wie ihr euer Weihnachten verändern könnt, so daß es nicht ein Weihnachten wie in der Vergangenheit, ein Fest der Genußsucht und der Unmäßigkeit bleiben wird. Laßt es zu einem Weihnachten des wirklichen Gebens, der echten Hilfe, des wahren Bewußt-Seins werden. Versucht, die Einflüsse zu nutzen, die in dieser Zeit zu euch herabkommen, so daß ihr alle eure Bewußtheit erhöhen könnt. Seid ein Ebenbild der Liebe eures Schöpfers, dann werden Güte und Freundlichkeit, dann wird der gute Wille wirklich auf diese Erde zurückkehren.

Geld und Besitz

Fast jeder Erwachsene, der heute im Abendland gefragt würde, welcher Faktor in seinem Leben ihm die größte Unruhe bereitet und ihn in seinem bewußten Denken am meisten beschäftigt, würde wahrscheinlich das Geld nennen. Deshalb will ich in dieser Lesung über Geld und Besitz sprechen. Mit dem Fortgang der Lesung wirst du feststellen, daß das Thema Geld nicht isoliert von allen übrigen Aspekten des Lebens betrachtet werden kann. Dies ist so, weil das Geld die treibende Bewegkraft der heutigen Gesellschaft ist. Wäre der Wert des Geldes über Nacht verschwunden, dann würde die gesamte Struktur der westlichen Gesellschaft zusammenbrechen. Auf einer internationalen Ebene verändern sich Status und Position eines Landes innerhalb der Welt in dem Maße, wie die Kaufkraft seiner Währung steigt oder fällt. Ein reiches Land besitzt Einfluß und Macht im Rahmen einer internationalen Konferenz, ein armes Land dagegen nicht. Auf einer individuellen Ebene hat ein Reicher in der heutigen Gesellschaft gewöhnlich mehr Einfluß als ein Armer. Der Mensch hat eine materialistische Gesellschaft geschaffen, die auf Besitz basiert und die er durch sein Geldsystem aufrechterhält. Es ist daher schwierig, selbst für jene, die dieses System nicht unterstützen wollen, sich ihm zu entziehen.

In der Welt des Geldes ist natürlich im allgemeinen sehr wenig Platz für Spiritualität, denn schon der bloße Akt des Besitzens enthält in sich selbst eine unspirituelle Schwingung. Was aber kannst du tatsächlich überhaupt besitzen? Nichts kann dir jemals gehören. Keine materielle Form auf dieser Erde, gleichgültig, ob es sich nun um ein Stück Land, einen Wasserlauf, eine Pflanze oder ein Tier handelt, kann von dir gekauft oder verkauft werden. Du könntest annehmen, daß du nun etwas besitzt, wenn du es einem anderen für Geld abgekauft hast, doch weder hatte jener das Recht, dir etwas zu verkaufen, noch warst du dazu berechtigt, es zu kaufen, denn die materielle Substanz dieser Erde gehört keinem von euch, sondern dem Herrn der Erde; sie ist euch lediglich in einem heiligen Band zu treuen Händen leihweise überlassen worden.

Du besitzt in der Tat nichts, denn selbst wenn du dies glaubst, besitzt du es nur so lange, bis ein anderer es dir fortnimmt, bis es zerstört wird oder bis du deinen physischen Körper mit dem Tode hinter dir zurückläßt und zu einer anderen Existenzebene gelangst. Der Akt des Besitzens kann niemals endgültig sein. Dies sollte der Mensch anerkennen und sich im klaren darüber sein, daß sämtliche Energie und Zeit, die er auf den Versuch verwendet, materielle Güter in seinen Besitz zu bringen, vergeudet sind, denn sein Besitzen kann, obwohl es ihm vorübergehenden Nutzen bringen könnte oder er dies zumindest annimmt, niemals von Dauer sein. Der Mensch sollte überdies die Verantwortung des Besitzens genau untersuchen, denn er muß alles zu gebrauchen wissen, was in seinen Besitz gelangt, und er übernimmt, in der rechten Weise und nach dem Naturgesetz, die Verantwortung dafür. Wenn er sich nicht daran hält, so geht er das Risiko ein, Karma mit dem Herrn der Erde und den Herrschern der Materie auf sich selbst und auf jene in seiner Nähe zu laden. In der Tat mag ein Mensch, der sehr wenig besitzt, durchaus ein fruchtbareres und reicheres Leben führen als einer, der viel besitzt.

Die gesamte Struktur der heutigen Gesellschaft gründet sich auf Geld. Die Menschen arbeiten, damit sie Geld verdienen, und die meisten von ihnen würden mir zustimmen, wollte ich sagen, daß sie nicht arbeiten würden, wenn sie ihr Geld auf eine andere Weise verdienen oder erhalten könnten. Daher ist ihre eigentliche Motivation für die Arbeit falsch, denn sie arbeiten nicht, weil sie möchten, sondern weil sie müssen, da sie Geld brauchen. Natürlich mußt du in der heutigen Gesellschaft Geld haben. Dies läßt sich nicht leugnen, und weil die Gesellschaft in dieser Weise fest etabliert ist, mußt du Geld verdienen, damit du in der Gesellschaft leben kannst. Du mußt dir Kleidung und Essen kaufen, du mußt dir ein Heim erwerben oder mieten, und für alles dies mußt du Geld verdienen. An dieser Stelle möchte ich doch erwähnen, daß dies – auch wenn ihr annehmen mögt, es sei normal und Geld bilde einen wesentlichen Bestandteil einer jeden zivilisierten Gesellschaft – nicht immer so gewesen ist. Tatsächlich fand Geld in einigen hochentwickelten Kulturen, die der Mensch bisher noch nicht entdeckt hat, in keiner Form Verwendung. Es ist durchaus möglich, ohne Geld zu leben – es ist in der Tat sogar erstrebenswert –, doch in der heutigen Zeit kannst du dies offensichtlich nicht; daher mußt du dir Gedanken darüber machen, wie du das Geld gebrauchst, das du hast, und feststellen, wieviel du wirklich benötigst.

Die Art und Weise, wie eure Gesellschaft zum gegenwärtigen Zeitpunkt strukturiert ist, hat dazu geführt, daß Geld zu einer Droge geworden ist. Du wirst immer mehr davon brauchen oder dies zumindest annehmen, ob du nun fünftausend, zehntausend oder selbst hunderttausend Mark im Jahr verdienst. Jemand, der fünftausend Mark verdient, wird vielleicht über zehntausend Mark glücklich sein, und jemand, der zehntausend Mark verdient, über zwanzigtausend Mark, und so ließe sich diese Reihe beliebig fortsetzen. Nur ganz wenige Menschen geben sich jemals mit ihrem Einkommen zufrieden. Dies hat den Grund, weil Geld für sie Besitz bedeutet. Mit einer größeren Menge Geld können sie mehr Besitz, mehr Dinge erwerben, die sie dann ihr eigen nennen: größere und bessere Häuser, kostspieligere Autos, mehr Kleider als notwendig. Sie können sich aufwendigere Ferien leisten und teureren Schmuck für sich selbst und ihr Heim kaufen. Wie oft denkt der Mensch darüber nach, wieviel Geld er wirklich nur zum Leben, und für nichts anderes, benötigt? Wie würde er seine freie Zeit verbringen, wenn er gerade nur genügend Geld zum Überleben hätte und nichts zusätzlich für Besitz ausgeben könnte, der ihm dann Sorgen bereitet? Würde er dann nicht vielleicht damit beginnen, seine Mitmenschen und die ihn umgebende Natur höher zu achten? Würde er sich dann keine Gedanken über die Spiritualität, Gott, die Schöpfung, die Erde, auf der er lebt, machen? Jemand, der viel besitzt, hält es für schwierig, sich auf spirituelle Angelegenheiten zu besinnen, weil sein Denken völlig von seinem Geld und Besitz in Anspruch genommen wird. Jene, die Geld haben, sorgen sich darum, es zu verlieren, und wie sie es anlegen können, damit es mehr einbringt; jene, die kein Geld haben, sind ständig bemüht, es sich um der Freuden willen zu beschaffen, die es ihnen, ihrer Meinung nach, bringen wird.

Diese Bemerkungen richten sich natürlich nicht an die relativ armen Menschen in der Gesellschaft, die in wirklichem Mangel leben und die Geld nicht nur zur Bewahrung, sondern zur Verbesserung ihres Lebensstandards benötigen, damit sie auf einem für die Menschheit annehmbaren Niveau existieren können. Die Menschen, die sehr viel Geld verdienen, sollten jenen helfen, denen es fehlt und die es wirklich brauchen. Eure Regierungen, bei denen diese Verantwortung liegt, sollten dies automatisch als eine ihrer Funktionen betrachten. Diese Bemerkungen gelten folglich den Menschen, die viel verdienen und Geld übrig behalten.

In der Bibel steht die Geschichte vom Reichen, der den Nazarener fragte: »Meister, was muß ich tun, daß ich das ewige Leben ererbe?« Der Nazarener gab ihm zur Antwort: »Halte die Gebote, verkaufe alles, was du hast, gib's den Armen, und folge mir nach.« Dies aber war dem Reichen nicht möglich, denn er gab seinen Gütern einen höheren Wert als seiner Spiritualität, und traurig ging er davon.

Ihr alle solltet dieser Geschichte Beachtung schenken, da sie ungeachtet der Tatsache relevant ist, ob ihr nun viel oder wenig Geld besitzt. Wenn ihr eure Besitztümer über Gott, über die Verantwortung für eure Mitmenschen stellt, dann wird euer Besitz euch beherrschen. Ihr könnt Gott oder Mammon dienen, und Mammon bedeutet den Abgott, das Götzenbild des Menschen – und tatsächlich sind Geld und Besitz die Götzenbilder, die Idole des gegenwärtigen Zeitalters. Es hat Zeitalter gegeben, in denen niemand etwas besessen hat, doch der heutige Mensch verfügt über seine Besitztümer und glaubt, sobald er einmal dafür bezahlt hat, daß sie ihm gehören und kein anderer sie mehr benutzen darf.

Wir wollen nun die Verantwortung untersuchen, die du gegenüber deinem Geld und Besitz trägst. Als erstes wollen wir prüfen, auf welche Art und Weise du dein Geld erwirbst. Wenn du eine ehrliche Arbeit ausführst und dein Arbeitgeber dir einen angemessenen Lohn dafür zahlt, dann wird dieses rechtmäßig verdiente Geld sowohl einen spirituellen als auch einen materiellen Wert haben. Die Vorteile und Gewinne, die heute im Bereich des Verhältnisses zwischen Arbeitgeber und Arbeitnehmer unter Anwendung von soviel Druck und Erpressung auf beiden Seiten erreicht werden, sind keine wirklichen Gewinne, auch wenn die eine Seite annehmen mag, einen Sieg errungen zu haben; denn jegliches Geld, alle Arbeitsbedingungen, die aus der falschen Motivation heraus, gegen das Naturgesetz, errungen werden, sind ohne Wert, auch wenn man eine andere Meinung darüber haben mag. Kurzfristig mag man glauben, etwas gewonnen zu haben, doch auf lange Sicht wird das Gesetz des Karma immer für einen Ausgleich sorgen. Es gibt solche, die ihr Geld auf unmoralische Weise verdienen, und damit meine ich durch Ausbeutung von einem der Naturreiche. Das solchermaßen erworbene Geld hat keinerlei spirituellen Wert.

Du solltest dann überprüfen, warum du arbeitest. Arbeitest du lediglich, damit du Geld für dich und deine Familie verdienst, oder arbeitest du, um anderen zu helfen? Betreibst du ein Geschäft zum Nutzen deiner Mitmenschen oder nur zu deinem eigenen Vorteil? Für alle von euch, die ihr im Geschäftsleben steht, ist es äußerst wichtig, daß ihr eure Motivation fest begründet, denn alles, was mit der falschen Motivation erworben wird, hat keinerlei spirituelle Werte und wird die Wirkung des Naturgesetzes ernten. Diese Wirkung mag nicht sofort eintreten, doch wird sie mit der Zeit sichtbar werden, denn was man sät, wird man ernten. Für diejenigen von euch in der heutigen Gesellschaft, die sehr viel Geld verdienen, die Macht und Einfluß haben, ist die Verantwortung zehnmal größer als für jene, die sehr wenig verdienen. Wenn du eine große Fabrik leitest und viele Menschen beschäftigst, dann setzt du dich einem großen Risiko aus, Karma auf dich zu laden, wenn du ihnen gegenüber nicht verantwortlich handelst.

Auch dann, wenn die großen Nationen den kleineren gegenüber keine Verantwortung zeigen und wenn die reichen Länder nicht mit den armen teilen, wird Karma geschaffen. Wenn du dich in der heutigen Welt umblickst, kannst du Länder sehen, die ihre natürlichen Rohstoffe, ihre Mineralien und Nahrungsmittel horten und andere Länder nur daran teilhaben lassen, wenn sie eine Bezahlung dafür erhalten. Es gibt Länder, die Nahrungsmittel erzeugen und wieder vernichten, damit sie einen künstlichen Preis aufrechterhalten können, während Menschen in anderen Teilen der Welt verhungern. Dadurch ziehen sowohl die Länder als auch die daran beteiligten Individuen in künftigen Leben ein schmerzliches Karma auf sich, denn es zeigt sich daran, daß sie ihren Besitz höher als ihren Schöpfer bewerten. Der Schöpfer wohnt allen Menschen inne, und wenn du daher den Schöpfer, der dich, die Erde und alles Leben auf ihr erschaffen hat, nicht höher als deine geringfügigen Besitztümer achtest, dann mußt du noch sehr viel lernen, und diese Erfahrung wird schmerzlich sein.

Du kannst mit Recht sagen: »Wie kann ich meine Einstellung gegenüber dem Geld verändern? Ich würde gern ein Leben führen, das auf wirklichen Werten beruht, aber in der heutigen Gesellschaft halte ich dies für schwierig.« Zuerst einmal mußt du erkennen lernen, daß Geld lediglich ein Besitztum ist und daß es nicht darauf ankommt, ob du Besitztümer gewinnst oder verlierst. Wichtig dabei ist nur, *wie* du sie gewinnst und *wie* du sie verlierst. Wenn du nicht zu den Allerärmsten gehörst, so sei mit deinem gegenwärtigen Lebensstandard zufrieden, und bemühe dich nicht darum, ihn zu verbessern, denn durch das Streben nach einer Verbesserung deines Lebensstandards unterstützt du dasselbe System, das du gerade verändern willst. Wenn du ständig mehr besitzen möchtest, dann hältst du damit die Gesellschaftsstruktur aufrecht, die – wie du bereits festgestellt hast – der Spiritualität des Menschen nicht förderlich ist.

Sei dir immer im klaren darüber, daß dein Besitz nicht wirklich dir gehört. Du magst annehmen, daß er dein Eigentum ist, doch dies gilt lediglich für die Dauer deiner Inkarnation. Warum mißt du deinen Besitztümern während deines Lebens eine solche Bedeutung bei, wenn du sie doch nicht über das Grab hinaus mit dir nehmen kannst? Klammere dich daher an keinerlei Besitz, so als würde dein Leben davon abhängen, denn eine solche Wichtigkeit kommt ihm nicht zu. Bedenke, daß du Geld brauchst, um für ein Heim, für Nahrung und Kleidung zu sorgen – doch was benötigst du im Grunde sonst noch, wenn du dies einmal erreicht hast? Hättest du eine spirituelle Motivation, dann würdest du alles, was dir verbleibt, nachdem du dich selbst mit Haus, Kleidung und Nahrung versorgt hast, jenen geben, die es nötiger brauchen als du. Ein hochentwikkelter Mensch, der wirklich beispielhaft nach dem Christus-Prinzip lebt, würde sein Geld sogar den Armen geben, bevor er überhaupt an sich selbst gedacht hätte. Würdet ihr euch alle so verhalten, dann wärt ihr überrascht, wie euer Schöpfer für euch sorgen würde.

In der Bibel heißt es, daß euch gegeben wird, wenn ihr bittet. Ihr könntet natürlich einwenden, daß es Menschen auf dieser Welt gibt, die bitten, aber nichts erhalten und sich sogar zu Tode hungern. Ich möchte bei dieser Gelegenheit nicht auf das Karma von Nationen oder von einzelnen Menschen eingehen, die auf diese Art und Weise leiden, doch die Zahl ihrer Tode ist ebenso abgezählt wie selbst die Haare auf euren Köpfen. Alles geschieht um einer bestimmten Ursache willen.

Es liegt bei dir, deinen Mitmenschen zu helfen. Wenn du in einem wohlhabenden Land lebst, so unterstütze die notleidenden Länder. Wenn dein Land reichliche Geldmittel besitzt, dann sollte es jenen Ländern Hilfe gewähren, die sie benötigen. Wenn dein Land reich an Rohstoffen ist, dann sollte es sie mit allen Ländern in der Welt teilen, die sie brauchen. Denke daran, daß das Gesetz des Karma, das Gesetz von Ursache und Wirkung, dir viel mehr zurückzahlen wird als das, was du an Geldwert erhalten würdest; denn wenn du anderen hilfst, so wird auch dir geholfen werden. Überprüfe deine Motivation bei allem, was du mit deinem Geld und Besitz tust. Erinnere dich daran, daß einige der weisesten, glücklichsten und spirituellsten Menschen, die auf dieser Erde lebten, nichts besessen haben. Der Nazarener stammte aus einer armen Familie; er besaß nur die Kleider, in denen er umherwanderte, und erhielt sein Essen von jenen, wo er sich aufhielt – und doch verkörperte er beispielhaft das Christus-Prinzip für die Welt. Du benötigst weder Geld noch Besitz, damit du wie der Christus sein kannst; es ist in der Tat sogar am besten, ohne sie auszukommen. Es hat Gesellschaftsformen gegeben, wo Menschen ohne Geld in einer Gemeinschaft zusammen lebten, die alles anbaute und selbst herstellte, was sie brauchte. Dies ist auch heute möglich. In der ganzen Welt arbeiten Kinder des Neuen Zeitalters daran, kleine Gemeinschaften zu begründen, die nicht auf Geld und Besitz beruhen. Verachte dies nicht, ehe du es nicht selbst versucht hast. Ist es nicht schwierig, auf

Eigentum zu verzichten, wenn du es während deines ganzen Lebens besessen hast? Am Ende wirst du von deinem Besitz besessen, welcher dir damit dein volles spirituelles Geburtsrecht streitig macht.

Jenen von euch, die Geld und Besitz haben, rate ich daher, sich in acht zu nehmen, denn ihr könntet leicht beträchtliches Karma auf euch laden. Mit all eurem Geld und Besitz müßt ihr verantwortlich umgehen, denn sonst wird euch das Gesetz des Karma eines Tages eine Inkarnation bestimmen, wo auch ihr zu den Millionen von Menschen gehören mögt, die in einem entlegenen Land in Armut leben und an Hunger sterben.

Die Struktur der heutigen Gesellschaft ist so beschaffen, daß das Weltwährungssystem bald zusammenbrechen wird. Das Geld, in das ihr soviel Vertrauen und Gewißheit setzt, wird seinen Wert verlieren. Die gegenwärtige Situation, in der die reichen Länder unaufhörlich reicher und die armen Länder immer ärmer werden, darf sich nicht weiter fortsetzen. Die Bewertung von Geld und Besitz wird sich wandeln. Wieviel besser wird es sein, wenn ihr eure Wertmaßstäbe bereits verändert habt, bevor dies eintritt. Wenn ihr auf euer Bankkonto blicken, euer Haus betrachten und ehrlich sagen könnt, daß ihr auf alles dies, wenn notwendig, ohne Schmerz oder Reue verzichten könntet, dann habt ihr die richtige Menge an Geld und Besitz. Wenn ihr jedoch sagt, daß ihr diese Dinge nicht aufgeben könntet, weil ihr sie braucht, dann habt ihr zuviel davon.

Ich fordere euch alle dazu auf, die treibende Kraft zu überprüfen, auf der euer Leben beruht. Ist es Geld, oder ist es die Spiritualität? Das soll nicht heißen, daß die beiden nicht nebeneinander existieren können, doch muß ein Ausgleich vorhanden sein. Die Spiritualität schafft den Ausgleich, daß ihr nicht mehr besitzt oder zu besitzen anstrebt als das, was euer Schöpfer euch zugedacht hat. Wenn ihr viel euer eigen nennt, während gleichzeitig andere nichts besitzen, dann ist das Gleichgewicht offensichtlich gestört. Die Tatsache, daß ihr in eurer heutigen Welt so viele Probleme habt, sowohl zwischen den Rassen als auch zwischen den einzelnen Menschen, läßt sich in ihrer Ursache fast immer auf Geld und Besitz zurückführen. Das, was man hat, wünscht sich ein anderer. Das, was man zu besitzen anstrebt, wird ein anderer zu verhindern suchen.

Vergeßt nicht, daß ihr Kinder Gottes seid, daß ihr, zusammen mit der irdischen Materie, auf seiner Erde lebt und daß euch nichts gehört. Alles, was ihr besitzt, ist euer Bewußtsein; es ist das einzige, was ihr mit euch nehmen werdet, wenn ihr den physischen Körper verlaßt. Wieviel besser wäre es daher, an der Weiterentwicklung dieses Bewußtseins zu arbeiten.

Medizin

Der heutige Abendländer hat den medizinischen Beruf, die Mediziner, auf einen Sockel erhoben und mit einer Aura der Unfehlbarkeit umgeben. Es widerstrebt ihm, diesen in Zweifel zu ziehen oder anzugreifen oder es selbst gelten zu lassen, daß hier in der Tat schwerwiegende Fehler begangen werden können. In der heutigen Lesung werde ich euch jedoch dazu auffordern, in Erwägung zu ziehen, daß sich die Medizin mit ihren Anschauungen und Praktiken im Irrtum befindet und den Menschen tatsächlich fehlleitet. In den großen Kulturen, die in der Vergangenheit existiert haben, wären viele der Überzeugungen, die die heutige Medizin aufrechterhält, unverzüglich als völlig unspirituell und nicht dem Christus gemäß zurückgewiesen worden. Der heutige Mensch akzeptiert jedoch das, wofür die medizinische Wissenschaft eintritt und ist mit ihren Ansichten und Urteilen weitgehend einverstanden, weil sie sich während der Jahrhunderte des Fische-Zeitalters allmählich zu ihrer gegenwärtigen Position hin entwickelt hat. Da ihr aber jetzt in das Wassermann-Zeitalter eintretet, wird vieles von dem, was heute als normal und richtig anerkannt ist, verworfen werden. Ich möchte euch nur ein paar Gedanken zu erwägen geben, so daß ihr – besonders, wenn ihr das nächste Mal krank seid – verschiedene Behandlungsweisen erforschen könnt.

Einer der Hauptunterschiede zwischen der Medizin der Gegenwart und der Medizin in vergangenen Zeitaltern besteht darin, daß der Mensch in der heutigen Zeit nur dann die Hilfe der Medizin beansprucht, wenn er krank ist, während ihre Aufgabe in der Vergangenheit darin bestanden hat, der Krankheit vorzubeugen und sie zu verhindern. Heute geht der Mensch gewöhnlich nicht zu seinem Arzt, bis er wirklich krank ist und unter solchen Schmerzen leidet, daß er keine nützliche Funktion mehr im Leben ausführen kann. Als letzte Rettung wendet er sich dann an den Arzt und erwartet, daß dieser die »Magie« seines Berufes wirksam werden läßt und ihn heilt; doch tatsächlich verhält es sich so, obwohl der Arzt die Schmerzen lindern dürfte und in einigen Fällen von geringfügigen Erkrankungen sogar eine Heilung herbeiführen könnte, daß jede größere Krankheit in der Regel nicht zu heilen ist. Dann muß der

Mensch seine Zuflucht zu anderen Mitteln nehmen, beispielsweise zur Chirurgie, damit ihm die Krankheit herausgeschnitten und ein erkrankter Körperteil entfernt wird, denn wenn sich eine Krankheit erst einmal in seinem physischen Körper festgesetzt hat, kann sie der Mensch gewöhnlich nicht mehr heilen.

Die Medizin der Zukunft wird ihre Einstellung gegenüber der Krankheit insofern verändern müssen, als daß sich das Hauptgewicht auf die Vorbeugung, im Gegensatz zur Heilung, verlagern wird. Der Mensch wird einsehen, daß er ein paarmal im Jahr zum Arzt gehen muß, ob er nun krank ist oder nicht. Dieser Arzt läßt sich mit dem Hausarzt oder mit dem praktischen Arzt für Allgemeinmedizin in der heutigen Zeit vergleichen. Er wird einen Patienten in einen besonderen Raum setzen, und durch die Untersuchung der elektromagnetischen Aura, die vom Körper des Patienten ausgeht, wird er, unter Verwendung bestimmter Geräte, auf den ersten Blick sagen können, ob sich diese Person in einem guten oder schlechten Gesundheitszustand befindet. Ehe sich die Krankheit tatsächlich zeigt, wird der Arzt dem Patienten sagen können, wo mit ihrem Auftreten zu rechnen ist, welche Mängel oder Schwächen sein Körper hat, die möglicherweise entweder durch seine Nahrung oder durch seine Lebensweise hervorgerufen worden sind; dann wird der Patient Maßnahmen ergreifen können, um dem Auftreten der Krankheit vorzubeugen.

Wenn du die ausstrahlende Aura des Menschen wahrnehmen könntest, so würdest du ihn von vielen Farben umgeben sehen, denn jede Schwingungsebene manifestiert sich als eine unterschiedliche Farbe. Das erfahrene Auge kann auf den ersten Blick die Art der Erkrankung eines Menschen feststellen. Anhand der Farbausstrahlungen, die einen Menschen umgeben, kann es sehen, ob Kopf, Herz oder Darm des Betreffenden erkrankt sind. Außerdem kann es eine Krankheit ermitteln, noch bevor sie sich sichtbar niederschlägt, denn es nimmt das Vor-Physische anstelle des Physischen wahr, mit dem sich die heutigen Ärzte begnügen müssen. In Zukunft wird es im ganzen Land Ärzte geben, deren Aufgabe in der Vorbeugung gegen Krankheiten bestehen wird; für die wenigen, die tatsächlich an einer Erkrankung leiden, wird es eine sehr kleine Gruppe von Spezialisten geben, die versuchen werden, eine Krankheit zu heilen, wenn sie sich einmal im Körper festgesetzt hat. Weit davon entfernt, reine Mediziner zu sein, so wie es heute der Fall ist, werden Menschen von hoher Spiritualität dieser Gruppe angehören. Sie werden die natürlichen Gesetze des Universums und die heilenden Eigenschaften der kosmischen Strahlen verstehen und Menschen durch die Anwendung dieser Strahlen heilen können. Der Nazarener beispielsweise, der viele Heilungen ausführte, die über die Macht und das Verständnis der heutigen Medizin hinausgehen, war kein Arzt.

Die Chirurgen und ihre Operationssäle werden somit im Neuen Zeitalter fehlen, da sie nicht mehr benötigt werden. Wenn jemand erkrankt ist, wird er zu einem spirituellen Heiler gehen, der ihn dadurch heilen kann, daß er die Farbstrahlen und das Licht der Sonne, durch Prismen reflektiert, auf diejenigen Körperteile einwirken läßt, die Heilung erfordern. Es wird jedoch immer einige Menschen geben, die Krankheiten aus karmischen Gründen haben, und diese werden natürlich nicht geheilt werden.

Wenn du zwischen dem, worüber ich gerade gesprochen habe, und der heutigen Medizin Vergleiche ziehst, so wirst du beträchtliche Unterschiede feststellen. Die Art und Weise, in der sich der medizinische Beruf in den letzten hundert Jahren entwickelt hat, hat dazu geführt, daß alle seine Vorstellungen und Sachkenntnisse in sehr enge Bahnen gelenkt worden sind. Die Betonung ist hauptsächlich auf die Erforschung von Krankheit gelegt worden, auf die Art und Weise ihrer Erkennung und Bekämpfung anstelle der Vorbeugung gegen Krankheit durch die Anwendung anderer Methoden als die Impfung, die einen gewaltsamen Eingriff in den Körper bedeutet. Der Mensch hat die Mittel sowohl der äußeren als auch der inneren Chirurgie vervollkommnet, die dadurch zu heilen suchen, daß sie zerstören, daß sie Teile herausschneiden, die erkrankt sind, und abgenutzte Teile ersetzen. Es ist nicht meine Aufgabe zu sagen, daß diese Methoden falsch sind und daß der Mensch sie nicht ausüben sollte, denn wie kann er ein System ersetzen, das von den heutigen Medizinern überprüft und erprobt worden ist und angewendet wird, wenn kein anderer Ersatz ohne weiteres dafür verfügbar ist?

Für jede Krankheit, die der Mensch heute auf dieser Erde kennt, gibt es eine Heilmethode, ein Gegenmittel, das in den Blumen, Kräutern, Beeren, Früchten, Gräsern, Büschen, Wurzeln und Bäumen des Pflanzenreichs vorkommt. Jede Krankheit, die den heutigen Menschen befällt, kann durch die Kenntnis dieser Aspekte der Natur geheilt werden. Selbst unzivilisierte Stämme, die der Mensch »primitiv« nennt – was sie natürlich in mancher Hinsicht auch sind –, können durch den Gebrauch von Baumrinden, Pflanzenwurzeln oder bestimmten Beeren die erstaunlichsten Heilungen herbeiführen, die der moderne Mensch nur durch die massive Anwendung der Chirurgie, durch Herausschneiden von Organen und Nähen, erreichen könnte. Natürlich kann der Mensch nicht sofort zur Heilung durch Kräuter übergehen, weil ihm das notwendige Wissen nicht ohne weiteres zugänglich ist, denn obwohl es einige Bücher über dieses Thema gibt, ist dieser Wissenszweig im Abendland nicht umfassend genug praktiziert worden. In den kommenden Jahren werden sich jedoch bestimmte Seelen inkarnieren, welche die Kunst der Kräutermedizin neu begründen werden. Mit der Zeit wird natürlich auch diese durch die weiter fortgeschrittenen Heilmethoden ersetzt werden, die ich zuvor erwähnt habe, doch der erste Schritt in dieser Richtung wird für den Menschen in der Anwendung natürlicher, im Unterschied zu künstlichen, Heilmethoden bestehen.

Wenn du heute krank bist, so bleibt dir wirklich kaum eine andere Wahl, als dich dem Rat der herrschenden Medizin anzuschließen, doch würde ich gern einige Worte der Warnung zu bedenken geben, denn die heutigen Mediziner erkennen die Spiritualität des Menschen faktisch nicht an – sonst würden sie niemals den Körper mit einem Messer aufschneiden oder ihm solche Drogen zuführen, wie sie es tun. Wenn die moderne Medizin ein bestimmtes Leiden oder eine Krankheit im physischen Körper zu heilen versucht, dann verabreicht sie Drogen von solcher Stärke und Vielfalt, daß diese, selbst wenn sie die vorhandene Krankheit heilen sollten, weitaus mehr Schaden anrichten und häufig zu einem weiteren Leiden führen können, das viele Jahre lang nicht deutlich hervortreten mag.

Du könntest einwenden: »Es ist ja gut und schön, die moderne Medizin zu kritisieren, aber ohne Zweifel wird die Welt von Jahr zu Jahr gesünder?« Das stimmt bis zu einem gewissen Grade, denn mit jedem Jahr macht der Mensch Fortschritte in seinen hygienischen Ansprüchen und in seinem Verständnis von Krankheit. Er hat die Mikroben und Bakterien erforscht, und heute sind die ansteckenden Krankheiten im großen und ganzen bekannt und unter Kontrolle zu bringen. Würdest du, dessen ungeachtet, den Abendländer heute genauer untersuchen, so wärest du überrascht darüber, wie ungesund er in Wirklichkeit ist. Würdest du den heutigen Menschen mit dem Menschen vor zweihundert Jahren vergleichen, so würdest du kaum Zweifel darüber hegen, wer von beiden der Gesündere wäre – und dies wäre nicht der Mensch des zwanzigsten Jahrhunderts. Natürlich ist nicht den Ärzten die Schuld daran zu geben, sondern die heutige Lebensweise des Menschen ist weitgehend für seinen gegenwärtigen physischen Zustand verantwortlich zu machen. Der Mensch kann seinen Körper nicht so behandeln, wie er es tut – mit der falschen Nahrung, die er ißt, den ungeeigneten Flüssigkeiten, die er trinkt, mit seiner ungeregelten Lebensweise, mit der verschmutzten Luft, die er einatmet –, ohne daß er damit Unwohlsein und Krankheit verursacht.

Das, was dem Körper wirklichen Schaden zufügt, sind die Arzneimittel oder Drogen, die der Mensch einnimmt und deren Wirkungen er nicht voll und ganz begreift. Ein Arzt verabreicht ein Arzneimittel, damit ein bestimmtes Ergebnis erreicht wird, beispielsweise einen Patienten zu entspannen, seine Schmerzen zu lindern, seinen Kreislauf zu stärken – doch was bewirkt dieses Arzneimittel außerdem noch? Viele der Drogen, die heute im Abendland Verwendung finden, sind unnötig, doch der Mensch ist so verweichlicht, daß er jedes Krankheitssymptom oder jeden Schmerz, der durch den Mißbrauch seines Körpers verursacht wird, als unerwünscht auffaßt und sich unverzüglich davon befreien muß. Man hat Kopfschmerzen, folglich nimmt man eine Pille. Für alle Schmerzen, für jede Krankheit des Menschen gibt es eine Pille. Ungeachtet dessen, ob diese Pille eine Wirkung hat oder nicht, nimmt man sie doch wegen des geistig-seelischen Trostes ein, den sie gibt. Viele Menschen sind selbstverständlich Hypochonder. In mancher Hinsicht kann man die Ärzte dafür tadeln, daß sie sich den Forderungen ihrer Patienten beugen, doch gibt es Zeiten, wo ein Arzt gern sagen würde: »Ich schlage Ihnen vor, daß Sie jetzt nach Hause gehen und leiden, und beim nächstenmal werden Sie es dann lernen, besser auf Ihren Körper zu achten!« Doch dazu haben natürlich nur wenige den Mut.

Jedesmal, wenn eure Chirurgen einen Körper aufschneiden, verletzen sie diesen damit, und daher möchte ich jedem raten, der vor einem operativen Eingriff steht, die Notwendigkeit dafür äußerst sorgfältig zu überprüfen, ehe er sich einer solchen Behandlung unterzieht. Ich könnte einen erkrankten Körper mit einem Dorf vergleichen, in dem eine Krankheit grassiert, die du bekämpfen möchtest, und in deiner Entschlossenheit, diese Krankheit auszurotten und sicherzustellen, daß sie nicht weiter um sich greift, brennst du das ganze Dorf ab. Vielleicht magst du so die Krankheit unschädlich machen, doch gleichzeitig zerstörst du damit auch das Leben und die Zielsetzung des ganzen Dorfes. Das gleiche geschieht bei einem operativen Eingriff, denn obwohl ein Chirurg nur bestimmte erkrankte Teile aus dem Körper herausschneiden dürfte, verursacht allein schon die bloße Tatsache, daß diese Körperteile nicht mehr vorhanden sind, eine starke Disharmonie innerhalb des gesamten Organismus und wirkt sich auch auf die Spiritualität der betreffenden Person aus. Der heutige Mensch, der nur seinen physischen Körper sehen kann, wäre entsetzt, wenn er seine Schwingungen nur ein wenig erhöhen und die Aura, den ätherischen Körper, eines Menschen wahrnehmen könnte, der sich einem chirurgischen Eingriff unterzogen hat. Dies ist kein angenehmer Anblick, doch eure Chirurgen, die nicht einmal etwas von dem ätherischen Körper wissen, operieren weiter. Es ist heute fast ein Trend geworden, zu schneiden anstatt zu heilen, denn es ist um so vieles einfacher.

Ich bin mir selbstverständlich darüber bewußt, daß es viele Fälle gibt, wo ein operativer Eingriff wünschenswert ist, denn einiges an der Chirurgie ist gut. Dies sage ich nicht, um zu ihrer Anwendung zu ermuntern, sondern weil der Mensch, auf seiner gegenwärtigen Evolutionsstufe, keine andere Heilmethode kennt. Jemand, der beispielsweise eine Hernie oder einen Knochenbruch hat, kann aus kleineren chirurgischen Eingriffen Nutzen ziehen und durch die Geschicklichkeit des Chirurgen eine Schmerzlinderung erfahren. Die Chirurgen sollten jedoch nicht mit operativen Eingriffen im Bereich des Gehirns, des Herzens, der Leber und der anderen Hauptorgane des Körpers experimentieren, denn damit beeinträchtigen sie Organe, die noch weitere Funktionen als jene haben, von denen sie wissen, weil diese Organe den Menschen nämlich mit den anderen Teilen des Sonnenkörpers, mit den Planeten, verbinden. Sie erfüllen lebenswichtige Funktionen, und wenn sie herausgeschnitten und zerstört werden, so wird damit die schicksalhafte Bestimmung des Menschen ernstlich eingeschränkt, während er noch in einem physischen Körper auf der Erde inkarniert ist.

Deshalb möchte ich dich dazu auffordern, dir über die Grenzen der modernen Medizin bewußt zu sein und nicht alles, was sie dir erzählt, zu glauben. Vergegenwärtige dir, daß Mediziner nicht unfehlbar sind; sie sind selten klüger als du, und sehr häufig kann dir deine eigene Vernunft sagen, daß du recht hast und sie sich irren. Sehr oft kannst du dich besser als ein Arzt behandeln. Ich ermuntere euch nicht alle dazu, daß ihr zu Hause bleibt und an euren Krankheiten sterbt, denn wenn ihr ernstlich krank seid, müßt ihr offensichtlich zu einem Arzt gehen; so häufig aber, wenn ihr einen Arzt oder ein Krankenhaus aufsucht, werft ihr euch ihnen mit auffallender Leichtfertigkeit in die Arme und fügt euch fast allem, was sie euch sagen oder mit euch anstellen, ohne dies auch nur in Frage zu stellen. Dies ist ein großer Irrtum, denn sehr häufig weißt du in mancher Hinsicht mehr als sie. Du kannst spüren, wenn etwas nicht richtig ist für dich. Du weißt, wenn etwas für deinen Körper getan werden sollte. Wenn man dir etwas herausschneiden will und du das Gefühl hast, dies sei falsch, so laß es nicht zu. Du selbst bist Herr über dein eigenes Geschick. Gebrauche deine von Gott gegebene Intelligenz, um das in Frage zu stellen, was dir widerfährt. Du würdest dich selbst vor einem Gerichtshof verteidigen, du würdest mit deinem örtlichen Geistlichen diskutieren – warum also führst du keine Argumente bei deinem Arzt oder Chirurgen an, wo letztlich doch so viel mehr auf dem Spiel steht.

Im Hinblick darauf, daß sich die allgemeine Richtung der heutigen Medizin und Chirurgie in eine Sackgasse hinein entwickelt und daß sie, obwohl sie dem modernen Zeitalter von Nutzen ist, den Bedürfnissen des künftigen Zeitalters nicht dienen kann, wird sie sich verändern müssen. Beginnt deshalb damit, euch nach anderen Heilmethoden umzuschauen. In der gesamten Welt gibt es viele kleine Gruppen, die mit großem Erfolg die verschiedensten Heilweisen erproben. Heilung ist durch den Gebrauch von Farbe und Musik, durch das Aussenden von heilenden Schwingungen durch den Äther und durch die Anwendung des Gebetes erzielt worden. Wunderheilungen haben stattgefunden, doch die medizinische Wissenschaft ist natürlich wenig geneigt, diese anzuerkennen. Ihr habt Geist- und Glaubensheiler, die ebenfalls viele Heilungen herbeigeführt haben, doch die moderne Medizin möchte nichts davon wissen – vielleicht aus dem Grunde, weil sich das Gewissen des Berufsstandes keiner Prüfung unterziehen möchte!

Abschließend möchte ich folgendes sagen: Trotz der Einsichten, die sie gewonnen hat, ist die moderne Medizin im Unrecht. Auf diese Art und Weise sollte der Mensch nicht geheilt oder behandelt werden. Sie wird sich verändern müssen. Solange ihr keinen anderen Ersatz habt, an den ihr euch wenden könnt, müßt ihr sie akzeptieren und benutzen. Doch diejenigen unter euch, die intelligent genug sind, daß sie darüber nachdenken, Fragen stellen, sich nach anderen Behandlungsformen umsehen und diese ausprobieren, wenn sie Vertrauen dazu haben, sollten dies unbedingt tun, denn damit mögen sie zu den Wegbereitern des Neuen Zeitalters werden. Wenn ihr ein erfolgreiches Heilverfahren entdeckt, dann erzählt euren Freunden von eurer Erfahrung und ratet auch ihnen dazu, damit sie nicht mehr wie Schafe dem Schlächter hinterherlaufen.

Freie Wahl oder freier Wille?

Wenn man das gesamte spirituelle Leben des Menschen in Betracht zieht, so könnte es, oberflächlich gesehen, den Anschein haben, als sei das Thema der freien Wahl und des freien Willens nur von sehr geringer Relevanz. Tatsächlich jedoch wird das völlige Verständnis der Bedeutung von freier Wahl und freiem Willen des Menschen die geistigen Fähigkeiten eines Eingeweihten, eines sehr hoch entwickelten Wesens, erfordern, denn wenn man tatsächlich die Grenzen der menschlichen Wahl und die Grenzen des menschlichen Willens erfassen kann, dann wird man die Schöpfung in ihrem Plan und Aufbau innerhalb des gesamten Universums verstehen.

Freie Wahl und freier Wille könnten dem Anschein nach eine sehr ähnliche Bedeutung haben. Sehr häufig macht der Mensch in seiner alltäglichen Umgangssprache falschen Gebrauch von ihnen, und daher müssen wir, bevor wir beginnen können, die Bedeutung dieser Worte festlegen. Freie Wahl spricht nahezu für sich selbst: Der Mensch hat die Freiheit, seine Wahl zu treffen; er steht vor einer Wahl und kann sich frei für den einen oder den anderen Weg, für die eine oder die andere Möglichkeit entscheiden. Freier Wille andererseits schließt allein schon durch die Terminologie – Wille – eine Kraft, einen machtvollen Einfluß in sich ein. Wenn du einem anderen Menschen deinen Willen aufzwingst oder auferlegst, so lenkst du damit eine Kraft, einen starken Einfluß auf ihn, und er hat in dieser Angelegenheit keine andere Wahl, als sich deinem Willen zu fügen. Der Wille schließt daher keine Möglichkeit der Wahl in sich ein: Es handelt sich dabei um eine kraftvolle Beeinflussung, die von einer höheren Schwingung, einem weiterentwickelten Menschen, auf einen weniger entwickelten Menschen gelenkt oder angewendet wird. Umgekehrt ist dies nicht möglich; nur der höherentwickelte Mensch kann seinen Willen bei einem anderen durchsetzen.

Nachdem wir eine Begriffsbestimmung der freien Wahl und des freien Willens gegeben haben, wollen wir jetzt überprüfen, ob der Mensch seine Wahl und seinen Willen tatsächlich frei ausüben kann. Wir wollen zuerst die freie Wahl betrachten. In deinem Alltagsleben wirst du ständig mit Alternativen oder Wahlmöglichkeiten konfrontiert, von denen manche einfach, andere schwierig sind. Wenn du darüber nachdenkst, dann triffst du fast in jeder Minute des Tages deine Wahl. Unausgesetzt entscheidest du darüber, was du tun möchtest, und allein schon durch die bloße Handlung, eine Entscheidung zu treffen, wählst du zwischen verschiedenen Möglichkeiten aus. Auf diese Art und Weise entwickelst du dich im Leben weiter und machst deine Lernerfahrungen; denn das Ergebnis aus deiner Wahl übt eine Wirkung auf dich aus und wird sich, je nach den Gründen oder Motivationen für deine Wahl, unterscheiden. Ich will nun damit nicht sagen, daß du richtig oder falsch wählen kannst, denn in Wirklichkeit gibt es so etwas wie richtig oder falsch nicht. Du wirst wählen, und die Art und Weise deiner Wahl wird eine Wirkung auf dich ausüben. Was aber führt dich denn dazu, diese Wahl zu treffen?

Du kannst eine Wahl über viele Dinge treffen. Du kannst beispielsweise wählen, wo und mit wem du leben möchtest. Du kannst darüber entscheiden, in welcher Farbe du dein Haus anstreichst, welche Automarke du kaufst, welche Art von Nahrung du essen möchtest usw. In der materialistischen Welt, in der du heute lebst, müssen sehr viele Entscheidungen getroffen werden, und es sind zahlreiche Einflüsse – auch wenn du dies vielleicht nicht annehmen würdest –, die dich dazu bringen, eine bestimmte Wahl zu treffen. Die Faktoren, die deine Wahl beeinflussen und auf dein Denken einwirken (denn der Mechanismus, sich für eine bestimmte Wahlmöglichkeit zu entscheiden, spielt sich innerhalb des Denkens ab), sind äußerst vielfältig. Das Denken, der Geist, ist es, der die Entscheidung über deine Wahl trifft, und dazu schöpft er aus vielen Quellen. Deine Seele, deine Persönlichkeit oder einer deiner feinstofflicheren Körper könnten auf deinen Geist einwirken, damit sie auf deine Wahl Einfluß nehmen. Versuche daher festzustellen, wenn du eine Wahl triffst, welche Faktoren dich zu dieser Entscheidung geführt haben, und versuche – wie bei allen Dingen – die Motivation, die treibende Kraft bei dieser Wahl nachzuweisen.

Der Mensch inkarniert sich auf der Erde mit der göttlichen Gabe der freien Wahl, und durch die Ausübung dieser Wahl, wird sie in rechter Weise gelenkt, wird er lernen. Ist der Mensch nicht Herr seiner Wahl, wird er sehr langsam lernen und sich entwickeln. Diejenigen unter euch, die damit begonnen haben, eure physischen und anderen Körper zu beherrschen und eurem Denken, eurem Geist, die Disziplin eurer Seele aufzuerlegen, werden allmählich eine verantwortliche Wahl – und ich betone das Wort verantwortlich – in all ihren Alltagshandlungen treffen lernen, und so werdet ihr euch rascher weiterentwickeln. Denke daher, bevor du eine Wahl triffst, damit es auch die richtige ist, nicht nur an dich selbst, sondern auch an die Menschen, die dich umgeben. Es ist wichtig, daß du über den Akt des Wählens nachdenkst, denn darin liegt die gesamte Ursache für deine Inkarnation und Existenz begründet.

Denke nicht, daß der Mensch immer die freie Wahl gehabt hat. Glaube auch nicht, daß alle übrigen Wesen in eurem Sonnensystem die freie Wahl haben. Sei dir dessen bewußt, daß die freie Wahl ein Geschenk für den Menschen auf dieser Entwicklungsstufe der Erde in ihrer gegenwärtigen Inkarnation ist, damit er sein Bewußtsein dahin entwickeln kann, den Willen seines Schöpfers zu erfüllen. Als sich der Mensch zuerst auf dem Planeten Erde inkarniert hatte und dort in Vollkommenheit mit den Engeln, den Botschaftern des unendlichen Geistes, lebte, besaß er keine freie Wahl und brauchte sie auch nicht. Während vieler Zeitalter lebte der Mensch ohne diese Gabe, denn sie war nicht notwendig. Dann beschlossen die Wesenheiten, von denen ihr so wenig wißt, euer Sonnen-Logos und die Herrscher und Lenker dieses Sonnenkörpers und der in ihm liegenden Erde, daß der Mensch selbst die Grenzen seines Wesens und seines Seins erfahren müßte, damit er Fortschritte in seinem Bewußtsein machen könnte. Mit der Gabe der freien Wahl von seinem Schöpfer inkarnierte er sich neu auf der Erde, und insofern als der Mensch jetzt diese Gabe besaß, konnte er sein Bewußtsein Fortschritte machen und sich weiterentwickeln lassen, denn durch die Möglichkeit seiner Wahl würde er Recht von Unrecht, Licht von Dunkelheit, Leben von Tod unterscheiden lernen. Seit der Zeit dieser Reinkarnation auf der Erde hat sich der Mensch, wenn auch langsam, durch den Gebrauch dieser Gabe weiterentwickelt. Lediglich aufgrund der Art und Weise, wie der Mensch dieses Geschenk mißbraucht hat, befindet sich die Erde in ihrem gegenwärtigen Bewußtseinszustand.

Der Mensch hat nicht in der rechten Weise gewählt. Er hat die Wahl, selbst heute noch, sich zwischen Spiritualität und Materialismus zu entscheiden. Er hat die Wahl, entweder an sich selbst oder an seine Mitmenschen zu denken. Er hat die Wahl, an seine Welt, die Erde oder an die anderen Welten, die anderen Planeten, innerhalb des Sonnensystems zu denken. Die Möglichkeit zur Wahl ist, abhängig von der Stufe der Seelenentwicklung, immer vorhanden. Für jene, die sich das erste oder zweite Mal auf der Erde inkarnieren, ist die Wahl offensichtlich einfach und begrenzt. Für jene, die ihr Bewußtsein während vieler Leben auf der Erde entwickelt haben, ist die Wahl schwieriger und vielschichtiger. Doch jedes Wesen auf dieser Erde ist hier, damit es von seiner Möglichkeit zur Wahl Gebrauch macht und dadurch lernt und sich entwickelt. Da der Hauptgrund für deine Existenz in diesem Akt des Wählens liegt, hat er es ohne Zweifel verdient, deine vollste Beachtung zu finden. Triff daher keine Wahl leichtfertig und gedankenlos. Sei dir bewußt, daß die Art und Weise deiner Wahl nicht nur auf dich selbst, sondern auch auf andere eine Wirkung haben wird. Wähle daher mit tiefer Überlegung und nach eingehender Betrachtung.

Wir wollen nun das Problem des freien Willens untersuchen. Hat der Mensch einen freien Willen? Diese Frage berührt den gesamten Lebensbegriff innerhalb dieses Sonnensystems und in der Tat sogar innerhalb der ganzen Schöpfung. Der unentwickelte Mensch glaubt gern an seine überragende Größe, er nimmt an, daß er tatsächlich einen freien Willen hat und alles das tun kann, was er möchte, wann und wo er es will. Er glaubt, daß er Herr über das Schicksal des Menschen und über die Geschicke des Tier-, Pflanzen- und Mineralreiches ist. Er meint, die schicksalhafte Bestimmung der Welt, ihrer Rassen und Völker lenken zu können. Mit der Gedankenlosigkeit höchster Selbstüberschätzung hält er sich selbst für Gott auf Erden. Der unentwickelte Mensch hat noch sehr viel zu lernen, denn je höher du dich entwickelst, desto bewußter wirst du dir über die Kräfte, die Formen der Kontrolle, der Disziplin und des Willens, über die Ordnungen und Hierarchien, die weit über der Stufe des menschlichen Bewußtseins liegen.

Wenn du auf ein einzelnes Wesen herabblickst, das auf der Oberfläche dieser Erde lebt, dich dann weiter in das Weltall entfernst und zuerst die Straße erblickst, dann die Stadt, dann das Land, dann die Hemisphäre, dann die Erde, dann den Sonnenkörper um diese Erde, dann die Milchstraße um diesen Sonnenkörper und schließlich die »Super«-Galaxie, von der jene kleine Milchstraße ein Teil ist, wirst du die Winzigkeit des Menschen und die Komplexität, die Beherrschung und Organisation des Weltalls und des darin existierenden Lebens erkennen. Es ist nicht möglich – selbst wenn es ihm erlaubt wäre –, daß der unentwickelte Mensch, der auf der Oberfläche des Planeten Erde lebt, eine derartige Komplexität des Weltraumes überwachen und beherrschen könnte. Wie könnte er, wo er nicht einmal versteht, wie sich die Erde dreht und ihre Funktion erfüllt, wo er nicht einmal die Einflüsse begreift, die von innen und von außen auf die Erde einwirken, andere, weitaus größere Kräfte beherrschen und lenken?

Auf der Oberfläche dieser Erde kommen der Wille, die Macht und der Einfluß jener Wesen zur Ausführung und Verwirklichung, die für diese Erde verantwortlich sind, und vor allem ist dies unser Gott, unser Sonnen-Logos, der über uns allen steht. Der Mensch mag gern glauben wollen, daß er einen freien Willen hat, doch darin irrt er. Wenn er doch nur begreifen wollte, daß die meisten Dinge in seinem Leben im voraus festgelegt sind! Innerhalb der Grenzen seines Lebens kann er nur eine sehr beschränkte Wahl treffen, denn er inkarniert sich in eine vorherbestimmte Familie, in ein vorherbestimmtes Land, in eine vorherbestimmte Lebensweise hinein. Er sendet seine Schwingungen unter einem bestimmten Strahl aus, er wird unter dem besonderen Einfluß bestimmter Planeten geboren. Er hat sich dafür entschieden, mit gewissen Menschen in seiner irdischen Inkarnation zusammenzutreffen, von denen er bestimmte Lektionen lernen wird. Er hat sich viele der Vorkommnisse ausgewählt, die sich in seinem Leben ereignen werden – und alles dies ist geschehen, bevor er sich überhaupt in die Materie inkarniert hat.

Wenn ich eine Analogie aufstellen will, so kann ich die Zeit deiner Inkarnation auf der Erde mit einem Menschen vergleichen, der in einem Auto entlang der Autobahn fährt. Am Anfang wird er in seinem Auto auf die Autobahn gesetzt. Sein Schöpfer hat den Willen, daß er auf dieser Autobahn von Punkt A nach Punkt B fahren sollte, und da der Wille seines Schöpfers in ihm ist, verspürt er den inneren Drang, dieser Autobahn zu folgen. Natürlich kann er diese Autobahn zu jeder beliebigen Zeit verlassen, wenn er es möchte. Er mag nicht einmal unbedingt wieder dorthin zurückkehren, doch immer wird ein Drang, ein Bedürfnis nach Rückkehr zu dieser Autobahn in seinem Innern vorhanden sein. Doch wohin kann er sich eigentlich wenden, selbst wenn er sich von dieser Autobahn entfernt? Er befindet sich in einem Auto und kann daher die Autobahn nur entlang der Straßen verlassen, die von ihr abführen. Er muß auf Straßen bleiben, die geplant, die bereits angelegt worden sind, denn er kann nicht plötzlich neue Straßen erschaffen. Nehmen wir an, Gott sei jenes Wesen, das die Autobahn, das diese Straßen geplant hat. Daher kann sich der Mensch nur entlang der Autobahnen und der Straßen fortbewegen, die Gott eingeplant hat. Wie weit und wie lange kann er auf diesen Straßen fahren? Was geschieht, wenn ihm das Benzin ausgeht, von dem er nur eine bestimmte Menge im Tank hat? Dies zwingt ihn zum Anhalten. Ebenso wie dieser Autofahrer durch seinen Benzintank eingeschränkt wird, so ist auch deinem Leben in einem physischen Körper eine Grenze gesetzt. Der Benzintank, jene Begrenzung, ist festgelegt, die Straßen sind eingeplant. Was bleibt dir also anderes zu tun übrig, als dich an die von deinem Schöpfer gesetzten Grenzen zu halten?

Ein Mensch, der mittellos ist und in einem armen Teil seines Landes lebt, wird nicht die Möglichkeit haben – es sei denn, daß es ihm durch sein Schicksal bestimmt ist –, überall in der Welt umherzureisen und mit vielen Menschen zu verkehren. Er wird auf einen kleinen Teil der Welt beschränkt bleiben, wie es sein Schöpfer für ihn vorgesehen hat. Ein Stamm, der im Urwald lebt, wird sich nicht plötzlich entwurzelt und in eine Metropole eines der technologisch fortgeschrittenen Länder in der westlichen Welt versetzt finden. Die Begrenzungen durch euren Schöpfer sind vorhanden, wenn ihr sie nur anerkennen wolltet. Selbst euch, die ihr in den sogenannten zivilisierten Ländern des Westens lebt, sind Grenzen gesetzt. Ungeachtet dessen, was ihr annehmen mögt, kann auch der moderne Mensch, mit all seinen materiellen und wissenschaftlichen Methoden, immer noch selbst nichts erschaffen, da jegliche Schöpfung aus dem unendlichen Verstand gezogen wird. Der unendliche Verstand, der Teil des unendlichen Geistes ist, gibt nur das für den Menschen frei, was diesem zugestanden wird. Der Mensch hat die Wahl, das, was ihm freigegeben wird, entweder zum Schaden oder zum Nutzen anzuwenden, doch würde er diese Inspiration nicht erhalten, wenn sein Schöpfer sie nicht für ihn bestimmt hätte.

Der moderne Mensch verfügt über die Mittel, die Erde zu zerstören. Er besitzt Wasserstoff- und Kobaltbomben, und von daher glauben die Menschen in der heutigen Zeit, daß der Mensch selbst die Erde mühelos vernichten könnte. Er hat die Macht dazu, aber natürlich wird diese Erde von höheren Kräften als dem Menschen gelenkt und beherrscht, und dies werden sie nicht zulassen. Alle Menschen, die eine völlige Vernichtung dieser Erde durch einen Atomkrieg fürchten, brauchen sich folglich nicht zu beunruhigen, denn diese Zerstörung wird nicht stattfinden. Nicht nur der Wille eures Schöpfers hat die Macht und die Kontrolle darüber, sondern auch der Wille all jener Wesen, die höherentwickelt sind als ihr und die euch ebenfalls ihren Willen auferlegen können: nämlich die Wesen auf den anderen Planeten des Sonnenkörpers, besonders von Mars, Jupiter, Venus und Saturn, die sich im Augenblick nahe bei der Aura der Erde befinden und dort Einfluß ausüben, leiten, helfen und wiederherstellen, wo die Unwissenheit des Menschen Zerstörung angerichtet hat. Ihr Wille wird geschehen, und sie werden es nicht zulassen, daß die Erde in ihrer Gesamtheit zerstört werden wird.

Seid euch klar darüber bewußt, daß es viele Wesen mit einem höheren Willen, mit einer größeren Macht gibt, als der Mensch sie hat. Der Mensch ist ein unendlich kleines Stäubchen auf der Erde, das darum kämpft, sich weiterzuentwickeln. Er kann mit einem Schuljungen verglichen werden, der ein geladenes Gewehr erhalten mag, damit er sich im Schießen übt, doch wird immer ein Lehrer ganz in der Nähe sein, der aufpaßt, daß er nicht sich selbst oder einen seiner Mitschüler erschießt. Nach dem Willen eures Schöpfers solltet ihr euch durch das Leben in einem physischen Körper auf der Erde geistig und spirituell weiterentwickeln. Ihr seid hier, damit ihr die Erfahrung des Lebens sowohl auf der Erde als auch auf den anderen Existenzebenen machen könnt. Diese Erde ist nichts anderes als eine Schule, in die hinein ihr euch inkarniert, um bestimmte Lektionen zu lernen. Die hauptsächliche Lektion dieser Erde ist das aufopferungsvolle Dienen, und der Mensch hat die Wahl, ob er Opfer bringen möchte oder nicht. Diejenigen unter euch, die tatsächlich Opfer und Verzicht leisten, die an ihre Mitmenschen eher als an sich selbst und an die anderen Reiche der Natur vor ihrem eigenen denken, die sich über das Leben auf diesem Planeten völlig bewußt sind, werden allmählich den Willen eures Schöpfers erkennen und würdigen lernen; wenn ihr den Willen eures Schöpfers für diese Erde versteht, dann werdet ihr auch die Erde, die Rolle, die sie innerhalb des Ganzen spielt, begreifen und ebenso die Funktion und Aufgabe derer, die auf ihr leben.

Ihr alle seid unter starken planetarischen Einflüssen oder Willenseinwirkungen geboren. Ihr alle sendet eure Schwingungen unter einem der sieben Hauptstrahlen aus, welche diesen Planeten beherrschen, und ihr werdet, jeder für sich, von demjenigen Strahl eingeschränkt, unter dessen Einfluß eure Schwingung steht. Diese Strahlen wirken jederzeit einschränkend, überwachend und lenkend auf euch ein. Durch eure eigene Evolution erfahrt ihr sogar noch eine größere Einschränkung. Erkennt daher, wenn ihr euren Lebensweg geht, daß ihr die freie Wahl habt und daß ihr diese verantwortlich ausüben müßt, erkennt aber gleichzeitig auch den Willen eures Schöpfers in allem, was euch umgibt. Dies ist nicht eure Erde. Eure Brüder sind nicht eure Geschöpfe. Tier-, Pflanzen- und Mineralreich sind sämtlich von einer höheren Kraft als euch erschaffen worden. Der Mensch erschafft nichts und kann daher auch nichts überwachen und steuern. Erst wenn ihr selbst erschaffen könnt, dürft ihr den höheren Willen gebrauchen und ausüben.

Die wahre Sinngebung und Bedeutung von Ostern

In derselben Art und Weise, wie der heutige Mensch von dem physischen Ereignis der Geburt des Nazareners mehr angezogen wird als von ihrer wirklichen spirituellen Bedeutung, so nimmt er auch – aufgrund der Lehren in seinen verschiedenen Kirchen – größeren Anteil an den physisch wahrnehmbaren Vorgängen um Ostern, an dem Verrat, der Gefangennahme, der Gerichtsverhandlung, der Kreuzigung und Auferstehung, als an der wirklichen Bedeutung dieser Geschehnisse in spiritueller Hinsicht. Am Karfreitag trauert er, von seinen Kirchen dazu bewegt, über den Verrat und Tod des Meisters Jesus, gibt jenen die Schuld, die ihn verraten, vor ein Gericht gestellt und gekreuzigt haben; am Ostersonntag bringt er dann seine Freude über die Auferstehung dieses Meisters zum Ausdruck, den er Gottes Sohn nennt. Ich weiß, daß viele von euch sehr feste Glaubensvorstellungen über die Sinngebung und Bedeutung von Ostern haben, doch hoffe ich, daß diese Lesung es euch ermöglichen wird, eine unterschiedliche Auslegung der Ostergeschichte in Betracht zu ziehen.

Zuerst will ich davon sprechen, daß der Nazarener nicht nur für eine einzige Menschenrasse, sondern für die ganze Welt gekommen ist. Aus karmischen Gründen wurde er in einem jüdischen Körper geboren. Er gelangte in die Materie und inkarnierte sich, um sowohl seine eigene schicksalhafte Bestimmung zu erfüllen als auch der Menschheit als Beispiel für das Christus-Prinzip zu dienen. Die Tatsache, daß er sich in die jüdische Rasse inkarnierte, ist nicht gleichbedeutend damit, daß er einzig und allein zum Nutzen der Juden erschienen ist. Er ist für die gesamte Menschheit gekommen, und obwohl das Abendland im besonderen von seinen Lehren angezogen worden ist und aus den Geschehnissen seines Lebens die christliche Religion geschaffen hat, ist die Botschaft, die er brachte, für alle Menschen bestimmt. Jeder Mensch, gleich welcher Religionszugehörigkeit und an jedem Ort der Erde, kann durch die Lebensgeschichte des Jesus von Nazareth und den Zeitraum, als er unter dem Einfluß des Christus-Prinzips wirkte, verstehen, in welcher Weise das Leben auf dieser Erde geführt werden sollte und mit welcher Zielsetzung sich der Mensch inkarniert. Es lag nicht in der Absicht des Nazareners, daß die Geschehnisse seines Lebens als Fundament für die Errichtung irgendeiner Sekte oder Religion verwendet werden sollten. Trotzdem ist die christliche Religion auf den Ereignissen dieser Zeit begründet worden. Die grundlegenden Vorstellungen der christlichen Religion beruhen auf den österlichen Ereignissen, als der Meister Jesus einen schmerzvollen Tod am Kreuze starb und dann, am dritten Tag, wieder auferstand. Ich möchte, wenn ich darf, einige der vorgefaßten Meinungen, der Vorurteile über das Leben des Nazareners in Frage stellen, die sich eingebürgert haben und jetzt als Tatsache, als Dogma betrachtet werden und die wahre Zielsetzung seiner Inkarnation in einem falschen Licht erscheinen lassen.

Die Bestimmung und das Leben des Nazareners in der physischen Materie waren mit unendlicher Genauigkeit vorausgeplant. Der Zeitpunkt seiner Geburt, seine Lebensdauer und der Augenblick seines Todes waren bereits lange vor seiner Inkarnation bekannt. Die großen Wesen, welche diese Erde lenken, planten die Demonstrationen, die zum Nutzen der Menschheit auf der Erde stattfinden sollten, in wahrer spiritueller Bewußtheit voraus. Während der Erfüllung seines Dienstes war sich Jesus von Nazareth völlig über die Natur seines Lebens, seines Tuns, und auch über die Art und den Zweck seines Todes bewußt. Er wußte viele Jahre vorher, ehe das Ereignis tatsächlich stattfand, daß er zu einem bestimmten Zeitpunkt sterben würde. Dieses Wissen ist einem Meister wie ihm zu eigen, der über die Weisheit und das Bewußtsein verfügt, die darin enthaltenen spirituellen Faktoren zu verstehen. Die Art und Weise und der Zeitpunkt seines Todes waren deshalb keine Sache des Zufalls. Er starb an Ostern, zu der Jahreszeit, wenn die Natur überall aus der Dunkelheit des Winters empordringt, ein frisches Kleid, einen neuen Körper anlegt, wächst und sich der Sonne entgegenwendet, dem ewigen Licht, und von neuem in Blüte steht. Die Natur ist natürlich das Werkzeug des unendlichen Geistes, wenn sich der Mensch nur dieser Tatsache bewußt wäre. Es geschieht durch die Natur, daß der unendliche Geist die höchsten Gesetze und spirituellen Wahrheiten innerhalb dieses Universums verdeutlicht und demonstriert. Als der Nazarener zu Ostern am Kreuze starb, war er damit Sinnbild für diesen Augenblick der Wiedergeburt in einen neuen Körper.

Im Verlauf der Erfüllung seines Dienstes wurde der Nazarener durch den Christus überschattet. Während er auf der Erde weilte, erfüllte er sowohl seine eigene schicksalhafte Bestimmung als Meister und Lehrer, ebenso wie ihr sie als Einzelseelen ausführen würdet, als gleichzeitig auch den Willen des Christus. Ihr mögt es für merkwürdig halten, daß ein Wesen im Schatten eines anderen stehen kann, doch dies ist durchaus möglich. Während seines gesamten Wirkens begründete der Nazarener das Christus-Prinzip auf der physischen, der für den Menschen einzig faßbaren Ebene, doch hat der Mensch dazu tendiert, seine Geburt und seinen Tod als die bedeutsamsten Abschnitte in seinem Leben hervorzuheben. Sie sind zwar wichtig, aber nicht von allergrößter Bedeutung.

Ein kleiner Teil dessen, was der Nazarener während der Erfüllung seines Dienstes gelehrt hat, ist in der Bibel enthalten. Inspiriert durch den Christus, hat er beispielhaft dargelegt, wie der Mensch sein Leben auf dieser Erde führen sollte. Würden die christlichen Kirchen und der Mensch im allgemeinen nur die Lehren des Nazareners nehmen und sie in den Vordergrund ihrer Lehrmeinungen stellen, so hätten sie damit in der Tat schon seine Absichten ausgeführt und seine Ziele erfüllt. Statt dessen aber greifen sie seinen Tod heraus, weisen diesem, gemessen an seinem übrigen Leben, eine unverhältnismäßige Bedeutung zu und machen ein Dogma daraus. Ich sage nicht, daß der Nazarener nicht gekreuzigt worden ist – doch für ein solches Wesen wie ihn ist der Tod in jeder Form, sei es durch das Schwert, durch Erschießen oder durch Kreuzigung, nicht von Bedeutung; eine Seele mit seinem Bewußtsein ist bereits bis zu der Ebene fortgeschritten, wo der Tod keinerlei Wichtigkeit mehr hat. Nur der heutige Mensch ist es, der den Tod des Nazareners betrauert und erklärt, daß mit seinem Tode ein großer Meister gekreuzigt, von schlechten Menschen mit all ihren Ängsten und abergläubischen Vorstellungen von der Erde entfernt wurde, und der diesen Menschen die Schuld für das gibt, was sich zugetragen hat. Doch dieses Geschehen wurde bereits Zeitalter zuvor geplant, ehe es stattgefunden hat. Der Kreuzestod des Nazareners war zeitlich ebenso festgelegt, wie es die nächste Wiederkunft des Christus ist.

In jedem Jahr betrauern die christlichen Kirchen den Tod des Nazareners. Am Karfreitag ist die Aura der Erde erfüllt von den schwarzen Wolken falscher Gefühlsbewegungen, falscher Gedanken, falscher Glaubensvorstellungen, von Irrtum in jeder Hinsicht. Der Nazarener bewegte sich im Augenblick seines Todes von der Unwirklichkeit, dem physischen Leben, zur Wirklichkeit, dem spirituellen Leben, weiter. Er kehrte vom Unwirklichen zum Wirklichen zurück. Er befreite sich von den Begrenzungen des physischen Lebens, dieser Schule des Lebens, die der Mensch zu erfahren hat, und kehrte wieder zu seiner natürlichen Seinsform zurück. Mit dieser Kreuzigung schüttelte der Nazarener die Einschränkungen, die Leiden, die Prüfungen und die Unruhen des physischen Lebens ab. Mit dieser Kreuzigung gab er der Menschheit den Schlüssel, der die Eingangspforte zu ihrer eigenen Auferstehung öffnen könnte. Der Tod ist in Wirklichkeit eine Geburt – denn wenn du stirbst, so wirst du wieder geboren, und daher sollte der Tod in ähnlicher Weise ein freudiges und festliches Ereignis sein wie die Geburt. Mit dem Akt seines Todes zeigte der Nazarener die Rückkehr zu einer normalen spirituellen Existenzform auf, die euch alle erwartet; daher ist alles Klagen um seinen Tod, verursacht durch euer irriges Verständnis von seinem Tun, vergeudete Energie.

Du erfährst aus der Bibel, daß der Nazarener, als er wußte, daß er nach Jerusalem gehen würde, seinen Jüngern mitteilte, daß sich bestimmte Geschehnisse ereignen würden, die geplant wären. In allen Evangelien des Neuen Testamentes kannst du nachlesen, wie der Nazarener seinen Jüngern ankündigte, was geschehen würde, und zwar auf jeder Ebene, von der Beschaffung eines Esels bis hin zu dem Raum, wo die Feier stattfinden sollte, die ihr das Heilige Abendmahl nennt, von dem dreimaligen Verrat seines Jüngers Petrus bis hin zu seiner Gerichtsverhandlung und schließlich zu seinem Tod. Waren alle diese Geschehnisse, wenn sie zeitlich festgelegt waren und sich ereignen sollten, nicht als Demonstrationen bestimmter Grundwahrheiten für den Menschen bestimmt?

Versuche, hinter die Ostergeschichte zu blicken und mehr darin zu sehen als das, was durch die aufgezeichneten Ereignisse dargestellt wird. Du kannst die Geschichte vom Tode des Nazareners genauso lesen wie jedes andere Buch und sagen, daß ein Mann nach Jerusalem kam, verraten und zu Unrecht gefangengenommen wurde, eine Scheinverhandlung vor Gericht erhielt und, obwohl unschuldig, zu einem äußerst qualvollen Tod verurteilt wurde. Wir wollen jedoch etwas von der Bedeutung hinter diesen Ereignissen untersuchen. Der Nazarener ging nach Jerusalem. Obwohl er wußte, daß dort ein qualvoller Tod auf ihn wartete, begab er sich trotzdem nach Jerusalem, weil er den Willen seines Schöpfers ausführen wollte. Er wußte, daß er dorthin gehen mußte – nicht um seiner selbst willen, sondern für die Menschheit als Ganzes. Er war ein Lehrer, der bestimmte Wahrheiten des Daseins zum Nutzen seiner Schüler verdeutlichte. Er wußte, wer ihn verraten würde. Er wußte auch, auf welche Weise ihn dieser Mensch verraten würde. Wenn du dich daran erinnerst, daß keine tieferstehende Seele dem Leben einer höherentwickelten Seele ein Ende setzen kann, so kannst du daraus schließen, daß Judas Ischariot, der den Nazarener verriet, eine ihm gleiche Seelenentwicklung gehabt haben muß. Sie stellten in der Tat eine wirkliche geistige Entsprechung dar und waren in jener Inkarnation beide zum gleichen Zeitpunkt in die Materie gelangt –

der eine, um beispielhaft das Christus-Prinzip zu verkörpern, und der andere, um die Ursache für den physischen Tod des Nazareners zu geben, damit die Menschheit aufgeweckt werden könnte und sich das Christus-Wissen verbreiten würde, so wie es sich bis zum heutigen Tage verbreitet hat. Daher führte auch Judas, als er den Nazarener verriet, den Willen seines Schöpfers aus – und keine Übeltat. Kein anderer Jünger außer Judas hatte die Evolutionsstufe erreicht, den Nazarener verraten, ihn dem Tode ausliefern zu können, denn letztlich war es die Tat des Judas, die zu Gefangennahme und Tod des Nazareners führte. Obwohl die Soldaten, die ihn kreuzigten, den physischen Todesvorgang vollstreckten, ist Judas derjenige, der dafür verantwortlich ist, der die entscheidende Verantwortung dafür trägt.

Ziehen wir die Tatsache in Betracht, daß der Nazarener für schuldig erklärt und zum Tode verurteilt wurde, weil er das Christus-Prinzip darlegte und beispielhaft vorführte, welches der Mensch seitdem zu einem der wichtigsten Glaubensbekenntnisse in der heutigen Welt gemacht hat. Die religiösen Männer seiner Zeit, argwöhnisch und an ihr eigenes Dogma gebunden, wollten seine Lehren nicht gelten lassen, und daher kam es zu seiner Scheinverhandlung vor Gericht. Die weltlichen Führer dieser Zeit, beispielhaft vertreten durch Pontius Pilatus, wuschen in dieser ganzen Sache ihre Hände in Unschuld und ließen es zu, daß er gekreuzigt wurde, obwohl sie um seine Unschuld wußten. Darin ist eine Symbolik für eure moderne Welt enthalten.

Die christliche Religion hat die Kreuzigung des Nazareners herausgegriffen und sie zum wichtigsten Bestandteil ihres Lehrsystems gemacht. Das Symbol der modernen Kirche ist das Kreuz, an dem er gekreuzigt wurde; das wahre Symbol für diese Erde jedoch, auf der ihr lebt, das Symbolzeichen, das seit der Erschaffung dieser Erdkugel existiert hat und das sie nicht nur mit allen übrigen Planeten in diesem Sonnenkörper, sondern auch mit allen Körpern außerhalb davon verbindet, ist das echte Kreuz. Dieses hat vier im Gleichgewicht befindliche Kreuzesarme im symmetrischen Größenverhältnis, die symbolisch für die Zahl Vier stehen, auf welcher die physische Materie auf der Erde schwingt. Es gibt vier Elemente, vier Jahreszeiten, vier Hauptrichtungen des Kompaß, vier hauptsächliche Rassen, vier Reiche der Natur usw. Das im Gleichgewicht befindliche Kreuz ist das wahre Symbol sowohl für den Nazarener als auch für die Erde. Das Kruzifix der christlichen Religion ist ein unausgewogenes Kreuz und spiegelt die eigene Unausgeglichenheit des heutigen Menschen wider.

Der Akt der Kreuzigung, wovon du in der Bibel liest, stand symbolisch für die Kreuzigung seiner niederen Aspekte durch den Nazarener selbst, für die Abtötung des niederen Selbst, das sich immer dem Einfluß der Seele und dem Willen des Schöpfers entgegensetzt. Der Nazarener ließ sich kreuzigen, ließ sich an das Kreuz seiner eigenen freien Wahl schlagen und nahm den Schmerz des Kreuzes auf sich, damit er zu wahrer Spiritualität fortschreiten konnte. Er demonstrierte damit, daß sich der Mensch an das Kreuz des Lebens schlagen lassen, daß er dazu bereit sein muß, Opfer und Verzicht zu leisten, damit nicht nur er, sondern die ganze Menschheit vorwärtsschreiten kann. Bevor der Mensch nicht die Kreuzigung der niederen Elemente seines Wesens, des niederen Selbst, erlitten hat, kann sich die Menschheit nicht weiterentwickeln.

Du erfährst von der Macht des Nazareners als Lehrer und Heiler im Verlaufe seiner Inkarnation. In der Bibel sind viele Wunder verzeichnet, die er ausgeführt hat. Dies waren in Wirklichkeit keine Wunder als solche, sondern Demonstrationen, Veranschaulichungen des natürlichen Gesetzes, der natürlichen Macht. Für ein Wesen auf seiner Evolutionsstufe und mit seinem Wissen, das bis zu seinem Bewußtseinszustand in der Hierarchie aufgestiegen war, waren solche Handlungen, wie beispielsweise auf dem Wasser zu gehen, die Brotlaibe und Fische zu vervielfachen, Blinde und Kranke zu heilen, selbst Tote aufzuerwecken, vollkommen natürlich. Mit der Macht, die ihm zur Verfügung stand, hätte der Nazarener unbesiegbar sein können. Bei seiner tiefen Einsicht und der ihm innewohnenden Fähigkeit, die kosmischen, okkulten, mystischen und spirituellen Kräfte des Universums einzusetzen und zu gebrauchen, gab es keinen, der ihn hätte anrühren und verletzen können. Wäre es sein Wunsch gewesen, so hätte er jederzeit die Ereignisse verhindern können, die während jenes Osterfestes in Jerusalem stattfanden. Selbst noch am Kreuz hätte er den Tod umgehen können, wenn er dazu entschlossen gewesen wäre. Die größte Versuchung für ihn war, als am Kreuz jemand zu ihm sagte: »Wenn du Gottes Sohn bist, so steige vom Kreuz herab.« Dies tat er nicht, wenngleich es ihm mühelos möglich gewesen wäre. Er nahm freiwillig den Tod auf sich, nicht nur als eine Initiation für sich selbst, sondern auch als Demonstration für die Beherrschung des Selbst aufgrund des göttlichen Willens.

Sehr wenig wird in der Bibel über die Auferstehung des Nazareners gesagt. In den Evangelien des Neuen Testamentes wird die Tatsache nur kurz erwähnt, daß er auferstand und in physischer Form zur Erde zurückkehrte und daß er vor seinen Jüngern erschien, die Zeuge seiner Kreuzigung gewesen waren. Auch diese Handlung war wiederum kein Wunder, sondern lediglich eine weitere Demonstration des natürlichen Gesetzes. Es ist schwierig für euch, auf eurer Stufe des Bewußtseins, den Vorgang der Auferstehung zu begreifen, weil ihr die wirklichen Gesetze des Universums, die Macht des Geistes oder selbst den Schöpfungsakt auf eurer eigenen physischen Ebene nicht versteht. Dessen ungeachtet können große Meister, wie beispielsweise der Nazarener, ihren physischen Körper erschaffen und ihn sich wieder auflösen lassen. Es war für den Nazarener durchaus möglich, seinen Körper aus dem Grab zu entfernen, wohin dieser gelegt worden war, und wieder in ihm zu erscheinen, wann immer er dies wünschte, sei es vor seinen Jüngern oder vor anderen Menschen, die Augenzeugen seiner Auferstehung waren. Ein Mensch auf seiner Evolutionsstufe konnte jederzeit und in jeder erwünschten körperlichen Gestalt erscheinen. In der Tat ist dies Meistern selbst heute noch möglich.

Die Botschaft der Auferstehung lag nicht darin, daß der Mensch seinen Körper wieder zum Leben erwecken kann. Wenn ihr bis zu der Bewußtseinsstufe des Nazareners fortgeschritten seid, dann könnt auch ihr euren Körper wieder auferstehen lassen. Der Nazarener demonstrierte damit, daß er, obwohl er zu einer höheren Existenzebene aufgestiegen war, immer noch derjenige war, den seine Jünger kannten und an den sie sich erinnerten, als er noch in einem physischen Körper weilte, und daß er die Arbeit weiter fortsetzte, zu deren Erfüllung er gekommen war. Er verdeutlichte auch durch seine Auferstehung, wie der Mensch zu einer höheren, okkulten Realisation seiner selbst geführt werden konnte. Wäre dies seine Absicht gewesen, so hätte er im Tempel von Jerusalem selbst erscheinen und für alle sichtbar seine Auferstehung beweisen können; doch tat er dies nicht, weil der Mensch die Natur des Lebens auf diesem Planeten und seine wahre spirituelle Existenz durch sein eigenes Gewahrwerden verstehen muß.

Versuche, wenn du die Bibel studierst, ihre tiefere Symbolik zu erfassen, denn es ist darin vieles gleichnishaft verschlüsselt. Versuche, die Symbolik hinter den Geschehnissen im Leben des Nazareners zu erkennen, und du wirst allmählich die wahre Bedeutung und Zielsetzung deines eigenen Lebens zu verstehen beginnen, denn in den verschiedenen Abschnitten seines Lebens wirst du eine Widerspiegelung von dir selbst wahrnehmen. Für jeden Menschen, gleichgültig, welchen Bewußtseinszustand, welche Hautfarbe oder welches Glaubensbekenntnis er hat, ist eine Botschaft im Leben des Nazareners enthalten. Denke daran, daß die biblische Geschichte nicht nur Eigentum einer einzigen Religion ist.

Der Nazarener hat deutlich unter Beweis gestellt, daß das spirituelle Leben, das auf den höheren Daseinsstufen existiert, ebenso auch auf der physischen Ebene gegenwärtig sein kann und in der Tat sein sollte. Das Beispiel des Nazareners – und des Christus, in dessen Schatten er stand – galt dem aufopferungsvollen Dienen. Der gesamte Sinn und Zweck für die Inkarnation des Nazareners auf der Erde war die Erfüllung eines Planes, den nicht er selbst, sondern sein Schöpfer beschlossen hatte. Er inkarnierte sich auf der Erde und starb am Kreuz, um der Menschheit zu dienen und bestimmte Gesetzmäßigkeiten aufzuzeigen, damit die Menschen in seinem Leben den wahren Grund für ihre Existenz erkennen könnten.

Leben in der Gemeinschaft

Wenn ihr euch in den Ländern der heutigen Welt umschaut, und besonders unter den jungen Menschen, so werdet ihr feststellen, daß eine der Gewohnheiten, die sich in der letzten Zeit herausgebildet hat, das Zusammenleben in einer Gemeinschaft oder in einer »Kommune« ist, wie sie auch manchmal genannt wird. Vielen aus der älteren Generation ist diese Lebensweise ziemlich verhaßt, und wenn das, was in einigen dieser sogenannten Gemeinschaften vor sich geht, in den Zeitungen beschrieben oder in Radio und Fernsehen besprochen wird, so dient es ihnen lediglich als Bestätigung ihres Entschlusses, sich nicht einmal mit dem Wesen des Gemeinschaftslebens und seiner inneren Zielsetzung und Bedeutung zu beschäftigen. Keine Nachricht ist auch eine Nachricht, so lautet ein Sprichwort, und daher erfahren sie nichts von den vielen erfolgreichen Gemeinschaften überall in der Welt, wo Menschen glücklich mit einer gemeinsamen Zielsetzung, nach gemeinsamen Richtlinien zusammen leben und den Willen ihres Schöpfers erfüllen. Daher möchte ich euch zu Beginn dieser Lesung dazu auffordern, alle Unwahrheiten und Entstellungen, die ihr in den Zeitungen über diese sogenannten »Hippie-Kommunen« und die darin lebenden jungen Leute gelesen habt, beispielsweise über bestimmte Auswüchse, völlig zu vergessen und gemeinsam mit mir die wirkliche Bedeutung und Aufgabe des Gemeinschaftslebens zu untersuchen, besonders im Zusammenhang mit dem Zeitalter, in welchem ihr jetzt lebt.

Das Leben auf diesem Planeten ist von der Art, daß sich der Mensch inkarniert, um den Willen seines Schöpfers zu erfüllen und die Lektion dieses Planeten zu lernen, die in aufopfernder und dienender Liebe besteht. Das Leben in einer Gemeinschaft erfordert Opfer und Verzicht. Es ist viel einfacher, allein als zusammen mit Menschen zu leben, mit denen man nicht durch familiäre Bande verbunden ist, und das Alltagsleben mit ihnen zu teilen. Wenn sich der Mensch zuerst auf der Erde inkarniert, ist er glücklich und zufrieden damit, allein zu leben. Erst nachdem er sein Bewußtsein im Laufe vieler Inkarnationen weiter ausgebildet hat, beginnt er den Gedanken des Zusammenlebens mit anderen Menschen auch nur in Erwägung zu ziehen, und wenn ich hier von Zusammenleben spreche, so meine ich damit nicht das Zusammenleben in einem Dorf oder in einer kleinen Stadt, sondern die Lebensform einer Gemeinschaft. Eine unentwickelte Seele wird nicht in einer Gemeinschaft leben wollen, weil sie das »Ich« für weitaus wichtiger als das »Wir« hält. Bevor du dich daher nicht bis zu einer bestimmten Bewußtseinsstufe entwickelt und erkannt hast, daß nicht das »Ich«, die Persönlichkeit zählt, sondern daß es wichtiger ist, daß der Plan für das größere Ganze, der Wille des Schöpfers, ausgeführt wird, und bevor du nicht zu Opfern bereit bist, um dieses Ziel zu erreichen, wirst du nicht den Wunsch in dir verspüren, auch nur den Versuch zu machen, in einer Gemeinschaft zu leben und den Nutzen zu erfahren, der aus dieser Lebensform gezogen werden kann.

Es trifft jedoch zu, wenn du dich zuerst auf der Erde inkarnierst, daß du lernst, »selbst«-bewußt zu werden. Im Laufe vieler Leben auf der Erde entwickelst du das Selbst, die Individualität der Seele. Wenn du das Selbst schließlich voll entwickelt, ihm gleichzeitig jedoch Grenzen gesetzt und die notwendige Disziplin auferlegt hast, dann wendet sich dein Bewußtsein von der Selbst-Entwicklung der Gruppen-Entwicklung zu. Du beginnst damit, deine Gedanken auf das Leben und die Arbeit in einer Gruppe zu richten, nicht nur an das eigene Selbst, sondern an das Selbst von anderen in einer Gruppe und an ihre Aufgabe innerhalb des Plans für diese Erde zu denken. Nachdem du diesen Aspekt des Lebens ausgebildet hast, wirst du dich dann folgerichtig dahin entwickeln, rassen-bewußt zu werden, wobei »Rasse« nicht im Hinblick auf einzelne Länder, sondern im Hinblick auf die vier hauptsächlichen Rassen dieser Erde gemeint ist – die rote, die gelbe, die weiße und die schwarze Rasse. Nachdem du rassen-bewußt geworden bist, wirst du dich dann weiter dahin entwickeln, dir der Erde bewußt zu werden und sie als ein Ganzes anzusehen. Alles dies aber erfordert viele Entwicklungs- und Evolutionsstufen, und in dieser Lesung möchte ich nur das Gruppenleben – oder Kommunenleben, wie ihr es nennt – betrachten.

Die Art von Menschen, die sich dafür entscheiden, daß sie in einer Gemeinschaft leben möchten, sind gewöhnlich jene, die schon damit begonnen haben, ihr Selbst zu beherrschen und zu meistern; sie haben erkannt, daß das eigene Ich zum Nutzen des Ganzen Grenzen erhalten und eingeschränkt werden muß und daß es allein durch die Beherrschung und Disziplinierung des Selbst möglich ist, daß nicht nur ihr Bewußtsein, sondern auch das Bewußtsein der Erde als Ganzes gesehen sich fortentwickeln kann. Sie haben damit begonnen, nicht nur lediglich an das individuelle Bewußtsein, sondern an das Gruppen-Bewußtsein zu denken, dann an das Erden-Bewußtsein und schließlich an das Sonnen-Bewußtsein. Sie finden zu Leben und Arbeit in einer Gemeinschaft nicht nur zwecks ihrer eigenen Entwicklung zusammen, sondern auch im Hinblick auf die Entwicklung der Gemeinschaft, so daß sie, von ihr ausgehend, nicht nur das Bewußtsein der Gemeinschaft, sondern auch das Bewußtsein der Erde erhöhen können, in deren Dienste sie steht.

Der äußere Vorgang, eine Gemeinschaft zu begründen, ist sehr einfach. Gewöhnlich entscheiden sich die daran beteiligten Einzelseelen schon vor ihrer Inkarnation dafür, in einer Gemeinschaft zu arbeiten; ungeachtet dessen, wie sie ihr bisheriges Leben verbracht haben, werden sie daher, wenn sie eine bestimmte Reife des Seelenbewußtseins erreichen, zusammengeführt, damit sie diese Gemeinschaft begründen können. Ursprünglich mögen die Mitglieder der Gemeinschaft nicht als eine Gemeinschaft leben, sondern als Individuen, die auf den richtigen Bewußtseinsmoment warten, ehe sie zu ihrer gemeinsamen Arbeit zusammenkommen. Im Idealfall sollte jede Gemeinschaft aus zwölf männlichen Aspekten bestehen, und jeder dieser männlichen Aspekte wird natürlich seine weibliche Ergänzung haben, so daß die Stärke des Männlichen durch die Weisheit des Weiblichen im Gleichgewicht gehalten wird. Jeder dieser Männer wird in einem anderen Tierkreiszeichen geboren sein, so daß jedes Zeichen einmal in der Gemeinschaft vertreten sein wird und den Einfluß dieses Zeichens in sie hineinträgt, wodurch ihr richtiges Gleichgewicht gewährleistet ist. Ein Beispiel dafür hat es im Leben des Nazareners gegeben, denn dort wurde euch Gemeinschaftsleben, so wie es sein sollte, exemplarisch vorgeführt: die zwölf Männer, die Kraft-Aspekte, die auf den Ruf des Nazareners hin zusammenkamen und seine Jünger wurden. Jeder von ihnen war unter einem anderen planetarischen Einfluß geboren, und daher konnte jeder von ihnen eine unterschiedliche Kraft, einen anderen Aspekt, in das Ganze einbringen.

Es liegt auf der Hand, daß sich das Gemeinschaftsleben auf vielen Ebenen abspielen muß: von den äußeren, physischen Aspekten, miteinander in einer Gemeinschaft zu leben, zu essen und zu trinken, bis hin zu der spirituellen Arbeit der Gemeinschaft, die ihre Bestimmung, ihr Bewußtsein und die Aufgabe einschließt, zu deren Erfüllung sie zusammengekommen ist. Am Anfang neigen Gemeinschaften hauptsächlich dazu, sich mit den physischen Aspekten des Zusammenlebens zu beschäftigen, denn damit haben sie als erstes zu kämpfen. Auch wenn alle einzeln den persönlichen Wunsch haben dürften, ihrem Schöpfer zu dienen, und sie bereit dazu sind, Opfer zu bringen, ist es in der Anfangszeit ihres Zusammenkommens schwierig, sich gegenseitig auf der physischen Ebene für den anderen aufzuopfern. Sie alle haben in einer anderen Umwelt gelebt und von ihren Eltern und Lehrern unterschiedliche Vorstellungen vermittelt und eingeprägt bekommen; wenn sie sich daher nicht in großer Harmonie befinden und einen starken gemeinsamen Wunsch besitzen, ihren Schöpfer nachzuahmen und anderen zu dienen, so werden Schwierigkeiten entstehen.

Die ersten Jahre des Gemeinschaftslebens dienen hauptsächlich der Beschäftigung mit einer Phase des Niederlassens, in der die Gemeinschaft es lernt, als eine Gemeinschaft auf der physischen Ebene funktionsfähig zu werden. Sie lernt beispielsweise, daß die einzelnen Mitglieder in der Gemeinschaft als eine Einheit leben und doch getrennt für sich bleiben sollten. Damit meine ich, daß es einen Individualraum, ein Haus oder einen Bereich – wie immer man es nennen mag – geben sollte, wo eine Familie als eine Grundeinheit miteinander lebt, was das Schlafen und die Erfahrung der Schwingungen des Familienlebens betrifft, daß jedoch alle Mitglieder der Gemeinschaft an einem zentral gelegenen Ort zusammenkommen werden, wo sie sowohl die physische als auch die spirituelle Arbeit ausführen werden, zu deren Erfüllung sie sich zusammengeschlossen haben. Das gemeinsame Zentrum ist der Sammelpunkt für die Gemeinschaft. Dort sollten gemeinschaftliche Mahlzeiten stattfinden, wobei ein wechselnder Dienstplan festlegen wird, wer für die Zubereitung des Essens verantwortlich ist. Normale Organisationsmethoden werden darüber bestimmen, wer anbaut und mit dem versorgt, was für die Existenz in einem physischen Körper notwendig ist. Es wird auch ein gesondertes Zentrum für Andacht, Gebet, Meditation und für die Verbindung zu den höheren Wesen geben, die der Gemeinschaft Inspiration und Hilfe zukommen lassen; dies wird der Ort für Hochzeit, Geburt und Tod sein, der spirituelle Tempel der Gemeinschaft.

Natürlich werden sich Probleme ergeben, doch werden sie im allgemeinen eine untergeordnete Rolle spielen, denn die Seelen, die sich für ihr Zusammenkommen entschieden haben, werden bald eine harmonische Einheit bilden. Wenn durch irgendeinen unglücklichen Zufall eine falsche Schwingung oder Seele Eingang in die Gemeinschaft findet, so wird sie bald entdeckt und dazu aufgefordert werden, die Gemeinschaft zu verlassen; normalerweise aber werden sich Seelen auf einer bestimmten Evolutionsstufe durch den gemeinsamen Wunsch miteinander verbinden, genau die Zielsetzung zu erfüllen, weshalb sie sich inkarniert haben. Wenn die physischen Aspekte des Zusammenlebens erst einmal eine Ordnung erhalten haben, dann kann die spirituelle Arbeit, wozu die Gemeinschaft entstanden ist, wirklich ernsthaft beginnen. Die Gruppe ist aufgebaut worden, die Kraft wird erzeugt, die Inspiration kommt von oben herab, und die Arbeit der Gemeinschaft beginnt, auf welchen Bereich des Dienens sie sich auch immer erstrecken mag. Es kann eine Entdeckung für die menschliche Rasse, es kann Schriftstellerei, Malerei, Kunst, Musik oder eine Form des Lehrens sein, eine Inspiration von einem der sieben Hauptstrahlen, die ihre Schwingungen auf diese Erde senden. Jede kleine Gemeinschaft überall in der Welt wird ihre eigene individuelle Aufgabe und Funktion gemäß dem Plan des unendlichen Geistes ausführen und erfüllen.

Die Ausgewogenheit einer Gemeinschaft ist von offensichtlicher Wichtigkeit. Ihr werdet das ursprüngliche Gleichgewicht der zwölf Tierkreiszeichen haben, unter denen die männlichen Aspekte der Gemeinschaft geboren sind, und außerdem, abhängig von der Art der Arbeit, welche die Gemeinschaft auszuführen hat, andere, unterschiedliche planetarische Einflüsse. Ihr werdet feststellen, daß bestimmte Mitglieder der Gemeinschaft unter der starken Einwirkung gewisser Planeten geboren sind. Daher kann es in jeder Gemeinschaft viele Veränderungen und Verschiebungen geben, welche die Arbeit, die sie ausführen wird, und die Richtung, die sie nehmen wird, beeinflussen werden.

Diejenigen von euch, die das Leben in einer Gemeinschaft in Betracht ziehen, und diejenigen von euch, die bisher noch nicht daran gedacht haben, aber vielleicht von der Idee angezogen werden, sollten bedenken, daß das Leben in der Isolation als Familieneinheit grundsätzlich unterteilend und abgrenzend ist, denn dies führt dazu, nur an die eigene Familie zu denken. Du hast nur den Gedanken, dein möglichstes für deine Familie, deine Frau und deine Kinder zu tun, gewöhnlich auf Kosten von allen anderen ringsum. Da die Lektion dieses Planeten darin besteht, Opfer und Verzicht leisten zu lernen, mußt du anfangen, weniger an dich selbst, an deine Familie, dein Heim und mehr an andere Menschen zu denken, sowohl ihnen als auch dir selbst gegenüber verantwortlich zu handeln und nicht selbst auf Kosten anderer Fortschritte zu machen.

Wenn sich deine Seele während ihrer vielen Inkarnationen auf der Oberfläche der Erde immer höher entwickelt, dann wird sie allmählich im Innern den Wunsch verspüren, nicht nur für einen, sondern für zwei, dann nicht nur für zwei, sondern für vier zu leben; auf diese Weise erwacht das Bestreben, eine Gruppe aufzubauen. Wenn du dich durch Meditation genauer kennenlernst, wirst du dir deiner selbst und deiner Grenzen bewußt; du weißt, was du tun kannst und was nicht. Desgleichen kannst du in einem anderen Menschen das erkennen, was er kann und was dir nicht möglich ist, und du kannst sehen, daß es äußerst vorteilhaft wäre, eine Verbindung einzugehen. Wie nützlich ist es, wenn einer Schriftsteller ist, ein anderer Musiker, ein dritter Wissenschaftler, ein vierter Landwirt, ein fünfter Architekt, ein sechster Astrologe usw., alle diese Fähigkeiten in deiner Familie verfügbar zu haben, denn das ist die Gemeinschaft – eine Familie, nur in einem größeren Umfang. Die Kleinfamilie als individuelle Einheit wird zu einer Familie von vielen Menschen und, im Rahmen des höheren Planes, zu der Familie Gottes. Der Wunsch nach einem Leben in Gemeinschaft geht daher in Wirklichkeit nicht nur darauf zurück, Opfer bringen zu wollen, sondern auch auf eine Bewußtheit über die eigenen Begrenzungen und die Eigenschaften anderer. Wenn ein anderer Mensch in einem bestimmten Lebensaspekt mehr Erfahrung und größeres Wissen als du besitzt, ist es dann nicht klug, ihn um Hilfe zu bitten und um Rat zu fragen?

Von den Menschen, die sich in einer Gemeinschaft zusammenfinden, wird ein jeder seine eigenen, persönlichen Fähigkeiten mitbringen, die er zum Nutzen des Ganzen einsetzen und gebrauchen kann. In jeder Gemeinschaft wird die innere Gruppe der Zwölf, wie die Jünger des Nazareners, gewöhnlich aus hochentwickelten Seelen bestehen. Sie werden über große Fähigkeiten, große Kraft und großen Einfluß verfügen. Die inneren Zwölf werden die Grundsteine, das Fundament sein, auf dem sich die Gemeinschaft aufbaut, und Menschen, die in der Folgezeit dazukommen, werden sich dieser Kerngruppe anschließen. Sie werden getrennt von der Kerngruppe, vielleicht in individuellen Einheiten leben, jedoch mit der Gruppe arbeiten, gemeinsam mit ihr studieren und auf diese Weise von ihr lernen. Es wird ihnen nicht erlaubt sein, an dem gesamten Leben und den Zeremonien der inneren Zwölf teilzunehmen, doch das physische Leben können sie voll und ganz gemeinsam mit ihnen führen. Sie werden daher beispielhaft veranschaulicht sehen, welches Ziel sie anstreben sollten, und darin liegt das Wesen des Gemeinschaftslebens. Allmählich wird die Gemeinschaft immer größer werden. Schließlich werden jene, die zum Beobachten und Lernen gekommen sind, wieder fortgehen und ihre eigenen Gemeinschaften ins Leben rufen, und auf diese Weise wird sich der Kreislauf fortsetzen.

Gemeinschaftsleben, wie ihr es nennt, war die grundlegende Lebensform in Atlantis, auf der sich die atlantische Gesellschaft aufbaute. Wie ich später noch ausführlicher beschreiben werde, hatten die Atlantiden zwölf Gemeinschaften, die um einen spirituellen Kraftpunkt auf der Erde, einen Tempel, lebten; eine solche Gemeinschaft stellte die Entsprechung zu einer modernen Stadt dar, denn die Menschen waren damals nicht so zahlreich wie heute. Diese zwölf Gemeinschaften verbanden sich miteinander zu einer starken Kraft, die sich in einem Tempel vereinigte, der wiederum das spirituelle Zentrum einer bestimmten Gegend war. Auf der nächsten Stufe bildeten zwölf Tempel noch eine weitere Gruppe, und auf diese Art und Weise setzte sich die Struktur zusammen, um das Ganze zu bilden.

Wie du feststellen kannst, ist das Gemeinschaftsleben ein Evolutionsprozeß. Wenn du es einmal lernst, das Selbst aufzugeben und zu opfern, dann lernst du es auch, deine Gemeinschaft für den höheren Plan, das größere Ganze hinzugeben. Anstatt das Selbst in den Vordergrund zu rücken und nach Nutzen und Vorteil für das »Ich« zu suchen, verschiebt sich der Schwerpunkt dahin, dem Nächsten, dem anderen Menschen Beachtung zu schenken, dann nicht nur allein an ihn, sondern an die ganze Erde zu denken, auf der du lebst, und schließlich an die Planeten und Sterne jenseits von ihr. Es geht darum, nicht an das »Ich«, sondern an die Schöpfung zu denken. Wenn du in dieser Inkarnation lediglich damit beginnen kannst, nicht an das »Ich«, sondern an die Gemeinschaft zu denken, so wirst du einen großen Schritt vorwärts für die Weiterentwicklung deines Bewußtseins gemacht haben, denn aus dem Gemeinschaftsleben und dem Gemeinschaftsbewußtsein heraus wirst du beginnen, den Plan und die Zielsetzung der Schöpfung verstehen zu lernen.

Die Bedeutung der richtigen Ernährung

Eines der Kennzeichen für den physischen Körper des Menschen ist die Notwendigkeit, ihn mit Materie zu versorgen, damit die Elemente und Bestandteile des Körpers ersetzt werden können, die sich alle vierundzwanzig Stunden verändern. Jeden Tag muß der Mensch daher zur Erhaltung seines Körpers essen und trinken. Der physische Körper ist das Gefäß für die Seele. Während Geist und Seele in der Materie verweilen, ist ihr Sitz im physischen Körper die linke Herzkammer. Es ist daher wichtig, daß der Körper während seiner Lebenszeit entsprechend seinen Bedürfnissen versorgt und erhalten wird, damit er in keiner Hinsicht die Evolution und die Bestimmung der Seele behindert.

Der Magen wird, wie auch alle übrigen Organe des Körpers, letzten Endes durch das Denken beherrscht. Wenn du hungrig bist und etwas essen möchtest, wird das Denken darüber bestimmen, wo du ißt, was du ißt und auf welche Art und Weise du ißt. Ein unentwickelter Mensch, der keine Beherrschung und Disziplinierung seines Denkens ausgebildet hat, wird seinen Magen und seine Eßgewohnheiten nicht unter Kontrolle haben. Wenn er das Gefühl bekommt, daß er essen möchte, so ißt er. Er kümmert sich nicht sonderlich darum, wann er ißt, was er ißt oder auf welche Art und Weise er ißt. Er kennt nur sein Verlangen, etwas zu essen, und weiß, daß dieses befriedigt werden muß. Ein hochentwickelter Mensch, der sein Denken dafür gebraucht, seine Körperfunktionen zu beherrschen, der sich seines Körpers bewußt ist und weiß, was gut oder schlecht für ihn ist, was er essen sollte und was nicht, wann er essen sollte und wann nicht, wie er essen sollte oder nicht, wird in dieser Hinsicht Disziplin üben und in angemessener Weise essen.

Du wirst daher erkennen, daß die Art und Weise, wie ein Mensch ißt, tatsächlich eine Frage der Seelenentwicklung, der Weisheit ist. Eine Seele, die gerade erst damit begonnen hat, sich von dem in der Evolution tieferstehenden Planeten auf der Erde zu inkarnieren, wird sehr grob essen, während eine hochentwickelte Seele, ein sehr fortgeschrittener Meister, sehr ausgewählt essen wird. Du magst annehmen, daß alle menschlichen Körper gleich sind, doch dies ist nicht der Fall. Sie alle sind aus physischer Materie zusammengesetzt, doch innerhalb des Frequenzbereichs der Materie gibt es viele, unterschiedliche Schwingungszahlen. Jegliche Materie hat Schwingungen, und man kann sagen, daß der Körper bei einer unentwickelten Seele mit einer geringeren Geschwindigkeitsfrequenz als bei einer höherentwickelten Seele schwingt. Je höher die Schwingungszahl ist, desto mehr kann der Betreffende seinen Körper beherrschen und die natürlichen Gesetze des Universums in seinem Leben auf der Erde zur Anwendung bringen. Der Nazarener beispielsweise, der das Gesetz der Levitation kannte, konnte auf dem Wasser gehen.

Das, was ich über richtige Ernährung sagen werde, wird natürlich keinen allgemeinen Anklang finden, und du wirst es, deinem Bewußtsein entsprechend, annehmen oder ablehnen. Da der Hauptgrund für das Essen darin besteht, den physischen Körper in einer möglichst vollkommenen Verfassung zu erhalten, damit er der Seele von Nutzen sein kann, ist jede Form der Ernährung, die nicht zu diesem Ziel beiträgt, fehlerhaft. Wenn du übermäßig viel ißt, wenn du Nahrungsmittel ißt, die nachteilig für deinen Körper sind oder Teile von ihm sogar zerstören, so ist dies sehr töricht. Viele von euch wissen, daß einige der Nahrungsmittel, die sie verzehren, schädlich für den Körper sind, und doch essen sie diese weiterhin, weil ihr übersättigter Geschmackssinn danach verlangt. Dies ist nichts anderes als reine Genußsucht: Du magst den Geschmack oder die Menge, und daher ißt du zur Befriedigung deines niederen Selbst. Trotzdem solltest du nur essen, damit du deinen physischen Körper in einer tadellosen Verfassung erhalten kannst.

Die Schwingung deines physischen Körpers wird durch deine Evolutionsstufe bestimmt. In dem Maße, wie du dein Bewußtsein entwickelst, wird sich auch die Schwingung deines Körpers verändern. Bedenke, wenn du deine Schwingung erhöhen und dein physisches Werkzeug verfeinern willst, daß du zuerst die Materie feiner werden lassen mußt, die in deinen Körper hineingelangt. Es sind nur drei Substanzen, die dein Körper aufnimmt: Luft, Flüssigkeit und Nahrung. Obgleich alle drei für die richtige Funktionsweise deines Körpers von Bedeutung sind, ist die Nahrung besonders wichtig, denn je höher die Schwingung der Nahrung ist, die du aufnimmst, desto größer ist ihre spirituelle Qualität und ihre Qualität an Materie, und desto mehr wird sie dich darin unterstützen, die Schwingungsrate deines eigenen Körpers zu erhöhen.

Diejenigen von euch, die den Weg zu gehen suchen, die danach streben, spirituell voranzukommen und der Menschheit zu dienen, die dem Beispiel des Christus folgen wollen, müssen sich der unbedingt erforderlichen Disziplin in dieser Hinsicht bewußt sein. Wenn du nicht Herr deines Magens bist, dann kannst du auch nicht Herr über deine Persönlichkeit, über dein niederes Selbst werden. Du mußt mit den physischen Aspekten deines Körpers anfangen, ehe du mit der Beherrschung deiner Persönlichkeit, der Widerspiegelung deines Seelenbewußtseins, beginnen kannst. Die erste Sprosse auf der Leiter bedeutet, Herr über deinen physischen Körper und über das zu werden, was du ißt. In dem Zeitalter, in dem du lebst, wo alles serienmäßig hergestellt wird, wo die Industrie darauf eingestellt ist, nicht das zu produzieren, was der Mensch essen sollte, sondern das, was sie selbst für gewinnbringend hält, ist es schwierig, deine Eßgewohnheiten zu verändern, doch mußt du dies tun.

Wir haben bisher nicht die Frage behandelt, was du essen solltest und was nicht. Jeder von euch wird, seinem eigenen Bewußtsein entsprechend, entscheiden müssen, wie er seine Eßgewohnheiten verändern sollte. Das, was für den einen richtig wäre, könnte für den anderen falsch sein, und in dieser Lesung kann ich nur ein paar allgemeine Richtlinien aufzeigen. Wenn du die Schwingung deines Körpers erhöhen möchtest, solltest du nur die feinststofflichen Nahrungsmittel essen, welche die höchsten Schwingungen haben und hauptsächlich zum Fruchtreich gehören – die Früchte, Nüsse und Beeren, die es auf diesem Planeten überreichlich gibt. Es ist daher wünschenswert, und beachte, daß ich nur sage *wünschenswert,* daß der spirituelle Mensch ein strenger Vegetarier werden und nur die Früchte der Erde essen sollte. Wenn du dir über das dich umgebende Leben völlig bewußt bist, wenn du dich bis zu der Bewußtseinsstufe entwickelt hast, wo du nichts unnötig zerstören möchtest, dann wirst du nur noch die Früchte des Landes essen wollen, denn dadurch wirst du nichts zerstören und die Verbreitung von den Samen der Früchte im ganzen Lande unterstützen und fördern.

Es ist nicht notwendig oder wünschenswert, daß der Mensch das Tierreich ausrotten oder in irgendeiner Weise zu Nahrungszwecken gebrauchen sollte. Das heißt nicht, daß er dies nicht tun kann, denn er verfährt heute ja so. Aber als das höchstentwickelte Lebewesen auf dieser Erde sollte er dieses Opfer nicht von dem Tierreich verlangen müssen. Obwohl das Tierreich dem Menschen dieses Opfer bringt, weil dies in der Natur des Lebens auf der Erde liegt, braucht der Mensch nicht das Fleisch von Tieren zu essen. Alles Leben ist heilig. Der Mensch kann kein Leben erschaffen und sollte es daher auch nicht rauben. Es ist nicht Sache des Menschen, sondern seines Schöpfers, Leben zu schenken und wieder zu nehmen. Alles auf dieser Erde ist nicht dem Menschen, sondern seinem Schöpfer zu eigen. Der Mensch muß es lernen, verantwortlich gegenüber dem Tierreich zu handeln, und da die Tiere geringer entwickelte Wesen sind, sollte er sie lieben und achten. Er sollte ihnen zu helfen versuchen, denn in Wahrheit blicken sie auf den Menschen als ein Vorbild.

Du magst einwenden, daß heute viele Tiere nur dadurch überleben können, daß sie einander töten. Es stimmt, daß die schwächeren Arten zur Nahrungsbeschaffung getötet werden, doch dies geschieht nur, weil das Tierreich eine Widerspiegelung des Menschen ist. Vor vielen Zeitaltern, als der Mensch in Vollkommenheit auf der Erde weilte, ernährten sowohl er als auch die Tiere sich vegetarisch. Es gab keinen Grund, sich gegenseitig zu töten. Als der Mensch jedoch von diesem Zustand der Vollkommenheit abfiel, führte er in seiner Unwissenheit das Tierreich durch sein Verhalten in die Irre, so daß es den Tieren nun als normal erschien, sich gegenseitig im Überlebenskampf zu töten. Wenn der Mensch heute das Tierreich einer Prüfung unterzieht, so würde es dem Anschein nach die Theorie stützen, daß jede Gattung im Überlebenskampf eng mit einer anderen verbunden ist, damit der Plan der Natur erfüllt wird. Der heutige Mensch ist nicht vollkommen und ebensowenig das Tierreich, weil die Tiere den Menschen nachahmen. Wenn du Grausamkeit, wenn du Töten im Tierreich bemerkst, so denke immer daran, daß es nur eine Widerspiegelung des Menschenreiches ist.

Die Tiere spüren den Schmerz genauso wie der Mensch. Ebenso wie er empfinden sie Angst, und die Gefühlserregung von Tieren, die getötet werden, bleibt in ihrem Körper zurück. Angst hat eine sehr grob machende Schwingung, und wenn der Mensch das Fleisch von Tieren verzehrt, nimmt er diese Schwingung auf. Außerdem sind alle Krankheiten eines Tieres und die unreine Nahrung, die es verzehrt hat, in seinem Fleisch enthalten; wenn der Mensch daher von diesem Fleisch ißt, hat er folglich auch an diesen Krankheiten und dieser Verschmutzung teil. Vom Ernährungsstandpunkt aus gesehen, hat das Fleisch von Tieren die niedersten Schwingungen, und wenn der Mensch den spirituellen Weg gehen will, sollte er um jeden Preis darauf verzichten, denn es wird seinen Körper in spiritueller Hinsicht herabmindern. Ohne Zweifel weißt du über den Nährwert Bescheid, der angeblich dem Verzehr von Fleisch zugeschrieben wird, doch diese Vorzüge lassen sich auch in anderen Nahrungsmitteln finden, wenn sich der Mensch nur davon überzeugen wollte. Als er sich zuerst auf der Erde inkarnierte und es aufgrund seiner fehlenden Entwicklung nicht besser wußte, gab es eine gewisse Entschuldigung für ihn, Tiere zur Nahrungsbeschaffung zu töten, doch heute sollte der Mensch weitaus bewußter sein. Er könnte sich mit den richtigen Nahrungsmitteln versorgen und sie selbst anbauen, wenn er wollte, doch er tut es nicht, denn gegenwärtig ist viel Geld in die Tierzucht und Fleischproduktion investiert worden.

Ich möchte euch alle, die ihr Fleisch eßt, dazu auffordern, daß ihr nur einmal darüber nachdenkt und euch klarmacht, was ihr tut. Ihr eßt das Fleisch eines Lebewesens. Vielleicht ist das Tier nicht so weit fortgeschritten wie ein Mensch, aber es ist immer noch mit eurem Schöpfer verbunden, denn rotes Blut durchfließt seine Adern, und damit hat es eine Seele. Betrachtet die Tiere als eure weniger entwickelten Brüder, die eure Hilfe, eure Führung, euer Vorbild und eure Liebe brauchen – jedoch nicht von euch geschlachtet werden müssen. Bedenkt, wenn ihr euch an den Tisch setzt, was ihr eßt, denkt daran, welchen Schmerz das Tier durchgemacht hat, und erwägt, ob seine Schlachtung wirklich notwendig gewesen ist. Vergeßt nicht, daß ihr sein Karma, seine Angst und seine tierischen Instinkte mit übernehmt und auch viele seiner Unreinheiten in euch aufnehmt, die durch den Gebrauch von Drogen und Chemikalien durch den Menschen verursacht werden und dem physischen Körper soviel Schaden zufügen. Der Mensch ißt natürlich auch die Vögel aus der Luft und die Fische aus dem Meer. Ihre Evolutionsstufe unterscheidet sich nach der einzelnen Gattung, doch auch in ihnen allen fließt rotes Blut. Auch Vögel und Fische empfinden Schmerz in unterschiedlichem Ausmaß, was auch immer die Biologen erzählen mögen. Ich wiederhole, alles Leben ist heilig, und der Mensch kann und sollte ohne das Opfer von Vögeln oder Fischen leben.

Du magst einwenden, daß man unmöglich leben könne, ohne in irgendeiner Weise Fleisch zu essen. Das stimmt nicht. Eure heutigen »Experten« möchten euch gern davon überzeugen, daß der Mensch seit undenklichen Zeiten ein Fleischesser gewesen sei, doch dies ist ebenfalls nicht wahr. Es gibt heutzutage viele Menschen, die Vegetarier sind, die sehr glücklich und gesund leben, schöne Kinder haben und somit diesen Mythos zerstören. Wenn du Vegetarier bist, dann solltest du in der Tat gesünder sein, gesündere Kinder haben, eine größere Bewußtheit und eine höhere Schwingung. Du solltest dich an jedem Aspekt des Lebens weitaus mehr erfreuen können als deine fleischessenden Freunde ringsum.

Es gibt vieles im Pflanzenreich, was der Mensch essen kann, doch wird er sich gerade in dieser Zeit der Tatsache bewußt, daß selbst das Pflanzenreich Gefühle kennt. Man hat vor kurzem Untersuchungen durchgeführt, deren Ergebnisse nicht unbeachtet bleiben können. Diese beweisen zum Beispiel, daß Pflanzen auf menschliche Emotionen reagieren. Wenn eine Pflanze beschimpft wird, gedeiht sie nicht so gut wie eine Pflanze, die Liebe erhält, denn die Elementarreiche, die für das Wachstum im Pflanzenreich verantwortlich sind, reagieren auf die Gedanken des Menschen. Der Mensch sollte daher das, was er aus dem Pflanzenreich ißt, sorgfältig prüfen; alles, was er vollständig zerstören muß, wie beispielsweise Wurzelgemüse, sollte nicht verzehrt werden, denn in den Stengeln sämtlicher Gemüse fließt ein Saft von weißem Blut. Das Pflanzenreich befindet sich auf einer völlig anderen Schwingungs- und Evolutionsebene als das Menschen- und Tierreich, doch entwickelt es sich ebenfalls auf der Oberfläche der Erde weiter. Es reagiert darauf, welche Schwingungen der Mensch aussendet, in welcher Weise er sein Leben gestaltet und wie es selbst von ihm behandelt wird. Wenn ein Opfer gebracht werden muß, dann ist es offensichtlich weitaus besser, wenn es aus dem Pflanzenreich anstatt aus dem Tierreich kommt; doch noch besser ist es, wenn möglich, daß überhaupt kein Opfer verlangt werden muß.

Der Mensch sollte von den Früchten der Bäume und Büsche dieser Erde leben können. Selbstverständlich ist mir bewußt, daß es nicht immer möglich ist, sich gänzlich von Früchten zu ernähren, denn zu bestimmten Jahreszeiten sind, abhängig von der geographischen Lage, Früchte einfach nicht erhältlich. Außerdem ist die Welt aufgrund des falschen Gebrauchs, den der Mensch von der Gabe der Fortpflanzung gemacht hat, übermäßig bevölkert, und der Mensch lebt jetzt in Teilen der Erde, wo er eigentlich nicht leben sollte. Ursprünglich hat er ausschließlich in warmen Klimazonen gelebt, wo Früchte immer vorhanden waren.

Für diejenigen von euch, die damit beginnen wollen, ihren Körper zu reinigen und seine Schwingungen zu verfeinern, besteht der erste Schritt darin, auf das Fleisch von Säugetieren zu verzichten. Es wäre töricht, wollte man das Fleischessen sofort aufgeben und schlagartig zu einem Rohköstler werden, denn dies würde der Körper nicht vertragen. Dein Körper spricht auf schrittweise Veränderung immer am besten an. In ähnlicher Weise, wie du nicht auf der Stelle zwei oder drei Tage lang hungern solltest, wenn du versuchst, die Nahrungsmenge, die du aufnimmst, zu verringern, sondern diese schrittweise herabsetzen solltest, so solltest du auch nur allmählich zu einem Vegetarier werden. Du solltest damit beginnen, daß du dich darauf beschränkst, nur ein- oder zweimal in der Woche Fleisch zu essen; nach einigen Monaten solltest du dann nur noch Fisch und Geflügel essen. Wenn du dies erreicht hast und es für richtig hältst, kannst du dann damit beginnen, auch auf Geflügel und Fisch zu verzichten, wobei der gesamte Vorgang vielleicht ein bis anderthalb Jahre dauern mag. In dem Maße, wie du allmähliche Veränderungen vornimmst, wird sich auch dein Körper verändern; du wirst feststellen, daß er leichter wird, und du selbst wirst bewußter werden. Diejenigen von euch, die psychische Kräfte besitzen, werden wahrnehmen, daß sich diese verstärken. Diejenigen, die unter Inspiration künstlerisch, wissenschaftlich oder literarisch arbeiten, werden bemerken, daß sie stärker inspiriert werden. Diejenigen, die Heiler sind, werden feststellen, daß sie besser zu heilen in der Lage sind. Der Körper wird auf eine feinere Schwingung eingestimmt werden.

Wenn du damit aufgehört hast, Fleisch zu essen, wirst du dann vor eine erneute Wahl gestellt werden, wenn du Gemüse und Obst ißt. Damit du den größtmöglichen Nutzen daraus ziehen kannst, muß ich an dieser Stelle erwähnen, daß es wichtig ist, wenn möglich ausschließlich rohe, das heißt, ungekochte Nahrungsmittel zu essen – denn wenn der Mensch kocht, zerstört er. Vielleicht schmecken gekochte Speisen angenehmer, und durch den Vorgang des Kochens mögen mehrere verschiedene Zutaten ein reichhaltiges Gericht ergeben, das den übersättigten Geschmackssinn des Menschen befriedigt; doch wie ich bereits zu Beginn dieser Lesung gesagt habe, besteht die gesamte Zielsetzung und Bedeutung der Nahrungsaufnahme nicht darin, das niedere Selbst zufriedenzustellen, sondern den Körper zu erhalten. Wenn du ausschließlich ungekochte Nahrung ißt, so wirst du feststellen, daß du nicht nur weniger ißt, sondern dich auch besser ernährst. Du wirst mit einer größeren Zufuhr an notwendigen Vitaminen und Nährstoffen für den Körper versorgt werden. Du wirst bemerken, daß du weniger ißt, weil du weniger benötigst, und daß dein Körper leichter und feinstofflicher wird.

Verurteile diese Ernährungsweise nicht, wenn du sie niemals versucht hast. Wenn du das Gefühl hast, daß du gern damit beginnen würdest, dann unternimm die Anstrengung und bringe dieses Opfer – denn um was geht es schließlich? Du fängst damit an, in einem sehr bescheidenen Maße deinen physischen Körper beherrschen zu lernen. Du erklärst, daß du nicht nur kein Fleisch von Tieren mehr essen willst und nichts mit der Vernichtung von einem der Reiche Gottes und mit all dem Leiden zu tun haben möchtest, das damit verbunden ist, sondern daß du auch über das wachen willst, was in deinen physischen Körper – den Tempel deiner Seele – hineingelangt. Du wirst damit beginnen, nur noch die feinstofflichsten, die natürlichen Nahrungsmittel zu essen, die für deinen Körper die beste Ernähung darstellen. Du wirst stärker auf deine

Seele reagieren anstatt auf die Nahrungsmittelhersteller mit ihrer verlockenden Werbung für ihre verschiedenen Markenartikel, die in der Regel für einen spirituellen Menschen keine empfehlenswerte Nahrung sind.

Es gibt in der heutigen Zeit viele Vegetarier auf der Welt. Mit jedem Tag wächst ihre Zahl, da immer mehr Menschen der Richtung ihres Schöpfers folgen. Besonders unter den jungen Menschen, den Seelen des Wassermann-Zeitalters, ist die vegetarische Lebensweise heute weit verbreitet, denn einige der alten Seelen von Atlantis finden zu jener Lebensform zurück, die ihnen früher vertraut gewesen ist. Die vegetarische Lebensweise wird innerhalb der nächsten zwanzig bis dreißig Jahre noch allgemeinere Verbreitung finden, denn wenn die verheerende Weltvernichtung stattfinden und ein großer Teil des Tierreiches zerstört werden wird, dann wird auch der Mensch auf Fleisch verzichten und sich nach anderem umschauen müssen. Wenn ihr euch alle darauf vorbereitet habt, da ihr diesen Schritt bereits vollzogen habt, weil ihr schon von einem Fünftel der Nahrung leben könnt, die ihr im Augenblick verzehrt, und euch ausschließlich von den Früchten dieser Erde ernähren könnt, dann habt ihr einen großen Schritt in der Richtung gemacht, die kommende kataklystische Veränderung zu überleben.

Die Ehe

Fast jeder Mann und jede Frau in der modernen Gesellschaft wird zu irgendeiner Zeit im Leben die Verbindung der Ehe eingehen. Die Ehe bildet die gesellschaftliche Grundeinheit in der heutigen Welt. Die spirituellen Gründe für die Ehe sind sehr deutlich festgelegt, doch die wirklichen Motive, warum der Mensch eine Ehe eingeht, können stark davon abweichen; man muß lediglich den Status der Ehe im heutigen Abendland überprüfen, und schon beginnt man in Frage zu stellen, ob eine solche Verbindung eigentlich notwendig, ja überhaupt wünschenswert ist. Der Grund dafür liegt selbstverständlich darin, daß viele Ehen irrtümlich geschlossen werden.

Der Akt der spirituellen Ehe wurde aus mehreren Gründen eingeführt, doch hauptsächlich deshalb, damit die beiden Schöpfungsaspekte auf der Erde, das Männliche und das Weibliche, das Positive und das Negative, die Stärke und die Weisheit, einträchtig miteinander leben könnten, um eine gemeinsame Bestimmung auszuführen und den Willen ihres Schöpfers zu erfüllen. Der Hauptgrund für eine Ehe sollte die Entwicklung der Beziehung zwischen Mann und Frau sein, damit diese gemeinsame Bestimmung erfüllt werden kann; obgleich es im Sinne dieser Bestimmung liegen mag, Kinder zu haben, sollte darin nicht der wichtigste Teil der Ehe bestehen, auch wenn dies viele Jahre ihres Lebens in Anspruch nehmen wird. Mann und Frau sind individuelle Seelen, die ihrer eigenen, persönlichen Bestimmung zu folgen haben. Sie müssen auch ihr Karma sowohl miteinander als auch anderen Menschen gegenüber erfüllen, und sie müssen ihre individuellen Aufgaben ausführen, die sie wählten, bevor sie sich in die Materie inkarniert haben.

Nicht jedes verheiratete Paar sollte unbedingt Kinder haben. Heute wird eine Ehe ohne Kinder als unvollkommen angesehen, doch wie irrig ist diese Einstellung! Kinder sollten nicht die unvermeidliche Konsequenz einer Ehe sein, sondern lediglich aufgrund ganz besonderer Zwecke und Absichten zu bestimmten einzelnen Menschen gelangen. Einer der Gründe, warum diese Welt heute so überbevölkert ist, liegt im falschen Gebrauch des Geschlechtsaktes durch den Menschen; anstatt diesen für die Zeugung von Kindern, und ausschließlich dafür, zu verwenden, benutzt er ihn heute zu seinem Vergnügen. Das Naturgesetz läßt sich nicht umgehen: Wenn der Mensch den Schöpfungsakt ausführt und die anderen Faktoren übereinstimmen, so wird eine Empfängnis stattfinden und ein Kind in seine Aura gelangen – nicht unbedingt ein Kind, das er haben sollte, sondern lediglich eines mit dem Verlangen, zu diesem Zeitpunkt eine Inkarnation auf der Oberfläche der Erde zu erfahren. Dieses Kind wird unbeabsichtigt und ohne karmische Verbindung zu ihm finden und nicht notwendigerweise mit seiner Schwingung übereinstimmen, und dies allein deshalb, weil er ihm die Gelegenheit dazu gab, als es in der die Erde umgebenden Aura einen Zeitpunkt zur Inkarnation abwartete.

Der moderne Mensch hat um das Ereignis der Ehe ein Vorstellungsbild des zwanzigsten Jahrhunderts erschaffen, und zwar so sehr, daß dieses die wirklich damit verbundenen Tatsachen völlig überdeckt; dies hat zur Folge, daß die jungen Menschen der heutigen Zeit dazu verleitet werden, in der Ehe nach Faktoren zu suchen, die entweder nicht existieren oder aber unwesentlich sind. Sie hören, daß sie nur dann heiraten sollten, wenn sie sich verlieben, doch tatsächlich sollte Liebe bei der anfänglichen Neigung zur Heirat nur eine sehr kleine Rolle spielen. Statt dessen sollten Mann und Frau, die schon vor ihrer Inkarnation in die Materie einer Ehe zugestimmt haben, aufgrund dieser gemeinsamen Bestimmung voneinander angezogen werden, und diese wechselseitige Anziehungskraft sollte dann zu einem Erkennen von Liebe führen. Romantische Liebe, die blinde Verliebtheit von Mann und Frau, ist keine wirkliche Liebe. Sie ist nur vorübergehend und verliert sich mit der Zeit, und diejenigen von euch, die aus dieser Art von Liebe heraus heiraten, werden bald von dieser Illusion befreit und enttäuscht sein, weil sie sich unter der Belastung des physischen Lebens abnutzt und erschöpft.

Es hat Kulturen gegeben, wo Mann und Frau nicht aufgrund ihrer eigenen Wahl geheiratet haben, sondern weil die Priester jener Zeit durch ihr höheres Wissen erkennen konnten, daß sie füreinander bestimmt waren und eine gemeinsame Aufgabe zu erfüllen hatten. Sie gingen daher keine Ehe ein, weil sie sexuell oder physisch voneinander angezogen wurden, sondern weil die Priester an ihrer Aura wahrnehmen konnten, daß sie in anderen Bereichen – auf den Ebenen, die wirklich zählen – Übereinstimmung zeigten. Derartige Ehen haben sich als sehr erfolgreich bewährt. Weil Männer und Frauen in der heutigen Zeit nicht erkennen, was in einer Ehe von Bedeutung ist, und weil sie nicht einschätzen können, was eine Ehe gelingen läßt, fügen sie sich den Zwängen der Gesellschaft und heiraten in einem sehr frühen Alter, bevor sie auch nur über die Bedeutung der Ehe nachgedacht haben. Dies führt dazu, daß sie einige Jahre später, wenn sie feststellen, daß ihre Ehe nicht gutgeht, vor das Problem gestellt werden, mit einem Menschen zu leben, mit dem sie wenig gemeinsam haben. Wahrscheinlich haben sie zu diesem Zeitpunkt auch schon Kinder und können nicht mehr frei und ungebunden handeln. Mit dem Wissen weiterzuleben, daß man den falschen Menschen geheiratet hat, kommt einem schweren Weg gleich.

Physische Anziehung sollte, ebenso wie der Geschlechtsakt selbst, eine sehr kleine Rolle in der Ehe spielen. Was wird geschehen, wenn du aufgrund von physischer Anziehung heiratest und diese Anziehungskraft sich verändert oder nicht mehr existiert? Es ist daher für eine Ehe entscheidend, daß du nicht in Anbetracht der äußeren Erscheinung eines Menschen, sondern einer weitaus stärkeren Anziehung wegen heiratest. Du heiratest, weil du weißt, daß dich mit deinem Partner, was auch immer ihm geschehen könnte, für den Rest eures Lebens das Gefühl einer gemeinsamen, schicksalhaften Bestimmung verbinden würde; weil du weißt, daß es euch bestimmt ist, zusammen zu sein, einen gemeinsamen Weg zu gehen und, vielleicht, ausersehene Kinder auf die Welt zu bringen.

Der Mensch, und damit meine ich Mann und Frau, heiratet heute im allgemeinen viel zu jung. Aufgrund der Art und Weise, wie sich der Mensch im Abendland entwickelt hat, erreicht er die physische Reife früher als die vorherigen Generationen, doch bis zum Alter von einundzwanzig Jahren kann man ihn immer noch so betrachten, daß er in die Schule geht und lernt – was hätte es also für einen Sinn, daß er heiratet, bevor er sämtliche Lehrstunden beendet hat und seine Schulung für das Leben abgeschlossen ist? Zwischen seinem sechzehnten und einundzwanzigsten Lebensjahr wird er sich stark verändern, weit mehr als in zehn oder fünfzehn Jahren seines späteren Lebens. Normalerweise sollte der Mensch während seines dritten Zyklus, zwischen dem einundzwanzigsten und dreißigsten Lebensjahr, heiraten, obwohl dies offensichtlich aufgrund von individuellen Faktoren im Leben der betreffenden Menschen variieren kann – beispielsweise das Karma, das sie bei anderen zu begleichen haben, die verschiedenen planetarischen Einflüsse, unter denen sie geboren wurden, die Lektionen, die sie erfahren müssen usw.

In der heutigen Gesellschaft wird von dir erwartet, daß du jung heiratest, und wenn du dies nicht tust, wirst du als anormal betrachtet, was stillschweigend einschließt, daß du die fruchtbarsten Jahre deines Lebens vergeudest. Welch ein Irrtum! Jedes Jahr deines Lebens ist fruchtbar, ist dir in einer bestimmten Absicht gegeben und sollte zu dem Zwecke verwendet werden, wozu du es erhalten hast.

Heirat und Ehe werden dann kommen, wenn du und dein vorgesehener Partner beide dafür bereit seid. Natürlich habt ihr beide, auf euren getrennt verlaufenden Wegen, die Möglichkeit der freien Wahl. Ihr mögt davon abweichen oder nicht so schnell vorwärtskommen, wie ihr solltet, und laßt daher euren vorherbestimmten Partner warten. In der heutigen Gesellschaft sind die jungen Menschen nicht zum Warten bereit; sie suchen die Freuden des Augenblicks – oder das, was sie dafür halten – und heiraten den falschen Menschen in einem allzu frühen Alter.

Weil in der heutigen Welt so viele Ehen irrtümlich geschlossen werden, führen viele von ihnen zur Scheidung. Wenn keine Kinder davon betroffen sind und beide Partner sich aus ihrer eigenen freien Wahl heraus trennen möchten, so ist dies durchaus zu akzeptieren – vorausgesetzt natürlich, daß es ihnen nicht von Anfang an bestimmt war, eine Ehe einzugehen. Denn wenn zwei Menschen in einer Ehe zusammengekommen sind, damit sie bestimmte karmische Beziehungen ausarbeiten, die vielleicht durch ihr Verhalten in einer ehelichen Verbindung während früherer Inkarnationen verursacht worden sind, so bedeutet der Ausweg durch Scheidung nichts anderes, als der schicksalhaften Bestimmung dieses Lebens auszuweichen. Wenn sich jedoch ein Partner nicht scheiden lassen möchte, dann sollte eine Scheidung auch nicht stattfinden. Vergiß nicht, daß die Lektion dieses Planeten in der Liebe durch aufopferungsvolles Dienen besteht. Du lernst es, das Selbst für einen anderen aufzugeben und zu opfern, und wenn in diesem Falle der andere dein Ehepartner ist, der sich nicht scheiden lassen möchte, dann solltest du, selbst wenn du die Scheidung willst, der anderen Hälfte das Opfer bringen. Ein solches Verhalten, das zu einer hohen Seelenentwicklung führen wird, ist weitaus besser, als sich von einem Menschen scheiden zu lassen, der die Scheidung nicht möchte; denn diesem Menschen gegenüber wirst du dann eine karmische Schuld haben, die du in einem anderen Leben wirst zurückzahlen müssen.

Diejenigen von euch, die verheiratet sind und Kinder haben, sollten sich nicht scheiden lassen, denn wenn ihr es Kindern einmal ermöglicht habt, durch euch auf die Erde zu gelangen, dann übernehmt ihr die völlige Verantwortung für sie. Es ist unbedingt notwendig, daß ein Kind bis zu seinem zwölften Lebensjahr die Schwingung von Vater und Mutter erfährt. Ein Elternteil, der nicht bis zu diesem Alter bei seinem Kind bleibt, kommt seiner Pflicht dem Kinde gegenüber nicht nach und wird Karma auf sich laden. Daher sollten all jene verheirateten Männer und Frauen, die Kinder haben und erkennen, daß sie nicht den richtigen Menschen geheiratet haben – selbst wenn sie jemand anderen heiraten möchten –, keine Scheidung anstreben. Sie sollten dieses Opfer für ihre Kinder bringen. Die Tatsache, daß die Eltern Verwirrung in ihr eigenes Leben gebracht haben, bedeutet nicht, daß sie das Recht dazu haben, auch in das Leben ihrer Kinder störend einzugreifen. Wenn die Eltern nur wirklich die Verantwortung, Kinder zu haben, in Betracht ziehen würden, dann würden sie diese nicht ganz so rasch und so früh in der Ehe bekommen, denn damit ist ihre Ehe besiegelt.

Es ist von entscheidender Bedeutung, daß die Eltern mit ihren Kindern bis zum Alter von zwölf Jahren zusammenbleiben; dann ist die Seele vollkommen in den Körper gelangt, und sie sind in der Lage dazu, selbst zurechtzukommen und etwas mehr vom Leben zu verstehen. Über dieses Alter hinaus läßt es sich dann eher akzeptieren, wenn sich die Eltern scheiden lassen möchten, doch in der Tat brauchen Kinder ihre Eltern noch bis zum einundzwanzigsten Lebensjahr. Ab diesem Alter werden sie dann als Erwachsene betrachtet, die ihre Schulzeit abgeschlossen haben und für ihre Handlungen selbst verantwortlich sind. Sie benötigen nicht mehr die Unterstützung ihrer Eltern, obwohl sie diese wahrscheinlich immer noch erhalten werden. Bis zum Alter von einundzwanzig Jahren brauchen Kinder noch das Wissen, die Führung und das Vorbild ihrer Eltern, und daher ist es wünschenswert, daß die Eltern – selbst wenn sie sich trennen möchten – zusammenbleiben, um ihren Kindern zu helfen und sie zu unterstützen. Sind die Kinder einundzwanzig, dann können sich die Eltern scheiden lassen, falls sie immer noch den Wunsch dazu haben. Es ist jedoch erstaunlich, wie häufig Eltern, die vorher zur Scheidung entschlossen waren, in diesem Stadium, wenn sie die Möglichkeit dazu erhalten, sich nicht mehr scheiden lassen möchten. Aus allen Kämpfen, Konflikten und bitteren Erfahrungen ist ein praktisches Einvernehmen, ein bewußtes Erkennen des anderen Menschen hervorgegangen.

Es gibt eine Redensart, wonach Ehen im Himmel geschlossen werden. Wie richtig dies ist – denn Ehen sind in der Tat vorausbestimmt. Den Menschen, den du einmal heiraten wirst, wählst du dir selbst aus, bevor du dich inkarnierst; du mußt ihn dann lediglich noch erkennen, wenn er in deinem Leben erscheint. Wenn du nicht anderweitig dazu überredet wirst, trägst du dich nicht einmal mit dem Gedanken an eine Ehe, bis du dem richtigen Menschen begegnest; dann ziehst du eine Heirat zum erstenmal in Betracht.

In den meisten Fällen wird eine Ehe gewöhnlich zwischen Seelen mit einer vergleichbaren Seelenentwicklung geschlossen. Bedenke, daß sich die Manifestation deiner Seele im Alter von einundzwanzig Jahren gänzlich von ihrer Ausdrucksform mit einunddreißig, einundvierzig und einundfünfzig Jahren unterscheiden wird. Mit dem Alter von einundfünfzig Jahren wirst du dich zu vollkommener spiritueller Reife entwickelt haben, und wenn dein Partner dann nicht Schritt mit dir halten kann, wird dies die Ehe und deine schicksalhafte Bestimmung einer starken Belastung aussetzen. Man könnte sagen, daß eine hochentwickelte Seele sehr selten eine unentwickelte Seele heiraten wird, obgleich dies gelegentlich und wenn nötig geschieht, gewöhnlich aus karmischen Gründen oder sonst als Opfer, der weniger entwickelten Seele Hilfe zu gewähren. Bevor du heiratest, solltest du daher die grundlegenden Lebensanschauungen deines zukünftigen Partners, sowohl auf der materiellen als auch auf der spirituellen Ebene, kennen.

Ich möchte an dieser Stelle erwähnen, da diese Gewohnheit in der heutigen Welt verbreitet ist, daß es ein Fehler ist, wenn Ehen zwischen verschiedenen Rassen geschlossen werden. Jede der auf dieser Erde inkarnierten Rassen – die schwarze, die weiße, die rote und die gelbe Rasse – muß eine unterschiedliche Lektion lernen. Die Erde hat die vier Rassen unvermischt und rein von eurem Schöpfer erhalten, und es ist nicht richtig, beispielsweise die schwarze und die weiße oder die weiße und die gelbe Rasse miteinander zu vermischen. Du magst dies als Härte auffassen, aber es entspricht der Wahrheit. Eine Mischehe ist niemals eine vorausbestimmte Ehe.

Denke daran, daß es mit einer Heirat nicht eilt und daß die Zeit jeden möglichen Zweifel lösen wird. Die heutige Jugend erwartet voller Ungeduld die Leidenschaften und Früchte der Ehe, die Freuden, die sie bringen wird, doch jedes länger verheiratete Paar, das die Erfahrung der Ehe tatsächlich gemacht hat, wird dir sagen können, daß alle Wünsche, alle Bilder und Vorstellungen, alle Gedanken über die Ehe von der wirklichen Realität weit entfernt sind und bald zunichte gemacht werden. Warte daher ab, wenn zu irgendeinem Zeitpunkt Zweifel bestehen. Bitte um Inspiration und Führung, und du wirst sie erhalten.

Wenn du dich zur Ehe entschlossen hast, dann ist es wichtig, da Heirat und Ehe spirituelle Ereignisse sind, daß eine spirituelle oder kirchliche Trauung stattfindet. Die zivilen Eheverträge, die heute abgeschlossen werden, sind in spiritueller Hinsicht nicht verbindlich. Sie mögen, was den Staat anbelangt, dem Gesetz entsprechen, doch ist es wünschenswert, daß eine spirituelle Trauungszeremonie in einem Tempel oder Gotteshaus, gleich welcher Form, welcher Religion oder Glaubenszugehörigkeit, ausgeführt und der Segen des unendlichen Geistes für diese Ehe angerufen wird; denn wenn ihr keine spirituelle Hilfe für eure Ehe erfragt und nicht um den Segen der höheren Wesen bittet, dann werdet ihr sie auch nicht erhalten.

Vergeßt nicht, daß ihr weiterhin eure Individualität behaltet, auch wenn ihr durch die Ehe miteinander verbunden seid. Jeder von euch hat sowohl seine eigene und gleichzeitig auch eure gemeinsame Bestimmung in der Ehe zu erfüllen. Der eine Partner sollte den anderen immer zu seinem eigenen, gesonderten Weg ermutigen und ihn darin bestärken. Obwohl ihr individuell verschiedene Wesen bleibt, werdet ihr in der Ehe zusammenwachsen, und diejenigen von euch, die weit genug entwickelt sind, um ihre Seelen-Entsprechung zu heiraten, die andere Hälfte ihres Seelenausdrucks in der Schöpfung, sollten sich dann auf ihre Verantwortung besinnen, zu jener Einheit zu werden, wie sie vorherbestimmt war. Darin liegt die wirkliche Aufgabe und Zielsetzung eurer Ehe. Denkt auch daran, daß die Rollen in der Ehe nicht so eindeutig und genau festgelegt sind, wie die moderne Gesellschaft es haben will: Der Mann muß nicht immer der Ernährer, die Frau nicht immer die Haushälterin sein. Die Rollen mögen sich in jeder Art und Weise, zu jeder Zeit, aus jeglichem Grunde umkehren. Die Ehe ist eine Form der Schulung, und du wirst in der ehelichen Beziehung viele Lektionen lernen: die Beherrschung des Physischen, die Beherrschung der Gefühle, die Beherrschung der Zunge, die Beherrschung des Denkens.

In jeder Verbindung von Menschen, nicht nur in der Ehe, sondern auch in Freundschaftsbeziehungen und überall dort, wo Menschen um einer gemeinsamen Sache willen zusammenkommen, muß ein Gleichgewicht vorhanden sein, wenn diese Verbindung von Erfolg sein soll; für die spirituelle Verbindung der Ehe ist es daher von größter Wichtigkeit, daß ein Gleichgewicht vorhanden ist und, wenn einmal errichtet, aufrechterhalten wird. Wenn eine Ehe für die Dauer ihres Bestehens in rechter Weise vollzogen und im Gleichgewicht gehalten wird, wobei die Stärke des Männlichen die Weisheit des Weiblichen ausgleicht, dann sollte, wenn einer der Partner schließlich stirbt und zu seiner wahren spirituellen Existenz zurückkehrt, der andere in der Lage sein, glücklich weiterzuleben. Darin liegt die Natur einer wahrhaft ausgewogenen Ehe, denn sie kennt Geben und Nehmen, die Anerkennung der Freiheit und Spiritualität des einen durch den anderen zu jeder Zeit.

Mann und Frau gehen eine eheliche Verbindung ein, um ihr Leben gemeinsam zu führen. Offensichtlich gehört es zu den vorrangigen Dingen, eine ausgewogene physische Lebensform zu begründen, doch weitaus wichtiger als diese ist die spirituelle Ausgewogenheit der Ehe. Ihr alle habt viele Leben in vielen Kulturen geführt, habt euch euer Zuhause geschaffen, habt eure Kinder großgezogen, habt sie fortgehen und sich verheiraten sehen und habt entsprechend eurem individuellen Bewußtsein gelebt. Daher ist nicht die physische oder materielle Seite der Ehe von größter Wichtigkeit, sondern die spirituelle Seite oder das Seelenwachstum, das daraus hervorgeht, die gemeinsam verlaufende Evolution zweier Bewußtseinsformen, so wie es vor ihrer Inkarnation vorausbestimmt wurde. Wenn dieses spirituelle Wachstum nicht stattfindet, dann wird die wahre Zielsetzung der Ehe nicht erfüllt. Eine Ehe ist nicht einfach die Verbindung von zwei Seelen in der Absicht, das Leben gemeinsam angenehmer und bequemer zu verbringen, obwohl in der heutigen Zeit viele Menschen aus diesem Grunde heiraten. Für viele ist die Ehe ein Schritt, nicht allein zu sein, ein Akt der Sicherheit, ein Akt aus Eigennutz, manchmal sogar aus Habsucht. Die wahre Zielsetzung der Ehe besteht darin, die spirituelle Bestimmung zu erfüllen, mit der sich die beiden Seelen einverstanden erklärten, bevor sie sich in die Materie inkarnierten. Wenn sie diese erfüllen wollen, dann muß in der Ehe eine vollkommene spirituelle Ausgewogenheit vorhanden sein; wichtig dabei ist das Gleichgewicht zwischen dem spirituellen Bewußtsein der beiden Einzelseelen. Wenn dieses nicht existiert, dann wird fortwährend ein starker Konflikt innerhalb der Ehe herrschen.

Während jeder von euch individuell sein Bewußtsein entwikkelt, ist es wichtig, daß sich der jeweilige Partner gemeinsam mit euch weiterentwickelt. Die spirituelle Verbindung der Ehe dient der Absicht, daß der eine Partner dem anderen hilft und ihn unterstützt, während jeder auf seinem Weg weiter fortschreitet, so daß der eine den anderen ermutigen kann, wenn er zurückbleibt, und wenn der eine voraus ist, der andere dies erkennen und sich bemühen mag, ihn wieder einzuholen und Schritt mit ihm zu halten. Wenn Mann und Frau den Abstand zwischen sich allzu groß werden lassen, so ist diese Verbindung, ist das Ziel dieser Ehe verwirkt. Achtet daher auf diese Gefahr. Ihr mögt verheiratet sein und Kinder haben, die ihr als Teil eurer Bestimmung empfangen und gezeugt habt, doch weil eure spirituelle Verbindung gescheitert ist, seid ihr zu einer Ehe auf der physischen oder materiellen Ebene verurteilt. Ihr müßt oder ihr solltet aus Rücksicht auf die Kinder zusammenbleiben, die durch euch auf die Erde gelangt sind, und es ist nicht angenehm, diese Lektion lernen zu müssen.

Alle höher entwickelten Seelen sollten sich der Spiritualität des Lebens und der Ehe bewußt werden. Sie sollten wissen, daß eine

Ehe nicht bloß darin besteht, daß man zusammenkommt, Kinder hat und einen Haushalt führt, denn solche Dinge haben sie alle schon häufig getan und sollten sie daher wie ihre zweite Natur ausführen können. Sie sind hier, damit sie die Spiritualität der Ehe erfahren, denn schließlich geschieht es, daß sie in ihrer letzten Ehe, die sie in einem physischen Körper auf dieser Erde haben werden, mit ihrer wahren inneren Entsprechung verbunden sein werden, und daraus wird die Vereinigung ihrer Seelen zu einem vollkommen ausgewogenen Bewußtseinsfunken erfolgen. Wenn sie dieses Ziel erreicht haben, dann dürfen sie sich selbst als Eingeweihte der höchsten Ordnung betrachten.

Ihr alle müßt euch darum bemühen, die spirituelle Ausgewogenheit in eurer Ehe aufrechtzuerhalten. Wenn ihr mehr an dieser als an der materiellen Ausgewogenheit arbeitet, dann wird auch letztere keine Schwierigkeiten bereiten und sich einpendeln, denn »wie oben, so unten«. In dem Maße, wie ihr Rücksicht und Liebe eurem Partner gegenüber im Hinblick auf den spirituellen Aspekt zeigt, wird sich dies auch in materieller und physischer Hinsicht widerspiegeln. Vergeßt nicht, wenn ihr euch eurer kleinen Persönlichkeit, euren Emotionen, euren Liebes- und Haßgefühlen, euren Launen ausliefert, daß ihr damit nicht nur euch selbst, sondern auch eurem Partner Hindernisse bereitet und daß ihr mit dieser Behinderung eures Partners euch selbst Karma schafft. Damit beeinträchtigt ihr euch nicht nur in diesem, sondern auch in kommenden Leben. Achtet daher auf diese spirituelle Ausgewogenheit, denn wenn die Spiritualität der Ehe stimmig ist, dann sind die übrigen Faktoren nicht von Bedeutung. Wenn ihr diese Ausgewogenheit herstellt, dann habt ihr das Gleichgewicht des Lebens und auch das Gleichgewicht für die Ewigkeit begründet.

Reinkarnation

Der Reinkarnationsgedanke ist überall in der Welt anerkannt. Es gibt viele Auslegungen seiner wahren Bedeutung, doch will man es mit einfachen Worten ausdrücken, so ist mit Reinkarnation gemeint, daß man wiedergeboren wird und noch einmal ein weiteres Leben beginnt. Viele Menschen können es gelten lassen, daß ihre Seele, oder ihre Geistessenz, in der Tat auf anderen Ebenen weiterexistieren wird, nachdem der physische Akt des Todes stattgefunden hat, doch können sie schwerlich akzeptieren, daß sie tatsächlich bereits vor ihrer gegenwärtigen Inkarnation physische Leben gelebt haben und daß sie auf einer späteren Stufe in der Evolution der Erde wirklich erneut in einem physischen Körper leben werden.

Nichts von dem, was ich sagen werde, wird irgend jemanden von dem Grundprinzip der Reinkarnation überzeugen können, der nicht bereits im Rahmen seines eigenen Bewußtseins daran glaubt, denn der Glaube an Reinkarnation entspricht einem Bewußtseinsgrad. Daher wende ich mich in dieser Lesung an jene Menschen, die an Reinkarnation glauben, auch wenn sie sich vielleicht im Augenblick gar nicht selbst darüber bewußt sein mögen, weil sie noch nicht gründlich darüber nachgedacht und ihre Bewußtheit nicht genügend entwickelt haben; ich richte mich auch an diejenigen, die sich der Tatsache der Reinkarnation bereits bewußt sind, deren Wissen darüber sich aber vielleicht dadurch erweitern könnte, daß sie einige neue Aspekte davon ins Auge fassen. Diejenigen von euch, die nicht an Reinkarnation glauben, mögen weiterlesen, und dies wird ihre Ansichten entweder bestätigen oder sie dazu veranlassen, ihre Einstellung gegenüber diesen zu hinterfragen. Damit du die Reinkarnation verstehen kannst, mußt du zuerst den Sinn und die Zielsetzung des Lebens begreifen, denn wenn du diese Einsicht nicht hast, wirst du auch die Notwendigkeit und das Grundprinzip der Reinkarnation nicht erfassen können. Versuche daher nicht, untersuchend in die Reinkarnation einzudringen, bevor du nicht gründlich und ernsthaft über die vielen Aspekte des Lebens auf der physischen Ebene nachgedacht hast. Schließlich möchte ich dich bitten, dir keine Vorstellung von der Reinkarnation entsprechend den Lehren irgendeiner organisierten Religion zu machen, die heute auf der Welt existiert, sondern vielmehr der Inspiration deines eigenen individuellen Bewußtseins gemäß.

In eurer Welt geschehen häufig erschütternde Begebenheiten oder große Tragödien, wie sie von euch bezeichnet werden. Fast jeden Tag kann man in den Zeitungen von Unfällen lesen, bei denen Menschen entweder in Flugzeugen oder Autos umgekommen sind, oder von Ermordungen, von tragischen Todesfällen und zahllosen Opfern durch Hungersnöte oder Seuchen. Vielleicht hast du es sogar schon in deinem eigenen Freundeskreis erlebt, daß Väter oder Mütter gestorben sind und ihre Kinder allein zurückgelassen haben oder daß Eltern untröstlich über den Verlust ihrer Kinder gewesen sind. Viele Menschen sagen dann: »Wie kann Gott es zulassen, daß ein solches Leiden geschieht?« Damit geben sie zu verstehen, daß Gott oder ihre Vorstellung von Gott für die Tragödien, die sich ereignen, verantwortlich zu machen ist. Wenn ihr nur ein einziges Leben hättet, wenn ihr nicht schon vorher gelebt hättet und nicht noch weitere Leben führen würdet, dann könnte der Gedanke vielleicht eine gewisse Berechtigung haben, daß das Leben grausam wäre, daß es einer sinnlosen Vergeudung gleichkäme, einen Menschen in der Blüte seines Lebens hinwegzuraffen, eine Mutter ihren Kindern wegzunehmen, das augenscheinliche Glück des Lebens auf dieser Erde zu zerstören. Diejenigen von euch aber, die an Reinkarnation glauben – während sie gleichzeitig erkennen, daß der Gipfelpunkt ihres Bewußtseins lediglich erst einem kleinen Nadelstich des Lichtes an einem dunklen Horizont vergleichbar ist –, beginnen allmählich eine Ursache, ja sogar eine Berechtigung hinter diesen tragischen Ereignissen zu sehen, und sie verstehen, warum Familien, die sehr glücklich leben, diese tragischen Verluste erfahren und weshalb sich »Unfälle« ereignen. Sie haben erkannt, daß nichts in dieser Welt aus Zufall geschieht und daß alles, was in der Materie existiert, von höheren Kräften gelenkt wird, als sie der Mensch sich vorstellen kann.

Wenn der Mensch sagt, daß ein Ereignis grausam sei und daß daher auch Gott, der es geschehen ließ, grausam und unbarmherzig sei, so spiegelt sich darin lediglich seine Bewußtseinsstufe wider. Wenn er nicht tiefer blicken kann, wird er davon überzeugt sein, das Leben sei grausam, es sei ihm übel mitgespielt worden und er habe ohne Sinn und Zweck gelitten. Man kann daher durchaus behaupten, daß die meisten sogenannten Tragödien, die sich im Leben ereignen, unentwickelten Menschen zustoßen – Menschen, die nicht begreifen, warum sie diese Schicksalsschläge erfahren; denn allein in Augenblicken großer Krisen und Tragödien kommen die subtileren Gefühle des Menschen zur Geltung. Wenn der Gefühlsausbruch vorbei ist und der Körper sein normales Gleichgewicht zurückgewinnt, dann beginnt der Mensch nachzudenken, und fünf oder zehn Jahre nach dem Vorfall in seinem Leben wird ihm vielleicht langsam von innen heraus eine Ahnung, eine Einsicht zuteil werden, warum sich jene Geschehnisse ereignet haben.

Wenn du das Leben auf dieser Erde als eine Schule akzeptierst, vergleichbar den auf dieser Welt existierenden Schulen, die du besuchst, so mußt du auch akzeptieren, daß es Unterrichtszeiten und Ferien gibt, denn als junger Mensch kann man nicht unaufhörlich und ohne Unterbrechung lernen. Kinder gehen während eines festgesetzten Zeitraums zur Schule und haben dann Ferien – und genau dies geschieht auch im Leben. Du gehst für eine bestimmte Zeitdauer auf der Erde in die Schule und hast dann Ferien, bevor du wieder zur Schule zurückkehrst. Wenn du wieder in die Schule kommst, bringst du alles Wissen mit, was du während deiner früheren Schulzeiten erworben hast. In deinem Innern besitzt du die Erfahrung all deiner Beziehungen zu deinen Mitschülern und Lehrern, der Prüfungen, die du abgelegt, der Grade, die du erlangt hast, und von dieser Stufe an wirst du dich weiter aufwärts entwickeln. Wenn du einige deiner Prüfungen nicht bestanden hast, dann wird dir die Gelegenheit geboten, diese nach weiterem Unterricht noch einmal abzulegen. Diese Analogie stellt tatsächlich eine sehr vereinfachte Umschreibung des physischen Lebens dar. Häufig hast du den Satz »Wie oben, so unten« gehört. Du kannst das Beispiel, in die Schule zu gehen, aufgreifen und es auf die Ebene des physischen Lebens auf der Erde übertragen; dann magst du das Beispiel des physischen Lebens auf der Erde nehmen und es auf die Stufe des Lebens auf den höheren Existenzebenen erheben, die innerhalb des spirituellen Körpers, den ihr als das Sonnensystem kennt, vorhanden sind.

»Nun gut«, magst du sagen, »dies kann ich akzeptieren, aber warum müssen Menschen bei all diesen tragischen Unglücksfällen sterben, denn wenn sie tot sind, können sie doch wahrscheinlich nichts mehr lernen?« Hier mußt du selbstverständlich das in Betracht ziehen, was sie lernen, und ebenfalls auch denjenigen, der durch den Akt des Todes etwas lernt. Bedenke dabei, daß die Lektion des Todes hauptsächlich von den Menschen erfahren wird, die weiterleben. Für einen Menschen, der friedlich in seinem Schlaf stirbt, bedeutet der Akt des Todes nichts; für einen Menschen, der nach langer und schmerzhafter Krankheit stirbt, kommt der Tod als wohltuende Erleichterung. Das Leiden wird von denjenigen erfahren, die einen geliebten Menschen haben sterben sehen, die sich dieses Leidens bewußt sind und nach dem Tode jenes Menschen einen Verlust empfinden. Wenn jemand jedoch eines gewaltsamen oder unnatürlichen Todes stirbt, beispielsweise bei einem Flugzeugabsturz, durch Ermordung oder im Krieg, so geschieht im Augenblick des Todes eine starke Einwirkung auf die Seele, denn ein plötzlicher oder gewaltsamer Tod bringt diese in Erschütterung, und daher macht bei solchen Todesarten hauptsächlich die individuell betroffene Seele die Erfahrung, die sie zu lernen hat.

Unentwickelte Seelen können schwerlich verstehen, warum Menschen vor dem Ende der ihnen »zugemessenen Lebensspanne« sterben, doch was hältst du für diese ihm zugemessene Lebensspanne? Sollten siebzig Jahre die Norm sein, nach der sich die Lebenserwartung des Menschen zu richten hat? Wie oft hast du dir schon manchmal gewünscht, daß ein Mensch tot wäre? Wie oft hast du Erleichterung darüber zum Ausdruck gebracht, daß ein Mensch den Tod gefunden hat? Bist du nicht beruhigt, wenn jemand einen Mord begangen hat und selbst als Bestrafung für das Unrecht, das er verübt hat, von den Behörden »ermordet« worden ist? Daher wird dein Urteil darüber, ob ein Mensch seine ihm bestimmte Lebensspanne ganz bis zum Ende gelebt hat oder nicht, von deinem Evolutionsstadium abhängig sein. Als wesentlicher Faktor muß jedoch bei all diesem in Betracht gezogen werden, daß jedes einzelne Leben vorausgeplant ist. Du wählst dir nicht nur den Körper, in dem du dich inkarnieren wirst, die Eltern, die dich empfangen werden, die planetarischen Einflüsse, unter denen du geboren wirst, das Land, in dem du einmal leben wirst, deine Lebensform und deinen Ehepartner, sondern du bestimmst auch selbst den Zeitpunkt deines Todes und die Art und Weise, wie du sterben wirst.

Wie ich bereits erwähnt habe, ist diese Erde eine Schule, und du lernst selbst dann, wenn du Fehler machst. Wenn du daher in einem Leben Lektionen zu lernen hast und dies versäumst oder daran scheiterst, dann werden dir diese Lektionen in einem anderen Leben erneut präsentiert werden; denn alles Leben ist eine Aufwärtsbewegung, eine aufwärtsführende Spirale, und du kannst nicht eher fortschreiten, bis du diese Lektionen gelernt hast. Wenn du dich beispielsweise inkarniert hast, damit du die Lektion der Armut lernst und du diese nicht in angemessener Weise angenommen und erkannt hast, daß es sich dabei lediglich um einen Zustand des Denkens und nicht um einen geistig-spirituellen Sachverhalt handelt, dann würdest du viele Inkarnationen erleben müssen, um diese Lektion zu lernen. Es ist durchaus möglich, daß du in einer Inkarnation als Reicher und in einer anderen als Armer geboren wirst, daß du in einem Leben König und in einem weiteren Bettler bist. Aus dieser

Tatsache läßt sich ableiten, daß dein Verhalten in einem Leben – ob du nun König oder Bettler bist – sich außerordentlich stark auf dein nächstes Leben auswirken wird.

Ich weiß, daß viele von euch Kenntnis vom Gesetz des Karma haben. Karma ist als das Gesetz von Ursache und Wirkung beschrieben worden. Das, was du tust, wird eine Wirkung haben; das, was du aussendest, wird zu dir zurückkommen – wenn nicht in diesem Leben, dann in einem anderen. Wenn du dies betrachtest, so handelt es sich dabei um ein sehr gerechtes Gesetz. Alles innerhalb des Universums, von den Sternen und Planeten oben am Himmel bis zu der Natur unten auf Erden, befindet sich im Gleichgewicht. Wäre es nicht ungerecht, wenn der Mensch nur ein einziges Leben hätte und jemand in diesem Leben beispielsweise einen anderen umbringen und sich dadurch Vorteile verschaffen könnte? Das Gesetz der Schöpfung kennt nichts Derartiges wie Unausgewogenheit. Alles befindet sich im Gleichgewicht, und daher gleichen die Herrscher über das Karma, jene hohen Wesen, welche die Waage der Gerechtigkeit ausbalancieren, die Wirkung aus dem Tun eines Menschen wieder aus. Diese Herren des Karma fällen ein spirituelles Urteil; sie sind nicht mit den Richtern an euren Gerichtshöfen auf der Erde vergleichbar. Sie bringen das Gesetz des Universums, das Gesetz des unendlichen Geistes, zur Anwendung und urteilen völlig leidenschaftslos über das, was ein Mensch getan hat.

Nehmen wir beispielsweise an, daß du in einem Zornesausbruch einen Menschen getötet hast. Selbst wenn du deine Tat wirklich bereust und aus dieser Erfahrung gelernt hast, bestimmt das Gesetz des Karma, daß du jenem Menschen, den du getötet hast, eine entsprechende Bezahlung schuldig bist. Dies bedeutet nicht, daß der andere nun wiederum dich töten muß. Bezahlung oder Entschädigung bedeutet, daß du in einer anderen Inkarnation aus eigener freier Wahl, weil du diesen Menschen einmal getötet und vielleicht sein Leben verkürzt hast, möglicherweise dein eigenes physisches Leben dafür opferst, um dem anderen für seine Entwicklung oder Evolution eine Hilfe zu geben; dies kann entweder dadurch geschehen, daß du ihm durch deinen eigenen Tod eine deutliche Lektion erweist oder daß du eine physische Schädigung oder Krankheit unter bestimmten Umständen auf dich nimmst, die für jenen Menschen eine Prüfung darstellen würden. Daher ist das, was oberflächlich gesehen als ein ungerechtfertigter oder tragischer Tod, Krankheit oder materieller Verlust erscheinen könnte, in Wirklichkeit keine Laune des Schicksals, sondern kann entweder das Ergebnis aus deinen eigenen Handlungen in diesem oder einem anderen Leben oder die Folge aus deinem Angebot sein, bevor du in deine gegenwärtige Inkarnation herabgekommen bist, bestimmte karmische Schulden zurückzuzahlen.

Du reinkarnierst dich auf der Oberfläche dieser Erde aus zwei entscheidenden Beweggründen: Erstens, damit du durch deine Erfahrungen in dieser Schule des Lebens lernen kannst, und zweitens, damit du die karmischen Schulden zurückzahlen kannst, die du in anderen Leben angesammelt hast. Es ist nun auf eurer Bewußtseinsstufe sehr schwierig, die Wirkungsweise des Karma zu verstehen und zu begreifen, wie eine bestimmte Tat in einem Leben eine bestimmte Wirkung in einem anderen Leben hervorrufen wird. Wenn es überhaupt möglich ist, daß ein durch deine Handlungen in diesem Leben verursachtes Karma bereits in diesem Leben zurückgezahlt werden kann, dann werden die Herrscher über das Karma tätig werden, um das Gleichgewicht der Waagschalen so schnell wie möglich wiederherzustellen. Doch manchmal, wie beispielsweise bei einem Mord, ist dies nicht möglich, und dann wird das Karma in einer späteren Inkarnation beglichen werden müssen.

Sei dir darüber bewußt, daß alle »zufälligen« Ereignisse in deinem Leben eine Bedeutung haben. All jene Zeiten, wenn du annimmst, daß das Schicksal nicht anders als grausam und unbarmherzig mit dir verfährt, haben einen tieferen Sinn. Versuche diesen daher herauszufinden. Denke in deinem Leben zurück an das, was du getan hast. Überprüfe die Geschehnisse, die dir zugestoßen sind. Suche die ihnen zugrundeliegende Bedeutung festzustellen, dann wirst du auch ihren höheren Zweck und ihre Absicht im Leben erkennen und verstehen. Es gibt nichts Derartiges wie Zufall und blindes Schicksal. Alles, was sich auf dieser Erde ereignet, geschieht aus einem bestimmten Grund. Da ihr alle mit der göttlichen Gabe der freien Wahl geboren seid, werdet ihr, wenn ihr eure Wahl trefft, nicht nur auf euch selbst, sondern auch auf jene ringsum eine Wirkung ausüben. Der Mensch muß es lernen, nicht nur für sich selbst, sondern ebenso für seine Mitmenschen Verantwortung zu übernehmen. Karma bezieht sich daher nicht nur auf einzelne Menschen, sondern auf Ortschaften, auf Städte, auf Länder und selbstverständlich auch auf die ganze Erde.

Du magst sagen: »Warum erinnert sich der Mensch nicht an seine früheren Leben? Würde dies der Fall sein, dann wäre es einfach, an die Reinkarnation zu glauben.« Der Mechanismus deines Geistes ist von deinem Schöpfer sehr weise geplant worden, so daß du dich nicht an deine vergangenen Inkarnationen erinnern kannst. Gewisse Teile deines Denkvermögens liegen hinter dichten Schleiern, welche die Vergangenheit fest verschließen. Bevor du in einer Inkarnation nicht eine bestimmte Bewußtheit erlangt hast, kannst du daher die Erinnerung an deine vergangenen Leben nicht heranziehen. Einige Menschen erleben gelegentlich ein kurzes Aufblitzen von Erinnerungen an frühere Leben, wenn sich, nur für einen Augenblick, die Schleier heben. Dies ist entweder auf einen Fehler im Mechanismus des Geistes zurückzuführen oder wird durch ein besonderes Geschehen in ihrer gegenwärtigen Inkarnation ausgelöst, vielleicht dadurch, daß sie einen bestimmten Ort besuchen oder Zeuge eines Erlebens werden, das sie in einer früheren Inkarnation selbst durchgemacht haben.

In der Regel erinnerst du dich daher nicht an deine vergangenen Leben und weißt auch nichts von deinen zukünftigen Leben. Du bist dir nur über das Leben in dem physischen Körper deiner gegenwärtigen Inkarnation bewußt. Wenn du dein Bewußtsein in deinem jetzigen Leben weiterentwickelst, wirst du dich natürlich den Einsichten, den Prüfungen annähern, denen du dich in deinen vergangenen Leben unterzogen hast, und dieses Wissen wird langsam in deinem Bewußtsein zu deiner Verwendung in den Vordergrund treten. Das, was du manchmal als Gewissen bezeichnest, enthält in sich alle Erkenntnisse und Einsichten, die du aus Erfahrungen in früheren Leben im Gedächtnis behalten hast. Du wirst spüren, daß es unrecht ist, zu töten oder zu stehlen; du wirst dich schuldig fühlen, wenn du deinen Mitmenschen nicht hilfst, falls du darum gebeten wirst. Du wirst diese Dinge so empfinden, weil du all diese Lektionen schon früher gelernt hast. Menschen mit einem ausgeprägten Gewissen haben daher einen starken Seeleneinfluß.

Es ist wirklich unnötig, daß du Kenntnis von deinen vergangenen Leben hast. Genauso wie deine physischen Körper aus vergangenen Leben jetzt ohne jede Bedeutung sind, so wird auch dein augenblicklicher physischer Körper in deinen zukünftigen Inkarnationen keinerlei Bedeutung mehr haben. Obgleich es vielleicht ganz schön wäre zu wissen, wer man in einem anderen Leben gewesen ist – besonders im Falle einer bedeutenden Persönlichkeit –, so würden sich die meisten von euch jedoch dadurch geschmeichelt fühlen und könnten dies Einfluß auf ihren Lebensweg nehmen lassen, dem sie in ihrer jetzigen Inkarnation folgen. Dies könnte dich davon abhalten, die Lektionen dieses Lebens zu lernen. Sehr häufig wird dir das Wissen über vergangene Leben erst im Augenblick des Todes enthüllt. Der Mensch blickt immer lieber in die Vergangenheit zurück, als in der Gegenwart zu leben, und wenn er Kenntnis von seinen vergangenen Leben hätte, dann wäre er versucht, immer weiter in die Vergangenheit zurückzublicken. Das soll nicht heißen, daß du nichts von deinen vergangenen Leben wissen kannst, denn der gesamte Inhalt aller Leben, die du jemals gelebt hast – und viele von euch haben Tausende von Leben in einem physischen Körper verbracht –, ist in einem Verzeichnis niedergeschrieben, das als Akasha-Chronik bekannt ist. Dies magst du überprüfen, wenn du das Bewußtsein erlangt hast, in diese Chronik Einblick zu nehmen und von ihrem Inhalt unterrichtet zu werden, ohne ihn Einfluß auf dein gegenwärtiges Leben nehmen zu lassen.

Ich fordere euch alle dazu auf, daß ihr versucht, in das Leben hineinzublicken, die Bedeutung und das Gleichgewicht darin wahrzunehmen und zu erkennen, daß euer Schöpfer, der jedes einzelne Haar auf eurem Kopfe kennt, von allem weiß, was euch mit Recht oder zu Unrecht widerfährt und sich auch alles dessen bewußt ist, was ihr selbst rechtmäßig oder ungerechtfertigt tut. Vergegenwärtige dir, daß du mit deinem Handeln nicht nur in diesem Leben, sondern auch in künftigen Leben eine Wirkung verursachen wirst. Du kannst keinem anderen Bruder Schaden zufügen, ohne daß dieses Unrecht zu dir zurückkommt. Wenn sich der heutige Mensch nur der Tatsache bewußt wäre, wie angenehm und erfreulich das Leben auf dieser Erde sein könnte! Wenn nur jene Länder, die Krieg führen wollen, sich klarmachen würden, daß ihre karmische Schuld, wenn sie einen Krieg führen, um sich ein Stück Land anzueignen oder für eine Ideologie zu kämpfen, selbst dann noch auf sie zurückkäme, wenn sie diesen Krieg gewinnen würden. Laß daher immer die reinste und höchste Spiritualität das Motiv für deine Handlungen sein.

Wenn du glaubst, das Schicksal habe dir übel mitgespielt, wenn du einen Verlust oder einen Todesfall in der Familie erlebt hast, dann versuche, den Grund dafür festzustellen. Bemühe dich um ein Verständnis der Tragödien im Weltgeschehen und erkenne, daß es sich dabei in Wirklichkeit nicht um Tragödien handelt: Der Verlust des Lebens ist nichts Endgültiges, und das Leiden an einer Krankheit ist nur vorübergehend, denn du lebst nur während einer so kurzen Zeit in einem physischen Körper. Bemühe dich, wenn du krank bist, diese Krankheit zu verstehen; versuche, sie zu akzeptieren, sie umzuwandeln und daraus zu lernen, anstatt nur nach innen zu blicken und dich selbst zu bemitleiden. Erkenne, daß nichts ohne Grund geschieht, und wenn du die Ursache dafür entdeckst, dann wirst du die Grundwahrheit der Reinkarnation erfassen und verstehen – eines der höchsten Gesetze im Universum, das alle Daseinsaspekte, angefangen bei dem Leben unterhalb von dir durch deine Seinsstufe bis selbst zur Existenz deines Schöpfers über dir, beherrscht und lenkt.

Wie man in der heutigen Welt Lehrer und Vorbild für die unendliche Weisheit sein kann

Eure heutige Welt ist sehr unvollkommen. Viele schädliche Einflüsse und große Unwissenheit sind vorherrschend, weil die wahren spirituellen Werte fehlen, die auf der Erde existieren, die durch Lehre und Beispiel veranschaulicht werden sollten. Der Mensch hat das Mittelalter durchlebt, und daraus ist eine gottlose Kulturform hervorgegangen, eine Gesellschaft, die einzig auf materiellen Fortschritt unter Ausschluß alles Spirituellen bedacht ist. Daraus hat sich, ungeachtet dessen, wie korrekt auch der Mensch seinen materiellen Weg beschritten haben mag, ein gestörtes Gleichgewicht ergeben, denn man kann das eine nicht ohne das andere haben.

Das Leben im physischen Körper stellt in der heutigen Zeit viele Probleme für diejenigen von euch dar, die weit genug entwickelt sind, daß sie das Wesen der Spiritualität im Menschen verstehen und richtig einschätzen können, in welcher Weise das Leben geführt werden sollte. Wenn du das Leben führst, das du als richtig und der Wahrheit entsprechend ansiehst, so stehst du schon fast allein da und ragst als einer unter vielen Tausenden heraus. Du gehörst zu denjenigen, die nicht »normal« sind. Es ist schwierig, gegen den Strom zu schwimmen – doch genau dies mußt du tun. Während der gesamten Geschichte des Menschen, in seinem Kampf um die Evolution auf diesem Planeten, hat es sich immer so verhalten, daß die wahren Schüler des Lichtes, des unendlichen Geistes, allein und abseits gestanden haben. Würde der Mensch ein wahrhaft spirituelles Leben führen, so gäbe es keine Notwendigkeit für den unendlichen Geist, Meister und Lehrer auf die Erde herabzusenden, die dem Menschen als beispielhaftes Vorbild für seine Lebensweise dienen sollten, da er, als bewußtes Wesen, bereits die Verbindung zu ihnen hergestellt hätte. Er würde schon auf sie hören, von ihnen lernen und seinem wahren spirituellen Pfad folgen. Doch als diese Verbindung einmal auseinandergebrochen war und der Mensch in Unwissenheit fiel, war es nur noch mit Hilfe dieser Meister möglich, die sich in die Materie auf der Erde inkarnierten und die unendliche Weisheit durch Wort und Tat beispielhaft darlegten, dem Menschen die Lebensweise vor Augen zu führen, nach der er sein Leben ausrichten sollte.

Wenn du beabsichtigst, in wirklich beispielhafter Weise der Spiritualität zu folgen, so mußt du dich daran gewöhnen, daß du allein dastehst. Das, was du sagst, wird ebenso abweichen und sich unterscheiden wie das, was du denkst. Du wirst dich anders als dein Nächster verhalten. Mache dich mit der Tatsache vertraut, daß du nicht »einer von vielen« sein wirst. Dies ist die erste Lektion für jeden, der es anstrebt, den wahren Pfad zu gehen und die unendliche Weisheit vorbildhaft zu leben.

Du mußt dich auf ein einsames Leben vorbereiten. Du wirst Freunde haben, aber nur wenige, wirklich spirituelle Freunde. Meistens werden es nur flüchtige Freunde sein, die in häufigen Abständen kommen und gehen werden. Du wirst feststellen, daß sie wenig mit dir – oder du mit ihnen – gemeinsam haben. Ungeachtet dessen, wie du ihr Verhalten, ihre Sitten und Gewohnheiten beurteilst, wird es dir Schwierigkeiten bereiten, sie in deinem Haus aufzunehmen, denn sie werden ein Beispiel für genau dieselben Dinge darstellen, die du verworfen hast. Im Laufe deiner Entwicklung wirst du bemerken, daß dein Freundeskreis kleiner wird. Du wirst nicht mehr zu den Menschen Beziehungen unterhalten und in Kommunikation bleiben können, mit denen dir dies einmal möglich war, denn wenn der Pfad enger und steiler wird, verringert sich auch die Zahl derer, die ihn gehen.

Nachdem du dich für diesen Weg entschieden und darauf vorbereitet hast – und damit meine ich, daß das Seelen-Bewußtsein das Persönlichkeits-Bewußtsein auf das vorbereitet, um was es geht –, mußt du als nächste Lektion lernen, auf welche Weise du das, was du als Wahrheit erkennst, der übrigen Menschheit näherbringst. Ohne Zweifel mußt du immer die Wahrheit sprechen, so wie du sie erkennst, selbst wenn sie einen dir nahestehenden Menschen verletzt – denn was verletzt du schließlich damit? Ist es nicht ausschließlich seine Persönlichkeit? Gewiß ist es nicht sein Seelen-Bewußtsein, da dieses niemals durch die Wahrheit eine Kränkung erfahren kann. Was ist es außerdem bei dir selbst, das sich darum sorgt, dem anderen eine Kränkung zugefügt und Anstoß erregt zu haben, als deine eigene Persönlichkeit? Du darfst nicht dem zustimmen, was die Menschen sagen, wenn du im tiefsten Grunde deines Herzens weißt, daß es falsch und unwahr ist. Das heißt nicht, daß du vorsätzlich hingehst und zu argumentieren und deinen Standpunkt zur Geltung zu bringen suchst. Es bedeutet lediglich, wenn du mit Menschen zusammentriffst und Gespräche führst, wenn du in deinem Alltagsleben mit Menschen in Berührung kommst und sich bestimmte Situationen ergeben oder Probleme entstehen, daß du dann nicht um des lieben Friedens und der Ruhe willen das verleugnest, was du als wahr erkennst, und darüber schweigst. Bringe das vor, was du weißt. Du brauchst nicht zu sagen, woher und weshalb du es weißt – es genügt, wenn du sagst, *daß* du es weißt.

Du mußt der Wahrheit, so wie du sie erkennst, nicht nur durch deine Rede, sondern auch durch deine Handlungen beispielhaften Ausdruck geben. Du mußt das Leben führen, von dem du weißt, daß es richtig und der Wahrheit entsprechend ist. Du wirst niemanden überzeugen können, wenn du etwas sagst, aber das Gegenteil davon tust. Es hat beispielsweise keinen Sinn, in der Öffentlichkeit zu erklären, daß alle Menschen Brüder sind und in Frieden miteinander leben sollten, und dann nach Hause zu gehen und mit deiner Frau zu streiten, denn dadurch wird niemand überzeugt. Du mußt die Dinge durch dein eigenes Beispiel demonstrieren. Auf diese Art und Weise wirst du Menschen überzeugen können.

Weil der Mensch im Verlaufe vieler Leben durch Unwahrheiten getäuscht worden ist, hat er in seinem Innern, in seiner Seele, eine Schutzabwehr gegen die Rede seiner Mitmenschen aufgebaut. Während seiner Evolution hat der unentwickelte Mensch die Sprache als Kommunikationsmittel benutzt; in höheren Bewußtseinsphasen, als die Erde weiterentwickelt war, fand die Sprache keinen Gebrauch, doch meistens hat der Mensch sie als Mittel der Verständigung verwendet, und als solche sind viele seiner Schlechtigkeiten durch seine Worte nach außen gedrungen. Daher hat der Mensch eine innere Abwehr gegenüber der Rede, doch wenn er die Wahrheit sieht, kann er sich nicht dagegen wehren, und seine Seele kann sie nicht abstreiten. Wenn er die Wahrheit mit seinen eigenen Augen sieht, wird sie auch von seiner Seele wahrgenommen, und dann gibt es kein Leugnen mehr. Eine Tat wiegt tausend Worte auf.

Wenn du wirklich die Absicht hast, dem Weg zu folgen, so verwende besondere Aufmerksamkeit auf deine Handlungen. Mache es dir zur Gewohnheit, jedesmal, bevor du etwas tust, zuerst äußerst gründlich darüber nachzudenken, besonders dann, wenn deine Mitmenschen davon betroffen sind, so daß deine Handlungen, wenn du sie ausführst, das Ergebnis aus sorgfältiger Beurteilung und nicht aus raschen, von der Persönlichkeit getroffenen Entscheidungen sind. Der Mensch behält dich mehr aufgrund deiner Handlungen als aufgrund deiner Worte in Erinnerung.

In eurer heutigen Welt liegen so viele der grundlegenden Lebensprinzipien im argen, daß du nahezu bei jedem Aspekt des Lebens mit ihnen in Konflikt geraten wirst. Du wirst anders essen und trinken, anders leben, dich anders verhalten, anders denken und fühlen. In all diesen Gewohnheiten wirst du dich von deinen Mitmenschen unterscheiden. Es entsteht daher sehr leicht Konflikt und Feindseligkeit bei den Menschen. Du mußt jedoch unbedingt dafür sorgen, daß du dir die Menschen nicht zu Gegnern machst. Deine Handlungen werden, wenn sie der Wahrheit entsprechen, unterschiedliche Reaktionen in den Menschen gemäß ihrer Seelen-Entwicklung hervorrufen. Wenn jemand die Wahrheit in dir erkennt, so wird dies manchmal seine Persönlichkeit beunruhigen, und er wird dich dafür ablehnen. Dies wirst du hinnehmen müssen, denn aus diesem Grunde bist du hier. Wenn dieser Mensch ständig dein Vorbild vor Augen hat, wird er sich schließlich verändern.

Du selbst mußt dich davor hüten, Feindseligkeit gegenüber deinen weniger entwickelten Mitmenschen zu empfinden. Wenn du siehst, daß jemand tötet, stiehlt, Unwahrheiten erzählt oder sogar die Wahrheit zu untergraben versucht, die du selbst verbreitet hast, so darfst du keine Feindseligkeit ihm gegenüber empfinden und böse Gedanken aufgrund seines Tuns entstehen lassen. Dies ist eine äußerst schwierige Lektion, die es zu lernen gilt. Denke daran, daß du zu den höherentwickelten Seelen gehörst, deren erste Pflicht, wenn sie hier sind, in der Hilfe und im Dienen für ihre weniger entwickelten Brüder besteht, und daß sie durch die Macht ihres höherentwickelten Denkens leicht eine größere Kraft für das Böse erzeugen können.

Sei daher tolerant und nachsichtig gegenüber deinen weniger entwickelten Brüdern, die nicht so denken und empfinden wie du. Viele von ihnen sind lediglich die Produkte ihrer Zeit, der Unwahrheiten, die verbreitet und von Generation zu Generation weitergegeben worden sind. Denke an die Schwierigkeiten, die du selbst dabei erfahren hast, als du deine Lebensweise verändern und dein eigenes Bewußtsein erweitern wolltest. Du magst vielleicht eine günstigere Umwelt gehabt und größere Unterstützung erhalten haben als deine weniger entwickelten Brüder und bist daher in der Lage, ihnen zu helfen. Niemals kannst du einen Menschen dazu zwingen, etwas zu glauben. Du magst ihn dazu bringen, fast alles sonst zu tun, wie die Geschichte eurer Erde gezeigt hat, doch kannst du ihn nicht dazu zwingen, etwas Glauben zu schenken, woran er nicht selbst glaubt. Er mag ein Lippenbekenntnis für eine bestimmte Überzeugung ablegen, doch wenn er nicht möchte, wird er nicht daran glauben. Du kannst seiner Seele keinen Zwang auferlegen.

Die andere wichtige Lektion, die du lernen mußt, bezieht sich auf das Wissen, wann und in welcher Weise zu lehren ist. Vergiß nicht, daß du nicht damit beauftragt worden bist, die Welt zu bekehren! Die meisten hochentwickelten Seelen inkarnieren sich aus einem spezifischen Anlaß und haben wichtige Bestimmungen und Aufgaben zu erfüllen, doch wenn du Lehrer sein willst, ist es von entscheidender Bedeutung, daß du verstehen und erkennen lernst, wann du zu lehren hast. Hier gilt einzig und allein das Kriterium, daß du nur jene lehrst, die lernen möchten. Damit meine ich, daß es keinen Sinn hat, zu Menschen zu sprechen, die deine Worte nicht hören wollen. Es ist wertlos, auf die Straße hinauszugehen und Menschen zu deinen Glaubensüberzeugungen bekehren zu wollen. Du solltest nur jene lehren, die bereitwillig zu dir kommen, die dich darum bitten und die dir aufgrund des Anstoßes ihrer eigenen Seele zuhören möchten.

Wenn Menschen zu dir gekommen sind, dann stehst du vor der Schwierigkeit, daß du wissen mußt, was du sie lehrst. Wiederum erfordert es die Weisheit deiner Seele, um entscheiden zu können, was du ihnen sagst. Du mußt dir ein Urteil über die Natur ihrer Seelen-Evolution bilden. Sind sie dazu fähig, die höheren oder die niederen Lehren zu erfassen? Wieviel auf einmal solltest du mitteilen, damit du auch verstanden wirst? Dieses und vieles mehr wirst du mittels Praxis und durch Erfahrung lernen. Alle Lehrer müssen durch dieses Stadium hindurchgehen. Merke dir, daß es besser ist, die am wenigsten entwickelten Seelen in einer Zuhörerschaft anzusprechen und zu wissen, daß sie – und damit auch alle anderen, zu denen du sprichst – dich voll und ganz verstehen, anstatt deine Ausdrucksweise auf einem so hohen Niveau anzusetzen, so daß nur wenige dich verstehen können, die übrigen aber verwirrt sind und vielleicht das bißchen an Glauben schon wieder zu verlieren beginnen, weshalb sie zu dir gekommen sind.

Vergiß nicht, daß die Menschen, die du ansprichst und lehrst, die Dinge selbst herausfinden müssen. Wir von der Hierarchie, auf unserer Existenzebene, sagen immer, daß wir euch nur soviel lehren und enthüllen können, wie ihr bereit seid aufzunehmen. Das übrige muß dann aus euch selbst erfolgen. Die Grundlehre, die du weitergibst, wird immer lauten: »Blicke in dich selbst hinein, denn dort ist das Himmelreich.« Du wirst den Menschen dazu veranlassen, in sich hineinzublicken, auf seine eigene Seele zu lauschen und seinem eigenen Bewußtsein zu folgen. Vergiß nicht, daß das, was für den einen richtig ist, für den anderen nicht zutreffend sein wird. Alle Menschen sind verschieden und werden abweichend voneinander denken und handeln. Gib kein Urteil ab; sage nicht, das eine sei richtig und das andere falsch, der eine habe recht und der andere unrecht. Wie jeder Meister, wenn er mit dem Planeten Erde in Berührung kam und das Christus-Prinzip beispielhaft verkörperte, kannst du nur das Beispiel geben und dann den Menschen diesem folgen und es nachahmen lassen.

Eine der größten Versuchungen für eine hochentwickelte Seele, die andere lehrt, besteht darin, der Macht der eigenen Fähigkeit als Lehrer zu erliegen. Wenn man die Wahrheit widerspiegelt und ausspricht und damit viele überzeugt, wenn man die Früchte sieht, so kann daraus ein tiefes Gefühl von Macht und Würde für das eigene Wirken erwachsen. Einige der größten Lehrer des unendlichen Geistes haben vergessen, daß sie selbst nur Werkzeug und nicht die Quelle der Weisheit sind und daß auch ihre Seele zu lernen und eine Bestimmung zu erfüllen hat. Selbstverständlich mußt du der Schmeichelei von Menschen widerstehen, die sich an dich hängen und dich sogar deiner Worte und Taten wegen verehren werden. Auch dieser Versuchung ist wiederum schwer zu widerstehen. Du mußt immer betonen, daß du lediglich ein Werkzeug bist, durch das die Weisheit von oben fließt, und daß die Menschen nicht auf dich blicken und dir danken sollten, sondern ihrem Schöpfer.

Erwarte schließlich keine sofortigen Ergebnisse. Sei nicht verletzt oder überrascht, wenn du vor einer Zuhörerschaft sprichst und am Ende deines Vortrags niemand lächelt oder Verständnis zeigt, sondern alle dem Anschein nach verwirrt fortgehen. Selbst wenn sie zu diesem Zeitpunkt nichts verstanden haben mögen, so wird der Samen gesät sein, und später wird die Saat deiner Worte in ihren eigenen Denkprozessen aufzugehen beginnen. Sie mögen sich nicht einmal daran erinnern, daß du es gewesen bist, der diesen Keim gesät hat, doch dies spielt keine Rolle. Sorge dich nicht, selbst wenn du in deinem Leben keine greifbaren Ergebnisse deiner Bemühungen wahrnehmen kannst. Denke an das Leben des Nazareners.

Es ist eine Inkarnation der Prüfung, die Rolle eines spirituellen Lehrers einzunehmen und die unendliche Weisheit beispielhaft zu demonstrieren. Es verlangt, daß du auf jede deiner Handlungen, auf jedes deiner Worte genau achtest, damit du ein Vorbild für andere sein kannst. Es erfordert, daß du einen weniger entwickelten Bruder in keiner Weise fehlleitest oder in die Irre führst. Sei davon überzeugt, wenn du als Lehrer auftrittst, daß du wirklich den Weg gehst, denn wenn du durch dein Beispiel oder deine Absicht einen weniger entwickelten Bruder irreleitest oder schädigst, so ist damit eine große karmische Schuld verbunden. Bevor du daher mit den Worten »Ich glaube, ich weiß und ich will es kundtun« zu lehren beginnst, blicke in dich hinein und vergewissere dich, daß du dort eine wahre Widerspiegelung des unendlichen Geistes findest.

Die Beziehung des Menschen zum Tierreich

Auf der Oberfläche der Erde existieren vier Reiche der Materie, nämlich das Tier-, das Pflanzen-, das Mineral- und das Menschenreich: vier individuell verschiedene Schwingungen, für welche die vier symmetrisch gleichen Arme des wahren Kreuzes dieser Erde symbolisch stehen. Alle diese Reiche sind dazu bestimmt, in Ausgewogenheit und Harmonie miteinander zu leben. Das Menschenreich hat natürlich eine höhere Schwingung als die drei übrigen, und daher erhält der Mensch, als das am höchsten entwickelte Wesen, während seiner Inkarnation in der Materie auf der Erde eine verantwortliche Stellung zugewiesen; denn es geschieht ganz von selbst, daß die Seelen oder Wesen auf einer niederen Evolutionsstufe zu der höherentwickelten Seele als einem Beispiel und Vorbild aufblikken. In der gleichen Weise, wie der Mensch auf seine spirituellen Lehrer blickt, sei es der Nazarener, Buddha oder Mohammed, und bemüht ist, ihrem Beispiel zu folgen, dem Beispiel eines höherentwickelten Wesens, so blicken die übrigen drei Reiche der Materie auf das Beispiel des Menschen und versuchen, es ihm nachzutun. Daher trägt der Mensch in dieser Hinsicht eine große Verantwortung.

Das Pflanzen- und das Mineralreich werden durch die Herren der Materie reguliert, die innerhalb der Erde weilen und mit Hilfe ihrer Diener in den Elementarreichen die Materie auf der Oberfläche dieser Erde beherrschen. Dessen ungeachtet sind die Elementarwesen auf den Menschen ausgerichtet und suchen sich ihm anzugleichen. Auch wenn der Mensch sie nicht sehen kann und sie ihn, bestimmte Gelegenheiten einmal ausgenommen, nicht wahrnehmen können, empfangen sie doch die Gedanken und Gefühle des Menschen und suchen sie nachzuahmen. Das Tierreich unterscheidet sich von Pflanzen- und Mineralreich insofern, als daß es ursprünglich – wie der Mensch – aus dem vollkommenen Atem eures Schöpfers erschaffen worden ist. Die Tiere haben keine individualisierten Seelen wie der Mensch, sondern gehören einer Gruppenseele an, wie man sie bezeichnen könnte. Es existiert eine Gruppenseele für die Löwen, eine für die Kühe, eine für die Hunde usw. Ebenso wie der Mensch in seinem individualisierten Aspekt ein Teil des Sonnen-

Logos, eures Gottes, ist, dessen Geist der Sonne innewohnt, und ebenso wie ihr eines Tages, wenn eure Entwicklung abgeschlossen ist, jenen Funken, den in euch weilenden Geist, zu diesem Gott zurückführen werdet, so kehrt auch jedes auf der Erde inkarnierte Tier zu seiner Gruppenseele zurück, wenn der Vorgang des Todes stattfindet. Ich zeige diesen Unterschied zwischen den vier Reichen nur deshalb auf, damit ihr die Verbindung zwischen dem Tier- und dem Menschenreich im Vergleich zu den beiden anderen Reichen erkennen könnt, die ohne Seele sind.

Wenn ich euch in eine Zeit auf der Erde zurückführen könnte, als der Mensch dort in einem Zustand der Vollkommenheit lebte, bevor er die göttliche Gabe der freien Wahl erhielt, so würdet ihr das Leben in seiner Vollkommenheit und als Ganzes gesehen erblikken. Ihr würdet auf der Erde eine vollständige Nachbildung des Lebens auf den höheren Sphären wahrnehmen können. Ihr würdet die vier Reiche der Materie in Harmonie und Ausgewogenheit miteinander existieren sehen. Ihr würdet auch sehen, wie das Tierreich in sich selbst in Vollkommenheit lebte, weil es das Beispiel des vollkommenen Menschen nachahmte. Die Welt würde kein Übel kennen. Aufgrund der mangelnden Harmonie des Menschen gibt das heutige Leben jedoch ein völlig anderes Bild ab. Wenn ich mich daher mit einigen Gedanken an euch wende, wie das Tierreich eigentlich leben sollte und wie es in früheren Zeitaltern auch gelebt hat, so wird euch dies vielleicht zu der richtigen Einschätzung verhelfen, wie ihr das Tierreich heute behandeln solltet.

Als der Mensch in einem Zustand der Vollkommenheit weilte, lebten auch die Tiere in Harmonie miteinander. Sie bekämpften sich nicht gegenseitig, gingen auf Beute aus und machten Jagd aufeinander, denn sie ernährten sich alle vegetarisch und lebten von den Gräsern, Kräutern und Früchten des Landes. Natürlich starben sie, genauso wie der Mensch, doch sie starben zu ihrer festgesetzten Zeit, was abhängig war von der Gruppenseele, aus der sie hervorgingen, und von Zweck und Bestimmung ihrer Gattung. Es stand ihnen frei, sich überall dort auf der Erde zu bewegen, wo auch immer sie wollten, und sie trugen dazu bei, die ausgewogene Struktur der Materie auf dieser Erde im Zustand der Vollkommenheit aufrechtzuerhalten. Sie trugen die Gräser, Kräuter und Samenkörner um die Erde. Sie waren verantwortlich für das Wachstum der Vegetation, und gleichzeitig beschränkten sie dieses auch. Sie bewirtschafteten in der Tat das Land für den Menschen, denn sie verbreiteten und pflanzten die Saat für ihn, düngten sie und förderten ihr Wachstum. Sie dienten dem Menschen, so wie es in der Absicht ihres Schöpfers lag.

Umgekehrt betrachtete der Mensch, der in Vollkommenheit lebte, die Tiere nicht als sein Eigentum oder hielt sie im Zaume. Es stand ihnen frei, dort umherzustreifen, wo sie es wollten. Wenn der Mensch die Begleitung oder den Dienst eines Tieres benötigte, dann war einzig der ausgesandte Gedanke, von einem vollkommenen Geist weitergegeben, zur Anziehung des benötigten Tieres erforderlich, damit dieses herbeikam und ihm zu Diensten war. Wenn das Tier zu irgendeinem Zeitpunkt nicht mehr bleiben wollte, ließ der Mensch es fortgehen, denn die Anziehung war wechselseitig. Der Mensch sah die Säugetiere, die Vögel der Luft oder die Fische aus dem Meer nicht als seinen Besitz an oder suchte sie unter seine Kontrolle zu bringen. Er erkannte sie als Funken der Schöpfung an, die nicht so hochentwickelt waren wie er selbst, und daher war er sich auch seiner Verantwortung ihnen gegenüber bewußt. Er vergegenwärtigte sich, daß er dem Tierreich keinesfalls ein Beispiel geben durfte, das dieses herabsetzen oder irreleiten könnte. In keiner Hinsicht durfte er dem Tierreich Schaden zufügen, denn man schadet keiner weniger entwickelten Seele, sondern fördert sie auf ihrer jeweiligen Bewußtseinsstufe. Selbstverständlich mußte der Mensch keinerlei Gattung des Tierreiches zu seiner Nahrungsbeschaffung töten, da er sich ausschließlich von den Früchten der Erde ernährte. Verschiedene Tierarten, die nicht so hochentwickelt waren, holten sich zu ihrer Nahrung Gräser, Wurzeln und verschiedene Kräuter aus dem Pflanzenreich, doch dies entsprach der Natur ihrer Evolution, und das Kräuterreich brachte dem Tierreich bereitwillig dieses Opfer.

Du magst einwenden: »Nun, das hört sich für mich wie ein sehr schönes Märchen an, doch selbst wenn ich es glaube und seine Richtigkeit annehme, hat es ganz und gar nichts mit der heutigen Welt zu tun, wo das Tierreich in einem völlig anderen Umfeld existiert.« Gewiß töten sich die wilden Tiere gegenseitig, denn dies müssen sie tun, damit sie überleben können. Der Mensch tötet die Tiere und bringt sie unter seine Gewalt; er züchtet sich seine eigenen Haustiere heran, und durch die Vermischung des Samens einzelner Gattungen »erfindet« er sogar neue Züchtungen. Das Umfeld und das Tierreich haben sich tatsächlich verändert, doch dafür ist ausschließlich der Mensch verantwortlich zu machen, der sowohl durch sein Beispiel als auch durch seine eigenen Handlungen den Niedergang des Tierreiches herbeigeführt hat. Das Tierreich ist hier, damit es dem Menschen von Nutzen ist, doch was hat der Mensch getan? Er hat es zu seinem Sklaven gemacht; es ist dazu gezwungen, seinem Willen, jeder seiner Launen zu gehorchen und sich selbst für den Vorteil des

Menschen zu opfern, während in Wahrheit der Mensch, als die höhere Schwingung, dem Tierreich Opfer bringen sollte.

Der Mensch sollte auf keinen Fall das Opfer des Tierreiches, ihm als Nahrung zu dienen, annehmen oder auch nur beanspruchen. Es hat Zeiten in der Vergangenheit gegeben, in denen der wenig entwickelte Mensch, weil er es nicht besser wußte, das Opfer des Tierreiches zur Erhaltung seines Lebens benötigte. Als der prähistorische Mensch, wie er euch bekannt ist, zuerst auftrat und in Höhlen lebte, gab es vielleicht eine Entschuldigung für ihn, wenn ihr es so nennen wollt, das Opfer des Tierreiches in Anspruch zu nehmen. Doch in der heutigen Zeit, wo der Mensch sein Bewußtsein ausgebildet hat und auf einer solch hohen Zivilisationsstufe lebt, besteht keine Notwendigkeit mehr für ihn, dieses Opfer des Tierreiches zu fordern oder auch nur zu erwarten. Die Tatsache, daß das Tierreich »blutrot an Zahn und Klaue« ist, wie es ein Dichter beschrieben hat, daß sich die Tiere gegenseitig töten, ist nichts anderes als eine Widerspiegelung des dem Menschen eigenen Verhaltens. Denn was tut der Mensch heute anderes als seine Mitmenschen zu töten, entweder physisch oder durch seine irrigen Gedanken, die er in den Äther aussendet, der die Erde umgibt? Wie kann man von dem Menschen erwarten, wenn er so wenig Achtung vor dem Leben seiner Mitmenschen hat, daß er Rücksicht auf das Leben eines Tieres nimmt, das er als ein tieferstehendes Wesen betrachtet? Was kann das Tierreich anderes tun, wenn der Mensch stiehlt und betrügt, wenn er seine Mitmenschen quält und grausam behandelt, als sich ebenso zu verhalten, da es das Beispiel des Menschen nachahmt? Was kann das Tierreich sonst tun, wenn der Mensch nicht in Übereinstimmung lebt, wenn er die Erde und die Reiche der Materie zerstört, als seinem Beispiel zu folgen?

Die Natur – und das Tierreich im besonderen – ist nicht immer so gewesen, wie sie heute ist. Weil sich der Mensch während so vieler Jahrhunderte im Irrtum befunden hat, hat sich natürlich auch das Tierreich allmählich bis zu dem heutigen Zustand der Natur entwikkelt, daß nur noch diejenigen Tiere überleben konnten, die sich ihrer Umwelt angepaßt haben. Die Evolutionsfolge, wie ihr sie nennt, ist in Wahrheit nur eine Widerspiegelung der Evolution des Menschen, denn die überlebenden Tiere sind dadurch erhalten geblieben, daß sie die schwächeren Arten töten und zu ihrer Nahrung machen. Ihr könnt das Leben in der freien Natur betrachten und feststellen, daß ein Tier das andere zu seiner Nahrungsbeschaffung tötet. Das, was das eine Tier übrigläßt, wird von einem anderen gefressen und die Überreste des Kadavers noch von einem weiteren usw. Oberflächlich gesehen könnte diese Geschehniskette ganz natürlich erscheinen, doch bei tieferem Nachdenken werdet ihr sie als äußerst unnatürlich erkennen. Die Tiere sollten, ebenso wie der Mensch, in vollkommener Harmonie und Ausgewogenheit miteinander leben, und sie alle sollten den Willen und die Absicht ihres Schöpfers erfüllen.

Es ist natürlich nicht möglich, die Einstellung des Menschen gegenüber dem Fleischessen plötzlich zu verändern, und selbst wenn jeder auf der Oberfläche dieser Erde davon abkommen würde, Fleisch zu verzehren, so müßte das Tierreich, das der Mensch durch Massenproduktion und künstliche Zuchtmethoden erschaffen hat, immer noch gepflegt und versorgt werden. Daher muß sich die Situation langsam verändern. Ich fordere lediglich diejenigen von euch, die achtsam sind, die sich selbst als entwickelt betrachten, dazu auf, daß sie tatsächlich ihr Bewußtsein dafür einsetzen, um eine klare Entscheidung über ihre Beziehung zum Tierreich zu treffen.

In der heutigen Welt herrscht die große Mode, Haustiere zu halten. Auch dies ist wiederum mit einer beträchtlichen Verantwortung verbunden. Ihr kauft und verkauft eure Tiere heute in der gleichen Art und Weise, wie die Menschen früher ihre Sklaven auf dem Markt gekauft und verkauft haben. Der zivilisierte Mensch pflichtet dem bei, daß die Sklaverei vom moralischen Standpunkt aus ein Unrecht und nicht zu verteidigen sei; doch wird es noch eine Weile dauern, bis er es gelten läßt, daß die Versklavung des Tierreiches in moralischer Hinsicht ebenso falsch und genausowenig zu rechtfertigen ist. Ihr solltet Tiere wirklich auf gar keinen Fall kaufen und verkaufen, denn sie sind nicht euer Eigentum, und ihr habt sie nicht einmal erschaffen. Sie sind aus der Materie dieser Erde gebildet, und ihre Seelen gehören zu der Gruppenseele ihrer Gattung. Durch die Art und Weise, wie ihr eure Tiere behandelt, durch eure Motivation, warum ihr sie besitzen wollt, durch die Form, wie ihr sie kauft, für sie sorgt und sie wieder verkauft, setzt ihr euch tatsächlich dem Wagnis aus, eine große karmische Schuld auf euch zu laden. Wenn ihr zu irgendeinem Zeitpunkt den natürlichen Gesetzen dieser Erde zuwiderhandelt, dann schafft ihr damit Karma für euch selbst.

Haltet euch vor Augen, daß ihr für ein Tier in jeder Hinsicht die völlige Verantwortung übernehmt, wenn ihr es aus seiner natürlichen Umgebung herausholt und es als euer Haustier annehmt. Ihr solltet es dann ebenso behandeln, als ob es euer eigenes Kind wäre. Ihr seid für all seine Bedürfnisse verantwortlich, nicht nur für die physischen Erfordernisse, beispielsweise wo es sich aufhält und schläft und was es essen und trinken muß, sondern auch für sein gesamtes Wohlergehen in allen Lebensaspekten. Wie viele von euch denken jemals an ihr Haustier von dessen Standpunkt aus betrachtet? In der heutigen Zeit ist der Mensch so egoistisch und denkt so sehr an sich selbst, daß man es kaum von ihm erwarten kann, den Wünschen seines Haustieres Beachtung zu schenken. Hat irgendeiner von euch, der Haustiere hat, sich schon jemals an ihre Stelle versetzt und *nicht* daran gedacht, was *er* sie tun lassen möchte, was *er* sie fressen lassen möchte, wann *er* sie dressieren möchte, wie *er* sie vorzeigen möchte, wann *er* Junge von ihnen möchte, wann *er* sie »einschläfern« lassen möchte, wenn sie unbequem geworden sind, sondern sich statt dessen in ihre Lage versetzt und sich gefragt, was sie wirklich wollen? Denkt ihr jemals an die Tiere, wie sie sich selbst sehen? Nehmt ihr jemals Rücksicht darauf, daß auch sie eine Seele haben, daß sie, genauso wie ihr, Schmerz erleiden und ihr Bewußtsein zu entwickeln suchen?

Der heutige Mensch muß damit beginnen, verantwortlicher gegenüber dem Tierreich zu handeln. Selbstverständlich kann er die Dinge nicht über Nacht verändern, doch diejenigen von euch, die bewußt sind, können damit anfangen, ihre Tiere mit größerer Achtung und Verantwortung zu behandeln. Weil der Mensch in der heutigen Zeit so wenig Achtung und Rücksichtnahme gegenüber dem Tierreich empfindet, das genauso eine Schöpfung Gottes ist wie er selbst, macht er sehr großen Mißbrauch davon. Er betrachtet das Tierreich als seelenlose Materie, mit der er zur Befriedigung seiner materiellen Ansprüche sein Spiel treiben kann. Er züchtet nach eigener Laune Tiere durch Kreuzung heran, damit solche Arten entstehen, die er für sein Leben auf dieser Erde für notwendig hält. Damit setzt er das Gleichgewicht der Natur aufs Spiel; kann es daher verwundern, daß in der heutigen Zeit das Leben auf dem Lande zusammenbricht und keine Verbindung mehr innerhalb der Natur besteht? Die Zuchttiere, welche die Erde bevölkern, sind nicht die Schöpfung Gottes, sondern das Ergebnis aus dem Spiel des Menschen mit der göttlichen Schöpfung. Er läßt sich seine Haustiere nicht auf natürliche Weise vermehren, sondern nur dann, wenn er dies selbst will. Er züchtet nicht um der Tiere willen, sondern aus Geldgründen, zur Nahrungsbeschaffung, zu seinem Vergnügen, für sich selbst, und wenn er die Tiere nach ihrer Aufzucht dann nicht mehr will oder wenn sie nicht gewinnbringend für ihn sind, dann tötet er sie, ohne auch nur einen Gedanken an ihre Gefühle oder an ihren Lebenszweck zu verwenden.

Ebenso wie sich der heutige Mensch nicht wirklich über das Leben in seiner Gesamtheit bewußt ist, so fehlt ihm auch die Bewußtheit über die Natur und im besonderen über die Rolle, welche das Tierreich innerhalb seiner alltäglichen Existenz einnimmt. Ist dies nur der Fall, weil er einfach nicht nachdenkt, oder weil er nicht nachdenken will? Hört er jedesmal, wenn er Fleisch ißt, damit auf, sich die Herkunft dieses Fleisches vor Augen zu führen? Denkt er an den damit verbundenen Schmerz, das Leiden und Opfer? Ist er sich der Grausamkeit bewußt, welche die modernen, fabrikmäßigen Zuchtmethoden mit sich bringen? Viele Frauen besitzen Pelzmäntel – oder würden sie gern besitzen –, doch haben sie jemals an das Leiden gedacht, welches diese Erfüllung ihrer persönlichen Befriedigung einschließt? Ist aller Schmerz, ist alles Abschlachten wirklich notwendig? Ist es wirklich ein Kennzeichen der Zivilisation, mit den Häuten von toten Tieren behangen umherzulaufen? Ist der Mensch in spiritueller Hinsicht wirklich weitergekommen, seitdem er in früheren Zeiten in Höhlen gelebt hat?

Der heutige Mensch findet große Freude am Jagen und Töten von Tieren. Manchmal sucht er dies dadurch zu »rechtfertigen«, daß er bestimmte Tiere als Schädlinge bezeichnet, doch meistens tötet er ausschließlich um des Tötens willen, als Beweis für seine eigene persönliche Geschicklichkeit und Überlegenheit. Ist auch dies wiederum das Kennzeichen eines zivilisierten Menschen? Ich könnte noch viele andere Beispiele dafür geben, wo der Mensch bestimmte Gattungen des Tierreiches mißbraucht oder sogar auslöscht. Ich könnte die Ausrottung der Wale oder verschiedener anderer, in Freiheit lebender Tiere erwähnen, wodurch sich der Mensch mit Nahrung oder Kleidung versorgt, die er sich mühelos anderweitig beschaffen könnte. Ich könnte auch die Grausamkeit anführen, die bestimmten Tieren zugefügt wird, um sich in den Besitz der Bestandteile für viele der Duftstoffe zu bringen, welche die moderne Frau gedankenlos verwendet, ferner die Art und Weise, wie der Mensch seine Haustiere verstümmelt, weil er mit der Mode seiner Zeit konform gehen will. Wäre sich der Mensch wirklich über Gott und damit auch über die ihn umgebende Natur und Schöpfung bewußt, so würde er die Geschöpfe Gottes ebensowenig vernichten oder mißbrauchen, wie er sich selbst töten oder mißhandeln würde. Er kann die Schönheit der Natur und des Tierreiches ringsumher nicht selbst erschaffen, und daher sollte er sie auch nicht zerstören.

In seinen Versuchslaboren verwendet der Mensch Tiere für die allerschrecklichsten Experimente, mit denen er seine wissenschaftlichen Zwecke und Ziele erreichen will. Ich möchte euch sagen, daß es allen Ergebnissen aus diesen Versuchen an jeglichem spirituellen Wert für den Menschen fehlt und daß kein dauerhafter Nutzen jemals daraus hervorgehen wird. Alle medizinische und wissenschaftliche Forschung, welche die Verwendung von Tieren einschließt, bewirkt eine große karmische Schuld für den Menschen, die zurückgezahlt werden muß. Natürlich sind die Fortschritte, die aus diesem Mißbrauch des Tierreiches erwachsen, insofern vorteilhaft, als daß sich der Mensch aus diesem Opfer der Tiere Wissen über verschiedene Krankheiten und Heilmittel erwirbt, doch die gesamte Versuchsarbeit ist nur deshalb notwendig, weil sich die Medizin in der heutigen Zeit so weit von ihrem eigentlichen Weg entfernt hat, daß sie die wahre Natur der Krankheit und die angemessene Form der Heilung nicht mehr ermitteln kann.

Denkt daher daran, daß alle Tiere – vom höchstentwickelten bis zum niedersten, von der Kuh bis ganz herab zum Wurm – Gefühle haben und sich ausdrücken. In Entsprechung zu ihrer Evolutions- und Schwingungsstufe haben sie alle einen Zweck und eine Zielsetzung im Schöpfungsplan. Kein Tier ist vom Menschen erschaffen, sie alle sind Geschöpfe Gottes und sollten daher als solche geachtet werden. Durch die Vernichtung von Gottes Geschöpfen wird großes Karma geschaffen. Die Tiere wollen euch ein Opfer bringen und tun dies tatsächlich auch. Wenn sie dieses Opfer bringen, dann segnet sie und dankt ihnen, doch mißbraucht es nicht oder laßt es unbeachtet. Es darf nicht heißen, daß sie ihr Opfer vergebens gebracht hätten. Denkt daran, daß alles Leben auf dieser Erde heilig ist und daß der Mensch auch mit seinen gesamten Erfindungen noch immer kein Leben im Tierreich erschaffen kann. Er kann wohl den Samen des einen Tieres nehmen und ihn mit einem anderen kreuzen, doch den Samen selbst kann er nicht erschaffen, da ihm die Schöpfung nicht zusteht. Denkt daran, daß das Tierreich das Menschenreich nachahmt und daß es sich in dem Maße verändern wird, wie sich der Mensch verändert. Ihr solltet deshalb nicht auf das Tierreich blicken und erklären, daß ihr dort Grausamkeit, Krankheit und Tod seht, sondern vielmehr feststellen, daß jenes, was ihr dort wahrnehmt, ein Spiegelbild von euch selbst ist. Der Mensch muß sich selbst verändern, und damit wird er in der Tat dann auch seinen Brüdern im Tierreich helfen können.

Diejenigen von euch, die bewußt sind, sollten sehr ernsthaft darüber nachzudenken beginnen, wie sie sich gegenüber dem Tierreich zu verhalten haben. Behandelt die Tiere mit der Achtung und Rücksicht, die weniger entwickelten Wesen zukommt. Denkt an ihre Bedürfnisse, bevor ihr an eure eigenen denkt. Hemmt oder behindert in keiner Weise ihre Evolution. Vergeßt nicht, daß sie innerhalb des Schöpfungsplanes einen wichtigen Platz einnehmen.

Der heutige Mensch kann die Rolle des Tierreiches noch nicht richtig einschätzen, denn diese Rolle besteht nicht darin, ihm als Nahrung zu dienen. Vergegenwärtigt euch, daß die vier Reiche der Materie – auch wenn dies im Augenblick nicht so ist – in vollkommener Ausgewogenheit miteinander leben sollten. Das Symbol für diese Erde, das wahre Kreuz, ist kein wahrhaftes Kreuz mehr, und das Pflanzenreich ist ebensosehr aus dem Gleichgewicht geraten wie der Mensch und auch wie das Tierreich. Bald werden sich Geschehnisse ereignen, welche dieses fehlende Gleichgewicht wiederherstellen, doch bedenkt, genauso wie ihr die Sklaverei des Menschen nicht einen Tag länger als notwendig andauern lassen wolltet, ob ihr die Versklavung der Tiere einen Tag länger als notwendig fortsetzen möchtet. Die Entscheidung liegt bei euch. Die Menschheit hat verantwortungsvoll gehandelt und die Ausbeutung ihrer Mitmenschen als Sklaven weitgehend abgeschafft – möge sie jetzt genauso gegenüber dem Tierreich handeln.

Recht und Gesetz

Die einzig wahren und dauerhaften Gesetze innerhalb eures Sonnensystems sind die natürlichen Gesetze. Diese Gesetze sind es, die allen Geist, alle Vernunft und jegliche Materie innerhalb des Sonnenkörpers lenken; sie reichen von den Gesetzen, die euer individuelles Verhalten bestimmen, wie beispielsweise das Gesetz von Ursache und Wirkung, bis zu den Gesetzen, welche die Materie beherrschen, wie beispielsweise das Gesetz der Vervielfältigung. Alles Geschaffene wird von diesen Gesetzen beherrscht, denen der Wille eures Schöpfers innewohnt und deren Auswirkungen sich der Mensch nicht entziehen kann, was er auch immer tun oder zu tun bestrebt sein könnte. Wenn ich über Gesetze des Menschen spreche, so meine ich daher Verordnungen oder Regelungen, die der Mensch seinem eigenen Bewußtsein gemäß – und nicht in Entsprechung zum Bewußtsein Gottes – aufgestellt hat. Die Gesetze des Menschen sind im eigentlichen Sinne des Wortes keine Gesetze.

Während der Mensch auf der Erde gelebt und sich entwickelt hat, während Kulturen gekommen und gegangen sind, hat er sich natürlich seine eigenen Gesetze errichtet. Wenn ihr die Entwicklung einer bestimmten Kultur beurteilen wollt, so solltet ihr ihre Gesetze, ihre praktischen Regelungen des Lebens betrachten, denn in ihnen werdet ihr eine Widerspiegelung des Bewußtseins in jenem Zeitalter wiedererkennen. Wenn ihr eure heutigen Gesetze anschaut, so haltet ihr sie für human, weil ihr sie mit den Gesetzen vor zweihundert Jahren vergleicht, wo ein Mann für den Diebstahl eines Schafes gehenkt und ein hungriger Junge für das Entwenden eines Brotes verbannt werden konnte. Wäret ihr jedoch von jetzt an zweihundert Jahre in eurer Entwicklung weiter fortgeschritten und würdet auf die Gesetze der heutigen Zeit zurückblicken, so würdet ihr denken, wie barbarisch und grausam sie doch waren.

Die Gesetze des Menschen haben sich allmählich im Laufe der Jahre zu ihrem gegenwärtigen Stand entwickelt, und sie werden sich nur durch das Vorgehen des Menschen verändern, wenn er wirklich eine solche Veränderung will. Einige der menschlichen Gesetze sind schlecht und richten sich gegen das Naturgesetz – doch ungeachtet dessen, was ich sage, wird der Mensch sie nicht augenblicklich verändern, denn nur seine fortschreitende Entwicklung und Evolution wird eine Änderung herbeiführen können. In dieser Lesung suche ich einige neue Aspekte von Recht und Gesetzlichkeit darzustellen, damit ihr die vom Menschen erschaffenen Gesetze in ihre wahre Perspektive rücken könnt.

Die vom Menschen aufgestellten Gesetze lassen sich gewöhnlich in zwei Kategorien unterteilen. Erstens gibt es die bürgerlichen Gesetze des Zivilrechtes, die aus der Notwendigkeit hervorgehen, daß die Menschen innerhalb der Gesellschaft harmonisch zusammen leben müssen. Sie setzen beispielsweise fest, wie man Auto fährt, in welcher Form Steuern erhoben werden, auf welche Art und Weise man kauft und verkauft usw. Diese Gesetze hat der Mensch seiner Evolutionsstufe gemäß auf eine Formel gebracht, und sie verändern sich in Entsprechung zu seiner Lebensform. Sie können nicht als spirituell oder unspirituell, als richtig oder falsch beurteilt werden. Zweitens gibt es die Gesetze des Strafrechtes, und wenn wir diese betrachten, können wir bestimmte Aspekte mangelnder Spiritualität entdecken.

Während der Mensch in einem physischen Körper lebt, wird er also nicht nur von den natürlichen Gesetzen gelenkt, deren er sich größtenteils nicht bewußt ist, sondern auch von seinen eigenen Gesetzen. Er lernt es, daß er dafür bestraft wird, wenn er gegen die Gesetze seiner Gesellschaftsordnung verstößt und dabei ertappt wird. Wenn der Mensch diese Gesetze billigt und als gerecht ansieht, wird er sie einhalten; betrachtet er sie jedoch als ungerecht, so wird er sich darüber hinwegsetzen und selbst dann nicht glauben, daß er eine Bestrafung verdient, wenn er bei einer Gesetzesübertretung ertappt und dafür bestraft wird. Daher ist nichts und niemandem mit dieser Strafe gedient, und die Bestrafung eines Menschen, der selbst gar nicht glaubt, ein Gesetz gebrochen zu haben, ist keine gerechte Strafe, sondern eine Quälerei.

Die Gesetze, die heutzutage in der Regel den größten Konflikt verursachen, haben mit Mord, Gewalttätigkeit, Raub und Korruption zu tun. Ich möchte als erstes darauf hinweisen, daß euer gesamtes Strafrecht auf dem Grundprinzip der Bestrafung für das Verbrechen beruht. Jemand macht sich einer strafbaren Handlung schuldig, er tötet oder stiehlt, und daher befiehlt das Gesetz, daß er für diesen Verstoß bestraft werden muß. Das Gesetz berücksichtigt nicht, daß dieser Mensch vielleicht am ehesten eine Belehrung oder Umerziehung braucht, damit er dazu fähig ist, in der Gesellschaft wieder als ein verantwortungsbewußtes Wesen zu leben. Das Gesetz geht nach dem Grundprinzip »Auge um Auge, Zahn um Zahn« vor. Habt ihr jemals die Tatsache in Betracht gezogen, daß euer Schöpfer euch nicht für eure Vergehen »bestraft« und daß sich der Mensch allein aus dem Grunde auf der Erde inkarniert, damit er durch seine Erfahrungen lernt und allmählich sein Bewußtsein entwickelt? Dein Handeln wird zu dir zurückkommen, aber niemals in Form einer Bestrafung. Durch deine eigenen Handlungen lernst du das richtig einzuschätzen, was du getan hast, und mittels dieser Erfahrungen entwickelst du dich weiter. Jemand, der einen Mord begeht oder stiehlt, ist sich offensichtlich nicht der Existenz der wahren spirituellen Gesetze bewußt, welche das Universum lenken. Deshalb sollte diesem Menschen in jeder erdenklichen Weise Hilfe gewährt werden, und ihr helft ihm nicht dadurch, daß ihr versucht, die Schuld wieder auszugleichen; denn das Ergebnis ist dasselbe, ob nun einem Menschen, der des Diebstahls für schuldig befunden wurde, in einem »primitiven« Land dafür die Hand abgeschlagen wird oder ob man ihn in einem »zivilisierten« Land viele Jahre lang dafür ins Gefängnis schickt – in beiden Fällen ist es eine Bestrafung.

Viele Länder in der heutigen Welt schaffen nach und nach die Todesstrafe ab. Die Todesstrafe bedeutet wirklich das Äußerste an Torheit, denn dadurch, daß man einem Menschen das Leben nimmt, kann man ihn überhaupt nichts lehren. Seid euch dessen bewußt, welchem der großen Lehrer ihr auch immer folgen mögt, sei es der Nazarener, Buddha oder Mohammed, daß sie alle das gleiche lehrten – Liebe. Sie gaben die Lehre weiter, daß ihr Mitgefühl zeigen und immer versuchen solltet, euren weniger entwickelten Brüdern zu helfen. Straffälligen wird nicht dadurch geholfen, daß man sie hinrichtet, sondern durch eine speziell dafür entwickelte Behandlung, durch Beratung und Umerziehung, damit sie ihr unüberlegtes Tun erkennen und der Gesellschaft als verantwortungsbewußte Mitglieder zurückgegeben werden können, die etwas aus ihren Fehlern gelernt haben. Da der Mensch das Leben nicht erschafft, hat er auch nicht das Recht, es zu nehmen. Alles Leben ist heilig, und für die Todesstrafe gibt es keinerlei Berechtigung, da das höhere Gesetz des Universums immer bei jeder menschlichen Handlung in Kraft treten wird. Es gibt viele Gesetze des Menschen, die im Hinblick auf den unendlichen Geist unrichtig und fehlerhaft sind, und ebenso gibt es viele Gesetze, über die der unendliche Geist gebietet und die der Mensch nicht anerkennt. So kannst du durchaus ein Gesetz des unendlichen Geistes übertreten, während du keines der menschlichen Gesetze brichst, und mußt doch für die Wirkung zahlen.

Daher ist die Definition dessen, was Recht und Gesetz sind, nicht so klar umrissen, wie man im allgemeinen denken könnte.

Wenn eines der Gesetze des Menschen im Widerspruch zu dem Gesetz des unendlichen Geistes steht und wenn du dich an das Gesetz des unendlichen Geistes hältst und auf diese Weise gegen das Gesetz des Menschen verstößt, dann hast du offensichtlich, selbst wenn du vor Gericht dafür bestraft wirst, in Wirklichkeit keine strafbare Handlung begangen. Die Menschen dürften zwar anders darüber urteilen, doch das wichtigere Register, die Chronik, auf die es ankommt, wird aufzeigen, daß du dich überhaupt keines Vergehens schuldig gemacht hast. Vergiß nicht, daß das Urteil deines Schöpfers und nicht das Urteil des Menschen, die Beurteilung von Richtern und Geschworenen, entscheidend ist. Auch dann, wenn du eines Verbrechens angeklagt bist und von Richtern und Geschworenen für unschuldig befunden wirst, obwohl du in Wirklichkeit schuldig bist, wird es kein Entkommen für dich geben, denn das Gesetz des unendlichen Geistes tut immer seine Wirkung. Jeder, der das Gesetz des unendlichen Geistes bricht, weil er die wirkliche Natur seiner Handlungen nicht versteht, muß wie ein kleines Kind behandelt und darin unterstützt werden, die Existenz eines solchen Gesetzes und die Begründung dafür zu begreifen. Eine Bestrafung wird keine Hilfe bedeuten, denn dadurch kann kein wirklicher Lernprozeß stattfinden.

In den alten Kulturen haben sich die Gerichtshöfe von den heutigen vollkommen unterschieden. Es gab keinen richterlichen Berufsstand als solchen, sondern die Richter waren Männer von hoher Spiritualität, die Priester des Tempels, die Einblick in die natürlichen Gesetze des Universums hatten. Ein Angeschuldigter wurde vor diese spirituellen Männer geführt, damit die wahre Natur seiner Handlungen beurteilt werden konnte. Diese spirituellen Richter entschieden dann über die notwendige Korrektiverziehung, die dafür sorgen sollte, daß der Schuldige den Irrtum in seinen Verhaltensweisen einsah. Diese Männer von hoher Spiritualität konnten die Seelen-Evolution des einzelnen Menschen erkennen und auch aus seiner Aura ablesen, ob er log oder die Wahrheit sprach. Daher wurde in unparteiischer Weise Recht gesprochen. Es gab keine Fehlurteile, keine Notwendigkeit für einen Richter und Geschworene. Die Urteile waren spiritueller Natur und kamen nicht durch vorgefaßte Meinungen, geschickte Rechtsanwälte, Bestechung und Korruption zustande, so wie dies heute der Fall ist.

Heutzutage sind allzu viele, vom Menschen abhängige Faktoren mit der Rechtsprechung verbunden. Natürlich hat der moderne Mensch nicht eine solche spirituelle Bewußtheit, wie sie in manchen alten Kulturen existiert hat. In einigen Ländern existiert das System eines Richters und eines Geschworenengerichtes, das einen Fortschritt gegenüber den Rechtsordnungen in vielen anderen Ländern bedeutet. Doch auch hier ist ein Mißbrauch nicht ausgeschlossen, denn wenn eine hochentwickelte Seele aufgrund ihrer Seelen-Evolution eine bestimmte Handlung ausführt und vor einen Richter und ein Geschworenengericht aus weniger entwickelten Menschen gestellt wird, dann werden sie diese vielleicht für schuldig befinden, obwohl sie es tatsächlich in Wahrheit nicht ist. Wenn sich beispielsweise ein Mann weigert, in Kriegszeiten für sein Land zu kämpfen, dann werden Richter und Geschworenengericht ihn wahrscheinlich ins Gefängnis schicken, während er tatsächlich, obwohl er das Gesetz des Landes bricht, möglicherweise das Gesetz des unendlichen Geistes befolgen mag.

Die heutige Gesellschaft wird zunehmend brutaler; überall wächst die Gewalttätigkeit. Dies liegt an der Natur der Gesellschaft, in der ihr gegenwärtig lebt, und spiegelt das vollkommene Fehlen von Spiritualität beim Menschen auf allen Ebenen wider – von der Regierung des Landes bis hin zum einfachen Volk. Es ist auch ein Spiegelbild für die Beschleunigung der Spirale, in der sich die Erde dreht, und für die Geschehnisse am Ende des Jahrhunderts, denen wir jetzt entgegengehen.

Für den heutigen Menschen ist es schwierig zu akzeptieren, daß jedes Kind im Augenblick der Empfängnis eine vollkommene Widerspiegelung des unendlichen Geistes ist. Die meisten Faktoren, die für das moderne Verbrechertum verantwortlich zu machen sind, lassen sich in der Kindheit finden. Durch das schlechte Beispiel ihrer Eltern, durch falsche Erziehung sowohl von ihren Eltern als auch von ihren Schullehrern und durch das unzulängliche Beispiel der Welt überhaupt werden Kinder sehr stark beeinflußt. Wie kann man von einem Kind heute erwarten, daß es nicht gewalttätig ist, wenn die ganze Welt gewalttätig ist, wenn Zeitungen und Fernsehen tagtäglich über Gewaltsamkeiten berichten und sie zeigen? Ein Kind hält alle diese Ereignisse für normal. Du kannst es nicht dafür tadeln, daß es das Leben nachahmt, von dem es umgeben wird. Es mag schwierig sein, dies gelten zu lassen, doch wenn ein Mensch ein Verbrechen begeht – es sei denn, daß er es als Werkzeug des unendlichen Geistes ausführt –, so richtet sich dieses Vergehen gegen die Urteilskraft seiner eigenen Seele, weil seine Persönlichkeit seine Seelenweisheit verdunkelt hat.

Es wird natürlich immer bestimmte Menschen geben, die keine Lehre aus ihren eigenen Handlungen ziehen werden. Sie töten oder stehlen, weil sie dies nicht als Unrecht ansehen. Sie möchten nicht arbeiten, weil sie sich Geld lieber auf leichte Weise beschaffen wollen. Diese Menschen werden natürlich die Wirkung des Naturgesetzes ernten, doch insofern als sie eine potentielle Gefahr für die Gesellschaft darstellen, muß diese gegen sie vorgehen und sie bis zu dem Zeitpunkt isolieren, wo sie umerzogen worden sind. In der heutigen Zeit geschieht es nun, daß solche Menschen als Bestrafung zwar isoliert, aber nicht umerzogen werden, und wenn sie dann nach vielen Jahren der Strafverbüßung entlassen werden, setzen sie genau die gleichen Verhaltensweisen wie früher fort. Wenn man die Strafregister in der heutigen Welt betrachtet, so wird man feststellen, daß sehr häufig einige wenige hartnäckige Wiederholungstäter ständig vor Gericht erscheinen; doch der Mensch scheint nicht daraus zu lernen und die Notwendigkeit für eine Veränderung seiner gegenwärtigen Rechtssysteme zu erkennen.

Die gesamte Einstellung des Menschen gegenüber Recht und Gesetz, Verbrechen und Strafe muß sich verändern. Die einzigen Gesetze, die eine hochentwickelte Seele achten und befolgen wird, sind die natürlichen Gesetze. Ich will damit nicht sagen, daß ihr alle Gesetze des Menschen verwerfen sollt, weil viele von ihnen in gewisser Hinsicht das höhere Gesetz widerspiegeln. Es ist ganz eindeutiges Unrecht, einen anderen Menschen anzugreifen oder zu töten, zu stehlen, jemanden zu verleumden oder falsch gegen ihn zu zeugen. Alle diese Aspekte – denn es sind lediglich Aspekte – des Naturgesetzes tauchen in den Gesetzen des Menschen auf und sollten befolgt werden. Einige Gesetze des Menschen entsprechen jedoch nicht der Wahrheit, und diesen sollte keine Folge geleistet werden. Der Mensch muß seine Gesetze spiritueller und mehr zu einer Widerspiegelung des natürlichen Gesetzes machen. Er muß erkennen, daß nicht Bestrafung, sondern Umerziehung erforderlich ist, wenn jemand das Gesetz übertritt. Er muß sich klarmachen, daß die meisten Menschen nur aufgrund ihrer Umwelt verbrecherische Handlungen begehen, die sie dazu geführt hat, in dieser Art und Weise zu denken und sich zu verhalten; denn die Gesamtheit des menschlichen Bewußtseins in einem physischen Körper setzt sich aus dem Leben zusammen, das der Mensch geführt, aus den Dingen, die er gesehen, aus den Menschen, mit denen er verkehrt hat, ihren Gewohnheiten und Verhaltensweisen, aus der gesamten Schwingung des Landes, in dem er lebt.

Der Mensch muß seine Strafmethoden überprüfen und feststellen, ob sie tatsächlich die gewünschte Wirkung haben. Macht euch klar, daß Angst – die Furcht vor Strafe, die Angst davor, eingesperrt zu werden – einen Menschen in keiner Weise von einer Handlung abhalten wird, zu der er fest entschlossen ist. Selbst im Krieg, wenn sie den Tod fürchten müssen, werden Menschen ihr Leben aufs Spiel setzen, wenn sie ihr Tun für richtig und gerecht halten. Der Mensch muß seine Gefängnisse überprüfen und dafür sorgen, daß sie nicht zu Strafzellen, sondern zu Schulen der Erziehung und des Lernens werden. Er muß sicherstellen, daß der Lebensstandard in diesen Gefängnissen über der Lebensqualität außerhalb von ihnen liegt, denn hier sind Menschen, die eine spezielle Behandlung benötigen, die eine besondere Atmosphäre und persönliche Zuwendung brauchen. Die Menschen, die in Gefängnisse gesteckt werden, benötigen Hilfe, und diese erhalten sie nicht dadurch, daß man sie in vier quadratische Wände einsperrt, manchmal in Einzelhaft, ohne Blick auf die Sonne, die Natur und das Leben.

Letzten Endes muß der Mensch erkennen, daß das höchste Gesetz innerhalb des Universums das natürliche Gesetz ist. Alles, was er tut, wird immer eine Wirkung haben, wobei es keine Rolle spielt, welche Form der Bestrafung die vom Menschen erschaffenen Gesetze anordnen. Die Bestrafung des Menschen verändert keineswegs die Wirkungsweise des Naturgesetzes, und durch die Bestrafung eines Mitbruders lädt der Mensch häufig nur eigenes Karma auf sich. Das wichtigste Gesetz dieses Universums, das der Menschheit von so vielen Meistern während ihrer Inkarnation auf der Erde dargelegt worden ist, lautet, daß du dich anderen gegenüber so verhältst, wie du selbst gern von ihnen behandelt würdest. Wenn du die Gesetze Gottes übertrittst, so erwartest du, daß dir vergeben und geholfen wird; du hoffst, daß dir in nachsichtiger Weise der Fehler in deinem Verhalten aufgezeigt wird – mit einer Bestrafung rechnest du nicht. Sollte nicht jemand, der das Gesetz des Menschen bricht, die gleiche Behandlung erwarten können?

Der Mensch hat sich über das Zeitalter des »Auge um Auge, Zahn um Zahn« hinausentwickelt. Langsam beginnt er die Heiligkeit des Lebens zu erkennen. Möge er jetzt damit anfangen, die Zielsetzung und die Richtschnur Gottes zu verstehen und die Gesetze des Universums, nicht die Gesetze des Menschen, das Leben auf der Erde lenken und bestimmen lassen, denn dann würden Vollkommenheit, Harmonie und Brüderlichkeit wieder in seine Welt zurückkehren.

Religion

Ich möchte diese Lesung mit der Bemerkung beginnen, daß es keineswegs in meiner Absicht liegt, eine bestimmte Religion in der heutigen Welt herauszugreifen, sie in Zweifel zu ziehen und zu beweisen versuchen, daß ihr Dogma unrichtig ist. Ich hoffe jedoch, daß ich euch einige neue Denkanstöße über verschiedene Aspekte der Weltreligionen vermitteln und die Anregung zur nochmaligen Überprüfung einiger Ansichten geben kann, die in eurem Denken über Religion als Ganzes gesehen festverwurzelt sein mögen. Man könnte mit Recht sagen, daß aufgrund der Beschaffenheit der physischen Existenz fast jeder Mensch auf der Erde eine Religion in irgendeiner Form braucht oder sucht – sei es die Verehrung der Sonne, die Verehrung des Feuers, die Verehrung von Buddha oder Christus. Der Mensch braucht und sucht den Glauben an ein höheres Wesen oder einen Gott. Ich will nicht darauf eingehen, warum sich der Mensch eine solche Glaubensvorstellung erschaffen muß, sondern zunächst einige Hintergründe für die Entstehung der Weltreligionen aufzeigen.

Einige der großen Meister, die sich auf der Erde inkarniert haben, ließen ihre Worte und Taten von dem einen oder anderen ihrer Anhänger für die Nachwelt aufzeichnen. Wenn man die Werke, die das Leben und die Lehren eines jeden dieser großen Meister beschreiben, eingehend untersuchte, so würde man feststellen, daß keiner von ihnen jemals bestrebt war, eine Religion oder eine Kirche zu begründen. Keiner der großen Meister, die auf dieser Erde inkarniert waren, hat je einen Entwurf, einen Plan, eine Reihe von Anweisungen für die Begründung einer Organisation hinterlassen, die seine Arbeit, die Lebensweise, die er vorgeführt, und die Lehren, die er dargelegt hatte, weiterführen sollte. Erst später hat es der Mensch für notwendig gehalten, ein religiöses Gebäude zu errichten, das ihr als Kirche bezeichnet, um damit die Weisheit dieser Meister weiterzugeben und verständlich darzulegen. Es ist unumgänglich, wenn sich ein Meister inkarniert und durch die Inspiration seines Schöpfers viele Einsichten äußert und bedeutsame Handlungen ausführt, daß die Menschen seine Worte und Taten in irgendeiner Form in einem Buch aufzeichnen und beschreiben werden. Es ist ohne Zweifel wünschenswert, daß nach dem Tode eines Meisters das, was er getan und gelehrt hat, für die nachfolgenden Generationen zugänglich gemacht wird, so daß sie alles das von ihm annehmen mögen, wozu sie sich inspiriert fühlen. Doch macht dies die riesigen religiösen Systeme und Körperschaften erforderlich, die in der heutigen Zeit existieren?

Ehe ein Meister abtritt, bestimmt er manchmal ein oder zwei seiner Hauptschüler dazu, seine Arbeit weiterzuführen, in seiner Weise zu lehren, die von ihm verkündete Weisheit weiterzugeben und von den Taten zu berichten, die er ausgeführt hat. Die Schüler kommen jedoch niemals an die Schwingung, an den erweckten Zustand des großen Meisters selbst heran; wenn daher im Verlaufe der Jahre weniger inspirierte Menschen die Lehren empfangen und sie ihrem eigenen Bewußtsein entsprechend ausdeuten, so verändern sich diese manchmal und werden sehr häufig falsch ausgelegt, wodurch ihre ursprüngliche Bedeutung verlorengeht. Vieles von dem beispielsweise, was der Nazarener vor zweitausend Jahren gelehrt hat, ist von einigen der christlichen Kirchen heute nahezu ins Gegenteil verkehrt worden. Ihre Lehren geben keineswegs die Wahrheit, das Wissen und die Bedeutung der ursprünglichen Worte des Nazareners wieder.

Sehr häufig kann es von Nutzen sein, aus einem Buch etwas über eine Religion zu erfahren. Damit meine ich, daß du aus der Lektüre der Bibel, des Korans oder der Handschriften der alten Religionen Chinas und Japans die Weisheit der großen Meister ableiten kannst, ohne durch die Lehren und das Dogma ihrer heutigen Anhänger beeinflußt zu werden, die ihre Worte häufig falsch auslegen. Um wieviel besser wäre der heutige Mensch beraten, wenn er nur die Aussagen jener Meister aufgreifen und das Dogma und die Zeremonien der entsprechenden Kirchen außer acht lassen würde!

Würde der Mensch die Grundlehren der Meister miteinander vergleichen, auf denen die heutigen Religionen beruhen, so würde er feststellen, daß sie im wesentlichen gleich sind. Der eine Meister betont möglicherweise einen besonderen Aspekt mehr als der andere, doch alle großen Meister haben dieselben spirituellen Grundwahrheiten gelehrt. Du kannst daher erkennen, daß es der Mensch selbst ist, der sich seine Religionen geschaffen hat. Seine dogmatischen Lehrsysteme sind verantwortlich für die Trennung zwischen Buddhisten und Muslims, zwischen Muslims und Christen – und dies trotz der Tatsache, daß die Lehren der Meister gleich gewesen sind. Wenn du am Beispiel des Nazareners siehst, wie viele Kirchen aus seinen Lehren entstanden sind, so wirst du wissen, um welchen

Punkt es mir dabei geht. Die unterschiedlichen Auslegungen der Lehren eines Meisters, beispielsweise des Nazareners, können sogar zu Krieg und Blutvergießen führen. Es kann zwei Kirchen geben, die an den gleichen Gott glauben, die den Lehren desselben Meisters zu folgen versuchen und doch dazu bereit sind, sich gegenseitig zu töten, um ihre Überzeugungen und Glaubensvorstellungen von dem, was der Meister sagte oder meinte, zu bekräftigen und aufrechtzuerhalten. So sind die heutigen Religionen des Menschen beschaffen, und wenn du sie nur einmal genauer überprüfen würdest, so könntest du feststellen, wie trennend und unterscheidend sie alle sind.

Im Rückblick auf die Weltgeschichte seit dem Tode des Nazareners würde ich behaupten, daß die organisierte Religion den stärksten Einfluß für Unrecht und Zerstörung in der Welt dargestellt hat. Die Religion trägt ein Großteil der Verantwortung für den Niedergang des Menschen und seinen heutigen Standort, wo er sich – spirituell gesehen – vollkommen an die Welt verloren hat. Glücklicherweise fängt die sich jetzt inkarnierende Generation, die aus bereits höherentwickelten und alten Seelen besteht, damit an, die etablierten Religionen des Menschen zurückzuweisen und unbeachtet zu lassen und neue Wege einzuschlagen. Daher ist der sogenannte Rückgang bei den Anhängern der Kirchen nicht der mangelnden Spiritualität des Menschen zuzuschreiben, sondern wird in der Tat gerade durch seine Spiritualität verursacht, da er jetzt das verwirft, was sich offenkundig als falsch erwiesen hat. Es ist nicht schwer, dich dazu aufzufordern, die Weltgeschichte zu betrachten, wie sie allgemein bekannt ist, und eine Religion oder Kirche herauszufinden, die während des gesamten geschichtlichen Verlaufs oder auch nur länger als ein Zeitalter existiert hat – doch würdest du keine ausfindig machen können. Die Religionen des Menschen kommen und gehen ebenso, wie seine Kulturen entstehen und wieder vergehen. Die christliche Religion ist beispielsweise verhältnismäßig neuen Ursprungs. Sie hat nur zweitausend Jahre lang existiert, doch hat sie bereits ihren Höhepunkt überschritten und beginnt zu verfallen. Die Anzeichen dafür kannst du heutzutage in der Welt erkennen.

Du kannst daher feststellen, daß keine Religion zeitlos und immerwährend ist, doch wenn eine Religion erklärt, die Wahrheit des Himmels zu lehren und diese Wahrheit feststehend und zeitlos ist, sollte die Religion dies nicht auch sein? Religionen sind nicht von ewiger Dauer und werden es niemals sein, weil sie vom Menschen und nicht von Gott erschaffen werden. Gott fordert keine Religion, nur der Mensch hat das Verlangen danach. Heutzutage existieren in der Welt viele Religionen und Kirchen, doch kann ich euch sagen, daß sie alle mit den kommenden Veränderungen durch die kataklystischen Geschehnisse am Ende dieses Jahrhunderts verschwinden werden und daß mit dem Herannahen des Neuen Zeitalters ein neuer Glaube an Gott, ein wahrer Glaube an Gott, auftauchen wird.

Du bist durchaus dazu berechtigt, zu mir zu sagen: »Auch wenn das, was du behauptest, der Wahrheit entsprechen könnte, so muß die heutige Religion doch ohne Zweifel einen Wert haben? Die Menschen erhalten Inspiration durch sie und versuchen auf ihre eigene Art und Weise, ihren Schöpfer nachzuahmen. Sicherlich kann doch kein Schaden damit verbunden sein?« In einem gewissen Grade ist das richtig, denn in Entsprechung zu seiner Evolution, zu seinem spirituellen Bewußtsein, kann eine Religion – selbst wenn ihre Lehren fehlerhaft sind – zum spirituellen Fortschritt des Menschen beitragen. Der Mensch muß die Einschränkungen der Religion, die verfälschenden Lehren der Kirchen selbst erfahren, so daß er durch ihre Überwindung in seiner Evolution weiterkommen kann und erkennen lernt, daß der Weg Gottes, der Pfad zu Gott, allein in ihm selbst liegt. Keine Religion oder Kirche kann irgendeinem Menschen seinen Pfad, seinen Weg zu Gott aufzeigen, denn die Verbindung zwischen einer jeden Seele und ihrem Schöpfer ist gleichzeitig unmittelbar persönlich und einzigartig. Keine Religion kann irgendeinem Menschen, mit seinem individualisierten Bewußtsein, vermitteln, wer oder was Gott ist.

Die Religionen und Kirchen der heutigen Welt sollten die Lehren ihrer jeweiligen Meister verbreiten und es ihren Anhängern überlassen, sie ihrem individuellen Bewußtsein entsprechend auszulegen. Die Kirchen sollten sich darum bemühen, es in jeder erdenklichen Weise dem Beispiel ihrer Meister gleichzutun. Doch folgen beispielsweise die christlichen Kirchen in der heutigen Zeit wirklich dem beispielhaften Vorbild des Nazareners? Der Nazarener war arm, er hatte keinen Besitz oder weltliche Güter und besaß lediglich die Kleider, in denen er umherging. Setze dies zu euren heutigen Kirchen in Vergleich. Der Nazarener demonstrierte eine Lebensweise und lehrte in Form von Gleichnissen, so daß der Mensch das davon übernehmen konnte, was seinem Bewußtsein zugänglich war; niemals aber sagte er irgendeinem Menschen, wie er sein Leben gestalten sollte. Setze dies zu euren heutigen Kirchen in Vergleich. Niemals trat der Nazarener, unter welchen beliebigen Umständen auch immer, für die Anwendung von Macht oder Gewalt ein. Er hatte in keiner Weise mit Politik zu schaffen. Setze dies zu euren heutigen Kirchen in Vergleich. Der Nazarener gab seine Lehren an alle Menschen weiter. Jeder konnte zu ihm kommen, konnte geheilt werden, konnte seinen Worten lauschen und ihm nachfolgen. Niemand wurde von ihm aufgrund seiner Nationalität, seiner sozialen Stellung oder seiner Religion benachteiligt. Setze dies zu euren heutigen Kirchen in Vergleich. Niemals forderte der Nazarener dazu auf, daß jemand ihn oder ein anderes Wesen als Abgott verehren sollte. Setze dies zu euren heutigen Kirchen in Vergleich.

Du siehst also, daß die organisierte Religion in der heutigen Zeit eine Schöpfung des Menschen ist. Die Lehrsysteme, die von den einzelnen Kirchen aufgestellt worden sind, sind das Ergebnis aus dem Handeln des Menschen, nicht Gottes. Wenn du über die vielen Jahrhunderte zurückblickst, seitdem sich der Nazarener inkarniert hat, kannst du feststellen, wie sich verschiedene christliche Kirchen gebildet haben. In Geschichtsbüchern kannst du über die scheußlichen Verbrechen nachlesen, für die sie verantwortlich gewesen sind. Du kannst das Übel und Elend sehen, welches die organisierte Religion über die gesamte Oberfläche dieser Erde gebracht hat. Ganze Nationen, Staaten, Städte und einzelne Menschen sind entweder durch religiöse Verfolgungsakte oder durch falsche Glaubensäußerungen zugrunde gegangen. Auch wenn du es nicht annehmen magst, haben die Missionare, die von den Kirchen in die ganze Welt ausgesandt worden sind, viel Schaden angerichtet, und die karmische Schuld dafür wird zurückgezahlt werden müssen.

Ein Mann Gottes, ein Priester oder Geistlicher, ob er nun Christ, Buddhist oder Muslim ist, muß in jeder Weise die Lehren des Meisters befolgen und beispielhaft darlegen, zu dessen Nachfolge er sich bekennt; wenn er dies in irgendeiner Form oder zu irgendeiner Zeit unterläßt, so lädt er damit großes Karma auf sich. Einer der größten Fehler, den der Mensch auf dieser Erde begehen kann, besteht darin, einen anderen Bruder im Namen seines Schöpfers in die Irre zu führen und falschen Gebrauch oder Mißbrauch von der Kraft und der Liebe seines Schöpfers zu machen – und doch geschieht dies heute überall auf der Welt.

Wenn man die Organisationsformen der verschiedenen Religionen in der gegenwärtigen Welt betrachtet, so liegt es auf der Hand, daß sie nicht über Nacht außer Kraft gesetzt und zerstört werden können, denn es gibt viele Millionen Menschen, die tatsächlich Glauben und Vertrauen in ihre Kirchen setzen. Ich kann nur diejenigen von euch dazu auffordern, die einen starken Glauben an eine Kirche haben, diese äußerst eingehend zu überprüfen und festzustellen, ob die Kirche, der du angehörst, wirklich und in jeder Hinsicht den Lehren des Meisters folgt, auf denen sie begründet wurde.

Wenn dies nicht der Fall ist, dann könnt ihr diesen Glauben durchaus noch weiter in Frage stellen. Wenn irgendein Priester oder Geistlicher euch vorschreibt, was zu tun ist, euch sagt, was richtig oder falsch ist, wer Gott ist, was Gott möchte, dann schenkt ihm kein Vertrauen – denn niemand kann euch dies sagen, ausgenommen ihr selbst. Denkt daran, daß ihr alle individuell geprägte Bewußtseinsfunken seid, nicht einer genauso wie der andere, und während ihr in einem physischen Körper auf der Erde lebt, besteht zwischen euch und eurem Schöpfer eine einzigartige Verbindung. Eine dritte Seite, sei es nun ein Priester oder eine Kirche, braucht ihr nicht heranzuziehen. Ihr steht in direkter Verbindung mit eurem Schöpfer, mit den ihm dienenden Engeln und mit der Hierarchie auf den höheren Existenzebenen.

Gleichgültig, was der Mensch über die spirituellen Geschehnisse der Vergangenheit aussagt, welche Heiligen er sich erschaffen und welche Reliquien er eingeführt hat, ungeachtet dessen, welches Dogma er als unfehlbar bestimmt und welche Zeremonien er als spirituell wirkungsvoll eingesetzt hat – verlasse dich nicht darauf; setze kein Vertrauen in sie, sonst wirst du enttäuscht werden. Vergiß nicht, daß es der Mensch ist, der die Worte Gottes verändert. Du brauchst nur die Kirchen während der letzten zweihundert Jahre zu betrachten, um festzustellen, wie sie bereits während dieser kurzen Zeitspanne ihre Lehren nach den Wünschen und Forderungen ihrer Anhänger verändert haben. Wenn der Mensch seine Lehrsätze verändert, dann können diese nicht von Gott sein, da Gott allsehend, allwissend und unfehlbar ist. Setze daher dein Vertrauen und deinen Glauben nicht in den Menschen und seine Kirchen. Nutze sie um des Trostes und der Weisheit willen, die sie dir deinem Bewußtsein entsprechend geben können, doch laß dir niemals ihren Willen auferlegen. Wende dich direkt an deinen Schöpfer.

Zum Schluß möchte ich dich dazu auffordern, dich darauf zu besinnen, daß deine Verbindung zu deinem Schöpfer einzigartig und persönlich ist. Das soll nicht heißen, daß Menschen mit ähnlichen Glaubensvorstellungen nicht an einem Ort der Verehrung, in einem Tempel oder einer Kirche zusammenkommen sollten, um gemeinsam mit ihrem Schöpfer in Verbindung zu treten; denn in dem Zusammentreffen von Seelen mit einer ähnlichen Absicht und Zielsetzung liegt eine starke Kraft begründet, doch vergiß nicht, daß diese Kraft zum Nutzen oder zum Schaden eingesetzt werden kann. Wenn ihr alle in euren Kirchen zusammenkommt, um nur für euch selbst und nicht für die übrige Welt, nur für jene, die ihr liebt, und nicht für eure Feinde zu beten – gleichgültig, ob es nun eure persönlichen Feinde oder diejenigen eures Landes sind –, dann handelt ihr nicht als Beispiel für das, was die großen Meister gelehrt haben. Wenn ihr zusammenkommt und nicht anerkennt, daß andere Seelen mit Ansichten, die von den eurigen abweichen, die sich zu anderen Überzeugungen und Glaubensvorstellungen bekennen, ebensoviel Recht und Anspruch auf ihren Glauben haben wie ihr auf den eurigen und daß ihr sie in keiner Form wegen dieses Glaubens verfolgen solltet, dann erfüllt ihr wiederum nicht den Willen eures Schöpfers.

Wenn ich mich in der heutigen Welt umschaue, so sehe ich überall, daß die Religionen und Kirchen für Spaltung und Entzweiung stehen: Sie vereinigen die Menschen nicht, sondern trennen sie. In der ganzen Welt hassen sich die Menschen gegenseitig nicht trotz, sondern gerade wegen ihrer Religion. Ein Großteil der heutigen Probleme in der Welt wird einzig und allein durch die Religion verursacht. Diejenigen von euch, die außerhalb dieser Konflikte stehen, können die Falschheit und die Torheit der verschiedenen Religionen erkennen, die dazu bereit sind, nicht nur das Leben ihrer Anhänger, sondern sogar die Länder ihrer Anhänger zur Aufrechterhaltung ihrer Glaubensanschauungen zu opfern. Doch das Beispiel aller großen Meister hat immer die Toleranz und den Verzicht, selbst die Aufopferung des eigenen physischen Lebens für die Mitmenschen gelehrt. Wenn nur die Kirchen der Welt und ihre Anhänger in ähnlicher Weise Opfer bringen und wirklich ihren Schöpfer nachahmen würden, so würde der Frieden auf diese Erde zurückkehren.

Die Zehn Gebote

Die einzige Quelle von absoluter Wahrheit, absoluter Einsicht, absoluter Vernunft und absolutem Wissen über den Plan für diese Erde ist euer Schöpfer, der Herrscher über dieses Planetensystem, jenes Wesen, das ihr als Gott bezeichnet. Ich kann daher in dieser Lesung die Lebensverhältnisse auf dieser Erde nur so auslegen, wie es meinem Bewußtsein, meiner Evolutionsstufe und meiner Erfahrung über das irdische Leben entspricht. Wenn ihr akzeptiert, daß ich etwas weiter auf dem Pfade fortgeschritten bin als ihr und daher ein deutlicheres Bild, eine klarere Sicht über das Leben und die Zielsetzung des Lebens auf dieser Erde habe, dann mögt ihr vielleicht auch das annehmen und darüber nachdenken, was ich nun über die Zehn Gebote sagen werde. Ihr müßt verstehen, daß kein Gebot, keine Vorschrift, die der Mensch besitzt oder jemals auf dieser Erde besitzen wird, als etwas Absolutes, etwas ganz und gar Umfassendes betrachtet werden kann, denn das ist auf diesem Planeten nicht möglich. Ein Aspekt des kosmischen Ganzen mag auf diese Erde herabstrahlen, damit der Mensch ihn aufnimmt und versteht, doch niemals die vollständige Kraft.

Wenn wir nun die Zehn Gebote betrachten, so wie sie in der Bibel wiedergegeben sind, so erkennt man, daß es sich dabei um Richtlinien für eine alte Zivilisationsform handelt, die seit langem nicht mehr existiert. Das soll nicht heißen, daß sie nicht einen Teil der absoluten Wahrheit widerspiegeln, doch in dieser Form waren sie für jene alte Kultur bestimmt und können sich daher nicht mehr in Übereinstimmung mit dem Zeitalter befinden, in dem ihr heute lebt. Ihr lebt jetzt am Ende des Fische-Zeitalters und am Anbruch des Wassermann-Zeitalters. Die Menschheit hat, durch die Veranschaulichung des Nazareners, die Lehren des Christus erst vor zweitausend Jahren erhalten, doch heute haben die Menschen aufgrund ihrer Umwelt und aufgrund des sich verändernden Zeitalters Schwierigkeiten dabei, die Relevanz der Lehren des Nazareners zu erkennen. Es ist daher offensichtlich, daß es für den Menschen des zwanzigsten Jahrhunderts noch schwieriger sein wird, die Relevanz der Zehn Gebote zu erkennen, die Tausende von Jahren vorher erlassen wurden.

Wir wollen nun die Gebote im einzelnen überprüfen und versuchen, sie nicht mit einer Kultur vor Tausenden von Jahren, sondern mit dem zwanzigsten Jahrhundert, mit dem heutigen Leben in Verbindung zu setzen. Natürlich hat ihr tieferer Sinn nicht nur durch die Übersetzung gelitten, sondern auch als ein Ergebnis aus den Veränderungen durch verschiedene Gelehrte, die aus dem Wunsch heraus, das zu erklären, was sie aufgrund ihres begrenzten Bewußtseins nicht verstehen konnten, nicht nur die Worte, sondern auch die Bedeutung verändert haben.

Das erste Gebot in der Bibel lautet:

»Du sollst keine anderen Götter haben neben mir.«

Es ist richtig, daß dieses Gebot an erster Stelle steht, denn es ist das allerwichtigste. Oberflächlich betrachtet könnte es den Anschein haben, daß sich dieses Gebot ziemlich von selbst versteht. Es gibt tatsächlich nur einen Gott, doch ist er nicht die Art von Gott, wie ihr ihn euch vorstellt, denn der Mensch kann sich keine Vorstellung von dem wahren Gott machen, dessen Geist der Sonne innewohnt und der dieses Sonnensystem beherrscht. Dieser Gott geht über das Erkenntnisvermögen des Menschen hinaus. Er kann sich lediglich den Sonnenherrscher vorstellen, der innerhalb dieser Erde weilt und diesen Planeten lenkt. Er kann sich nur zu den Meistern und Wesenheiten in Verbindung setzen, die das Leben auf dieser Erde regeln und lenken. Dieses Gebot war deshalb dazu bestimmt, den Menschen daran zu erinnern – und dies ist heute ebenso anwendbar wie zu Zeiten von Moses –, daß die Vermittler nicht Gott sind und daß es nur ein einziges Wesen, einen Gott gibt, von dem die gesamte Menschheit ein Teil ist.

Du bist daher ein tatsächlicher, unendlich kleiner Teil jenes Wesens, dessen Körper das Sonnensystem ist, in dem du weilst – der eine Gott, das eine Wesen, das nicht nur für dich, für euch, sondern für alle Wesen auf den übrigen Planeten und für jegliche Form der Schöpfung existiert. Daraus läßt sich ersehen, daß alle Wesen innerhalb dieses Körpers, die dem einen Wesen, dem größeren Ganzen dienen, von gleicher Bedeutung und Wichtigkeit sind. Individuell gesehen bewegen sie sich alle auf ihrem eigenen Weg weiter, doch kollektiv betrachtet gehen sie diesen individuellen Weg zum Nutzen, zur Weiterentwicklung, zur Erfüllung von Zielsetzung und Plan jenes einen Wesens, dessen Geist in der Sonne ruht. Was dich und euch alle, was den Marsmenschen oder Venusier anbelangt, gibt es nur einen Gott: den höchsten Gott, von dem du ein Teil bist. Der dir jetzt innewohnende Funken ist ein Teil von diesem Gott und ihm zugehörig, und wenn du dich schließlich ausreichend entwikkelt hast, wird deine individuelle Form wieder zu diesem Gott zurückkehren und in ihn eingehen.

Das zweite Gebot in der Bibel lautet:

»Du sollst dir kein Bildnis noch irgendein Gleichnis machen, weder von dem, was oben im Himmel, noch von dem, was unten auf Erden, noch von dem, was im Wasser unter der Erde ist. Bete sie nicht an und diene ihnen nicht: Denn ich, der Herr, dein Gott, bin ein eifernder Gott, der die Missetat der Väter heimsucht bis ins dritte und vierte Glied an den Kindern derer, die mich hassen, aber Barmherzigkeit erweist an vielen Tausenden, die mich lieben und meine Gebote halten.«

Dieses Gebot bringt deutlich zum Ausdruck, daß du, weil du nicht dazu in der Lage bist, den wahren Gott zu erfassen, dir keine falschen Götter, keine falschen Idole erschaffen solltest. Du sollst keinerlei Abgott oder Götzenbild in die Position Gottes erheben. Du sollst keinerlei tieferstehende Wesen, selbst wenn sie höherentwikkelt sein mögen als du selbst, zu Göttern machen und als Werkzeug zur Befriedigung deines eigenen, sich verloren glaubenden Ichs benutzen. Es geschieht so leicht, daß sich der Mensch, der in einer solch unermeßlichen Weite nicht nur der Erde, sondern auch des Weltraums lebt, verloren fühlt. Selbst gegenwärtige Ereignisse in der Welt scheinen ihn zu überfordern. Es herrscht viel Unrecht und Gewalt, und dem Durchschnittsmenschen scheint die Kontrolle über die alltäglichen Geschehnisse seines Lebens aus der Hand genommen zu sein. Ebenso wie sich die Israeliten vor vielen Tausenden von Jahren gefühlt haben müssen, als sie aus Ägypten flohen, scheint es keine Ordnung in der Welt zu geben. In derartigen Situationen neigen die Menschen leicht dazu, sich an falsche Ideologien, falsche Götter zu hängen und ihre eigenen Ersatzformen zu schaffen, auf die sie sich stützen und von denen sie abhängig sind – sei es ein religiöser Gott oder Geld, Macht, Einfluß, Landbesitz oder irgendein anderer materieller »Gott«: Beide sind Bildnisse, die sich der Mensch als seine Vorstellung von Gott erschafft. In keiner Weise spiegeln sie die wahre Größe eures Schöpfers wider, da ihr diese nicht erfassen könnt.

Dieses zweite Gebot ist daher eine Warnung an den Menschen, seinen Glauben nicht in falsche Götter zu setzen und sich darüber im klaren zu sein, daß er – ungeachtet seiner Bewußtseinsstufe – in jedem Stadium seiner Evolution einen »Gott« erschaffen wird: einen »Gott«, den er gerade eben begreifen kann. Für einige mag dies ein Heiliger, ein Weiser, ein Guru, ein Menschheitserlöser, vielleicht sogar ein Meister auf einer höheren Existenzebene sein. Hast du jemals aufgehört, in Erwägung zu ziehen, warum du einen »Gott« brauchst? Du magst es als eine harte und irreligiöse Aussage ansehen, aber in Wirklichkeit brauchst du gar keinen »Gott«. Ohne Zweifel mußt du versuchen, dir über den wahren Gott bewußt zu sein und dich darum bemühen, seinen Plan für diese Erde zu erfüllen, doch dies ist eine ganz andere Sache.

In diesem Gebot wird auf einen Gott verwiesen, der strafen wird:

»Denn ich, der Herr, dein Gott, bin ein eifernder Gott . . .«

Dies hat die Bedeutung, daß dieser Gott, wenn du seine Wünsche nicht befolgst, dich heimsuchen und bis in die dritte und vierte Generation hinein bestrafen wird. Der wahre Gott dieser Erde ist jedoch kein Gott der Strafe. Er und diejenigen Wesen, welche über diese Erde wachen, sie lenken und unterstützen, sind seit langem über die Stufe hinausgegangen, Strafen zu verteilen, denn es liegt kein Sinn darin, ein Wesen zu bestrafen, das kein Verständnis zeigt. Der wahre Gott dieser Erde ist ein Gott der Liebe, ein Gott der Hilfe, ein Gott der Weisheit und ein Gott der unparteilichen Gerechtigkeit. Ihr auf der Erde habt die göttliche Gabe der freien Wahl erhalten, entlang des von euch gewählten Weges fortzuschreiten. Verständlicherweise werdet ihr dabei Irrtümer begehen, doch nach dem Gesetz dieser Erde wird Gott euch nicht dafür bestrafen, sondern ihr werdet durch eure eigenen Fehler lernen, da ihr durch eure jetzigen Handlungen die Samen aussät, die in der Zukunft Früchte tragen werden. Das, was ihr jetzt tut, die Art und Weise, wie ihr euer Land, eure Mitmenschen, die Reiche dieser Erde behandelt, wird nicht nur auf euch, sondern auch auf diejenigen Wesen eine Wirkung ausüben, die sich nach euch inkarnieren werden. Ihr verschmutzt diese Erde nicht nur für euch selbst, sondern auch für eure Kinder und Kindeskinder, und die karmische Schuld dafür wird in den vielen, vielen Leben, die euch noch bevorstehen, zurückgezahlt werden müssen.

Das dritte Gebot in der Bibel lautet:

»Du sollst den Namen des Herrn, deines Gottes, nicht mißbrauchen; denn der Herr wird den nicht ungestraft lassen, der seinen Namen mißbraucht.«

Dieser Fehler ist heute ebensoweit verbreitet wie vor Tausenden von Jahren, denn immer noch motiviert der Mensch ständig seine Handlungen auf dieser Erde gemäß seinen falschen Göttern. Er erschafft sich seine eigenen Religionen und greift die Beispiele der großen Meister auf, die sich auf dieser Erde inkarniert haben, die Worte, die sie gesprochen, die Lebensweise, die sie beispielhaft verkörpert haben, und legt sie sich zur Rechtfertigung seiner eigenen Handlungsweise aus. Die Kirchen formulieren die Worte der großen Meister neu, denken sich Begründungen für ihre Existenz aus und erschaffen Religionen, denen sich der Mensch dann anschließt; und der Mensch, der glaubt, daß er den Willen Gottes befolgt, gehorcht in Wirklichkeit den Geboten der Kirchen und nicht den Geboten Gottes.

Der Mensch muß sich einen Gott erschaffen, um seinem Leben einen tieferen Sinn und Sicherheit zu geben, und daher wird er sich jedem annehmbaren Gott zuwenden, den die Priester oder Kirchenältesten ihm präsentieren werden. Es ist so leicht möglich, den Menschen im Namen Gottes in die Irre zu führen. Ebenso wie es vor vielen Tausenden von Jahren, als Moses diese Gebote erließ, keine wahre Religion gab, so gibt es auch in der heutigen Welt keine wahre Religion. Jede Religion legt die Bedeutung, die Geschehnisse, die Lehren der großen Meister, die auf dieser Erde erschienen sind, in falscher Weise aus oder wandelt sie ab und fordert den Menschen dazu auf, nicht Gott, sondern der kirchlichen Vorstellung von Gott zu folgen.

Sei dir darüber bewußt, daß viele Menschen alle erdenklichen Dinge im Namen ihres »Gottes« tun werden. Sie werden behaupten, »Gott« sei auf ihrer Seite, »Gott« helfe ihnen, »Gott« führe sie, »Gott« gebe ihnen Inspiration, und im Namen dieses »Gottes« werden sie überall auf dieser Welt Unrecht begehen. Sie werden ihre Mitmenschen im Namen ihres »Gottes« ausbeuten, mißhandeln und sogar töten und die Reiche der Materie auf dieser Erde mißbrauchen. Alles dies werden sie zum Ruhme ihres »Gottes« tun – ein »Gott«, der in Wahrheit nur in ihrem eigenen Denken existiert. Hüte dich daher vor jedem, der dir von »Gott« predigt, denn dies ist nur seine eigene Vorstellung von Gott. Es gibt nur einen einzigen Gott, der in diesem Augenblick in jedem von euch existiert, und dies ist euer eigenes Bewußtsein.

Das vierte Gebot in der Bibel lautet:

»Gedenke des Sabbattages, daß du ihn heiligest. Sechs Tage sollst du arbeiten und alle deine Werke tun. Aber am siebenten Tag ist der Sabbat des Herrn, deines Gottes. Da sollst du keine Arbeit tun, auch nicht dein Sohn, deine Tochter, dein Knecht, deine Magd, dein Vieh, auch nicht dein Fremdling, der in deiner Stadt lebt. Denn in sechs Tagen hat der Herr Himmel

und Erde gemacht und das Meer und alles, was darinnen ist, und ruhte am siebenten Tage. Darum segnete der Herr den Sabbattag und heiligte ihn.«

Wie sehr haben falsche Übersetzung und falsche Auslegung dieses Gebot verändert! Die ursprüngliche Aussage diente dazu, an die Bedeutung der »Sieben« zu erinnern, weil diese Erde auf der und durch die Wellenlänge und Schwingung der Zahl Sieben arbeitet und wirksam ist. Die Schwingung ihrer gesamten Zielsetzung und Struktur folgt der Sieben. Die Erde wurde in sieben Tagen oder, wahrheitsgetreuer, in sieben Zeitaltern erschaffen. Der Mensch hat sieben spirituelle Zentren oder Chakras, die Keime, aus denen seine sieben Körper hervorgehen. Vom physischen Körper des Menschen wird gesagt, daß er sich alle sieben Jahre verändert. Deine Haut hat sieben Schichten. Es gibt sieben Farben im Spektrum, und die Tonleiter hat sieben Noten. Eine Woche hat sieben Tage, und der (Mond-)Monat setzt sich aus viermal sieben Tagen zusammen. Die Bibel gibt die Dauer eines Menschenlebens mit siebzig, also zehnmal sieben Jahren an. Die Schwingungszahl der Sieben bestimmt überall das Leben auf dieser Erde und ist für es von allergrößter Bedeutung. Würdest du in einer stärker spirituell ausgerichteten Gesellschaft leben, wo der Mensch den spirituellen Wissenschaften im Unterschied zu den materiellen Wissenschaften mehr Beachtung schenken würde, die sich ausschließlich dem Nutzen seiner physischen Bedürfnisse widmen, so würdest du mehr von der wahren Bedeutung dieser Erde und ihrer besonderen Schwingungszahl Sieben erfassen können.

Die Schwingung anderer Planeten innerhalb dieses Sonnenkörpers folgt unterschiedlichen Zahlen, anderen Wellenlängen, doch die Sieben ist die Zahl für diese Erde. Wenn dieses Gebot daher sagt: »Gedenke der Sieben«, so fordert es dich dazu auf, dich an die Zahl dieser Erde zu erinnern, an die Struktur des Lebens darauf und an die Zielsetzung und Bedeutung dieser Erde.

Das fünfte Gebot in der Bibel lautet:

»Du sollst deinen Vater und deine Mutter ehren, auf daß du lange lebest in dem Lande, das dir der Herr, dein Gott, geben wird.«

Auch hier wieder hat falsche Übersetzung die Auslegung dieses Gebotes erschwert. Wir wollen jedoch an die Stelle von Vater und Mutter das Männliche und Weibliche oder Positive und Negative, das Gleichgewicht in jeglicher Schöpfung setzen. Damit fordert dich das fünfte Gebot dazu auf, an die Schöpfung zu denken, an den Akt deiner Erschaffung, an die Zusammensetzung deines Körpers, an die

Bedeutung seiner einzelnen Teile und an deine Verantwortung dafür. Dieses Gebot besagt weiterhin, daß deine Tage auf der Oberfläche dieser Erde in der Tat lange andauern werden, wenn du für deinen physischen Körper sorgst, wenn du ihn als die wunderbare Schöpfung behandelst und achtest, die du von deinem Schöpfer erhalten hast und die er wirklich ist. Du wirst länger leben, als es der Mensch in der heutigen Zeit tut. Denke also an den Akt der Schöpfung, das Männliche und das Weibliche, die Kraft und die Weisheit, die beiden Bewußtseinspole. Durch diese beiden Keime entwickelt sich der Mensch auf dieser Erde, gleichgültig, ob männlich und positiv oder weiblich und negativ. Mittels dieser Körper lernt der Mensch auf dieser Erde und entwickelt sein Bewußtsein weiter in Entsprechung zu der Wahl seiner schicksalhaften Bestimmung und dem höheren Plan gemäß.

Das sechste Gebot in der Bibel lautet:
»Du sollst nicht töten.«

Diese Anweisung ist äußerst direkt und eindeutig, doch wie sehr dreht und windet sich der Mensch, um sie zu umgehen! Dieses Gebot macht keinerlei Einschränkung, es ist absolut gültig. Du sollst *nichts* töten. Man sollte nicht nur seinesgleichen in der Seelenentwicklung, sondern auch seine tieferstehenden Brüder nicht töten, ob es nun andere menschliche Wesen oder Tiere, ja selbst Insekten sind. Hinter diesem Gesetz steht eine einfache Begründung. Der Mensch bringt selbst keine Schöpfung hervor, er ist sich nicht über das Gleichgewicht des Lebens auf dieser Erde bewußt; daher wäre es äußerst unklug von ihm, dieses Gleichgewicht durch die Beseitigung von Menschen, Tieren oder anderen Formen des Lebens aufzuheben, die von einer höheren Macht dorthin gesetzt worden sind, damit sie den Plan und die Zielsetzung dieser Erde erfüllen helfen. Wenn du darüber nachdenkst, tötet der Mensch in der Regel schließlich nur aus Eigennutz, sei es, um einen Krieg zu gewinnen, einen Feind zu vernichten, seinen Magen zu füllen oder allgemein zu seinem Vergnügen. Er tötet um seines persönlichen Vorteils oder seiner Befriedigung willen – und was anderes als sein Ego bietet ihm die Motivation dafür? Ein wirklich durch die Spiritualität motivierter Mensch wird niemals etwas töten. Auf dieser Erde besteht keinerlei Notwendigkeit, in irgendeiner Form Leben zu vernichten, und je früher der Mensch diese Tatsache erkennt, desto eher werden Frieden, Güte, Vollkommenheit und Harmonie auf diese Erde zurückkehren.

Das siebente Gebot in der Bibel lautet:

»Du sollst nicht ehebrechen.«

Auch diesem Gebot hat der Mensch eine begrenzte Auslegung gegeben mit der Folgerung, daß er keine sexuellen Beziehungen außerhalb der Ehe unterhalten sollte, und er hat diesem Gebot im modernen Leben eine äußerst wichtige Bedeutung zugewiesen. Doch auch dies trifft wiederum nur einen sehr kleinen Aspekt dieser Vorschrift. Du solltest einmal die umfassendere Interpretation dieses Gebotes in Betracht ziehen: daß sich nämlich der Mensch in Gedanken, Wort oder Tat in keiner erdenklichen Weise beschmutzen sollte. Dieses Gebot besagt daher, daß der Mensch seinem physischen Körper gegenüber Achtung zeigen muß. Er darf nichts essen oder trinken, was diesem schaden wird, und er muß ihn als den Tempel seiner Seele anerkennen. Er darf keinerlei erniedrigenden Gebrauch von seinem Körper machen, sei es nun physisch oder geistig, sexuell oder in einer anderen Art und Weise. Er muß das Geschenk der Schöpfung verantwortungsvoll gebrauchen und erkennen, daß er den Geschlechtsakt jedesmal erniedrigt und beschmutzt, wenn er ihn ohne die Absicht zur Empfängnis ausführt. Versuche daher, dir der umfassenderen Bedeutung dieses Gebotes bewußt zu werden.

Das achte Gebot in der Bibel lautet:

»Du sollst nicht stehlen.«

Dieses Gebot beinhaltet natürlich mehr als die bloße Tatsache, daß man einem anderen Menschen nicht seine persönlichen Besitztümer wegnehmen sollte, obgleich es ohne Zweifel wünschenswert ist, wenn die Menschen in einer Gesellschaftsform zusammenleben, daß sie sich nicht gegenseitig bestehlen sollten. Die eigentliche Bedeutung des Stehlens reicht jedoch noch wesentlich weiter: Der Mensch sollte nichts von dem nehmen, was auf irgendeiner Ebene nicht ihm gehört, selbst in der Welt als Ganzes gesehen. Er sollte seine Mitmenschen nicht ausnutzen, ein Land sollte ein anderes nicht ausbeuten. Ein reiches und mächtiges Land sollte seine Position nicht dazu gebrauchen, ein ärmeres Land seiner Nahrungsmittel oder mineralischen Rohstoffe zu berauben, die dessen Volk unbedingt braucht. Ein Land sollte nicht auf Kosten eines anderen Fortschritte machen, die Reichen sollten die Armen nicht ausbeuten. Ein Land sollte ein anderes nicht der Rechte zu seiner Selbstbestimmung berauben. Darin ist enthalten, daß du alle Menschen als gleich behandeln solltest. Du solltest in keiner erdenklichen Weise die individuelle Freiheit irgendeinem Menschen wegnehmen oder »stehlen«.

Das neunte Gebot in der Bibel lautet:

»Du sollst nicht falsch Zeugnis reden wider deinen Nächsten.«

Es liegt auf der Hand, daß du über niemanden Lügen verbreiten solltest, doch wiederum ist in diesem Gebot mehr enthalten, als auf den ersten Blick ersichtlich wäre. Zu lügen bedeutet, schlecht von einem anderen Menschen zu sprechen, schlecht zu sprechen bedeutet, einen Gedanken zu haben, ein Gedanke ist eine geistige Hervorbringung oder Schöpfung, und diese Schöpfung wird danach auf den unsichtbaren Existenzebenen um diese Erde erhalten bleiben. Vergegenwärtige dir daher, daß du mit dem Aussprechen von Lügen Übel erschaffst, das sich nicht nur auf denjenigen Menschen auswirkt, über den du Lügen verbreitest, sondern auch auf dich selbst und viele andere Menschen, welche die von dir geschaffenen Gedanken anzapfen werden. Das meiste an Schlechtigkeit und Unrecht auf dieser Erde geht aus dem Munde des Menschen hervor. Würde der Mensch nur seine Rede in jeder Hinsicht in der rechten Weise motivieren und nur Gutes aussprechen, dann würde sich das Leben auf dieser Erde augenblicklich verändern. Jedesmal, wenn ein Mensch irgendwo auf der Welt etwas Schlechtes ausspricht, ob es nun ein Politiker, ein Geistlicher, ein Händler oder ein Bauer ist, erschafft er damit Kräfte, welche diese Erde für viele, viele künftige Tage belasten und beeinträchtigen werden.

Das zehnte Gebot in der Bibel lautet:

»Du sollst nicht begehren deines Nächsten Haus. Du sollst nicht begehren deines Nächsten Weib, Knecht, Magd, Rind, Esel noch alles, was dein Nächster hat.«

Ein weiteres Gebot, das so einfach formuliert ist, doch eine so tiefe Bedeutung hat. Denke daran, daß ihr alle als Individuen, bevor ihr euch inkarniert habt, die Gestalt und äußere Erscheinungsform eures physischen Körpers, euren Status im Leben und die Art und Weise, wie ihr euer gegenwärtiges Leben führen wolltet, selbst ausgewählt habt – und sei daher mit diesem Leben zufrieden. Die Tatsache, daß ein anderer Mensch mehr Geld, ein besseres Auto, ein größeres Haus besitzt und mehr Ferien machen kann als du, bedeutet nicht, daß du ihm seinen Besitz und seine Lebensform neiden solltest, denn er lernt andere Lektionen als du. Dein Verlangen nach seinem Besitz oder seiner Lebensform zieht Kräfte auf dich, die dir wahrscheinlich für deine gegenwärtige schicksalhafte Bestimmung nicht zugedacht waren. Denke auch daran, daß der Gedanke, den du aussendest, wenn du den Ehepartner eines anderen Menschen oder sein Auto betrachtest, auf diesen ebensoviel Einfluß wie auf dich nehmen kann.

Erkenne die Kraft, wodurch du Materie erhältst. Wenn deine Persönlichkeit ein Auto oder ein Haus möchte, so bekommt sie es noch lange nicht, denn diejenige Kraft, welche die Materie verteilt und auf dieser Erde beherrscht, ist weitaus größer als das Ego des Menschen. Vergiß nicht, daß die Materie keinem Menschen gehört, doch achte und respektiere gleichzeitig die Individualität deiner Mitmenschen, welche Gebrauch von dieser Materie machen. Sie gehen ihren Weg und verwenden dabei die Materie dieser Erde genauso wie du, doch da ihr Weg sich von deinem unterscheidet, werden sie dafür andere Aspekte der Materie benötigen. Anstatt daß du nun versuchst, es deinen Mitmenschen gleichzutun, sei du selbst und gehe deinen eigenen Weg. Sei dir darüber im klaren, wenn du die Dinge des Geistes, wenn du nach deinem wahren Pfad suchst, daß du die für diesen Weg notwendige Materie sicherlich erhalten wirst.

Der heutige Mensch ist sowohl individuell als auch im Hinblick auf seine Rasse und den Planeten weit von seinem wahren Pfad entfernt, weil er ständig zu wissen glaubt, was er braucht und was am besten für ihn ist. Er sieht, er greift, er nimmt, er macht Gebrauch – und dann entledigt er sich der Dinge wieder. Bei all dem wird er von Habsucht, von dem Verlangen nach Besitz motiviert. Hat er jedoch einmal etwas in seinen Besitz gebracht, so ist das Verlangen danach bald verschwunden, doch die Verantwortung für das Erworbene hat gerade erst begonnen. Wenn du also Besitz ansammelst, so denke daran, daß du dir damit auch Verantwortung und Pflichten erwirbst. Der am wenigsten belastete Mensch, der den Weg des Lebens auf dieser Erde geht, ist derjenige, der allein geht und geringen Besitz hat, denn er hat auch nur wenige Pflichten und Verantwortlichkeiten und ist frei, seine wahre Zielsetzung zu erfüllen. Jemand, der viele Reichtümer und großen Besitz hat, wird durch die Verantwortung dafür belastet, denn selbst wenn er sich ihrer entledigt, bleibt ihm das Karma für ihren Gebrauch erhalten.

Ich hoffe, daß du, daß ihr nun damit beginnen werdet, die Zehn Gebote in einem neuen Licht zu betrachten. Würdet ihr sie nur befolgen, so werden sie euch über alles Erkenntnisvermögen hinaus verändern, denn könntet ihr es nur einsehen, dann sind die Zehn Gebote der Schlüssel zu den Toren für den spirituellen Fortschritt auf dieser Erde. Würdet ihr diesen Schlüssel nur dazu verwenden, um diese Tore aufzuschließen, dann werdet ihr eines Tages vor der Majestät, dem Glanz, der Vollkommenheit und unbeschränkten Größe des Gottes dieses Planetensystems stehen; wenn ihr dies erreicht, so werdet ihr über die Gebote dieser Erde hinausgegangen sein und damit begonnen haben, die Gebote des Universums zu befolgen.

Die Spiritualität des physischen Körpers beim Menschen

Du hast bei vielen Gelegenheiten gehört, daß dein Geist, deine innerste Wesensessenz, auf mehreren Daseinsebenen existiert. Der Mensch ist nicht nur ein physisches Wesen; er hält sich, und zwar zum größten Teil, auf anderen, auf höheren Existenzebenen auf. Der unentwickelte Mensch schränkt sich dadurch ein, daß er seinen Bewußtseinsradius auf den physischen Bereich begrenzt und es somit versäumt zu erkennen, daß er auch ein spirituelles, ein kosmisches Wesen ist. Wenn wir die Spiritualität des physischen Körpers beim Menschen untersuchen, müssen wir eine große Wissensskala mit einbeziehen; davon ist dem heutigen Menschen einiges unbekannt, was ich als »spirituelles Wissen« bezeichnen möchte – wissenschaftliche Erkenntnisse, die auf anderen Existenzebenen, aber nicht vom Menschen auf der Erde, erfahren und anerkannt werden. Da der Mensch keine dokumentarischen Beweismittel für die spirituelle Wissenschaft besitzt, wie sie allgemein anerkannt sind, wirst du meine Worte voller Vertrauen annehmen und in deinem Herzen darüber meditieren müssen, um zu erkennen, ob jener Funke in deinem Innern das, was ich in dieser Lesung sage, gelten lassen kann oder ablehnen muß.

Der Geist, die innerste Wesensessenz von dir, besteht aus Millionen von Schwingungen. Aus diesen Schwingungen werden sieben Körper oder Formen gebildet. Auch wenn ich das Wort »Körper« verwende, solltest du nicht an einen Körper in dem Sinne denken, wie du diesen Begriff in bezug auf deinen physischen Körper gebrauchst. Der Mensch kann seinen vollständigen physischen Körper nicht wirklich wahrnehmen. Er sieht die Materie, aus welcher er sich zusammensetzt, und er erkennt seine Form, doch nimmt er nicht die Aura wahr, die sich um den Körper herum manifestiert, die Kraftstrahlen, die in ihn eingehen und aus ihm hervortreten, und die um ihn gegenwärtigen magnetischen Felder, die seine Gestalt sehr unterschiedlich von derjenigen machen, die er normalerweise sieht. Wenn ich daher von einem »Körper« spreche, so meine ich damit eine Ansammlung von Schwingungen, aus denen sich eine Form ergibt. Diese sieben Körper, die manchmal als der physische, der ätherische, der astrale, der emotionale, der vitale, der mentale und der spirituelle Körper bezeichnet werden, sind das Vehikel für deinen Geist, während er innerhalb dieses Sonnensystems existiert.

In dieser Lesung wollen wir den Körper untersuchen, der auf der langsamsten Schwingung und der größten Wellenlänge arbeitet – den physischen Körper. Währenddessen solltest du dir jedoch der Existenz der anderen sechs Körper gewärtig bleiben, welche in diesem physischen Körper enthalten sind oder ihn umgeben. Die Tatsache, daß der Mensch in einem physischen Körper lebt, sollte in keiner Weise eine Begrenzung für ihn darstellen, denn eine hochentwickelte Seele kann Gebrauch von all ihren übrigen Körpern machen und gebraucht diese auch tatsächlich. Ein Meister, wie beispielsweise der Nazarener, war in keiner Weise dadurch eingeschränkt, daß er in einem physischen Körper lebte. Er konnte sich all seiner Körper bedienen, den höchsten eingeschlossen: den Körper mit der höchsten Schwingung, seinen Geistkörper.

Der Mensch ist in der Tat nicht nur ein physischer Körper. Er setzt sich aus vielen Teilen zusammen, und die eigene Beschränkung auf den physischen Bereich bedeutet eine Begrenzung seiner Sicht der Schöpfung und des größeren Ganzen, denn der physische Körper des Menschen ist lediglich ein kleines Rädchen im größeren Rad des Lebens. Im physischen Körper des Menschen leben Tausende und Abertausende von Wesen mit einem Bewußtsein, wie es dem menschlichen vergleichbar ist. In einer ähnlichen Weise sind die vielen Männer und Frauen, die auf der Oberfläche dieser Erde leben, Teil desjenigen Körpers, den du Erde nennst. Im gegenwärtigen Augenblick bist du tatsächlich Teil dieses Körpers, und wenn ich von der Erde spreche, meine ich nicht lediglich die runde Form, derer du gewahr bist, sondern auch die vollständige Ausstrahlung von Essenzen, die feinstofflicher sind als die sie umgebende Materie. Du bist tatsächlich ein unendlich kleiner Teil vom Körper des Wesens, welches die Erde darstellt. Die Erde ist wiederum Teil eines größeren und feinstofflicheren Körpers, den du als Sonnenkörper kennst, dessen Geist der Sonne innewohnt und dessen Bewußtsein, dessen Vernunft und Vollkommenheit du Gott nennst.

Auf diese Weise ist der physische Körper des Menschen nur ein kleiner Teil einer unaufhörlichen Schöpfungsfolge. Würdest du ein Atom der Materie vom physischen Körper des Menschen nehmen und es in zwei Hälften teilen, so würdest du darin eine kleine Nachbildung eures Sonnensystems wiederfinden. Denn innerhalb dieses Atoms befindet sich ein zentraler Kern oder eine Sonne, welche die Verbindung zur Göttlichkeit darstellt, und um diese Sonne herum kreisen die Elektronen und Protonen – die Planeten. Würdest du überdies jene Sonne millionenfach vergrößern und sie dann in zwei Hälften teilen, so würdest du in ihrem Innern Hunderte von kleinen Wesen oder Gestalten erkennen, die man am besten als »Streichholzmännchen« bezeichnen könnte. Diese wären durch eine dünne vertikale Linie oder einen Körper gekennzeichnet, von dem zwei Linien oben (ihre Arme) und zwei Linien nach unten (ihre Beine) ausgehen. Jede dieser kleinen Figuren hätte ein individualisiertes Bewußtsein, und dieses würde sich durch ihre Arme und Beine nach außen ausdehnen, um sich so auf jede Schwingung oder Essenz der kosmischen Felder im Umkreis der Erde einzustellen. Würde man eines der Protonen oder Elektronen in der Mitte durchteilen, so würdest du in ihnen nicht Hunderte, sondern Tausende von diesen kleinen Figuren erkennen, nur wäre ihr Bewußtsein nicht mit den kosmischen Feldern im Umkreis der Erde verbunden, sondern würde direkt in die Erde selbst herabreichen.

Du siehst also, in welcher Weise diese winzig kleinen Wesen, während du auf dieser Erde lebst, innerhalb von dir existieren, ebenso wie du wiederum Teil eines größeren Wesens bist, des Herrn dieser Erde. Wie oben, so unten: Alles ist eine Nachbildung des größeren Ganzen darüber, nur in einem kleineren Maßstab. Du kannst vielleicht die Haare auf deinem Kopf mit den Bäumen, das Blut in deinem Körper mit dem Wasser der Erde vergleichen. Die Substanz der Materie verändert sich gemäß ihrer Schwingungsrate, doch dem Haar und dem Baum, dem Blut und dem Wasser können ähnliche Funktionen und Aufgaben zugeschrieben werden. Auch wenn der Mensch seinen Körper als einzigartig betrachtet, ist dieser nichts anderes als eine Nachbildung anderer Körper, nur in einem größeren oder kleineren Maßstab, was davon abhängt, wohin der Mensch von seiner Stellung innerhalb der Skala der Schöpfung blickt.

Der Körper des Menschen ist eine wunderbare Schöpfung. Beachte, daß er aus einer einzigen Zelle erschaffen ist, doch aus dieser Zelle wächst die herrliche Gestalt und Form des physischen Körpers mit der ihm innewohnenden Fähigkeit heran, die Äußerungen deines Geistes während seiner Existenz in der Materie zu ermöglichen. Die Seele prägt den physischen Körper in der Weise, daß er sehr viele Überlegungen in Betracht zieht, darunter das Seelengedächtnis, Karma, die Zielsetzung des Lebens, das es zu führen gilt, und das Wesen der Bestimmung jenes Geistesfunkens. Soweit der heutige Mensch in technologischer Hinsicht auch fortgeschritten ist und die Fähigkeit hat, zum Mond zu gelangen, so kann er doch immer noch keinen menschlichen Körper erschaffen. Er ist in keiner Weise der spirituellen Technologie und den ihr zur Verfügung stehenden spirituellen Konstruktionstechniken nähergekommen. Er kann natürlich erkrankte Teile des Körpers zu imitieren suchen und, unterschiedlichen Graden an Geschicklichkeit entsprechend, ersetzen, doch kann er keine Körperteile erschaffen. Der Mensch selbst lebt in einem großartig konstruierten Kunstwerk, doch weil er sich so sehr an seinen physischen Körper gewöhnt hat und ihn automatisch und gedankenlos benutzt, versäumt er es, diese Größe zu erkennen.

Weil der Mensch nicht zu dieser Erde gehört, sondern in Wahrheit ein kosmisches Wesen ist, spiegelt auch sein physischer Körper diese seine Stellung wider. Während er sich in der Materie befindet, ermöglicht es ihm sein physischer Körper daher, nicht nur für die Materie, sondern gleichzeitig auch für sämtliche Einflüsse des Kosmos empfänglich und sich ihrer bewußt zu sein, besonders für die übrigen Teile oder Planeten innerhalb des Sonnenkörpers, von dem er selbst ein Teil ist. Er kann diese Einflüsse, diese Kräfte ebensosehr anzapfen und sie sich zunutze machen, als wäre er in einem seiner höheren Körper, auch wenn er sich dessen nicht bewußt ist.

Wir wollen nun den physischen Körper des Menschen näher untersuchen. Hast du jemals darüber nachgedacht, hast du jemals erkannt, wie die Begrenzungen deines physischen Körpers tatsächlich aussehen? Sind sie nicht nur von dir selbst errichtet worden? Betrachte nur einen Menschen, der blind oder taub ist. Den Verlust eines seiner Sinnesorgane macht er zum großen Teil dadurch wett, daß er seine übrigen Sinnesorgane in stärkerem Maße ausbildet. Beispielsweise kann ein Blinder, der an einer Blume riecht und sie berührt, sowohl die Sorte als auch ihre Farbe erkennen. Ihr alle macht im großen und ganzen unzureichenden Gebrauch sowohl von euren Sinnesorganen als auch von den vielen anderen Fähigkeiten eures physischen Körpers. Bevor ihr nicht wirklich versucht, euch eures Körpers zu bedienen und ihn seine vielfältigen Funktionen ausüben zu lassen, werdet ihr niemals tatsächlich wissen, wozu er fähig ist. Der Mensch muß bewußter werden und sich selbst darin schulen, über seinen begrenzten Gesichtskreis hinauszublicken. Er muß sich darin üben, mehr zu hören, mehr zu riechen, mehr zu schmecken und zu fühlen. Alle Sinnesorgane können und müssen voll entwickelt werden, denn dies gehört zu der Zielsetzung der menschlichen Existenz auf dieser Erde – die physische Seite seiner Evolution. Hand in Hand damit muß natürlich seine spirituelle Evolution gehen, die Beherrschung und der Gebrauch seiner weiteren sechs Körper. Nur durch eine gleichzeitig physische und spirituelle Entwicklung wird der Mensch die höchste Vollkommenheit erreichen.

Die heutige Medizin hat die Teile des physischen Körpers sehr genau erklärt und bestimmt, doch hat sie ihm auch Grenzen auferlegt, denn die Menschen sind der Ansicht, daß die Funktionen seiner verschiedenen Teile einzig und allein durch die medizinischen Wörterbücher definiert werden. Dies spiegelt natürlich das Bewußtsein und die Evolution des jetzigen Zeitalters wider, doch wenn der Mensch bewußter wird und spirituell motivierte Ärzte und medizinische Wissenschaftler damit beginnen werden, die wahre Funktionsweise des physischen menschlichen Körpers zu untersuchen und zu erforschen, wird auch dieses Wissen zunehmen.

Wir wollen jetzt einige Körperteile zur Untersuchung heranziehen, damit du eine Vorstellung von der wahren Funktionsweise des physischen Körpers beim Menschen erhältst. In Entsprechung zu den sieben Existenzebenen innerhalb des Sonnenkörpers existieren im physischen Körper des Menschen sieben Kraftzentren oder Chakras an verschiedenen Stellen im Körper. Man kann sie nicht aufzeigen, herausschneiden und als feststoffliche Materie vorweisen, da sie nicht aus der physischen Materie dieser Erde bestehen. Es handelt sich um spirituelle Zentren mit einer hohen Schwingung, die auf den Kosmos eingestimmt ist; im wesentlichen reflektieren sie Farbe, welche Schwingung ist, denn ohne Farbe könnte der Mensch nicht innerhalb seines physischen Körpers existieren.

Der Mensch hat mehr als nur ein Gehirn. Er besitzt vier Gehirne oder vier Punkte des direkten physischen Bewußtseins innerhalb seines physischen Körpers. Du kennst das physische Gehirn des Menschen, seine Urteilskraft und seinen Intellekt, das größte Gehirn, das der Mensch besitzt und das in seinem Kopf existiert, doch solltest du auch wissen, daß der Mensch noch drei weitere Gehirne hat, von denen er Gebrauch machen kann und muß. Er hat ein Gehirn innerhalb seines Solarplexus, sein emotionales oder Gefühlsgehirn. Die Tatsache, daß der heutige Mensch es nicht gebraucht, bedeutet nicht, daß es nicht existiert. In vielen von euch liegt dieses Gehirn brach und ungenutzt, weil der Mensch seine Kultur auf dem Verstand aufgebaut hat. Er will die Dinge nicht mit dem Gefühl erfassen, sondern statt dessen mit dem Verstand ergründen. Langsam beginnt er jedoch zu erkennen, daß er wieder das Gefühl einbeziehen muß, denn welchen Nutzen hat die ganze Urteilskraft, hat der Verstand, wenn sie nicht durch das Gefühl gelenkt und motiviert werden? Ein weiteres Gehirn hat der Mensch in seinen Füßen. Seine beiden Füße bilden zusammen ein Gehirn. In jedem Fuß hast du ein Nervengewebe, das demjenigen in deinem physischen Gehirn und in deinem Solarplexus ähnlich ist. Der rechte Fuß entspricht der positiven Seite und empfindet und verzeichnet die positiven Nervenenergien, der linke Fuß, als der negative Pol, nimmt die negativen Nervenströme auf; gemeinsam bilden sie ein Gehirn. In ähnlicher Weise liegt ein weiteres Gehirn des Menschen in seinen Handflächen: Die rechte Hand entspricht der positiven, die linke der negativen Seite, und gemeinsam bilden sie ein Gehirn.

Das erste Gehirn im Kopfe des Menschen kann als sein positives Gehirn betrachtet werden, das zweite, im Solarplexus, als sein negatives oder empfängliches Gehirn; das dritte Gehirn in seinen Füßen festigt oder verwurzelt die Ausstrahlungen seiner ersten beiden Gehirne, und das vierte Gehirn in seinen Händen ist so etwas wie ein administratives oder ausführendes Gehirn, denn durch seine Hände bringt der Mensch das hervor, was er durch seine Gedanken und Gefühle empfängt. Weil er nicht nur dieser Erde, sondern auch dem Kosmos zugehörig ist, haben seine vier Gehirne Teile, welche auf den Sonnenkörper reagieren und schwingungsmäßig auf ihn eingestellt sind. In jedem der vier Gehirne des Menschen befinden sich zwölf winzige Zellen, welche für die Schwingungen und Ausstrahlungen der zwölf Planeten dieses Sonnenkörpers empfänglich sind, so daß der Mensch jederzeit nach den Pulsschlägen des Sonnenkörpers vibriert.

Ich habe die vier Gehirne des Menschen erwähnt, um dir ein wenig von der Funktionsweise seiner Organe aufzuzeigen, wie sie bisher von der Medizin noch nicht entdeckt worden ist. Ich möchte auch erwähnen, in welcher Art und Weise der Mensch mit den vier Reichen der Erde verbunden ist. Während seiner Existenz in der Materie verweilt sein Geist in der linken Herzkammer. Das Herz läßt sich in vier Teile einteilen: die linke und die rechte Herzkammer, der linke und der rechte Herzvorhof, oder die unteren und oberen Kammern; jeder dieser vier Abschnitte entspricht einem der vier Reiche der Materie und ist auf dessen Schwingung eingestellt. In ähnlicher Weise entspricht auch die Schwingung von vier Zehen und vier Fingern des Menschen der Einwirkung von einem der vier Reiche. Der kleine Zeh und der kleine Finger korrespondieren mit dem Mineralreich, der nächste mit dem Pflanzenreich, der nächste mit dem Tierreich und der nächste mit dem Menschenreich, wobei der große Zeh und der Daumen stellvertretend für die »Ich bin«-Persönlichkeit stehen, welche die niederen Reiche beherrscht.

Der Mensch muß zu lernen beginnen, sich der Spiritualität seines physischen Körpers bewußt zu werden und über die Grenzen der gegenwärtigen Medizin hinauszublicken. Dafür möchte ich ein abschließendes Beispiel bringen. Jeder der drei Abschnitte deiner

Finger hat eine spirituelle Entsprechung. Der Abschnitt, der deiner Handfläche am nächsten liegt, steht stellvertretend für deinen Körper, der mittlere für die Seele und der oberste Abschnitt für den Geist. Du kannst nun erkennen, warum zwei Menschen niemals die gleichen Fingerabdrücke haben, denn genauso wie jeder von euch ein individueller und einzigartiger Funke des unendlichen Geistes ist und jeder auf einer anderen Wellenlänge schwingt, so spiegeln auch deine Fingerspitzen, welche deinen Geist verkörpern, diese Individualität wider.

Vielleicht kannst du jetzt damit beginnen, die Reflexion des Spirituellen oder Geistigen im Physischen wahrzunehmen. Sie sind nicht unterschieden und geteilt, sondern eins. Die verschiedenen Teile des physischen Körpers beim Menschen sind aufs engste mit den Planeten verbunden und werden von diesen beeinflußt. Die Drüsen in seinem Körper, die so vieles von seiner physischen und spirituellen Existenz steuern, stehen unter starker Einwirkung der Planeten, doch auf diesem Gebiet fehlt es dem Menschen fast völlig an jeglichem Wissen. Die Planeten stellen die Kraft zur Verfügung, die der Mensch zur Anwendung bringt. Er kann seinen physischen Körper auf vielerlei Art und Weise nutzen, wovon er sich keine Vorstellung machen kann. Er kann dem Beispiel des Nazareners folgen. Er kann auf dem Wasser gehen. Er kann die Kranken heilen. Er kann die Reiche der Materie durch den Gebrauch und die Anwendung derjenigen Kräfte beherrschen, die seinem physischen Körper innewohnen.

Der Mensch ist ständig auf jene Kräfte eingestimmt, die jenseits seines begrenzenden physischen Körpers liegen. Er lebt nicht allein und unbeeinflußt auf diesem Planeten. Unaufhörlich gelangen Kraft- und Energiestrahlen in seinen Körper hinein und treten wieder daraus hervor. Er ist nichts anderes als das Glied einer Kette. Die winzigen Kleinstwesen, die im Körper des Menschen leben, machen Gebrauch von diesen Einflüssen; daher wirkt sich die Art und Weise, wie der Mensch seinen physischen Körper behandelt, auf das Leben all jener Wesen in seinem Innern vergleichbar damit aus, wie sein eigenes Verhalten auf der Oberfläche der Erde Einfluß auf den Körper des Herrn dieser Erde nimmt: »Wie oben, so unten«.

Der Körper des Menschen ist ein großartiges Werk der Schöpfung. Wenn du ihn betrachtest und darüber nachdenkst, wirst du in ihm die Vollkommenheit, die Unendlichkeit deines Schöpfers widergespiegelt sehen. Daher verdient es ein solcher Körper ganz gewiß, daß du ihn eingehender erforschst und dich mit größerer Sorgfalt seiner annimmst – doch überall sehen wir in der heutigen Zeit, wie der Mensch falschen oder schlechten Gebrauch von seinem physischen Körper macht. Er versucht nicht, ihn zu reinigen und zu verfeinern, ist nicht bemüht, seine Schwingungsrate zu erhöhen. Er versucht nicht, vollen Gebrauch von ihm zu machen, sondern schränkt ihn lediglich ein.

Will der Mensch seine potentiellen Möglichkeiten als ein spirituell-geistiges Wesen erkennen und will er auf dieser Erde in der Nachahmung seines Schöpfers leben, so muß er seinen physischen Körper in der rechten Weise gebrauchen. Er muß damit beginnen, seine eigentliche Funktionsweise und sein Potential zu begreifen. Er muß seine Bedeutung in Relation zu seinen anderen Körpern und den Sinn und Zweck erkennen, weshalb er in diesem Körper während seiner Existenz in der Materie lebt. Vor allem muß sich der Mensch der Heiligkeit seines Körpers bewußt werden. Sein Körper gehört nicht ihm, er ist nach Gottes Bild erschaffen. Er selbst kann seine Teile weder erschaffen noch ersetzen; auch außerhalb von ihm kann er kein Leben hervorbringen. Er hat diesen Körper in einem heiligen Band zu treuen Händen erhalten, und jene, die dieses Vertrauensband mißbrauchen, haben eine große karmische Schuld zurückzuzahlen.

Der Mensch hat einen Körper erhalten, der in jeder Hinsicht die Großartigkeit und Erhabenheit seines Schöpfers widerspiegelt. In sich hat er das Potential von Geist und Materie, die er dazu erheben kann, diese Vollkommenheit nachzuahmen, doch muß er das achten und respektieren, muß von dem Gebrauch machen, was er erhalten hat. Wenn der Mensch damit beginnt, so wird er sich allmählich nicht nur des Lebens auf dieser Erde, sondern auch des Lebens innerhalb des Sonnenkörpers und innerhalb des gesamten Kosmos bewußt werden. Dies ist sein angestammtes Geburtsrecht.

Der Mond

Innerhalb des Sonnenkörpers gibt es nur ein einziges Gestirn, das erhellen und Kraft verleihen, das alles Leben innerhalb seines Systems aufrechterhalten kann – die Sonne. Das Wesen, das ihr als Gott bezeichnet, der Sonnen-Logos dieses Systems, dessen Geist der Sonne innewohnt, entfaltet den Grad seiner Evolution und Schwingung durch die strahlende Helligkeit seines Glanzes; daher ist es für den Menschen auf der Erde unmöglich, in die Sonne zu blicken. Nur wenn der Mond eine Sonnenfinsternis verursacht, kann der Mensch die Sonne direkt betrachten.

Jeder Planet und jeder Satellit innerhalb dieses Sonnenkörpers wird durch das Licht des Sonnen-Logos erhellt, und jeder reflektiert dieses Licht in Entsprechung zu seiner Evolutionsstufe und Zielsetzung innerhalb der Schöpfung.

Der Mond, der ein Trabant der Erde und ihr nächster Nachbar ist, spiegelt das Sonnenlicht in äußerst starkem Maße auf der Erde wider und gibt dem Menschen das sichtbare Mondlicht, dessen er sich bewußt ist. Weil der Mensch durch den Wahrnehmungsbereich seiner physischen Sinnesorgane begrenzt wird, kann er das Licht, das von den anderen Planeten innerhalb des Sonnenkörpers reflektiert wird, nicht wahrnehmen und weiß nichts von ihm; ein bewußter Mensch kann jedoch in der Tat das Licht der Venus, des Mars, des Jupiter und des Saturn ebenso mühelos sehen und erkennen wie das Mondlicht.

Eine der hauptsächlichen Aufgaben des Mondes besteht darin, dem Menschen zu einem tieferen Verständnis des Kosmos zu verhelfen, denn innerhalb der spirituellen Beziehung zwischen Mond und Erde liegt der Schlüssel zu den himmlischen Bereichen. Würde der Mensch die Beziehung zwischen diesen beiden himmlischen Gestirnkörpern eingehend erforschen und untersuchen, so würde er, in einem hohen Grade, die Schöpfung innerhalb des Universums begreifen. Der Mond, seine Zielsetzung und sein Krafteinfluß ist der Schlüssel für die Entwicklung des Menschen nicht nur auf dieser Erde, sondern auch jenseits von ihr. Jeder Mondzyklus, der sich vor den Augen des Menschen vollzieht, enthält den Schlüssel zum Kosmos in sich, doch ist sich der Mensch dessen voll und ganz bewußt?

Es liegt keinesfalls in meiner Absicht, die spirituelle Bedeutung und die Kräfte des Mondes zu enthüllen, denn dies läßt das kosmische Gesetz nicht zu. Der unentwickelte Mensch darf die Geheimnisse des Kosmos nicht mitgeteilt bekommen, bis er sein Bewußtsein für die Natur und Zielsetzung jener höheren, ihn umgebenden Wesen und ihrer und seiner eigenen Aufgabe innerhalb der Evolutionsspirale erweckt hat. Der unentwickelte Mensch ist dazu verpflichtet, sich nach oben zu orientieren, mit Sorgfalt zu suchen, dafür seine eigene Inspiration zu gebrauchen und sich selbst nach den Antworten umzusehen, die er sucht. Doch nur so wenige suchen überhaupt nach diesen Antworten, und die Natur des Lebens auf der Erde in der heutigen Zeit ist so beschaffen, daß der Mond genausogut gar nicht existieren müßte!

Damit wir die Beziehung zwischen dem Mond und der Erde verstehen können, müssen wir bis zum Zeitpunkt ihrer Erschaffung zurückgehen. Der heutige Mensch ist eifrig damit beschäftigt, das Mondgestein zu untersuchen, das von den amerikanischen Astronauten von dort mitgebracht wurde, und dabei hofft er zu entdekken, wie der Mond zur Entstehung kam, und vielleicht ein wenig über sein Umfeld zu verstehen. Dabei vergißt er jedoch, daß er, obwohl er den Mond – technologisch gesehen – durch die Anwendung seines von Gott gegebenen Verstandes erreicht hat, in jedem anderen Bewußtseinsaspekt noch weit von ihm entfernt ist. Er muß sich auf vielen anderen Bereichen weiterentwickeln, bevor er die Aufgabe des Mondes wirklich erkennen und die wahre Natur seines Wesens entdecken kann.

Die spirituelle Wissenschaft – das heißt, die Wissenschaft des Geistes im Unterschied zu der Wissenschaft des Menschen – erklärt, daß der Sonnenkörper, von dem die Erde ein Teil ist, durch den Sonnen-Logos erschaffen wurde. So wie ein Kind, das auf der Erde geboren wird, aus dem Schoße seiner Mutter hervorkommt, hat die Sonne das Sonnensystem hervorgebracht. Ein Teil nach dem anderen hat der Sonnen-Logos aus sich selbst entlassen, bis das Planetensystem, wie es heute bekannt ist, entstanden war.

In der gleichen Art und Weise, wie ein Kind den Mutterleib verläßt, hat die Sonne diese Teilpartikel oder Planeten geboren. Sie waren ihrer Essenz nach vollkommen, bestanden jedoch aus schmelzflüssiger Masse, die sich zuerst verfestigen mußte, bevor sie das wahre Potential des Geistes hervorbringen konnte. Im Verlaufe von Äonen hat sich diese flüssige Masse abgekühlt und verfestigt und konnte, unterstützt von den Scharen der Engel, ihre richtige Schwingungsfrequenz finden.

Zehn Planeten wurden auf diese Art und Weise erschaffen und hatten bereits viele Zeitalter lang existiert, bevor euer Schöpfer, zur Erfüllung seines göttlichen Planes, sein letztes Teilstück, seinen letzten Planeten hervorbrachte. Nachdem dieser Planet die Sonne verlassen hatte, nahmen die für seine Entwicklung verantwortlichen Engel ihren Platz auf den verschiedenen Schwingungsebenen ein und beobachteten und lenkten ihn, während er sich abkühlte und feste Form annahm. Ehe sich die mineralischen Substanzen des Planeten jedoch vollkommen verfestigt hatten, spaltete er sich in drei Teile, und daraus gingen die Erde hervor, ihr Trabant, der Mond, und ein weiterer Planet hinter dem Mond, den der Mensch noch entdecken muß. Dieser unentdeckte Planet ist der zwölfte und der am wenigsten entwickelte Planet des Sonnenkörpers, denn der Mond ist kein Planet, sondern ein Trabant der Erde, und seine Bestimmung ist eng mit der Entwicklung der Erde verbunden. Der Mond hat eine entscheidende Rolle innerhalb der spirituellen Bestimmung der Erde zu spielen.

Die Erde und der Mond wurden demnach zur gleichen Zeit erschaffen. Die Scharen der Engel, die planetarischen und interplanetarischen Meister, nahmen ihren Platz auf diesen Himmelskörpern ein, und mit Hilfe ihres Verständnisses von Frequenz und Schwingung fanden die Elemente der beiden Planeten ihre eigene Frequenz und konnten eine Verbindung zu den anderen Schwingungszahlen innerhalb des Sonnensystems eingehen. Aufgrund der kosmischen Aufgabe, die der Mond erfüllen muß, hat er sich nicht in der gleichen Art und Weise wie die Erde verfestigt. Deshalb zieht der Mensch den Schluß, wenn er – geologisch gesehen – die Proben von Mondgestein untersucht und die Meßwerte aus der Atmosphäre des Mondes analysiert, daß es keine gemeinsame Verbindung zwischen dem Mond und der Erde gibt; denn obwohl sie den gleichen Ursprung haben, sind sie ebenso voneinander unterschieden, wie es Bruder und Schwester ihrer Persönlichkeit nach sein können.

Der Mond wurde nach seiner Erschaffung in eine genaue Umlaufbahn um die Erde gebracht, damit er bestimmte wichtige Einflüsse auf diese ausüben konnte. Heute beginnt sich der Mensch langsam über die Form der Mathematik bewußt zu werden, welche als die »heilige Geometrie« der Erde bekannt ist. Die gleiche Mathematik kann, nur auf einer höheren Stufe, für die Geometrie der Himmelskörper zur Anwendung kommen, denn jeder der Planeten ist in eine Umlaufbahn um die Sonne gebracht und bewegt sich nach einer genauen kosmischen Formel auf einer festgesetzten Bahn weiter. In vergangenen Zeitaltern hat der Mensch diese Formel erkannt und verwendet, und in dem kommenden Neuen Zeitalter wird sie wiederum entdeckt werden. Der Abstand zwischen Erde und Mond ist von entscheidender Bedeutung, und es ist äußerst wichtig, daß der Mensch dieses Gleichgewicht nicht zerstört.

Obgleich der Mensch den Mond in seinen Raumschiffen erreicht hat, ist seine Motivation, warum er dorthin gelangen wollte, nicht korrekt gewesen. Überdies haben die Experimente des Menschen auf dem Mond und sein Verhalten dort in keiner Weise dazu beigetragen, dieses empfindliche Gleichgewicht aufrechtzuerhalten, sondern durch die Explosion seiner Raketenköpfe und seine sonstigen Versuche auf der Oberfläche des Mondes hat er dieses sogar gefährdet. Dieser Zustand der Ausgewogenheit wird durch die Edelsteine bewirkt und bewahrt, die sowohl auf dem Mond als auch auf der Erde vorhanden sind. Die Funktion der Edelsteine, welche diese beiden Himmelskörper kreisen und sich im Gleichgewicht halten lassen, kann mit der Funktion der Steine in einer Uhr verglichen werden. Wenn man einer Uhr einen Stoß versetzt und ihren Mechanismus in Erschütterung bringt, so wird sie ihr Gleichgewicht verlieren und versagen; ähnlich verhält es sich mit dem im Gleichgewicht befindlichen Mechanismus zwischen der Erde und dem Mond. Natürlich haben die vielen Wesen auf dem Mond, gemeinsam mit ihren Brüdern von den anderen Planeten, dazu beigetragen, den Folgen aus den naiven Experimenten des Menschen entgegenzuwirken. Der Mensch sollte sich jedoch im klaren darüber sein, daß er mit diesen Versuchen nicht nur den Mond, sondern ebenso auch die Erde aufs Spiel setzt, denn würde er eine Bombe von beträchtlicher Größe auf dem Mond explodieren lassen, so wäre damit das in subtiler Weise ausgewogene Verhältnis zwischen Erde und Mond zerstört. Wenn man einen Ball an einem Stück Schnur um den Finger im Kreise herumschwenkt und dann losläßt, so fliegt der Ball fort; würde der Mensch die Verbindung zwischen Mond und Erde aus dem Gleichgewicht bringen, so würden die beiden Himmelskörper in ähnlicher Weise auseinanderfliegen, und die empfindliche Ausgewogenheit des Lebens sowohl auf der Erde als auch auf dem Mond wäre zunichte gemacht, um sich niemals wieder einzustellen.

Wie kann man vom Menschen erwarten, wo er sich der unsichtbaren Einflüsse der Erde weitgehend nicht bewußt ist, daß er Kenntnis von den Einflüssen des Mondes hat? Ebenso wie er größtenteils nichts von der Gegenwart der Elementargeister, Elfen, Engel und der vielen Astralwesen weiß und keine Kenntnis des Lebens auf irgendeinem der übrigen Planeten innerhalb des Sonnenkörpers hat, kann er sich auch das Leben auf dem Mond nicht vorstellen. Und doch *gibt* es Leben auf dem Mond, eine ganze Kultur von Wesen lebt dort. Obwohl sie ähnlich wie der Mensch erschaffen sind, würdet ihr sie nicht als menschliche Wesen erkennen, da ihre Körper unterschiedlich geformt sind und sie eine kleinere Statur haben. Sie existieren jedoch, mit einem hohen Grad an Zivilisation, unterhalb der Oberfläche des Mondes.

Vergegenwärtige dir, daß jede Seele, die sich auf einem Planeten inkarniert, ihren Körper nach der Beschaffenheit des jeweiligen Planeten bildet. Du auf der Erde formst dir einen physischen Körper, der sich am meisten für das Leben auf der Erde eignet. Du verwendest dafür die Materie dieser Erde, und die Mechanismen deines physischen Körpers können sich den Sauerstoff aus der Luft, das Wasser und die Früchte des Landes zunutze machen. Dein Körper ist dafür vorgesehen, innerhalb der auf der Erde vorherrschenden Temperaturskala zu leben. In ähnlicher Weise haben die Lebewesen auf dem Mond ihren Körper nach der Beschaffenheit des Mondes gebildet. Ein Teil der Lebensbedingungen auf dem Mond ist dem Menschen nicht bekannt, und würde er sich hinsetzen und darüber nachdenken, welche Art von Körper für das Leben auf dem Monde notwendig wäre, so würde er sich vielleicht von der Gestalt und Lebensweise der Mondwesen eine bestimmte Vorstellung machen, bevor diese Fakten mit Hilfe von anderen Mitteln entdeckt worden sind. Der Mond wurde in eine Umlaufbahn um die Erde gebracht, um der Erde in ihrer Evolution Unterstützung zu leisten. Die Mondwesen sind Diener der Erde, und ihre Evolution unterscheidet sich von der eurigen. Sie besitzen nicht die Gabe der freien Wahl, die ihr von eurem Schöpfer zur fortschreitenden Entwicklung eures Bewußtseins erhalten habt. Sie werden von anderen Kräften gelenkt und erfüllen die Rolle des Mondes, der Erde jederzeit Hilfe zu leisten. Ihr erhaltet ihre Kraft unaufhörlich, regelmäßig und in Entsprechung zu den Zyklen des Mondes.

Die spirituelle Schwingungszahl der Materie auf dieser Erde ist die Zahl Vier. Ihr wißt von vier Reichen der Materie, vier Rassen, den vier Hauptrichtungen des Kompaß, den vier Jahreszeiten usw. Auch der Mond, der auf dieser Zahl schwingt und in eurem Dienst steht, hat vier Phasen oder vier Viertel. Jedes Mondviertel entspricht einem der vier Reiche der Materie auf der Erde; während eines jeden dieser Viertel nutzt das damit verbundene Naturreich die Kraft des Mondes gemäß seiner Beschaffenheit und seiner kosmischen Aufgabe auf der Erde. Der Mensch weiß, daß der Mond eine Wirkung auf die Gewässer der Erde ausübt, denn er hat nachgewiesen, daß sein Einfluß für die Gezeiten verantwortlich ist. Es ist merkwürdig, wenn er dies erkannt hat, daß er dann nicht weiterblickend ist, denn wenn der Mond die Gezeiten beeinflussen kann, so kann er ohne Zweifel noch sehr viel mehr bewirken. Im gegenwärtigen Zeitalter besteht der physische Körper des Menschen zu neunzig Prozent aus Wasser. Kann der Mond keine Wirkung darauf ausüben? Natürlich kann er dies. Sein Einfluß wirkt sich nicht nur auf das Wasser der Meere und des menschlichen Körpers, sondern auf jeglichen Schöpfungsaspekt der Erde aus.

Jeder, der den Mond betrachtet, vor allem den Vollmond, wird, so glaube ich, die hier offenbarte Schönheit zugeben müssen. Der Mond ist weich und weiblich und entfaltet Weisheit. Nichts Hartes oder Grobes läßt sich mit ihm assoziieren. Von dieser Art ist auch sein Einfluß: Denn wie die Erde positiv ist, Kraft und nach außen gerichteten Ausdruck verkörpert, so ist der Mond weiblich und steht für Weisheit, Empfänglichkeit und Liebe. Daher entspricht die Schwingung der weiblichen Spezies auf der Erde, welche den Weisheits- und Kreativitätsaspekt darstellt, in besonderem Maße der Einwirkung des Mondes, und auch die Geburt wird in hohem Grade durch ihn reguliert. Jede Frau erlebt die Zyklen ihres Körpers, die – wenn die medizinische Wissenschaft nicht eingreift – in Entsprechung zu den Zyklen des Mondes verlaufen. Daher kann und sollte die Empfängnis in Übereinstimmung mit seinen Phasen geplant werden. Der Mond nimmt nicht nur im menschlichen Bereich Einfluß auf die Geburt, sondern ebenso in den übrigen Reichen der Erde.

Ich möchte in dieser Lesung nicht allzu gründlich auf die spirituellen Körper des Menschen eingehen, doch jeder Einfluß des Mondes auf der physischen Ebene, dessen sich der Mensch bewußt ist, entspricht einer zehnfachen Wirkung auf den höheren Ebenen. Im besonderen beeinflußt er die Zirbeldrüse, die Drüse der Empfänglichkeit, der Einsicht und des Lernens im Menschen, und daher erlangt man Wissen und Inspiration unter seiner Einwirkung; auch das Bewußtsein kann unter dem Einfluß des Mondes erweitert werden. Wenn du es nicht bereits schon versucht hast, so führe das Experiment durch, während der Phase des Vollmondes zu lernen und dich um die Erweiterung deines Bewußtseins zu bemühen, denn die Kräfte, welche die Erde zu diesem Zeitpunkt erhält, sind von großer Bedeutung. In alten Zeiten hatte der Mensch eine gewisse Kenntnis davon und ließ einige seiner religiösen Zeremonien während der Phase des Vollmondes stattfinden. Einige der großen Meister, welche diese Erde gesehen hat, haben sich in Entsprechung zu den Phasen und Einwirkungen des Mondes inkarniert, ihren Körper verlassen oder – sowohl auf der physischen als auch auf höheren Ebenen des Lebens – bedeutsame spirituelle Handlungen ausgeführt.

Der Mond beeinflußt auch den Astralkörper des Menschen, während er in seinem physischen Körper lebt; daher kann er ebenfalls eine große Hilfe für den Gebrauch dieses Körpers bedeuten, und zwar bei allem, was dies einschließt, besonders auf dem Gebiet der übersinnlichen Phänomene. Für diejenigen, welche diesen bestimmten Aspekt, diese besondere spirituelle Fähigkeit ausbilden möchten, ist daher die Anrufung und Nutzbarmachung der Kraft des Mondes wiederum von allergrößter Bedeutung. Würdest du dich unter dem Licht des Vollmondes zur Meditation niedersetzen, so würdest du eine erhöhte Bewußtheit verspüren, während der Krafteinfluß des Mondes durch deine Zirbeldrüse fließt und sich auf dein gesamtes Sein ausdehnt. Du würdest das Gefühl haben, wie sich jenes höhere, das unendliche Bewußtsein mit deinem Bewußtsein verbindet.

Auch das Denken und das Gehirn werden durch den Mond beeinflußt. Die Art und Weise, wie du denkst, wie du für Inspiration empfänglich bist, wie du dich verhältst, wie du deinen Verstand und deine Urteilskraft gebrauchst, wird in einem großen Ausmaß durch den Mond beeinflußt und gelenkt. Die Nutzbarmachung seiner Kräfte kann jene kleinen Klappen im Gehirn sich öffnen lassen, die – bewußt oder unbewußt – die Schwingungen des Kosmos, die Erfahrungen der Seele auf anderen Ebenen Eingang finden lassen. Diese Klappen sind auch für die Einwirkungen des Mondes empfänglich. Der Ausdruck »Mondsucht« ist bekannt: Nicht viele leiden unter dieser Krankheit, doch gelegentlich können sich, aufgrund von Fehlern im Mechanismus des Gehirns und unter Einfluß des Vollmondes, diese Klappen öffnen, und dann gelangen Bilder oder Vorstellungen von anderen Ebenen des Lebens in das Denken dieser Menschen, wodurch sie in Verwirrung geraten und die Harmonie des physischen Lebens zerstört wird.

In dieser Weise wirkt sich die Kraft des Mondes aus, wenn sie nicht unter Kontrolle gebracht und beherrscht wird. Für diejenigen aber, die in Meditation sitzen, während sie ihr Bewußtsein in rechter Weise mit demjenigen ihres Schöpfers verbinden und sich die Kraft zunutze machen, die ihnen der Mond schenkt, wird es Augenblicke der Bewußtheit geben, die gleichzeitig erhaben sind und unvermittelt auftreten. Würde der Mond ständig auf die Erde herabscheinen, so könnte der Mensch seine Einwirkung nicht ertragen, und deshalb gibt es – in kluger Absicht – die verschiedenen Mondphasen. Diese sind von großer Bedeutung, da sie die zyklischen Abläufe auf der Erde bewirken. Die Theorie von den vier Mondphasen in Relation zur Erde stellt allein schon eine ganze Abhandlung dar, doch würde der Mensch nur einige wenige Versuche mit den vier Reichen der Materie anstellen, um zu erkennen, welcher Bereich die stärkste Empfänglichkeit während welchen Mondviertels zeigt, so würde er damit die Qualität, die Harmonie und das Verständnis seines Lebens auf der Erde weitgehend verbessern. In vergangenen Zeiten lebte der Mensch, obgleich in technologischer Hinsicht weniger fortgeschritten, in größerem spirituellem Gleichgewicht. Er besaß ein Verständnis für die Nutzbarmachung und Aufgabe des Mondes und konnte daher ein erfüllteres, wenn auch technologisch nicht so hochentwickeltes Leben führen. Würde der moderne Mensch den Einfluß und die Kraft des Mondes entdecken und sich zunutze machen, so würde niemand an Hunger sterben müssen. Es gäbe keine Dürrezeiten, keine Erdbeben und nur wenige Naturkatastrophen – ausgenommen jene, die der Mensch selbst herbeiführen würde.

Der Mond ist immer bereit dazu, der Erde zu dienen. Warum betrachtet ihn der Mensch und ist sich seiner Gegenwart bewußt, ohne sich ihn zunutze zu machen? Geschieht dies deshalb, weil er in seinem Intellekt, in seinem Ego der Annahme ist, daß der Schlüssel zu ihm selbst, der Schlüssel zur Evolution, der Schlüssel zu höherer spiritueller und materieller Bewußtheit in dieser Erde, und nicht außerhalb davon, enthalten sein müßte? Vielleicht ist dies der Grund. Doch diejenigen von euch, die ihren Geist nach außen projizieren, die den Mond betrachten und ihre Schwingung auf die Schönheit dieses Himmelskörpers einstellen können, der soviel widerspiegelt, darunter auch die Natur des Lebens auf dieser Erde, werden darin nicht nur den Schlüssel für die irdische Weiterentwicklung des Menschen, sondern auch für seinen spirituellen Fortschritt und selbst für die Weiterentwicklung des Sonnenkörpers finden, in welchem er lebt.

Der Bewußtseinsstand der heutigen Welt

Überall in der Welt herrscht zum gegenwärtigen Zeitpunkt eine Atmosphäre der Disharmonie, der Ungewißheit, der Sorge um die Zukunft, und zwar nicht nur im Hinblick auf den einzelnen Menschen, sondern auf die Welt als Ganzes. Dabei spielt es keine Rolle, ob der Mensch in den technologisch fortgeschrittenen und reichen Ländern oder in den unterentwickelten und armen Ländern der Welt lebt, ob er viel oder wenig zu essen hat – überall befindet er sich in Ungewißheit über seinen Lebenszweck, über Gegenwart und Zukunft.

Dieses Gefühl der Ungewißheit, der Unsicherheit hat natürlich schon vorher existiert. Auch in anderen Zeitaltern hat der Mensch schon größere Kriege führen müssen, doch mit der Existenz von Wasserstoffbomben, durch biologische und psychologische Kriegsführung, politische, finanzielle und rohstoffbedingte Zwangsmaßnahmen stellt er heute eine größere Bedrohung für den Weltfrieden als zu jeder anderen Zeit in der Geschichte dar. Hand in Hand mit diesem Gefühl der Unsicherheit geht heute auch ein allgemeiner Unglaube an die orthodoxe Religion, weshalb viele aus der Kirche austreten. Der Mensch wendet sich ab von der organisierten Religion und von Gott, oder vielmehr von seiner begrifflichen Konzeption von Gott, um allein dazustehen und sein Leben auf seinen eigenen Idealen, seinen eigenen Glaubensvorstellungen und Gedankenschöpfungen zu begründen.

Nichts in der Schöpfung ist Eigentum des Menschen. Als Instrument des unendlichen Geistes zapft der Mensch mit Hilfe seiner Intelligenz die unendliche Intelligenz an und bringt sie auf die physische Ebene in Form von Inspiration oder Wissen herab, wovon er dann Gebrauch macht. Dazu hat er die geistige Fähigkeit, und selbst wenn er nicht über die Weisheit verfügt, sich selbst in der rechten Weise zu motivieren, so kann er doch aufgrund der göttlichen Gabe der freien Wahl, die er von seinem Schöpfer erhalten hat, diese Entdeckungen zu sich herabzuziehen. Daher macht der Mensch überall Gebrauch von seiner Intelligenz, von seinem Denkvermögen, um damit zur Verbesserung seines Lebens auf der Erde beizutragen, obgleich er der Anwendung dieses Wissens noch keine spirituelle Motivation geben kann. Wenn er sein Denken kontrollieren und beherrschen will, muß er bewußter werden, und um bewußter zu werden, muß er seine Spiritualität, seine wahren Gefühle und Emotionen von innen heraus entwickeln lernen.

Der heutige Mensch handelt größtenteils ohne Gefühl. Weil er die Vorherrschaft über die drei übrigen Reiche dieser Erde erhalten hat, kann er diese gebrauchen – und auch falschen Gebrauch oder Mißbrauch von ihnen machen. Er glaubt, daß er das Tierreich ganz nach seinen Wünschen benutzen kann, beispielsweise zur Nahrungsbeschaffung oder zu wissenschaftlichen Versuchen, und daß er völlig dazu legitimiert ist, seinen wahren Lebenszweck zu begrenzen und sein Recht auf freie Äußerungsform auf dieser Erde zu beschneiden.

Der Mensch bedient sich auch des Pflanzenreiches zu seiner Nahrungsbeschaffung, doch natürlich paßt er es seinen eigenen Vorstellungen an und kultiviert das, was er selbst möchte. Als Folge daraus hat er jetzt eine Kettenreaktion in Bewegung gesetzt, die es erforderlich macht, daß der Boden künstlich gedüngt werden muß, daß die natürliche Art und Weise, wie die Ernte heranreift, abgewandelt und die Beschaffenheit der Nahrung, die der Schöpfer für den Menschen vorgesehen hat, verändert werden muß. Die natürlichen Rohstoffe des Mineralreiches verwendet der Mensch dazu, um das zu produzieren, was er für seine Zivilisation für notwendig hält – ohne Rücksicht auf den Preis. Die Frucht aus seinem gedankenlosen Verhalten ist die Verschmutzung von Luft, Erde und Wasser.

Die wenigen Seelen, die sich laut gegen diesen Mißbrauch der Natur wenden, werden mit Verachtung gestraft, denn der Mensch glaubt in der Tat, daß er das kontrollieren und beherrschen kann, was er erschaffen hat. Er hat jedoch eine Kettenreaktion in Gang gebracht und wird feststellen, daß er diese nicht unter Kontrolle bringen kann, und daher möchte ich die Warnung aussprechen, daß in den vor ihm liegenden Jahren einige unliebsame Überraschungen auf ihn zukommen werden. Der Mißbrauch der drei anderen Reiche der Materie durch den Menschen hat das Gleichgewicht, die Harmonie des Lebens auf dieser Erde aufgehoben, und der Mensch wird die Frucht dessen ernten müssen, was er gesät hat. Es ist jetzt bereits zu spät, um den Lauf der Ereignisse noch aufhalten zu können, den der Mensch in Bewegung gesetzt hat. Würde er wahres Mitgefühl für die Natur haben, so würde er sie nicht mißbrauchen. Würde er sich auf die Tiere, die Pflanzenwelt, die Gewässer und die Steine dieser Erde einstellen, dann würde er sie aufgrund der wichtigen Rolle achten und respektieren, die sie innerhalb der Struktur der Schöpfung einnehmen.

Der heutige Mensch kann auf die ihm bekannte Geschichte der Erde zurückblicken und erkennen, daß er sich entwickelt, daß seine Kultur im Verlaufe vieler Jahrhunderte allmählich fortgeschritten ist und daß er, selbst wenn es ihm an Spiritualität mangelt, in materieller und technologischer Hinsicht einen weiten Weg zurückgelegt hat. Die Bewußteren unter euch können jedoch ebenfalls erkennen, daß diese Erde und das Leben darauf nur ein Teilstück eines Strukturmusters in einem unermeßlich großen Kreislauf von Geschehnissen sind. Ihr könnt wahrnehmen, daß auf vielen Ebenen, sowohl oberhalb als auch unterhalb der menschlichen Ebene, Leben existiert und daß der Mensch nur ein sehr kleiner Teil innerhalb der Lebensstruktur dieses gesamten Universums ist.

Die Erde ist Teil eines Sonnenkörpers. Die zwölf Planeten innerhalb dieses Körpers, ihre jeweiligen Trabanten eingeschlossen, folgen alle einer gemeinsamen Evolution. Die Erde ist der zweittiefste Planet in diesem Sonnenkörper und sollte eigentlich mittlerweile einen Bewußtseinsstand erreicht haben, mit dessen Hilfe sie in Einklang mit den übrigen Planeten die Sonne umkreisen kann, da sie sich alle auf eine neue Evolutionsspirale zubewegen. Doch die Erde befindet sich gegenwärtig in großer Disharmonie. Könntet ihr außerhalb der Erde stehen und ihre Ausstrahlungen, ihre Schwingungen, das Pulsieren ihrer Kraft wahrnehmen, so würdet ihr erkennen, daß sie schwach und krank ist. Welche Hilfe sie auch immer von den großen Mächten innerhalb dieses Sonnenkörpers erhalten wird, wenn der Mensch sich selbst, sein Verhalten, seine Ausdrucksform gegenüber seinen Mitmenschen nicht verändert, wenn er nicht in Harmonie leben und die Lektion und die Zielsetzung dieses Planeten, aufopferungsvolles Dienen, nicht beispielhaft verkörpern wird, dann wird er auch die vollkommene Gesundheit dieses Planeten nicht wiederherstellen können.

Zum gegenwärtigen Zeitpunkt strahlt die Erde nicht diejenige Kraft aus, die sie ausstrahlen sollte – nämlich universelle Liebe. Haltet euch vor Augen, daß sich die Ausstrahlungen sämtlicher Planeten in einem komplexen Muster vermischen, während sie gleichzeitig ihre jeweiligen Kräfte und Schwingungen sowohl geben als auch empfangen und auf diese Weise die Aufgabe erfüllen, die ihnen bestimmt worden ist.

Die Bewußteren unter euch beginnen vielleicht zu empfinden, daß sich bestimmte Ereignisse, die jetzt stattfinden, von allem vorher Geschehenen unterscheiden. Ihr beginnt zu fühlen, daß sich die Lebensgeschwindigkeit beschleunigt und daß die Zeit anders als früher zu existieren scheint. Natürlich zeigen eure Uhren immer noch die vierundzwanzig Stunden eines Tages an, doch scheint ein Tag nicht schneller als früher vorbeizugehen? Fließen die Tage und die Monate nicht so rasch vorüber, daß man es kaum glauben kann, ein weiteres Jahr sei bereits wieder vergangen? Überall auf der Erde scheint die Anzahl der Katastrophen und Unglücksfälle zuzunehmen. Ständig sind Berichte über Dürrezeiten, Überschwemmungen, Erdbeben, Hungersnöte und Seuchen zu lesen. Überall scheint die Geschwindigkeit der menschlichen Existenz, die Gewalttätigkeit im Leben, der Konflikt zwischen den einzelnen Ländern, Konkurrenzdenken, Uneinigkeit, Haß und Habsucht zuzunehmen. Diejenigen von euch, welche diese Veränderung empfinden, haben recht, denn das gesamte Dasein auf diesem Planeten wird intensiviert durch die Erhöhung seiner Schwingungsrate.

Die Herrscher, welche diesen Planeten lenken, und euer Schöpfer, dessen Geist der Sonne innewohnt, versuchen – gemeinsam mit vielen anderen Einflüssen – der Erde zu helfen, doch ihre Aufgabe wird durch die Disharmonie des Menschen erschwert. Aufgrund des menschlichen Verhaltens hat sich die Schwingungsfrequenz der Erde verlangsamt. Könntest du außerhalb des Sonnenkörpers stehen und die Erde beobachten, so würdest du erkennen, daß sie, anstatt ihre Schwingungszahl in Koordination mit den anderen Planeten in ihrer Bewegung auf eine neue Evolutionsspirale zu beschleunigen, hin- und herschwankt oder taumelt, fast wie ein Drehkreisel kurz vor dem Anhalten. Würde dies geschehen, so würde sie sich selbst auslöschen und in Vergessenheit geraten. Deshalb versuchen die großen Wesen, welche aufgrund ihres Wissens um die unendliche Gesetzmäßigkeit die Materie beherrschen, die Schwingung der Erde zu beschleunigen; dies geschieht nicht, um in die freie Wahl des Menschen einzugreifen oder sie zu verändern, sondern um eine schnellere und höhere Frequenzzahl in Kraft treten zu lassen. Dadurch tritt das auf, was für den Menschen Verwirrung und Zerrissenheit zu sein scheint, denn er wird festgehalten zwischen der, durch sein früheres Verhalten verursachten Trägheit seines eigenen Körpers und dem Versuch der Herren des Planeten, seine Bewußtseinsfrequenz zu erhöhen. Diese großen Wesen greifen ein, damit der Mensch nicht vernichtet werden soll: Sein Körper weist die große Atomarstruktur des Kosmos auf, und wenn jener Augenblick eintritt – und dies wird der Fall sein –, wo sich die Erde auf ihrer Achse aufrichtet, dann würde aufgrund der Trägheit des menschlichen Körpers, wenn diese äußere Beschleunigung noch nicht in Gang gebracht worden ist, die Atomarstruktur, auf der sich der Mensch aufbaut, explodieren und auseinanderreißen, denn die

Kraft des Aufrichtens wird eine große atomare Ausdehnung des Planeten hervorrufen.

Ich möchte nicht näher auf die Molekularstruktur eingehen und die Reaktion der Atome in diesem Augenblick der Veränderung beschreiben, doch aufgrund von veränderten Druckverhältnissen wird eine beträchtliche Umformung in der Erdstruktur auftreten. Überall auf der Erde wird es eine verheerende Zerstörung geben. Dies ereignet sich natürlich nicht zum erstenmal, und in der Literatur des Altertums und in der Bibel kann man von ähnlichen Geschehnissen lesen. Der Kataklysmus, die erdgeschichtliche Veränderung, die ihr als eine Katastrophe bezeichnen würdet, ist in Wirklichkeit keine Katastrophe, sondern ein Schritt vorwärts in der Evolution der Erde. Vergegenwärtigt euch, daß der Tod nicht gleichbedeutend mit einem endgültigen Schlußpunkt ist und daß diejenigen, die in der kommenden Erdveränderung sterben, eine Erweiterung ihres Bewußtseins erleben werden, denn in diesem Augenblick des Todes werden sie Lernerfahrungen machen. In der Hinführung zu diesem Geschehen wird es beträchtliche Disharmonie und Zerstörung geben, da sich die Schwingungsrate der Erde beschleunigt; dies wird sich ereignen, bevor sich die Erde etwa am Ende dieses Jahrhunderts auf ihrer Achse aufrichten wird. Bis dahin ist es nicht mehr sehr lange.

Es spielt keine Rolle, ob ihr mir Glauben schenkt oder nicht, ob ihr an den kommenden Kataklysmus glaubt oder nicht – er wird kommen, er wird sich ereignen. Die Erde steht im Begriff, sich zu verändern, und die Erde des einundzwanzigsten Jahrhunderts wird sich von ihrer jetzigen Form sehr stark unterscheiden. Ein Großteil des gegenwärtig auf dieser Erde vorhandenen Wassers wird verschwunden sein. Der Mensch wird in einem Luftzeitalter leben, und sein Körper wird in der Hauptsache aus Luft und nicht, wie im Augenblick, aus Wasser bestehen. Er wird sich seiner wahren spirituellen Existenz bewußt sein, denn er wird Kenntnis von den Wesen auf anderen Planeten haben und mit ihnen in Verbindung stehen. Er wird wissen, daß er sein Leben in seiner umfassenden Ganzheit nicht einzig und allein in einem begrenzenden physischen, der Materie zugehörigen Körper verbringt und daß er sich gleichzeitig, selbst während er in einem physischen Körper lebt, auf anderen Ebenen jenseits des physischen Bereiches aufhalten kann und dies, als sein angestammtes Geburtsrecht, auch tun sollte. Er wird sich zu diesen anderen Existenzebenen hinbegeben können und mit anderen Bereichen in Berührung kommen, die jetzt für ihn unsichtbar sind: die Sphären der Devas und Engel. Er wird ihre Einwirkungen erkennen lernen und wirklich den Einfluß der Erde weitergeben können. Alles dies wird der Menschheit im nächsten Jahrhundert, im nächsten Zeitalter, widerfahren. Das Christus-Prinzip, das zuletzt vor fast zweitausend Jahren in Erscheinung trat, wird erneut auftreten, denn am Beginn eines jeden Zeitalters erhält der Mensch ein Zeichen, eine Demonstration, ein Beispiel für die Art und Weise, wie er sein Leben führen sollte.

Viele von euch werden dem Gesagten keinen Glauben schenken, denn es erfordert eine gewisse Bewußtseinsstufe, die Begründung und in der Tat die Notwendigkeit für das, was sich ereignen wird, einzusehen und zu verstehen. Doch tragt ihr, ob ihr dies nun akzeptiert oder nicht, die Verantwortung dafür, das gegenwärtige Verhalten des Menschen zu überprüfen und zu verändern. Ihr braucht euch nur umzusehen, um festzustellen, daß der Mensch an einen Punkt gelangt ist, wo er sich verändern muß, denn seine augenblickliche Lebensweise folgt einer derartigen Motivation, daß er diese Welt in jeder Hinsicht zugrunde richtet. Er muß damit beginnen, sein Handeln in der rechten Weise zu motivieren und weniger an sein eigenes Ich und mehr an das größere Ganze zu denken. Er muß sich vor Augen halten, daß er von der göttlichen Gabe der freien Wahl, die kein anderes Wesen außer ihm auf der Erde besitzt, verantwortlichen Gebrauch machen muß.

Die grundlegende Zielsetzung dieses Planeten besteht in der Demonstration von universeller Liebe, und diese wird durch aufopferungsvolles Dienen beispielhaft illustriert. Daher sollte der Mensch immer darum bemüht sein, eher an andere zu denken als an sich selbst, eher an seine Familie als an sich selbst, eher an seine Freunde als an seine Familie, eher an die Welt als an sein Land, eher an andere Planeten als an seine eigene Erde. Er muß es lernen, andere immer über sich selbst zu stellen. Er darf nicht nur verstandesmäßig denken und alles mit Hilfe der Logik ausführen wollen, sondern er muß auch mit seinem Herzen fühlen und entscheiden können, ob er wirklich das Rechte tut. Ist es richtig, Wasser und Luft um materieller Vorteile willen zu verschmutzen? Ist es richtig, Raketen auf andere Planeten zu schießen, ohne daß diese angefordert oder erwünscht wären? Ist es richtig, das Tierreich zu mißbrauchen? Ist es richtig, daß der Mensch seinen eigenen Körper in falscher Weise gebraucht? Ist es richtig, die Nationen der Welt in besitzende und besitzlose zu unterteilen? Ist es richtig, einen Menschen nach seiner Hautfarbe oder Religionszugehörigkeit zu beurteilen? Ist es richtig, an sich selbst vor jedem anderen, auf dieser Erde existierenden Wesen zu denken, wenn das Beispiel eines jeden großen Meisters, der sich inkarniert hat, immer das eigene Ich an die letzte Stelle und die Geschöpfe, in jeglicher Form, an die erste Stelle gesetzt hat?

Der Mensch muß damit beginnen, sich selbst in rechter Weise zu motivieren. Die Motivation für jede Handlung und jeden Gedanken muß selbstlos sein und darf keinem anderen schaden. Der Mensch muß anfangen, mehr mit seinem Herzen und weniger mit seinem Gehirn zu »denken«, denn sein Verstand wird die Veränderung nicht herbeiführen, die er vornehmen muß. Es wird durch sein Herz geschehen, seine Verbindung zu seinem Schöpfer, die dessen Inspiration nutzt und gebraucht, daß er diese Veränderung herbeiführen wird. Der Mensch hat die Wahl, Recht oder Unrecht, Gutes oder Böses zu tun. Güte kann als Liebe definiert werden, die ihren Ausdruck in aufopferungsvollem Dienen findet. Schlechtigkeit kann so umrissen werden, irgend etwas zu denken, zu sagen oder zu tun, was in irgendeiner Form, sei es durch Beispiel oder Vorsatz, für einen anderen Bruder, für ein anderes Lebewesen auf dieser Erde herabsetzend oder schädlich sein kann.

Vergeßt nicht, daß Gott durch die Menschen wirkt. Euer Schöpfer ist nicht der Gott jener falschen Religionen, die behaupten, daß er aus den Wolken niederfahren wird, um die Menschheit zu erlösen und alles wieder in Ordnung zu bringen. Dieser Gott existiert nicht. Einzig und allein der Mensch kann durch den Gebrauch der Kräfte, die er erhalten hat, diese Welt verändern, und in dem Ausmaß, wie sich einer von euch verändert, wird diese Erde auf ihrer aufwärtsführenden Spirale weiter fortgeschritten sein. Denn wenn da einer ist, werden es zwei sein, und wenn da zwei sind, werden es bald vier sein, und die große Flut des Übels, die gegenwärtig auf dieser Erde vorhanden ist, wird allmählich abnehmen. Dann wird sich das Bewußtsein dieser Erde zu verändern beginnen.

Das psychische Gesetz

Das psychische Gesetz oder das Gesetz der Seele, wie es manchmal genannt wird, beherrscht den Menschen auf allen Ebenen seiner Existenz. Im jetzigen Zeitalter ist nur wenig über dieses Gesetz bekannt. Es ist nur ein geringes Verständnis von den Kräften und Einflüssen vorhanden, die jene spirituellen Wesenheiten ausüben, die außerhalb des Schwingungsbereiches der physischen Materie existieren. Da der Mensch nun jedoch in das Wassermann-Zeitalter eintritt, wo er aufgrund seiner Evolution und der Veränderungen in seinem physischen Körper zu einem psychisch und spirituell höherentwickelten Wesen werden und sein Leben in größerer Harmonie mit diesen Kräften führen wird, möchte ich in dieser Lesung über einige Aspekte dieses psychischen Gesetzes sprechen.

Viele Menschen, die an die Existenz solcher Wesen wie Naturgeister, Elfen, Devas und Engel glauben, würden diese gern einmal sehen und ihren Glauben bestätigt finden. Sie möchten einen Astralkörper erblicken und selbst Astralreisen machen, um sich dann daran erinnern zu können, was sie gesehen und erlebt haben. Sie möchten außerhalb der Grenzen ihres physischen Körpers sehen, hören, riechen, fühlen und schmecken können und müssen doch zugeben: »Ich versuche dies und bete darum, eine derartige Erfahrung machen zu können, und doch sehe, fühle, empfange ich nichts. Warum ist das so? Außerdem bin ich der Meinung, ein harmonisches und ausgewogenes Leben zu führen, und doch hat es für mich den Anschein, daß Menschen, von denen ich weiß, daß sie übersinnliche Fähigkeiten besitzen, in Disharmonie leben und große Fehler in ihrem Leben begehen. Warum sollten sie diese Gabe besitzen und ich nicht?«

Wir wollen daher damit beginnen, das psychische Gesetz näher zu untersuchen. Vergegenwärtigen wir uns zunächst, daß es keine Unterscheidung zwischen dem geistigen oder spirituellen und dem physischen Menschen gibt; allein der Mensch schafft diese Trennung und fordert sie sogar. Er hat sich selbst auf seinen physischen Körper und auf seine sinnlich wahrnehmbare Erde beschränkt. Er ist es, der behauptet hat, außerhalb der begrenzenden Schwingungsskala der physischen Materie nicht sehen, hören, riechen, schmecken oder fühlen zu können; er nimmt diese Einschränkungen hin, gibt sich mit ihnen zufrieden und sucht nicht weiter nachzuforschen. Manchmal glaube ich, daß der Mensch absichtlich seinen Kopf in den Sand steckt, denn er läßt die vielen Personen auf dieser Erde unbeachtet, die außersinnliche Wahrnehmungsfähigkeiten besitzen und anwenden, die außerhalb des Wahrnehmungsbereiches der meisten Menschen sehen, riechen, schmecken, fühlen und hören können.

Schon bei der Erforschung des Tierreiches wird sich der Mensch der Tatsache bewußt, daß Tiere außerhalb seiner eigenen Schwingungsskala hören, sehen, riechen und miteinander in Verbindung treten können. Auf einer anderen Ebene weiß er von der Kraft der Elektrizität und dem Vorhandensein von Funkwellen, die er nicht wahrnehmen kann, deren Existenz ihm jedoch bekannt ist. Daher macht er von vielen Dingen Gebrauch, ohne sich ihrer wirklich mittels seiner fünf Sinne direkt bewußt zu sein, doch wenn ihm der Gedanke der außersinnlichen Wahrnehmung unterbreitet wird, kann er, oder will er, eine derart »lächerliche« Behauptung gewöhnlich nicht näher in Betracht ziehen. Nur sehr wenige experimentieren daher mit dem psychischen Gesetz und erforschen es genauer.

Vielleicht ist dir niemand bekannt, der für übersinnliche Einflüsse empfänglich ist, doch das bedeutet nicht, daß diese Befähigung nicht existiert; denn viele Menschen mit übersinnlichen Fähigkeiten, welche diese als eine spirituelle Veranlagung erkennen, suchen in keinerlei Weise Nutzen daraus zu ziehen und setzen sie lediglich zum Zwecke ihrer eigenen inneren Entwicklung und zur Erfüllung des höheren Planes ein. Daher sind die wenigen übersinnlich begabten Menschen oder sogenannten Medien, denen man begegnet und von welchen man hört, nicht unbedingt die einzigen auf dieser Erde oder diejenigen, deren übersinnliche Fähigkeiten am höchsten entwickelt sind.

Die Anwendung des psychischen Gesetzes und die Fähigkeit zu außersinnlicher Wahrnehmung gehören zum spirituellen Geburtsrecht des Menschen. Es war nicht beabsichtigt, daß nur einige wenige Menschen über diese Fähigkeit verfügen sollten: Jeder entwikkelte Mensch – und ich betone das Wort »entwickelt« –, der sich auf dieser Erde inkarniert, sollte diese Eigenschaft besitzen. Darin bestand auch eine der Demonstrationen des Nazareners während seiner Inkarnation auf der Erde, denn viele seiner Wunder, die in der Bibel beschrieben werden, sind nichts anderes als erweiterte Ausdrucksformen des psychischen Gesetzes: die Fähigkeit, auf dem Wasser zu gehen, das Brot und die Fische zu vervielfachen, um damit viele Menschen zu speisen, Wasser in Wein zu verwandeln, zu heilen, von den Toten zu erwecken, nach dem Tode in einem physischen Körper zu erscheinen. In derartigen Demonstrationen führte der Nazarener der Menschheit vor Augen, daß für diejenigen, die bis zu dem Bewußtsein vordringen können, eine solche Kraft zu erkennen, zu verstehen und handzuhaben, das psychische Gesetz tatsächlich eine Realität ist.

Heutzutage verfügen nicht viele Menschen auf der Erde über übersinnliche Fähigkeiten, denn in den physischen Organismus des menschlichen Körpers hat der Schöpfer in weiser Voraussicht eine Schranke eingebaut, die den Menschen auf die physische Ebene begrenzt. Wäre der unentwickelte Mensch in größerem Umfang dazu in der Lage, das psychische Gesetz zur Anwendung zu bringen und mit übersinnlichen Kräften umzugehen, so wäre er jedoch diesen Erweiterungen seiner Sinnesorgane nicht gewachsen und würde in Verwirrung geraten. Viele der Menschen, die in der heutigen Zeit als geisteskrank angesehen werden und Halluzinationen haben, leiden an einer Störung im Mechanismus ihres Gehirns, wodurch übersinnliche Einflüsse Eingang finden können. Die heutige medizinische Wissenschaft hat bisher noch nicht entdeckt, daß es im menschlichen Gehirn kleine Pforten oder winzige Klappen gibt, welche das Eindringen dieser übersinnlichen Einflüsse in das menschliche Gehirn unter Kontrolle halten. Im Wachzustand des Menschen sind diese kleinen Pforten geschlossen, es sei denn, daß sie durch die Entfaltung der spirituellen Zentren geöffnet werden; doch während des Schlafes öffnen sich die Pforten, so daß übersinnliche Einflüsse eindringen können. Während des Schlafzustandes ist das Bewußtsein des Menschen jedoch getrübt, und er weiß nichts von dem, was sein Überbewußtsein wahrnimmt. Allerdings kann er Träume oder Nachtmahre und verwirrende Visionen erleben, die sich seinem bewußten Gehirn einprägen. Sie werden durch den Astralkörper hervorgerufen, der in seine physische Hülle zurückkehrt, nachdem er sich zu anderen Existenzebenen begeben hat, während der Mensch schläft und die kleinen Pforten in seinem Gehirn teilweise geöffnet sind. Dadurch kann sich vorübergehend eine verzerrte Vision von anderen Bereichen dem physischen Gehirn des Menschen einprägen.

Etwas Ähnliches geschieht auch dann, wenn jemand viele, viele Stunden lang wachgehalten wird und nicht schlafen kann. Der Ätherkörper, derjenige Körper, der Energie hervorbringt und die Lebenskraft im Menschen erzeugt, muß sich alle vierundzwanzig Stunden aus dem physischen Körper zurückziehen, damit er sich selbst mittels kosmischer Kräfte wieder regenerieren kann. Daher tritt er, während der Mensch schläft, durch die kleinen Pforten aus, die ich bereits erwähnt habe. Befindet sich der Mensch jedoch im Wachzustand, wenn sich diese Klappen öffnen und der Ätherkörper austritt, so wird er Dinge wahrnehmen, die ihm normalerweise verborgen zu bleiben pflegen. Diese Bilder bezeichnet man als Halluzinationen.

Es ist damit vergleichbar, wenn heute viele Jugendliche Drogen nehmen und die natürliche Kontrollinstanz ihres Körpers beseitigen, um »Trips« zu erleben, um Visionen und Einflüsse erfahren zu können, deren Erfahrung zu machen ihnen normalerweise nicht möglich wäre. Dies ist ein schwerer Verstoß, denn damit mißachten sie das Naturgesetz und erfahren auf künstliche Art und Weise etwas, was sie in spiritueller Hinsicht noch nicht zu empfangen bereit sind.

Ihr seht also, daß übersinnliche Erfahrungen zugänglich sind und gemacht werden können, doch nur dadurch, daß die Schutzmechanismen eures Schöpfers überwunden werden. Euer Schöpfer hat in weiser Voraussicht beschlossen, daß ihr das psychische Gesetz erst dann zur Anwendung bringen dürft, wenn ihr euch bis zu einer bestimmten Stufe entwickelt habt und dieses Gesetz voll und ganz verstehen könnt. Es wäre daher äußerst unklug von euch, wolltet ihr mit übersinnlichen Kräften vor dem Zeitpunkt experimentieren, wo ihr sie auf natürliche Weise durch die Evolution eures eigenen Bewußtseins erlangen könnt.

Der Mensch inkarniert sich auf dieser Erde, damit er sein Bewußtsein durch die Ausübung seiner eigenen freien Wahl entlang des Weges weiterentwickelt, den er und sein Schöpfer ausgewählt haben. Wenn der Mensch Kenntnis über das psychische Gesetz erlangen und dieses anwenden will, so muß er sich das Recht dazu erwerben. Er wird es nicht als Geschenk von oben erhalten, sondern muß es sich – wie alles auf dieser Erde – auf mühsame Art und Weise verdienen: durch Erfahrung, durch Opfer, durch persönliche Leistung und Vervollkommnung, durch harte Arbeit. Wenn ihr eure übersinnlichen Fähigkeiten ausbilden möchtet, so müßt ihr euch dessen bewußt sein, daß es sich dabei um etwas handelt, was ihr euch selbst erwerben müßt, denn es wird nicht wie Regen aus den Wolken auf euch herabfallen. Diejenigen, die ihre übersinnlichen Anlagen zur Entfaltung bringen wollen, möchte ich außerdem darauf aufmerksam machen, daß alle erworbenen spirituellen Fähigkeiten eine große Verantwortung mit sich bringen, denn in dem Maße, wie ihr euch auf der Leiter des spirituellen Fortschritts nach oben bewegt, wie ihr in dieser Schule des Lebens von Klasse zu Klasse fortschreitet und euer Bewußtsein entwickelt, so geht damit Hand in Hand die Verantwortung, von diesem Bewußtsein weisen Gebrauch zu machen. Wenn ihr daher übersinnliche Fähigkeiten ausbildet, solltet ihr sie immer in verantwortungsvoller Weise gebrauchen.

Es gibt natürlich viele verschiedene Manifestationen des psychischen Gesetzes. Die Erscheinungsformen von physischen und geistigen medialen Zuständen sind dem Menschen vielleicht am ehesten bekannt. Der physische Mediumismus vollzieht sich außerhalb des Mediums. Zu seinen bekanntesten Demonstrationsformen gehören die Levitation und die Materialisation und Herbeischaffung von Gegenständen. Der geistige Mediumismus vollzieht sich innerhalb des Mediums. Zu seinen gebräuchlichsten Demonstrationsformen gehören das Hellsehen und das Hellhören, die Psychometrie, das Automatische Schreiben und Zeichnen und der Zustand des Mediums in Trance. Mit einer solchen Befähigung können viele übersinnliche und telepathische Erfahrungen gemacht werden, doch ist es notwendig dafür, daß das Seelen-Bewußtsein diese Fähigkeiten in anderen Leben ausgeübt und angewendet hat. Wie ich bereits erwähnt habe, müssen übersinnliche Fähigkeiten erworben werden, und daher läßt sich sagen, daß jeder, der über sie verfügt, eine alte Seele sein muß. Da es sich dabei nicht um Eigenschaften handelt, die mühelos aufgegriffen und erlernt werden können, müssen sie viele Male ausgeübt und zur Anwendung gebracht worden sein. Weil aus diesem Grunde nur alte Seelen über derartige Fähigkeiten verfügen, kann man davon ausgehen, daß ein solchermaßen begabter Mensch eine starke Persönlichkeit hat. Deshalb ist es möglich, daß es medial veranlagte Menschen gibt, die eine starke Persönlichkeit besitzen, jedoch als unangenehme, ja sogar unspirituelle Menschen angesehen werden. Trotzdem haben sie sich die Berechtigung dazu, solche übersinnlichen Fähigkeiten zu haben, durch ihr Verhalten in anderen Leben verdient.

Wenn du wirklich versuchen wolltest, für übersinnliche Einflüsse empfänglich zu werden, dann mußt du dich in deinen besonderen Anlagen diesbezüglich üben und dich selbst in Harmonie bringen, denn wenn du dich als Individuum – bewußt oder selbst unbewußt – nicht in Harmonie befindest, wirst du keine übersinnlichen Fähigkeiten entwickeln können. Dein erstes Ziel besteht deshalb darin, dich selbst in Harmonie und Einklang mit deiner Umwelt zu bringen; wenn du dies nach und nach erreichst, wenn du dir bewußter wirst über deine Mitmenschen, deinen physischen Körper, die Natur als Ganzes, die einzelnen Blütenblätter einer Rose, das strömende Wasser eines Flusses, das neugeborene Lamm im Frühling, dann wirst du die Entdeckung machen, daß sich diese übersinnlichen Fähigkeiten dir offenbaren werden, ohne daß du überhaupt Kenntnis von ihnen hast. Während du eines Tages neben einer Blume sitzt, wirst du plötzlich, von einem Augenblick zum andern, herabblicken und dort einen kleinen Naturgeist wahrnehmen. Dies mag nur für eine kurze Sekunde anhalten, wird jedoch ausreichen. Die Wahrnehmung eines Naturgeistes erfordert nur eine geringe bewußte Anstrengung: Du mußt, mit der rechten Motivation und voller Liebe, deine Schwingungsrate herabsetzen, während der Naturgeist seine Schwingung erhöht, so daß ihr euch auf einer gemeinsamen Stufe der Materie unterhalb des normalen physischen Wahrnehmungsbereiches begegnen könnt. Ein anderer neben dir würde dieses Wesen dagegen nicht wahrnehmen können.

Es ist dein angestammtes Geburtsrecht, die Elfen und Naturgeister unterhalb von dir und die Meister und Lehrer über dir, die Wesen von anderen Planeten, die interplanetarischen Sphären zu sehen, die Farbe dieses Universums zu erblicken und seinen Klang zu hören. Der Mensch hört ein Musikstück, das von einem der großen Musiker dieser Erde gespielt wird, und er glaubt, damit sei die äußerste Qualität an Klang erreicht, doch hat er noch nicht damit begonnen, die Musik der Sphären wahrzunehmen. Er sieht ein herrliches Gemälde von einem berühmten Künstler und glaubt, darin die höchste Vollkommenheit zu erblicken, doch hat er noch nicht damit begonnen, die eigentliche Bedeutung von Farbe zu verstehen und die wirklichen Farben des Kosmos zu erkennen. Die Berechtigung dazu, diese Fähigkeit, ist das Geburtsrecht des Menschen. Er kann und muß sich dessen bewußt sein; er kann und muß Gebrauch davon machen. Doch handelt es sich dabei nicht um ein Spielzeug, das man einem Kind gibt, sondern um einen verantwortlichen Teil der Schöpfung, und der Mensch wird seine übersinnlichen Fähigkeiten nicht eher ausbilden, bis er eine bestimmte Bewußtseinsebene erreicht hat.

Die Methode, für übersinnliche Einflüsse empfänglich zu werden, besteht also darin, dein Bewußtsein weiterzuentwickeln und dich selbst in Einklang mit der dich umgebenden Materie zu bringen. Es gibt dabei viele Abkürzungen, die du einzuschlagen versuchen kannst, doch liegt dies ganz bei dir. Ich will nicht mehr als folgendes dazu sagen: Die Anwendung dieses Gesetzes, dieser Kraft, ehe du dazu bereit bist, heißt, sich einem großen Wagnis auszusetzen. Du kannst bestimmte Kräfte anzapfen, du kannst Visionen erleben und das Leben so wahrnehmen, wie es weit außerhalb deines Bewußtseins existiert, doch wenn du diese Erfahrung nicht erfassen und verstehen kannst, so wird sie dich aus dem Gleichgewicht bringen und sogar bis zum Wahnsinn treiben können. Dein Schöpfer hat dir einen Schutz mitgegeben, den du nicht gewaltsam herunterreißen solltest.

Es ist sehr leicht, die Fähigkeiten besitzen zu wollen, um das psychische Gesetz zur Anwendung zu bringen und übersinnliche Kräfte ausüben zu können, doch möchte ich dich dazu auffordern, einmal zu überprüfen, warum du Gebrauch davon machen willst und worin deine Motivation besteht. Denke daran, daß du mittels dieser Kraft auf viele Menschen Einfluß nehmen kannst. Erkenne, daß du selbst auf weniger entwickelte Menschen in vergleichbarer Weise einwirken kannst, wie du von den Demonstrationen übersinnlicher Kräfte durch die großen Meister und Lehrer beeinflußt wirst. Sei dir darüber bewußt, daß du in dem Augenblick, wo du damit beginnst, psychische oder übersinnliche Kraft dafür einzusetzen, um deinen Mitmenschen zu helfen, das Wagnis eingehst, großes Karma auf dich zu laden, denn du kannst sie leicht in die Irre führen. Wende daher das psychische Gesetz, das Gesetz der Seele, verantwortungsbewußt an. Wenn du über diese Kraft verfügst, so denke daran, sie mit Unterscheidungskraft zu gebrauchen. Wirf keine Perlen vor der Zeit fort. Es handelt sich dabei um eine persönliche Begabung, die in Entsprechung zu deiner eigenen spirituellen Motivation einzusetzen ist. Du mußt niemand anderen daran teilhaben lassen, und in den meisten Fällen sollte sie auch nicht mit anderen geteilt werden.

Der Mensch muß sich selbst und dem Gebrauch, den er von psychischer oder übersinnlicher Kraft macht, eine Motivation geben. Ihre Macht ist weitaus größer als jegliche Atomexplosion, die der Mensch jemals durchgeführt hat. Das wahre Ausmaß des psychischen Gesetzes und der übersinnlichen Kraft ist nicht dasjenige, was du durch den Alltagsmenschen oder das Medium in der Öffentlichkeit vorgeführt bekommst, sondern geht weit darüber hinaus. Denke nur an die Demonstrationen des Nazareners. Wenn du daher einmal deine erste übersinnliche Erfahrung gemacht und damit begonnen hast, die Grundprinzipien dieses Gesetzes zu erfassen, so wisse, daß du dann noch einen langen Weg vor dir hast, ehe du das allumfassende und überaus bedeutsame psychische Gesetz wirklich verstehen wirst.

Das Gleichnis der Weihnachtsgeschichte

Die Art und Weise, wie sich diese Erde seit ihrer Erschaffung vor vielen Zeitaltern entwickelt hat, ist so komplex, daß sich der unentwickelte Mensch keine Vorstellung davon machen kann. Vieles von der Weisheit der Alten, dem wahren Wissen dieser Erde, ist bis heute unbekannt geblieben, doch gibt es einige wenige Menschen, die eine gewisse Kenntnis seines Inhalts und seiner Bedeutung haben. Sie haben erkannt, daß das Leben auf dieser Erde in ähnlicher Weise geregelt ist, wie die gesamte, sie umgebende Schöpfung einem Plan folgt, wie die Sterne und Planeten in ihren feststehenden Umlaufbahnen im All kreisen, und daß die Art und Weise und die Zeitdauer der Evolution dieser Erde genauso festgelegt sind wie die Umlaufbahn und die Umlaufzeit der Erde um die Sonne.

Diese Erde durchläuft viele Zyklen oder gesetzmäßige Strukturen der Evolution; diese Zyklen sind verbunden mit dem Aufstieg und Niedergang von Kulturen, mit dem Aufstieg und Fall der vier Rassen, welche auf dieser Erde leben, mit dem Kommen und Gehen der großen Meister, die auf die Erde gesandt werden, damit sie der Menschheit den Weg zeigen. Aufgrund der Natur der menschlichen Evolution wird zu Beginn eines jeden Zyklus in der Entwicklung der Erde, dessen Dauer jeweils etwa zweitausend Jahre beträgt, ein großer Meister herabgesandt, so daß den Menschen dieses Zeitalters derjenige Aspekt des Christus-Prinzips beispielhaft demonstriert werden kann, der für diesen Zyklus, für ihre Evolutionsstufe und für das Bewußtsein der Erde zu dem jeweiligen Zeitpunkt anwendbar und geeignet ist.

Vor fast zweitausend Jahren hat sich Jesus von Nazareth inkarniert, um das Christus-Prinzip dem Menschen beispielhaft vorzuführen, der gerade im Begriff stand, sich unter den Einwirkungen des Fische-Zeitalters auf der Erde zu inkarnieren. Obgleich er ein großer Meister aus seinem eigenen Recht heraus war, wurde er doch überragt, inspiriert und ermächtigt durch das Christus-Prinzip als Ausdruck unseres Herrn. Die Inkarnation des Nazareners war nichts Besonderes und Einmaliges: Viele andere Meister haben sich zu Beginn von anderen Zyklen in der Entwicklung der Erde inkarniert und auf ähnliche Weise Aspekte des Christus-Prinzips widergespiegelt.

Obgleich Legenden zerstört werden müssen und verschwinden werden, wenn sie nicht der Wahrheit entsprechen, verfolge ich mit dieser Lesung nicht die Absicht, die Legende zu zerstören, die sich der Mensch um die Weihnachtsgeschichte gewoben hat; ich möchte vielmehr dazu beitragen, daß ihr die wahre Bedeutung dieser Geschichte verstehen lernt, damit ihr, nach eurem eigenen Rhythmus und in eurer eigenen Meditation, mit eurem Bewußtsein zu Rate gehen und zu einer eigenen Auslegung des tieferen Sinnes von Weihnachten gelangen könnt.

Obgleich die christlichen Kirchen der heutigen Zeit euch gern in diesem Glauben halten wollen, ist das Weihnachtsfest nicht einzig und allein ein Vorrecht der Christen. Die christliche Religion mag von einer kleinen Gruppe von Menschen begründet worden sein, deren Vorstellungen auf den Lehren und Taten des Nazareners beruhten, doch hat der Nazarener das Christus-Prinzip für die gesamte Menschheit, für alle Rassen der Welt, für alle Völker und Länder beispielhaft demonstriert. Das Christus-Prinzip kommt nicht allein dem Christen zu, sondern auch dem Juden, dem Buddhisten, dem Atheisten und selbst dem Medizinmann im Urwald.

Der Nazarener hat sich für das Fische-Zeitalter inkarniert und das Christus-Prinzip beispielhaft vorgeführt; wie auch im Falle der übrigen Meister, die als vorbildhaftes Beispiel für das Christus-Prinzip auftraten, ist seine Lebensgeschichte für diejenigen Seelen niedergeschrieben worden, die sich viele, viele Jahre nach seinem Tode inkarnieren würden. Heute steht die Beschreibung der Weihnachtsgeschichte in der Bibel. Diejenigen von euch, die ihr Bewußtsein weiterzuentwickeln beginnen, sind sich darüber im klaren, daß die Bibel, wenn auch keine Unwahrheiten, so doch vieles enthält, was nicht wörtlich genommen werden kann. Ein großer Teil des Neuen Testamentes ist in gleichnishafter Form verfaßt. Ebenso wie der Nazarener selbst in Gleichnissen lehrte und es dem einzelnen überließ, die in ihnen zum Ausdruck gebrachte Weisheit zu erkennen, so ist auch die Weihnachtsgeschichte selbst ähnlich geartet. Der unentwikkelte Mensch mag glauben, daß eine Jungfrau in einem Stall inmitten von Tieren ein Kind zur Welt gebracht hat, daß drei Weise aus dem Morgenland mit Geschenken kamen, um diesem Kind ihre Verehrung zu erweisen, und daß sie auf ihrem Weg einem Stern folgten, der schließlich über dem Geburtsort des Kindes stehenblieb. Er kann annehmen, daß die Engel sangen und die Geburt dieses Kindes verkündeten und daß ein Engel des Herrn einigen Hirten erschien, die ihre Herden auf einem Feld in der Nähe von Bethlehem hüteten, daß er ihnen die Geburt des Jesus von Nazareth mitteilte, worauf sie gingen, um das Kind zu sehen. Mit einem begrenzten Bewußtsein, dem Bewußtsein eines Kindes – und dies ist nicht geringschätzig gemeint – wird man diese Geschichte so hinnehmen, wie sie ist, doch in dieser Lesung möchte ich euch dazu auffordern, eine andere Deutung der Weihnachtsgeschichte in Betracht zu ziehen.

Der Nazarener wurde – ebenso wie es der Fall ist mit jeder Seele, die sich auf dieser Erde inkarniert – innerhalb des natürlichen Gesetzes geboren. Dies ist eine unabänderliche Gesetzmäßigkeit. Deshalb bezieht sich die jungfräuliche Geburt, worauf die Bibel anspielt, nicht auf die Geburt des Nazareners, denn er wurde von Mann und Frau gezeugt, empfangen und geboren. Die jungfräuliche Geburt verweist auf das Christus-Prinzip, das aus dem vollkommenen Odem eures Schöpfers hervorging, und daher konnte sich die Deutung anschließen, daß der Nazarener, als Teil des Christus, von jungfräulicher Geburt war. Sehr wenig ist in der Bibel über die Eltern des Nazareners berichtet worden, doch waren sie hochentwikkelte Seelen, die sich der Nazarener gezielt ausgewählt hatte. Sie führten eine normale, wenn auch wahrhaft spirituelle Ehe und lebten so, wie man es von einem normalen verheirateten Paar erwarten würde. Sie waren weder Götter noch Heilige, sondern hatten ihre Prüfungen und Anfechtungen wie alle anderen Eheleute; sie lernten die Lektionen des Lebens in der gleichen Weise, wie ihr sie heute lernt, und sie mußten, genauso wie ihr, Steuern zahlen. Jeder Mensch, der sich auf dieser Erde inkarniert, ist von irdischer Natur: Er muß sich den Forderungen der Erde unterwerfen und das Leben der Erde führen.

In der Bibel wird gesagt, daß der Nazarener in einem Stall inmitten der Tiere geboren wurde, doch würde ich euch gern eine andere Deutung von diesem Aspekt der Weihnachtsgeschichte zur Überlegung geben. Wenn ihr in Betracht zieht, daß sich der Nazarener, überschattet durch das reine, jungfräuliche Licht des Christus, in die Menschenwelt mit all ihrem Übel, ihrer Schlechtigkeit und den Hervorbringungen der niederen Natur des Menschen inkarnierte, dann werdet ihr erkennen, daß die Geschichte, wonach der Nazarener in einem Stall geboren wurde, darstellen wollte, wie das Christus-Prinzip zu den niederen Instinkten des Menschen herabstieg, welche durch die Tiere verkörpert wurden. Sie beschrieb symbolisch das reine, jungfräuliche, kristallklare Licht eures Schöpfers, das auf die Erde herabkam, damit es die Dunkelheit, die niederen Aspekte des Menschen erhellte und ihm den Weg zurück zum Zustand der Vollkommenheit wies.

In der Bibel heißt es, daß die Engel sangen und die Geburt des Nazareners verkündeten. Es entspricht der Wahrheit, daß überall im Universum zum Zeitpunkt einer Geburt für den Menschen unsichtbare Mächte das Erscheinen der Schöpfung verkünden. Die Engel sangen in der Tat bei der Geburt des Nazareners wie bei der Geburt einer jeden Seele, die sich in der Materie inkarniert; dem Nazarener wurde keine besondere Behandlung aufgrund seiner Bestimmung in dieser Inkarnation zuteil. Im Augenblick seiner physischen Erschaffung, seiner Geburt, erhielt er die Ankündigung der Engel, ebenso wie auch Zeitalter zuvor das Herabsenden des Christus-Prinzips auf die Erde von den Engeln verkündet wurde. Dieses Geschehen dient als erinnernder Hinweis für den Menschen, daß die unsichtbaren Lebenskräfte, die er mit seinen physischen Augen nicht sehen kann und über deren Existenz er sich mit seinen physischen Sinnesorganen nicht bewußt ist, immer gegenwärtig sind, während sie den Menschen lenken, führen, unterstützen und auf seinen Ruf antworten. Die Engel sangen tatsächlich bei der Geburt des Nazareners, doch nur diejenigen, die Augen zu sehen und Ohren zu hören hatten, würden ihre Botschaft empfangen haben.

In der Bibel heißt es, daß drei Weise eine lange Reise zurücklegten und dabei einem Stern folgten, der sie zu dem Ort hinführte, wo sich Jesus in Bethlehem befand. Sie kamen in der Absicht, dem Knaben ihre Verehrung zu erweisen und Geschenke darzubringen. Dies ist eine wunderschöne Geschichte, doch möchte ich euch dazu auffordern, eine neue Deutung in Erwägung zu ziehen. Die Erde war der vorletzte Planet, der innerhalb des Sonnenkörpers zur Entstehung kam; bei seiner Geburt leisteten alle übrigen Planeten, die bereits seit Zeitaltern existiert hatten, dadurch Hilfe, daß sie ihre Schwingungen und ihre jeweiligen Krafteinflüsse auf das Samenkorn der Erde herablenkten, um damit zu ihrer Formbildung beizutragen. Gemeinsam mit dem Herrn dieses Sonnensystems verhalfen sie damit der Erde zu ihrer Erschaffung.

Die Krafteinwirkungen der Planeten werden noch immer auf diese Erde herabgesandt, und die drei Weisen, die von weit her angereist kamen, waren in der Tat aus weiter Ferne gekommen, denn sie hatten sich durch die grenzenlose Weite des Alls bewegt. Sie waren nicht von dieser Erde, sondern von anderen Planeten innerhalb dieses Sonnensystems gekommen, und jener Stern über dem Stall war in Wirklichkeit kein Stern, sondern vielmehr ihr Beförderungsmittel. Sie kamen, der Bibel zufolge, mit Geschenken von Gold, Weihrauch und Myrrhe; dies waren Sinnbilder für die Kräfte, welche diese drei großen planetarischen Führer mit sich auf die Erde brachten: Wahrheit, Liebe und Harmonie, die Gaben der drei wichtigsten Planeten innerhalb dieses Sonnenkörpers. Diese wurden nicht nur bei der Geburt der Erde, sondern zu jedem Zeitpunkt gegeben, wenn das Christus-Prinzip wieder erneut auf der Erde begründet worden ist.

Die Bedeutung der drei Weisen besteht darin, den Menschen wissen zu lassen, daß er nicht allein ist, daß er nicht unumschränkt herrscht und das einzige Wesen innerhalb der Schöpfung ist. Er soll Kenntnis davon erhalten, daß stets Mächte, die bereits lange vor seiner Erschaffung existiert haben und vielleicht noch lange nach seinem Verschwinden da sein werden, vorhanden sind, die über Kräfte verfügen, wodurch sie ihm helfen und ihn führen. Er soll wissen, daß er Teil eines größeren Körpers, einer höheren Zielsetzung, Teil des Sonnensystems ist und daß er den anderen Planeten nach besten Kräften ebenso beistehen sollte, wie sie ihm beistehen.

In der Bibel heißt es ferner, daß einige Hirten, die ihre Herden auf den Feldern bei Bethlehem hüteten, durch einen Engel von der Geburt des Jesus erfuhren, daß sie nach Bethlehem gingen, um dieses Kind zu finden, und daß sie daraufhin die Kunde von all dem verbreiteten, wovon sie Zeuge geworden waren. Auch hier wiederum mag der unentwickelte Mensch annehmen, daß einige Hirten dazu inspiriert wurden, hinzugehen und Zeuge einer Geburt zu werden, doch ich möchte euch erneut dazu auffordern, eine andere Deutung ins Auge zu fassen: Die Schafherden standen symbolisch für die Männer und Frauen dieser Erde, und die Hirten waren die spirituellen Führer, die Meister und Lehrer, jene dem Menschen bisher noch unbekannten Wesen, die für ihn die Verantwortung tragen und ihm in jeder erdenklichen Weise während des Lebens in seiner physischen Inkarnation helfen. Diese unsichtbaren Kräfte und unbemerkten Einflüsse, die jeglichen Aspekt des Lebens verkörpern, der außerhalb des physischen Bereiches existiert, wurden dazu aufgefordert, Zeuge von der Wiedergeburt des Christus-Prinzips für das Fische-Zeitalter zu sein. Sie sollten unterrichtet werden von der Zielsetzung dieses Zeitalters, von der Aufgabe des Nazareners und von der Bedeutung seiner Grundlegung des Christus-Prinzips.

Seid euch dessen bewußt, daß auf vielen Ebenen außerhalb des physischen Bereiches Leben existiert, daß das Leben auf der physischen Stufe nur vorübergehend ist und nur einen kleinen, wenn auch wesentlichen Teil der menschlichen Existenz ausmacht, und daß über jedes Wesen, das sich in einem physischen Körper auf der Oberfläche dieser Erde inkarniert, zehn nicht verkörperte Wesen von oben herab wachen. Der Mensch mag die Erde für überbevölkert halten, doch die geistige Welt umfaßt Zahlen von Wesen jenseits seines Vorstellungsvermögens. Sie enthält Kräfte und Mächte, die er eines Tages begreifen und mit denen er zusammentreffen wird.

Ihr mögt das, was ich gerade gesagt habe, nicht akzeptieren und gelten lassen. Einige Menschen zeigen große Achtung gegenüber der Weihnachtsgeschichte, doch wenn man ihre Quelle nicht nachprüfen oder ihre wirkliche Bedeutung nicht verstehen kann, so gibt es keinen Grund dafür, eine Geschichte in Ehren zu halten, die vor fast zweitausend Jahren in einem Buch niedergeschrieben worden ist. Ihr lacht darüber, wenn die Stämme im Urwald ihre fremdartigen Rituale ausführen, die von Generation zu Generation überliefert worden sind, und bezeichnet diese als primitiv – und doch tut der »zivilisierte« Mensch nichts anderes, wenn er seine Deutung der Weihnachtsgeschichte weitergibt. Die Art und Weise, wie der Mensch sich gegenwärtig die Weihnachtsgeschichte erklärt, bezieht sich auf das Fische-Zeitalter, doch habt ihr nun das Ende dieses Zeitalters erreicht. Der nächste Zyklus, die nächsten zweitausend Jahre, das Wassermann-Zeitalter liegt vor euch, und dafür wird es eine andere Grundlegung des Christus-Prinzips geben. Obgleich ihr im Geiste niemals von diesem getrennt seid, so muß doch für dieses Neue Zeitalter eine weitere physische Demonstration dieses Prinzips erfolgen. Alte Glaubensvorstellungen, alte Ideologien müssen aus dem Weg geräumt und beseitigt werden. Auf der physischen Ebene wird außerdem sehr viel Weiteres der großen Weltzerstörung anheimfallen, die sich innerhalb der nächsten dreißig Jahre ereignen wird. Es wird eine Wiedergeburt dieser Erde geben – nicht nur eine Erneuerung der Erdoberfläche, sondern auch des Menschen, seiner Einstellung gegenüber dem Leben, gegenüber seiner eigenen Bestimmung und der Aufgabe der Erde als Ganzes.

Der heutige Mensch bewegt sich, zögernd und versuchsweise, in das »Raumzeitalter« hinein. Mittels technologischer Fortschritte hat er ein grobes Beförderungsmittel erfunden, um sich damit durch das Weltall fortzubewegen, doch tut er dies in der falschen Art und Weise, aus den falschen Motiven heraus und zum falschen Zeitpunkt. Dies ist ihm möglich, weil er die göttliche Gabe der freien Wahl erhalten hat. Der Mensch wird aus seinen Fehlern genausoviel lernen, wie er aus seinen Erfolgen und Errungenschaften lernen wird. Obgleich er sich im Weltall fortbewegt, erkennt oder versteht er dessen wahre Natur nicht. In seiner Begrenzung durch seine an das Physische gebundene Betrachtungsweise betrachtet er das Weltall als feindlich. Er ist der Meinung, dazu berechtigt zu sein, sich jederzeit und überall dorthin zu begeben, wo es ihm beliebt – doch diese Überzeugung wird bald zunichte werden, denn der Kontakt mit Wesen von anderen Planeten innerhalb dieses Sonnenkörpers steht unmittelbar bevor, und bald schon wird sich der Mensch der Tatsache bewußt werden, daß es Leben auf den anderen Planeten gibt und, was noch entscheidender ist, daß die Wesen, die auf diesen Planeten leben, in der Tat höherentwickelt als er selbst sind und daß sie die Bewohner dieser Erde als unentwickelte Kinder betrachten.

Der Mensch wird bald erkennen, daß er sich nicht dort befindet, wo er zu sein glaubt, nämlich in der obersten Klasse, sondern vielmehr in einer der untersten, und er wird feststellen, daß er noch sehr viel zu lernen hat. Er wird entdecken, daß viele seiner Glaubensvorstellungen, Grundsätze und Ideologien, die er sich zur Unterstützung seiner engen, begrenzenden Sichtweise des Lebens – sowohl auf der Erde als auch innerhalb des Universums – erschaffen hat, unrichtig sind. Sie werden mit einem Schlag zunichte gemacht werden. Er wird lernen, daß vieles von dem, was in seinen heiligen Schriften geschrieben steht, nicht das Erscheinen eines Gottes, sondern in Wirklichkeit das Auftreten von Wesenheiten anderer Planeten beschreibt. Er wird einfach feststellen müssen, in welchem Maße sie den Gang der menschlichen Geschichte beeinflußt und unterstützt haben, und er wird es lernen, diese Wesen als seine Brüder zu akzeptieren. Er wird damit beginnen, nach dem wahren Gott zu suchen und diesen zu begreifen – den eigentlichen Gott dieses Planetensystems, dessen Geist der Sonne innewohnt. Im Augenblick kann er sich keine Vorstellung und keinen Begriff von diesem Gott machen; er besitzt lediglich eine personalisierte Sichtweise von Gott, die entweder durch die Kirchen oder sein eigenes konditioniertes Denken hervorgebracht worden ist.

Eine neue Realisation, eine neue Form des Erkennens und Verwirklichens dämmert herauf, kommt näher – ob der Mensch dies nun will oder nicht. Er wird dazu gezwungen sein, die Realität zu akzeptieren. Er muß lediglich den Zustand der heutigen Welt untersuchen und die Art und Weise, wie das Weihnachtsfest tatsächlich auf dieser Erde gefeiert wird, um zu erkennen, daß die Erde eine Wieder-Geburt braucht, daß der alte Körper vergehen und ein neues Kind mit allen Hoffnungen einer neuen, einer unverbrauchten Inkarnation geboren werden muß. Fürchtet euch nicht vor dem Tode, der kommen wird, denn der Tod hat keine Bedeutung, wie der Nazarener euch beispielhaft demonstriert hat. Er sollte nicht gefürchtet werden, er ist ein Teil vom Zyklus der unaufhörlichen Evolution des Menschen, und ebenso wie sich der Mensch inkarniert und entwickelt, so inkarniert und entwickelt sich auch dieser Planet Erde, den er bewohnt.

Die Weihnachtsgeschichte muß daher in einem neuen Licht, im Licht des Wassermann-Zeitalters gesehen werden – und nicht im Licht der Geschehnisse in der heutigen Welt, wo der Mensch an einem Tag das Weihnachtsfest, die Geburt des Christus, feiern und am nächsten Tag seine Mitmenschen umbringen kann, wo er sich hinsetzen, übermäßig essen und sich selbst in einen Zustand alkoholischer Betäubung bringen kann, wo er seine Zeit und Energie in einem sinnlosen Austausch von Geschenken vergeuden und doch immer noch das Gefühl haben kann, damit den Zweck und die Zielsetzung des Weihnachtsfestes zu erfüllen.

Wenn ihr diese Situation und die Auslegung von Weihnachten betrachtet, so wie es heute existiert, werdet ihr die bevorstehende Wiedergeburt willkommen heißen, genauso wie die Engel vor nunmehr fast zweitausend Jahren die Wiedergeburt des Christus freudig begrüßt haben. Ihr werdet euch mit den Engeln vereinigen und singen, wenn der Augenblick herannaht, wo aus der Dunkelheit das Licht hervorbricht, wo aus der Finsternis Wahrheit, Harmonie und Güte hervortreten, wo aus der Finsternis die Realisation der wahren Bedeutung und Sinngebung von Weihnachten in Erscheinung tritt.

Prophezeiung

Eine der vielen Fähigkeiten, die der Mensch besitzt und die Teil seines ihm zustehenden Geburtsrechtes ist, ist die Gabe der Prophezeiung und Voraussagung. Obgleich nur sehr wenige Menschen in der heutigen Zeit diese Begabung haben und in der Tat auch nur wenige sie in der Vergangenheit besessen haben, gehört es dennoch zum Geburtsrecht der gesamten Menschheit, die Bedeutung der Zeit verstehen zu können und daher Kenntnis von der Zukunft zu haben. Wenn du auf die Geschichte der alten Kulturen zurückblickst, so wirst du feststellen, daß ein Prophet immer hohes Ansehen genossen hat. In alten Zeiten war der Hofprophet eine einflußreiche Persönlichkeit, doch obgleich es viele echte Propheten gab, waren viele natürlich auch Scharlatane, die das Vertrauen mißbrauchten, das die Menschen in sie setzten, und Kräfte für sich in Anspruch nahmen, über die sie nicht verfügten. Heute gibt es, ebenso wie in der Vergangenheit, Propheten oder Seher, Menschen mit visionären Fähigkeiten unter euch, die voraussagen können, was sich in der Zukunft ereignen wird.

Es gibt viele Zeugnisse über die prophetischen Eigenschaften des Menschen, nicht nur in der Bibel, sondern auch in einer Vielzahl von anderen Schriften. Diese erbringen den Beweis dafür, wie der Mensch zukünftige Ereignisse genau vorausgesagt hat. Im Alten Testament weissagten die Propheten, daß die Mauern von Jericho herabstürzen und daß Krankheit, Tod, die Zerstörung einer Stadt, der Untergang eines Landes stattfinden würden. Im Neuen Testament kündigte der Nazarener seinen eigenen Tod an und konnte sogar voraussagen, daß sein Jünger Petrus ihn dreimal verraten würde, ehe der Hahn krähte. Der Jünger Johannes spricht im voraus von Ereignissen, die der Welt widerfahren würden und die sich teilweise noch zutragen werden, wie sie im letzten Buch der Bibel, der Offenbarung, beschrieben stehen. Einer der modernen Romanschriftsteller, H. G. Wells, hat mit erstaunlicher Genauigkeit eine Reise des Menschen zum Mond und zu den anderen Planeten beschrieben, lange bevor sie tatsächlich stattgefunden hat. Jeder dieser Menschen mußte, damit er eine derartige Inspiration empfangen konnte, eine Quelle haben, die sich in Übereinstimmung mit der Evolution seiner eigenen Seele befand. Damit sie die Zukunft erkennen konnten, mußte diese in irgendeiner Form gegenwärtig sein.

Das Ausmaß, in dem du Prophezeiungen, ihre Bedeutung und Zielsetzung und, eng damit verbunden, die wahre Funktion von Zeit anerkennst, wird in Entsprechung zu deinem Bewußtseinsstand variieren. Der Mensch betrachtet die Zeit als eine Konstante, welche durch die Umdrehung der Erde um die Sonne festgesetzt wird. Einige Wissenschaftler, darunter Einstein, haben jedoch damit begonnen, die Dimension der Zeit in einem neuen Licht erscheinen zu lassen und darauf hinzuweisen, daß die Zeit nicht so feststehend ist, wie der Mensch im allgemeinen glaubt. Nur eine außerordentlich hochentwickelte Seele kann die wahre Natur der Zeit erkennen. In der Tat würde sogar eine derartige Seele wie beispielsweise der Nazarener lediglich damit beginnen können, die wahre Natur der Zeit zu erfassen, und selbst er würde sein Verständnis von Zeit nur soweit zur Anwendung bringen können, wie es sein Bewußtsein zuließe. Allein eine noch höherentwickelte Seele als der Nazarener, eine der Inneren Zwölf auf der Sonne, dürfte eine wahre Einsicht in die Zeit und daher eine umfassendere Schau der Schöpfung haben.

Aus meinen Worten könntest du vielleicht den Schluß ziehen, daß die Zukunft ebenso vorausgeplant und festgelegt ist wie die Vergangenheit, daß der Mensch keinerlei Einfluß darauf nehmen kann und wie eine Marionette auf die Erde gesetzt worden ist, deren Drähte von einer höheren Macht und einzig und allein zu deren Vergnügen bedient werden; daß der Mensch schließlich in Wirklichkeit ein unendlich kleines Stäubchen ohne jegliche Bedeutung ist und von höheren Kräften umgeben wird, über welche er keinerlei Kontrolle hat. Diese Schlußfolgerung wäre jedoch unrichtig. Du bist als Ebenbild deines Schöpfers erschaffen worden und trägst daher während deines gegenwärtigen Lebens in der Materie sein Potential in deinem physischen Körper in dir. Wenn du dich selbst zu begrenzen suchst, so erlegst du dir damit deine eigenen Begrenzungen und nicht diejenigen deines Schöpfers auf. Der Mensch befindet sich einzig und allein in der Absicht auf dieser Erde, sein Bewußtsein und dadurch das Bewußtsein des Planeten Erde, als Ganzes gesehen, weiterzuentwickeln. Deshalb hat er eine zweifache Aufgabe: seine eigene Evolution und die Evolution des Planeten, und daraus wird sich die Evolution des Sonnenkörpers ergeben, wodurch eine Dreiheit entsteht.

Damit der Mensch sein Bewußtsein zur Entfaltung bringen kann, mußte er die göttliche Gabe der freien Wahl erhalten, denn wie würde er sonst zu lernen fähig sein, wenn er nicht wählen, wenn er nicht zwischen Licht und Dunkelheit unterscheiden, wenn er nicht durch das Gesetz des Gegenteils, durch die Erfahrung von Freude und Schmerz, von Liebe und Haß, von Gesundheit und Krankheit lernen könnte? Daher erhielt der Mensch die Freiheit zur eigenen Wahl, als er sich vor vielen Zeitaltern auf einer bestimmten Stufe in der Entwicklung der Erde wieder inkarnierte. Durch die Ausübung dieser Wahl- und Entscheidungsfreiheit kann er Einfluß auf das künftige Geschehen nehmen. Als die Propheten der alten Zeit weissagten, was sich ereignen würde, standen sie nicht nur zu höheren Kräften in Verbindung, sondern setzten auch ihr göttliches Wissen der Menschheit ein, was sie zu einer genauen Voraussage der Zukunft befähigte. Sie hatten die Einsicht, daß die Art und Weise, wie der Mensch dachte und sich verhielt, daß das Strukturmuster und die Aura der ihn umgebenden Schöpfung während seines Lebens auf der Erde schließlich zu den Geschehnissen führen würden, die sie voraussagten. Natürlich konnte sich der Mensch verändern und damit ihre Voraussagen umstoßen, da er die freie Wahl der Entscheidung hatte, doch jene Propheten erkannten seine Schwächen und konnten daraus ersehen, daß er sich nicht verändern würde und daß die prophezeiten Ereignisse tatsächlich eintreten würden.

Der Plan für diese Erde ist komplexer, als der Mensch es sich in seinen Träumen ausmalen kann. Ich kann ihn nur mit einem ausgeklügelten Computerprogramm vergleichen, in welchem Raum für die freie Wahl der gesamten Menschheit gelassen ist. Wenn wir diesen großartigen Plan auf eine individuelle Ebene beziehen und eure einzelnen Leben auf der Erde betrachten, so sind auch diese vorausgeplant: die Menschen, mit denen ihr zusammentrefft, die hauptsächlichen Geschehnisse im Leben, eure Ehen, eure Kinder, eure berufliche Laufbahn und der Zeitpunkt eures Todes. Wenn auch alles dies einem Plan unterliegt, so ist doch Vorsorge getroffen für die freie Wahl, die ihr ausüben werdet. Wenn ihr vor einer Entscheidung steht, habt ihr immer die Freiheit des Wählens, welchem Pfade ihr folgen wollt, doch alle diese Möglichkeiten sind mit dem komplexen Computerprogramm für euer Leben in Übereinstimmung gebracht.

Die großen spirituellen Meister, Seelen mit einem hochentwikkelten Bewußtsein, welche auf dieser Erde lebten, haben die Struktur und die Zielsetzung des Lebens auf dieser Erde richtig einzuschätzen vermocht und sind daher dazu in der Lage gewesen, selbst ohne Inspiration von oben, den Fortgang der Lebensgeschehnisse genau vorauszusagen. Es bedarf keines Weisen, um zu erkennen, wenn bestimmte Männer in einem Land durch Wahlen an die

Macht kommen – wobei man nicht vergessen sollte, daß sie das Denken des betreffenden Landes widerspiegeln –, daß die von ihnen ausgeübte Macht zu bestimmten Ereignissen in der Welt führen wird. Es gilt heute genauso wie vor fünftausend Jahren, daß der spirituell bewußte Mensch Voraussagen darüber machen kann, daß Wolken von disharmonischem Denken in der Tat den Zorn der Natur herbeiführen werden, denn die Gedanken des Menschen sind sowohl auf den höheren als auch auf den niederen Existenzebenen um diese Erde wirksam, und daß das gestörte Gleichgewicht, welches der Mensch hervorruft, unvermeidlich eine mangelnde Ausgewogenheit in der ganzen Natur verursachen wird. Deshalb können Propheten Überschwemmungen, Erdbeben, Hungersnöte und Seuchen voraussagen.

Die Weisen der alten Zeit hatten auch Einblick in die zyklischen Evolutionsmuster dieser Erde. Sie konnten den Aufstieg und Niedergang von Kulturen voraussagen, weil sie wußten, daß sich mit dem Wandel der Zeitalter auch die Strukturmuster des Lebens auf dieser Erde verändern würden. Sie wußten, daß zu Beginn eines jeden Zeitalters, beim Anbruch einer neuen Kultur, ein großer Meister herabgesandt wurde, der das Grundprinzip für diese Epoche beispielhaft demonstrieren und lehren sollte; daher konnten sie das Erscheinen des Meisters Jesus voraussagen, ebenso wie sie – selbst heute – das Auftreten des nächsten großen Meisters am Ende dieses Jahrhunderts voraussagen können.

Es bedarf nicht nur eines hochentwickelten Bewußtseins, um ein Prophet sein zu können – und ich spreche jetzt von einem wirklichen Propheten –, sondern dazu gehört auch eine richtige Einschätzung der Zielsetzung dieser Erde, des Wesens ihrer Evolution, ein Verständnis von den Strukturen des Lebens, das auf allen Ebenen auf der Erde und ringsum existiert, und eine Einsicht in die Natur des Menschen. Wenn du über dieses Wissen verfügst, dann wirst du, deiner Bewußtseinsstufe entsprechend, Prophezeiungen machen können. Du wirst ein Gefühl dafür entwickeln können, was dir, deiner Familie oder dieser Erde widerfahren wird. Du wirst die Fähigkeit besitzen, den Gewinner eines Pferderennens, den Tod eines Staatsmannes oder selbst die Geburt eines Kindes vorauszusagen, denn bei all diesem handelt es sich um Äußerungsformen der gleichen Begabung, und jedesmal ziehst du dir dafür lediglich die Schwingungen heran, welche dich und diese Erde umgeben.

Der wahre Prophet erkennt, während er Prophezeiungen macht, daß das Element der freien Wahl immer noch gegenwärtig ist und daß die Menschheit das künftige Geschehen anders gestalten kann, wenn sie sich nur selbst verändern wollte. Die Genauigkeit einer Prophezeiung bezieht sich allein auf die Voraussagbarkeit von Handlungen des Menschen, denn gewöhnlich wird dieser seinen Weg nach den Gesetzmäßigkeiten seiner individuellen Entwicklung und gemäß der Konditionierung fortsetzen, die er durch seine Umwelt erfahren hat. Die Art und Weise, wie der Mensch sein Leben während der Vergangenheit auf der Erde gestaltet hat, hat auch die Strukturmuster der zukünftigen Entwicklung festgelegt. Das Tun des Menschen kann nicht ungeschehen oder zunichte gemacht, sondern lediglich verwandelt werden, und selbst wenn es für den Menschen schwierig zu verstehen ist, so ist doch die Aussage zutreffend, wonach die Sünden der Väter ihre Kinder bis in die dritte und vierte Generation hinein heimsuchen.

Ihr werdet mich fragen wollen, was ich, von meinem Bewußtseinsstand aus, für die Zukunft dieser Welt zum jetzigen Zeitpunkt voraussehe. Ich kann euch nicht alles das enthüllen, was ich sehe, denn dafür trägt mein Bewußtsein die Verantwortung, doch kann ich euch einige Hinweise auf das künftige Geschehen geben. Ihr lebt in einer äußerst kritischen Zeit innerhalb der Evolution der Erde. Ereignisse, die sowohl innerhalb als auch außerhalb der Kontrolle des Menschen liegen, werden am Ende dieses Jahrhunderts zu einer Erneuerung der Erde führen. Die Wesen, welche diesen Planeten gemäß den kosmischen Gesetzen lenken, denen sie ebenfalls gehorchen müssen, haben Veränderungen für diese Erde festgesetzt, die nicht nur die Oberfläche der Erde, sondern auch das auf ihr befindliche Leben verwandeln werden. Dies läßt sich mit Sicherheit prophezeien – doch der Mensch selbst, als der unbekannte Faktor auf der Erde, kann Einfluß auf die Art und Weise dieser Veränderung nehmen. Wollte der Mensch nur in Harmonie leben und lernen, Opfer zu bringen und andere höher als sich selbst zu stellen, dann kann dieser einschneidende Umwandlungsprozeß der Erde, während sie sich von einem großen Zeitalter in das nächste fortbewegt, mit einem Minimum an Zerstörung – nicht nur für die Menschheit, sondern auch für die Erde selbst – vollzogen werden. Wenn der Mensch jedoch seinen jetzt eingeschlagenen Pfad weiter fortsetzt, dann wird die Zerstörung ein großes Ausmaß annehmen, denn der Einfluß des Menschen wird sich auf die natürlichen Kräfte dieser Erde auswirken, und die dunklen Wolken der Verheerung, welche der Mensch selbst angerichtet hat, werden die Folgeerscheinungen der natürlichen Zerstörung noch vervielfachen. Denkt daran, daß diese Zerstörung, die der Mensch von seinem Standpunkt aus als verderblich, als endgültigen Schlußpunkt von Tod und Verwüstung betrachtet, in Wirklichkeit eigentlich keine Zerstörung, sondern Verwandlung ist, ein Teil des Planes für die Evolution dieser Erde. Denkt daran, daß Zerstörung nicht gleichbedeutend damit ist, etwas auszurotten oder endgültig zu vernichten, daß auf jede Zerstörung eine Wiedergeburt, ein neuer Anfang folgt und daß sehr häufig etwas Bedeutenderes aus den Trümmern erstehen wird.

Wenn ich den heutigen Menschen und den von ihm eingeschlagenen Weg betrachte, so kann ich euch sagen, daß sich in den nächsten fünfundzwanzig Jahren, wenn sich der Mensch nicht verändert, Ereignisse zutragen werden, die eure Vorstellungskraft übersteigen. Es wird eine große Zerstörung stattfinden; es wird Erdbeben, schwere Regenfälle und Überschwemmungen, Dürren, Hungersnöte und Seuchen geben. Die Struktur des Lebens auf dieser Erde wird sich über alles begriffliche Erfassen hinaus verändern. Selbst heute schon könnt ihr anhand der »Energiekrise«, wie ihr sie nennt, eine Vorahnung vom Zusammenbruch der technologischen Welt des Menschen bekommen. Auf jeden Fall wird sich die Erde nicht in der Art und Weise weiterentwickeln, wie der Mensch glaubt. Im Gleichgewicht der zivilisierten Welt wird eine drastische Veränderung stattfinden. Die Großmächte, wie die wichtigsten Länder der Welt heute manchmal genannt werden, werden keine Großmächte mehr sein. Überall auf der Erde wird sich eine Angleichung des Menschen vollziehen, und kleine Länder, wie beispielsweise England, werden mit ihren Qualitäten, Lebensbedingungen, geistigen Fähigkeiten und materiellen Eigenschaften zur Rettung dieser Welt beitragen. Die großen Finanzimperien werden zusammenbrechen. Der Wert des Geldes, dem zum gegenwärtigen Zeitpunkt überall auf dieser Erde eine derartige Bedeutung zukommt, wird verschwinden, und ein neues Tauschsystem wird statt dessen seinen Platz einnehmen. Aufgrund der Lebensumstände wird der Mensch dazu gezwungen werden, Handel mit seinen Feinden zu treiben, sie zu unterstützen und alle Menschen, ungeachtet ihrer Rasse, Hautfarbe oder Glaubenszugehörigkeit, als gleichwertig zu behandeln.

Viele planetarische Wesen befinden sich wegen dieser großen Umwandlung, die sich ereignen wird, zum gegenwärtigen Zeitpunkt in sehr großer Nähe der Erde, damit sie bei diesem heiklen Vorgang unterstützend mitwirken können, denn die Umwandlung von einem Teil des Sonnenkörpers wirkt sich natürlich auch auf dessen andere Teile aus. Diese planetarischen Wesen, die sich auf einer höheren Evolutionsstufe als der Mensch befinden, haben der Erde bereits seit vielen Jahren Hilfe gewährt, doch in naher Zukunft werden sie tatsächlich auf der Erde anwesend sein. Der Mensch wird sie als die hochentwickelten Wesen anerkennen, die sie sind, und er wird zu der Einsicht gezwungen werden, daß viele Formen des Lebens außerhalb seiner eigenen in diesem Sonnenkörper existieren. Dies wird zu dem Zusammenbruch aller organisierten Religionen auf der Erde führen, und der Mensch wird sich einem neuen, einem wirklich erwachenden Wissen von seinem Schöpfer zuwenden. Bevor dies jedoch geschehen kann, muß auch ein Kommunikationsmittel zu diesen planetarischen Wesen eingeführt werden, denn unvorbereitet könnte der Mensch ihre Gegenwart nicht hinnehmen.

Zum gegenwärtigen Zeitpunkt wird eure Welt von Krieg bedroht. Überall sind Bedingungen vorherrschend, die zu Krieg führen können, und daher wird dieser auch nicht von der Erde verschwinden, sondern es wird auch in Zukunft Kriege geben. Diese Kriege werden an verschiedenen Punkten des Erdballs und nicht unbedingt – wie der Mensch annehmen könnte – zwischen den heute existierenden politischen Fronten geführt werden. Es wird noch viele Opfer, noch viel mehr Blutvergießen geben, ehe der Mensch zu der wirklichen Erkenntnis von der Sinnlosigkeit des Krieges gelangt.

Auf den Gebieten der Heilkunst und Medizin wird eine große Revolution stattfinden. Die medizinische Forschung wird von ihrem gegenwärtigen Weg völlig abkommen, und daraus wird eine wirkliche Inspiration hervorgehen. Der Mensch wird das Heilmittel für viele Krankheiten entdecken, die heute als unheilbar gelten; er wird Krebs, multiple Sklerose und andere Leiden heilen können. Er wird die wahre Natur von Krankheit verstehen lernen, und daraus wird er Einblick in die wahre Natur des Heilens erhalten.

Die politischen und sozialen Organisationen des Menschen werden in jeder Hinsicht eine durchgreifende Erneuerung erfahren. Unter den jungen Menschen der heutigen Zeit gibt es Seelen von einer hohen Entwicklungsstufe, die sich um einer besonderen Aufgabe willen zu diesem Zeitpunkt auf der Erde inkarniert haben; wenn sie die physische Reife erlangt haben, werden sie versuchen, die etablierten Lebensformen des Menschen umzustürzen. Ihr könnt diese Tendenz bereits in der heutigen Welt beobachten. Gegenwärtig sind diese Menschen noch jung und haben daher noch wenig Einfluß, doch mit wachsendem Alter und zunehmender Klugheit wird ihr Einfluß in der Zukunft vorherrschend werden. Dann werdet ihr den Zusammenbruch der Gesellschaftsform, so wie sie heute existiert, und eine neue Einschätzung der Würde des Menschen erleben. Alte Wertmaßstäbe werden verworfen werden, und aus den

Trümmern der früheren Organisationen wird eine neue Brüderlichkeit unter den Menschen entstehen.

Ich habe nicht die Absicht, ein düsteres Bild für diese Erde zu entwerfen, sondern gebe lediglich eine Voraussage über die großen Veränderungen, die sich ereignen werden. Der Mensch hat noch immer genügend Zeit, um vieles von der künftigen Zerstörung abzuwenden, denn wenn er sich nur selbst verändern wird, dann wird er auch bereitwilliger die Veränderungen akzeptieren, die – ob er will oder nicht – eintreten werden. Doch wie die Propheten der alten Zeit brauche ich nur auf das heutige Verhalten des Menschen zu blicken, um zu wissen, daß sich meine Prophezeiungen erfüllen werden. Ich wollte, dies wäre nicht so. Ich bete mit euch für die Verwandlung dieser Erde gemäß der Form, die für sie beabsichtigt war, doch wenn ich das Verhalten des Menschen beobachte, so weiß ich, daß das Unvermeidliche nicht umgangen werden kann. Daher erfülle ich die wahre Funktion eines Propheten und berichte euch von diesen Dingen nur deshalb, damit ihr euch selbst auf das künftige Geschehen vorbereiten mögt.

Die Worte eines jeden Propheten können akzeptiert oder in den Wind geschlagen werden. Wenn ihr die Prophezeiung, die euch gegeben wird, in eurem eigenen Bewußtsein nicht annehmen könnt, so müßt ihr sie zurückweisen, denn die Freiheit zu dieser Entscheidung ist euer natürliches Geburtsrecht. Wenn ihr jedoch auf die heutige Welt blickt, wenn ihr die vergangene Geschichte des Menschen betrachtet, wenn ihr euch mit der großen Zukunft einverstanden erklärt, die nicht nur für diese Erde, sondern für den gesamten Sonnenkörper geplant ist, in dem ihr lebt, wenn ihr die Existenz jener großen Wesenheiten akzeptiert, die in Wahrheit eure Erde und dieses Sonnensystem beherrschen und lenken, dann werdet ihr erkennen, daß eine Veränderung nicht nur wünschenswert ist, sondern unmittelbar bevorsteht. Wenn ihr dies gelten laßt, dann werdet ihr tiefer über meine Worte nachdenken und vielleicht damit beginnen, euch selbst zu verwandeln, damit ihr, als Individuen, der Vernichtung entgehen könnt, der viele eurer Mitmenschen zum Opfer fallen werden. Wo Licht ist, da wird es in der Dunkelheit erkannt werden, wo Harmonie ist, wird sich keine Disharmonie durchsetzen können, und wo Wahrheit ist, da kann es kein Übel geben. Sorgt daher dafür, bereit zu sein. Macht Gebrauch von der individuellen Gabe der Prophezeiung, die ihr alle besitzt, und laßt die Weisheit eures Schöpfers euren Weg in die Zukunft erhellen.

Die Symbolik der Ostergeschichte

Wenn ihr die Ostergeschichte betrachtet, so neigt ihr dazu, dies nur im Hinblick auf den physischen Aspekt zu tun und euch nur ihrer physischen Implikationen bewußt zu sein. Ihr denkt dabei an einen Menschen, der auf der physischen Ebene verraten, von seinen weltlichen Richtern verhört, für schuldig befunden und zum physischen Tode am Kreuz verurteilt wurde. Wenn euer Bewußtsein es zuläßt, so mögt ihr vielleicht auch noch den Gedanken an seine physische Auferstehung gelten lassen. Die Aufgabe aller Demonstrationen der großen Meister, welche sich auf dieser Erde inkarniert haben, hat jedoch immer darin bestanden, dem Menschen nicht nur zu zeigen, wie er sein physisches Leben auf dieser Erde führen sollte, sondern ihm auch den Weg zu einem Leben jenseits von dieser Erde, zu einem Leben im gesamten Universum zu weisen. Wir wollen daher einige der besonderen Vorkommnisse betrachten, die sich in der Ostergeschichte ereigneten, und eine tiefere Bedeutung hinter den physischen Geschehnissen zu entdecken versuchen.

Der Nazarener hatte sein Herz, seinen Geist, seinen Körper, seine gesamte physische und spirituelle Existenz auf den Gang nach Jerusalem ausgerichtet. Obwohl er sich des Todes, mit all seinen Implikationen von Schmerz und Einweihung, bewußt war, der ihn dort erwartete, begab er sich nicht einfach nur zur Erfüllung eines Planes dorthin, der viele Zeitalter zuvor festgelegt worden war, sondern weil er sich in Richtung eines persönlichen Zieles bewegte. Wenn du die Stadt Jerusalem als Symbol ansiehst für das Paradies, Nirvana, einen Zustand spiritueller Vollkommenheit, wie auch immer man es bezeichnen mag, als ein Ziel, das alle spirituellen Menschen anstreben, dann wirst du erkennen, daß die Reise des Nazareners nach Jerusalem den Menschen darstellt, der diesen Weg geht, um damit den höheren Willen seines Schöpfers zu erfüllen und spirituelle Erkenntnisse zu erlangen. Der Nazarener war fest dazu entschlossen, nach Jerusalem zu gehen und diesen Zustand der Vollkommenheit zu erreichen, selbst wenn er sich darüber bewußt war, was ihm geschehen würde. Er hatte den Willen seines Schöpfers angenommen, weil er wußte, daß darin der Schlüssel zu seiner eigenen spirituellen Weiterentwicklung lag.

Vor den Geschehnissen des Osterfestes teilte der Nazarener mit seinen zwölf Jüngern das Passahmahl, auf welches sich die Christen heute als das Heilige Abendmahl beziehen; bei jenem Passahmahl fielen die Worte, die von den christlichen Kirchen aufgegriffen und zu einem Dogma gemacht worden sind, das die Evolution von Millionen Seelen begrenzt hat. Als der Nazarener mit seinen Jüngern beim Mahle saß, brach er das Brot, segnete es und sagte nach den Worten der Bibel: »Nehmet, esset. Das ist mein Leib, der für euch gegeben wird; das tut zu meinem Gedächtnis.« Dann nahm er den Weinkelch und sagte: »Das ist mein Blut des Neuen Testaments, das für euch vergossen wird; trinket dies zu meinem Gedächtnis.« Aus diesen beiden Aussprüchen hat der Mensch viele Deutungen abgeleitet, doch möchte ich gern eine neue Auslegung vorbringen.

Diese Erde, auf der du lebst, ist ein Körper. Wenn ich das Wort »Körper« verwende, so solltest du dir darunter keinen menschlichen Körperbau vorstellen, sondern vielmehr eine Form, die ihre Funktionen erfüllt, wie es ähnlich der physische Körper tut. Diese Erde ist ein Körper, der – deiner eigenen Existenz im gegenwärtigen Augenblick vergleichbar – eine Seele hat. Sie ist Teil eines noch größeren Körpers, des Sonnenkörpers, von welchem du Kenntnis hast, und dieser ist wiederum Teil eines noch größeren Körpers, über dessen Existenz du dir nicht bewußt bist und dessen Zentrum der als Sirius bezeichnete Stern bildet. Innerhalb des Menschen selbst gibt es ebenfalls Körper, Millionen von Geschöpfen, individuelle Bewußtseinszellen, die eine dem Menschen ähnliche Aufgabe und Bestimmung haben, jedoch unterschiedlichen Evolutionsmustern folgen. Diese Wesen mit Bewußtseinsformen führen ein Leben innerhalb des Menschen in vergleichbarer Weise, wie der Mensch auf der Oberfläche dieser Erde lebt. Der Mensch ist daher nicht allein, nicht unumschränkt herrschend und einzigartig – sondern lediglich ein unendlich kleines Rädchen in dem gigantischen und immerwährenden Rad der Schöpfung.

Wenn der Mensch Einsicht in die Schöpfung erlangen möchte, so sollte er seinen eigenen Körper betrachten, denn darin ist der Plan, das Strukturmuster, die Zielsetzung nicht allein des Sonnenkörpers, sondern der Schöpfung als Ganzes gesehen enthalten. In ihm befinden sich lebende Organismen, die ihre Bestimmung in genau der gleichen Art und Weise erfüllen wie der Mensch die seinige auf der Oberfläche dieser Erde. Der Mensch kann daher nicht isoliert und ausschließlich für sich leben, denn er ist nicht nur Teil eines größeren Körpers, der Erde, und die Art und Weise seines Handelns auf deren Oberfläche wirkt sich auf das Verhalten und

Wohlergehen des Körpers der Erde selbst aus, sondern sein Verhalten als Individuum wirkt sich ebenfalls auf das Schicksal, das Leben, das Wohlbefinden von Millionen Wesen in seinem eigenen Inneren aus.

Das Tun des Menschen nimmt Einfluß auf die Existenzebenen sowohl oberhalb als auch unterhalb seiner eigenen. Als der Nazarener daher, im Schutze des Christus stehend, beim Heiligen Abendmahl davon sprach, das Brot – als seinen Leib oder Körper – zu seinem Gedächtnis zu essen, forderte er seine Jünger dazu auf, sich daran zu erinnern, daß das Brot (als universelles Symbol für die Nahrung aller Schöpfung, die Erhaltung des Kosmos, innerste Essenz des Lebens), welches er brach und segnete, sinnbildlich für den Körper des Schöpfers oder Gottes dieses Sonnensystems stand. Das »Brot des Lebens«, wie es manchmal genannt wird, ist gleichbedeutend mit der Einsicht, dem Wissen, der Inspiration eures Schöpfers, und innerhalb seines Körpers und durch diesen, seine Schöpfung, sucht der Mensch Schutz und Ruhe, lernt er und entwickelt sich weiter. Der Nazarener forderte seine Jünger dazu auf, im Gedächtnis zu behalten, daß der Christus, in dessen Schutze er stand, daß der Sohn eures Schöpfers seinen Körper, seine Lebensform dem Menschen als Opfer brachte, damit er an diesem Körper teilhaben, Gebrauch von ihm machen, sich durch ihn weiterentwickeln konnte, um dann selbst wiederum seinen eigenen Körper all jenen Lebewesen in seinem Inneren zu opfern. Dies ist die kosmische und unaufhörlich fortschreitende Bewegung der Schöpfung: Du bist Teil einer größeren Schöpfung und enthältst selbst eine kleinere Schöpfung in dir. Der Nazarener erinnerte seine Jünger auch daran, daß alles, was sie in sich aufnahmen – nicht nur in der Form von Nahrung, obwohl diese selbstverständlich eine wichtige Rolle spielt –, von ihrem Schöpfer kommt und daß sie, nach dem Gebrauch dieses kosmischen Lebens, dann für das verantwortlich sind, was aus ihrem Körper hervorgeht.

Der Nazarener forderte seine Jünger ebenfalls dazu auf, den Wein in seinem Gedächtnis zu trinken und erklärte, daß dieser sein Blut wäre. Er nahm Rotwein als Symbol für das Blut, den eigentlichen Strom der Evolution, der jeden physischen Körper durchfließt. Dein physisches Blut enthält in sich den Keim der Evolution, und während es durch deinen Körper strömt, erfüllt es nicht nur die der Medizin bekannten Funktionen, sondern lenkt dich auch auf deinem dir vorherbestimmten Weg. Es enthält in sich das Karma deines Lebens, die schicksalhafte Bestimmung deines Lebens und das Wissen um dein Leben. Es gelangt in jeden Teil deines physischen

Körpers, wobei es die materielle Hülle, in der du dich vorübergehend aufhältst, aktiviert, beeinflußt und steuert. Wenn du stirbst und deinen physischen Körper zurückläßt, verwandelt sich dieser Blutstrom selbst in eine ätherische Form, das heißt, er wird zu einer elektrischen Energie, und die Gesamtheit deines Wesens erhebt sich gemeinsam mit dem Geist und fließt in das zurück, was gewöhnlich als ein magnetisches Feld bezeichnet wird und diese Erde umgibt – ein magnetisches Feld, das sämtliche Schwingungen des Blutes der Menschheit durch alle Zeitalter hindurch in sich einschließt. Auf diese Art und Weise ist die Gesamtsumme menschlicher Inkarnationen seit Beginn der irdischen Zeit in diesem magnetischen Energiefeld um die Erde enthalten. Die Leben all jener Wesen, die weiter fortgeschritten und in ihrer Bewußtheit höherentwickelt sind als du, können dort von dir angezapft und nutzbar gemacht werden, wenn immer du diesen Christus-Ausdruck ausstrahlst und dich selbst in Harmonie mit dieser elektrischen Schwingungsfrequenz bringst. Dadurch erklärt sich, wie sich der einzelne Mensch sowohl inspirierte Eingebungen als auch technologische oder wissenschaftliche Entdeckungen erschließen und diese herabbringen kann. Wenn der Nazarener daher von seinem Blut als dem Blut des Neuen Testaments, der neuen Zukunft sprach, forderte er den Menschen dazu auf, sich nach seinem physischen Tode, mit Hilfe seiner Äußerungen und seiner Lebensweise, jenes Wissen, jene Einsicht zu erschließen, über die er verfügte, und sie sich in den darauffolgenden Jahren und in künftigen Zyklen zunutze zu machen. Dein Blut ist deine Weisheit, deine Bewußtheit, und dieses höhere Bewußtsein kannst du jederzeit anzapfen und dir erschließen.

Ich möchte nun die tiefergehenden Implikationen von Verrat, Gefangennahme und Verhör des Nazareners zu bedenken geben. Der Nazarener, der im Schatten des Christus stand, obwohl er selbst ein großer Meister war, wurde deswegen zurückgewiesen, verleugnet, gefangengenommen, zu Unrecht vor Gericht gestellt und zum Tode verurteilt, weil er in beispielhafter Weise den Plan und die Zielsetzung dieser Erde lehrte und die Wahrheit der himmlischen Bereiche für das Fische-Zeitalter demonstrierte. Du mußt es daher hinnehmen, wenn du einem ähnlichen Pfad zu folgen bemüht bist, daß du eine vergleichbare Behandlungsweise erfahren wirst. Wenn du versuchst, Menschen mit der wahren Spiritualität des Lebens bekannt zu machen und ihnen das Wissen von einer Existenzform außerhalb von jener zu vermitteln, die sie selbst praktizieren und befolgen, so werden sie dich hassen, dich verachten und versuchen, dir Böses anzutun. Vergegenwärtige dir, daß die religiösen Führer jener

Zeit für Verhör und Verurteilung des Nazareners die Verantwortung trugen. Würde es sich heute anders verhalten? Obwohl die Gerichtshöfe jener Zeit wußten, daß der Nazarener unschuldig war, fügten sie sich politischem Druck und verurteilten ihn zum Tode. Dies aus zweckdienlicher Berechnung – wäre es heute anders?

Sei dir bewußt, daß du über die Ebene des physischen Lebens hinausgelangst, wenn du Christus-gleich bist. Das soll nicht heißen, daß du das physische Leben verleugnest, sondern daß du dich vielmehr über die Begrenzungen des Lebens auf der Erde erhebst und das Christus-Prinzip demonstrativ zum Ausdruck bringst, was viele Menschen merkwürdig berühren wird. Die wahre Lektion dieser Erde ist aufopferungsvolles Dienen, das sich in Liebe äußert, und daher wird das Opfer, das du so freigebig machst, bereitwillig auch von jenen angenommen, die nicht verstehen.

Jederzeit während seines Verhörs und der Kreuzigung hätte der Nazarener die Geschehnisse umgehen können, die ihm bestimmt waren, doch er tat es nicht. Haben die Menschen, die ihn vor Gericht stellten, für schuldig befanden und schließlich töteten, auch nur im geringsten sein Bewußtsein zu würdigen gewußt, das all diese Ereignisse trotz des Wissens geschehen ließ, daß sie zu vermeiden waren, und das gleichzeitig seine Verfolger in dem Glauben bestätigte, daß sie die Überlegenen wären und ihre Lebensanschauung den Sieg davongetragen hätte? Doch die eigentliche Wahrheit dieser Demonstration zeigt sich in der heutigen Ausdrucksform des Christus-Prinzips, denn wenn es auch mit dem Kommen und Gehen der verschiedenen Kulturen Veränderungen erfahren hat, so existiert doch überall in der Welt weiterhin ein echter Glaube daran – was läßt sich dagegen von den Glaubensvorstellungen der Sadduzäer und Pharisäer sagen, welche die Verantwortung für den Tod des Nazareners tragen?

Vergegenwärtige dir, daß eine Demonstration des Christus-Ausdrucks nicht nur für eine Stunde, für ein Jahr, sondern für die Ewigkeit geschieht und daß du, wenn du dem Christus nachzufolgen bemüht bist, nicht allein den Plan deiner eigenen Inkarnation, sondern auch den Plan der Ewigkeit erfüllst. Die großen Meister waren sich darüber bewußt, daß sie diesen höheren Plan ausführten, daß sie nicht nur für das physische Leben auf der Erde, sondern für die Schöpfung in einem allumfassenderen Ausmaß da waren. Sie erkannten richtig, daß das Leben im physischen Körper, verglichen mit der Schöpfung auf den höheren Ebenen und mit dem universellen und kosmischen Geist, einschränkend, geringfügig und bedeutungslos ist.

Der Nazarener wurde zu Unrecht für schuldig befunden und gekreuzigt. Der Mensch hat dem Wort »gekreuzigt« einen affektiven Beiklang, doch nur eine rein physische Bedeutung gegeben: auf einem Kreuz ausgestreckt und angenagelt zu werden und so lange daran hängen zu bleiben, bis der Tod eintritt. Doch in Wahrheit gibt es viele Formen der Kreuzigung, die schmerzhafter als die physische sind. Der Nazarener empfand den physischen Schmerz, als er am Kreuze hing, weitaus geringer als den geistigen, den bewußtseinsmäßigen Schmerz, weil er erkannte, daß er – überragt durch den Sohn Gottes und gekommen, damit er die Menschheit rette – zurückgewiesen und gekreuzigt worden war, während ein Räuber, ein Mörder ihm vorgezogen und freigelassen wurde. Viele Menschen haben in ihren Leben weitaus größere Leiden als die physische Form von Schmerz erfahren. In der Tat kann jeder große Meister, der fortgeschritten ist und seinen Körper zu beherrschen gelernt hat, physischen Schmerz unbeachtet lassen. Es ist einer der ersten Schritte für den Anfänger auf dem Pfad, daß er physischen Schmerz in dem Maße zu beherrschen lernt, daß dieser keinerlei Bedeutung mehr hat. Wenn dies erreicht ist, muß er es lernen, Herr über seinen geistigen Schmerz zu werden, und dies ist weitaus schwieriger.

Am dritten Tage, nachdem der Nazarener am Kreuz gestorben war, geschah seine Auferstehung. Der Glaube an die Auferstehung ist eine Frage des Bewußtseins; du kannst nicht lediglich daran glauben, wenn du darüber liest oder davon hörst, denn ein solcher Glaube wäre unaufrichtig. Allein dadurch, daß du eine Sache viele Male erfährst und durchlebst, prägt sie sich in deinem Bewußtsein ein, so daß du sie schließlich als eine Tatsache und nicht nur als eine rein gedankliche Vorstellung gelten lassen kannst. Es ist nicht entscheidend, daß ein Mensch weiterlebt, daß er umgangen hat, was der unentwickelte Mensch den tiefen Rachen des Todes nennt, denn der Tod ist lediglich ein Übergangszustand und hat keinerlei weitere Bedeutung als ein solcher, sondern daß er weiterhin den höheren Plan seines Daseins erfüllt, obgleich er sich in seiner äußeren Form verändert hat – so als würdest du jetzt, wenn du diesen Vortrag liest, sterben und weiterhin, nur auf einer höheren Existenzstufe, dem unaufhörlichen Plan für deine Evolution nachkommen; du bist nicht nur auf der physischen Ebene tätig und verweilst dann nach deinem Tode in einem Zustand der Ruhe, bis du dich erneut inkarnierst.

Die Auferstehung erfolgt daher nicht, damit der Tod umgangen, sondern damit eine höhere Zielsetzung erfüllt wird. Obgleich der Nazarener die Auferstehung seines physischen Körpers demonstrierte – was einer Seele von seiner Evolutions- und Bewußtseinsstufe möglich war – und obgleich er vor den Menschen in diesem Körper erschien, ist dies nicht von Bedeutung und dient lediglich als Beweis für die natürlichen Gesetze, welche diese kleine Erde beherrschen, auf der ihr lebt. Die wirkliche Bedeutsamkeit der Demonstration des Nazareners lag darin, daß er sein Werk, seine Evolution und spirituelle Weiterentwicklung auf der aufwärtsführenden Spirale des Lebens fortsetzte. Als er in dieser Form erschien und zu seinen Jüngern und den anderen Menschen sprach, die das Vorrecht hatten, Zeuge seiner physischen Auferstehung zu werden, tadelte er in keiner Weise und zu keinem Zeitpunkt diejenigen, die ihn verfolgt und ans Kreuz geschlagen hatten. Er übte keinerlei Kritik an den Hohepriestern und sprach nicht von Rache und Vergeltung, sondern lediglich von der Zukunft, von dem, was seine Jünger jetzt zu tun hätten, da er gegangen war, von dem kontinuierlichen Plan für diese Erde und die gesamte, sie umgebende Schöpfung und von der unaufhörlichen Evolution der Wesen, welche auf dieser Erde leben.

Es läßt sich noch sehr viel mehr über die Ostergeschichte sagen, denn in der heutigen Zeit kann der Mensch in der Bibel nur solche Dinge finden, die nach der Entscheidung bestimmter religiöser Männer in der Vergangenheit darin aufgenommen worden sind. Der Nazarener erscheint weiterhin und setzt seine Lehre fort. Der Christus-Ausdruck ist dir, ist euch erhalten geblieben. Der Plan für diese Erde ist heute ebenso deutlich festgelegt, wie er es vor fast zweitausend Jahren war. Nichts hat sich verändert, nichts ist zum Stillstand gekommen, alles entwickelt sich in Entsprechung zu diesem höheren Plan weiter fort. Nichts kann der Mensch ausrichten; nichts von dem, was sich die Pharisäer oder Sadduzäer durch die Tötung des Nazareners erhofften, hat in irgendeiner Weise das Fortschreiten dieses höheren Planes verhindern können.

Wenn daher Ostern herankommt, möchte ich euch auffordern, an die Zielsetzung dieses Planeten, das aufopferungsvolle Dienen, zu denken. Ich möchte euch auffordern, an das Opfer zu denken, das jene höheren Wesen für euch machen, die eine fortgeschrittenere Seelenentwicklung als ihr erreicht haben, und ebenfalls an das Opfer zu denken, das von euch selbst für jene weniger entwickelten Seelen unter euch erwartet wird. Ihr steht nicht allein und unumschränkt da, sondern seid Teil einer komplexen Kette von stufenweiser spiritueller Entwicklung, und zum gegenwärtigen Zeitpunkt stellt ihr das schwache Glied in dieser Kette dar. Die Menschheit muß sich selbst eine spirituelle Motivation geben, damit sie ihre Aufgabe erfüllen kann, und dies ist die Evolution eines jeden einzelnen von euch, gemeinsam mit der Evolution des Erdkörpers, von welchem ihr gegenwärtig ein Teil seid. Der Mensch muß damit beginnen, auf allen Existenzebenen Opfer zu bringen – angefangen von der am wenigsten entwickelten bis zu der höchstentwickelten Seele, angefangen damit, eine Minute seiner Zeit dafür zu opfern, einem Mitreisenden auf dem Pfade des Lebens zu helfen, bis zu dem Punkt, sein Leben für die Menschheit als Ganzes gesehen hinzugeben.

Für diejenigen, welche aus freiem Antrieb und uneingeschränkt Opfer bringen, wird der Lohn immerwährende Bewußtheit sein, denn wenn ihr einmal gegeben und den wahren Segen eures Schöpfers erhalten habt, so hat damit jener Zustand der Freude, jener Weg nach Jerusalem begonnen. Wenn ihr einmal nur einen einzigen Schritt auf dieser Straße gegangen seid, dann wird es für euch kein Zurück mehr geben. Ungeachtet der Schmerzen und Opfer wird es eine Straße sein, die ihr euch sicher in dem inneren Vertrauen zu gehen bemühen werdet, daß ihr damit nicht nur den Willen eures Schöpfers und den Willen des Erdkörpers erfüllt, in dem ihr lebt, sondern auch den Willen all jener Wesen in eurem eigenen Inneren. Ihr werdet nicht nur euer eigenes Bewußtsein, sondern auch das universelle Bewußtsein weiter fortentwickeln. Wenn ihr euch einzig darum bemüht, so wird die wahre Kraft eures Lichtes hervorstrahlen, und ihr werdet auf Ebenen jenseits des physischen Bereichs das erlangen, was der Nazarener auf einer noch höheren Äußerungsstufe erreicht hat. Dann werdet ihr dem Leben auf jeder im Universum existierenden Ebene dienen, und aus diesem Dienen wird ein Verständnis von der Schöpfung und dem sogenannten Rad des Lebens erwachsen.

Das Weibliche

Überall auf der Erde sind heute die Auswirkungen und Folgeerscheinungen der Disharmonie des Menschen wahrzunehmen. Seine mangelnde Ausgewogenheit hat sich in fast jedem Aspekt des Lebens niedergeschlagen. Besonders viel Disharmonie ist zu erkennen, wenn man die Beziehung zwischen Mann und Frau, zwischen männlichem und weiblichem Schöpfungsaspekt betrachtet, während sie in einem physischen Körper in der Materie existieren. Mit dem Männlichen und Weiblichen sprechen wir vom innersten Wesenskern des Lebens, und wenn diesem äußerst wichtigen Aspekt die Harmonie fehlt, so werden auch die Früchte aus beider Vereinigung Disharmonie aufweisen.

In dieser Lesung möchte ich das Dasein als Frau, seine wahre Rolle und Aufgabe betrachten, damit diejenigen von euch, die darüber lesen, die wirkliche und einzigartige Stellung der Frau neu einschätzen können und vielleicht ein besseres Gleichgewicht in ihren Ehen oder freundschaftlichen Beziehungen herstellen mögen. Ich möchte, daß ihr alle die Vorstellungen zu vergessen sucht, die ihr euch über die herkömmliche Rolle der Frau gebildet habt, denn sie beruhen sämtlich auf der Konditionierung durch eure Erziehung. Ich möchte nicht einmal, daß ihr euch das Dasein als Frau in Verbindung mit der weiblichen Gestalt des Körpers vorstellt.

Ursache und Natur der Erschaffung dieser Erde und der Menschheit, die gemeinsam mit den drei anderen Reichen der Materie auf dieser Erde lebt, können nur von sehr hochentwickelten Seelen, von solchen Wesen verstanden werden, die bereits über diese Schule des Lebens auf der Erde hinausgegangen sind. Ich möchte deshalb in dieser Lesung nicht allzu gründlich darauf eingehen, auf welche Weise oder warum dieser Planet Erde zuerst erschaffen wurde. Es genügt, wenn ich sage, daß euer Schöpfer, der Gott dieses Sonnenkörpers, dessen Geist der Sonne innewohnt, diese Erde aus seinem Denken heraus erschaffen hat. Viele Zeitalter danach, als sich die schmelzflüssige Masse abgekühlt hatte, als sich Land und Wasser gebildet und nachdem sich Mineral-, Pflanzen- und Tierreich manifestiert hatten, wurde der Mensch als Abbild seines Schöpfers erschaffen. Zu diesem Zeitpunkt war er noch eng mit der Göttlichkeit verbunden und kannte nur den Zustand der Vollkommenheit. Er ging Hand in Hand mit den Engeln. Er war zweigeschlechtlich, gleichzeitig männlich und weiblich, positiv und negativ. Der Mensch entstand aus dem vollkommenen Odem nach dem Willen seines Schöpfers. Aus Gründen, die euch nicht einsehbar sind, entschied dann der Gott dieses Sonnensystems, daß es zur Förderung der weiteren Evolution der Erde und des Sonnenkörpers als Ganzes gesehen für den Menschen notwendig wäre, im Hinblick auf sein Bewußtsein und seine Kreativität eine individualisierte Form anzunehmen, zu einer lebendigen Seele zu werden, damit er die Kraft seines Schöpfers innerhalb der Materie entwickeln und Früchte tragen lassen könnte. Der Mensch sollte dazu befähigt werden, auf der Erde die Geheimnisse und das Wissen des Kosmos in Erscheinung treten zu lassen und auf diese Weise nicht nur zu seiner eigenen, sondern zu der Evolution des gesamten Sonnenkörpers beizutragen.

Daher erfolgte die Reinkarnation des Menschen auf der Oberfläche der Erde; er wurde von seinem früheren Zustand der Vollkommenheit getrennt und erhielt die göttliche Gabe der freien Wahl. Von nun an arbeitete er mit den Schwingungsfrequenzen von Positiv und Negativ und war dem Gesetz des Gegenteils unterworfen. Der Mensch wurde jetzt zu Adam und Eva, zu Mann und Frau, und aus dieser göttlichen Schöpfung vor vielen Zeitaltern ist die männliche und weibliche Körperform hervorgegangen, wie ihr sie heute kennt. Bei jener bedeutenden Reinkarnation des vollkommenen Menschen, wenn ich ihn so bezeichnen darf, wurden seine Funktionen in zwei Aspekte aufgespalten, die sein neues Geburtsrecht widerspiegelten: in das Männliche, das wir als die Kraft, die Energie, den intellektuellen Aspekt betrachten können, und in das Weibliche als den Aspekt der Liebe, der Empfänglichkeit, der intuitiven Erkenntnis, der Stärke Gottes in Bewegung. Es war beabsichtigt, daß Mann und Frau ihren individuell geprägten Weg im Leben in dem Bemühen gehen sollten, Vollkommenheit in ihren voneinander unterschiedenen Rollen zu erlangen, doch gleichzeitig sollten sie sich auch gegenseitig ergänzen und einander im Gleichgewicht halten, damit sie sich nach vielen Zeitaltern auf einer höheren Bewußtseinsstufe erneut vereinigen könnten.

Dies ist nicht der rechte Zeitpunkt, um zu beschreiben, wie die Frau, der weibliche Aspekt, mit einigen Engeln, den Boten Gottes, geschlechtlich verkehrte, wie der Schöpfungsakt mißbraucht wurde, der Mensch in Sünde und Ungnade fiel und damit sein spirituelles Geburtsrecht verlor; doch ist es dieser Akt mangelnder Harmonie, dieser Mißbrauch der wahren Funktion des Männlichen und Weiblichen gewesen, der zu dem heute existierenden Zustand der Disharmonie geführt hat. Nur dann kann die Menschheit, als Ganzes gesehen, zur Vollkommenheit zurückgeführt werden, wenn die Frau ihren ursprünglichen Zustand der Harmonie wiedererlangt und ihre göttliche Weisheit, ihre intuitive Eingebung unter Beweis stellt.

Ich habe versucht, diese kurze Beschreibung der anfänglichen Erschaffung von Mann und Frau so einfach wie möglich zu halten, denn es ist wichtig, daß ihr das Geschehen vor vielen Zeitaltern richtig einschätzt, damit ihr die individuell verschiedenen Rollen und Aufgaben von Mann und Frau in der heutigen Zeit besser verstehen könnt. Ich habe nicht die Absicht, das weibliche Geschlecht für alle Mühen und Nöte verantwortlich zu machen, mit denen sich die Menschheit heute konfrontiert sieht, denn der Mann trägt in gleicher Weise die Schuld daran; doch geschah es aufgrund jenes anfänglichen Tuns vor vielen Zeitaltern, als der Aspekt der Weisheit, die Jungfrau, die beispielhaft das Göttliche verkörperte, in Sünde fiel, daß auch der Sturz des Mannes erfolgt ist, der nämlich auf die Frau als sein Vorbild blickt. In der Folgezeit geriet aufgrund dessen auch die gesellschaftliche Struktur auf der Erde in Disharmonie und entwickelte sich schließlich bis zu ihrer gegenwärtigen Verfassung, wo die Übereinstimmung zwischen dem Männlichen und dem Weiblichen vollständig fehlt und mangelnde Ausgewogenheit herrscht. In den westlichen Kulturen, und um wieviel mehr noch in den Ländern des Ostens, nimmt der Mann, der kraftvolle und verstandesmäßige Aspekt der Schöpfung, die überlegene Stellung ein und beherrscht die Frau, den Weisheitsaspekt; ehe das Gleichgewicht zwischen beiden nicht wiederhergestellt ist, wird sich keine Harmonie auf dieser Erde, als Ganzes gesehen, einstellen.

Mann und Frau sind vollkommen gleichwertige, doch einander entgegengesetzte Funken der Schöpfung. Sie sind aus dem gleichen Ursprung hervorgegangen und bilden, obgleich gegensätzlich, wie die beiden Seiten einer Münze gemeinsam ein Ganzes. Aus ihrer gegenseitigen Ergänzung entsteht die Vollkommenheit, denn die ursprünglichen Funktionen des vollkommenen Menschen sind gleichmäßig zwischen ihnen aufgeteilt worden. Daraus ergibt sich, daß Mann und Frau, wenn sie sich in völliger Harmonie befinden, tatsächlich eine Einheit bilden und daß alle Handlungen und Früchte aus dieser Einheit vollkommen sein werden; wo jedoch mangelnde Harmonie herrscht, wird nur Unvollkommenheit das Ergebnis sein können. Der Mann muß sich heute erneut in Harmonie und Übereinstimmung mit der Frau bringen, ebenso wie diese ihre Stellung als Weisheitsaspekt der Schöpfung wiederherstellen muß.

Durch die Frau, durch den Weisheitsaspekt, wird der Mann die Wahrheit der Schöpfung entdecken; er wird erkennen, auf welche Art und Weise das Leben auf diesem Planeten geführt werden sollte und wie seine Existenz auf dieser Erde wirklich beschaffen ist. Doch wird er diese Entdeckung nicht machen können, bevor er der Frau die Freiheit gibt, das zu sein, was sie nach der Absicht und Bestimmung ihres Schöpfers sein sollte.

Es ist unbedingt erforderlich, daß die Frauen überall in der Welt von den Zwängen befreit werden, an die sie gegenwärtig durch Gesellschaftsformen gebunden sind, die weitgehend durch den männlichen Schöpfungsaspekt der Kraft und des Intellekts beherrscht werden und die dem Leben gegenüber zum größten Teil ziemlich gefühllos sind. Sehr wenige Frauen haben heutzutage politischen Einfluß oder befinden sich in einer Position, von wo aus sie auf die Geschehnisse in der Welt einwirken können. Wäre dies der Fall, wie sehr würde sich dann das Leben auf der Oberfläche dieser Erde verwandeln! Würde eine Frau, welche die Schmerzen der Geburt erlebt und das Opfer gebracht hat, Kinder großzuziehen, welche die Schwierigkeiten und Prüfungen der Mutterschaft auf sich genommen hat, ihre Kinder dann einem von Gewalttätigkeit und Zerstörung bestimmten Tun ebenso bereitwillig anheimgeben wie ein Mann? Würde irgendeine Frau ihren Sohn oder den Sohn einer anderen Frau für ein ideologisches oder politisches Ziel opfern? Doch in der heutigen Zeit ist die Stimme des Weiblichen verstummt; sie wird unterdrückt und erstickt durch den Mann und die materielle Welt, die er beherrscht.

Bedauerlicherweise existieren gewisse Aussagen in der Bibel, die der Mann als göttliche Offenbarungen über die wahre Stellung der Frau aufgegriffen hat. Man muß sich jedoch vergegenwärtigen, daß die Bibel von Männern niedergeschrieben und zusammengestellt worden ist, die traditionsgemäß an der untergeordneten Rolle der Frau festhielten, und daß das Alte Testament weitgehend Auszüge aus Schriftrollen und -tafeln, die Jahrhunderte zuvor niedergeschrieben wurden, sowie religiöse Erzählungen enthält, die aus der Erinnerung weitergegeben wurden.

Die Kompilatoren der Bibel wählten daher diejenigen Abschnitte aus, welche in hohem Maße die vorherrschenden Meinungen und Glaubensanschauungen ihrer eigenen Zeit widerspiegelten. Als Folge davon wird die Frau in der Bibel als dem Manne untergeordnet dargestellt, und die westlichen Kulturen, die so vieles aus der Bibel übernahmen, haben diese Rangordnung durch die Jahrhunderte hindurch aufrechterhalten. Erst in der heutigen Zeit tritt die Situation ein, daß die Frau gerade damit beginnt, ihre richtige Stellung innerhalb der Gesellschaft wiederherzustellen.

Die Frau ist in jeder Hinsicht dem Manne völlig gleichwertig und doch sein Gegenteil. In der Tat ist der Mann, was das göttliche Bewußtsein angeht, sogar der schwächere Aspekt, wenn er sich in einem physischen Körper befindet! Keinesfalls sollten das Männliche und das Weibliche miteinander verglichen werden, denn sie sind nicht ein und dasselbe, sondern ergänzen einander komplementär. Gemeinsam verbinden sie sich zu einer einflußreichen Kraft, doch wenn sie sich nicht in Harmonie befinden, werden sie sich zerstörerisch auswirken. Wenn man sich in der heutigen Welt umschaut, kann man diese Zerstörung überall wahrnehmen. Sie ist weitgehend das Ergebnis aus dem Scheitern der Beziehungen zwischen Mann und Frau, denn aus ihrer Disharmonie sind der Zerstörungswille und die Gewalttätigkeit der heutigen Zeit hervorgegangen. Es hat Kulturen gegeben, die dem Menschen gegenwärtig noch weitgehend unbekannt sind, wo der männliche und der weibliche Aspekt ihre angemessenen Rollen und Aufgaben tatsächlich erfüllten und im Leben gleichgestellt waren. In diesen Kulturen pflegte der Mann zu Füßen der Frau zu studieren, er wurde in der Regel von ihr regiert und erhielt ihren Segen. In diesen alten Zivilisationsformen übten Frauen die Funktionen eines Herrschers, Lehrers, Propheten und Priesters aus. In der altägyptischen Kultur, wovon der Mensch gerade noch Kenntnis hat, kann man die Überreste einer solchen Gesellschaftsordnung in der Hierarchie der Pharaonen wiederfinden, wo es durchaus üblich war, wie allgemein bekannt ist, daß eine Frau den Rang eines Pharao einnehmen konnte. In der Tat war es das Gleichgewicht zwischen den männlichen und den weiblichen Pharaonen, das den Zusammenklang von Macht und Weisheit für die Herrschaft über das Königreich Ägypten begründete.

Wo finden sich Frauen in vergleichbaren Funktionen, wenn man sich in der heutigen Welt umblickt? Sie sind fast gänzlich von kirchlichen Ämtern ausgeschlossen, und doch sollten sie bei dieser Aufgabe den Männern nicht nur gleichgestellt sein, sondern dieselben an Zahl sogar noch übertreffen, da sie dazu erschaffen wurden, die Weisheit Gottes zu entfalten und in manifestierter Form auf die Erde herabzubringen. Deshalb ist es so wichtig, daß sich die Frau wieder in ihre wahre jungfräuliche Stellung zurückbegibt, wobei mit »jungfräulich« die Reinheit und Unberührtheit des Denkens und Handelns gemeint ist. Sie besitzt die intuitive Wahrnehmung, die Zukunft voraussagen zu können. Sie verfügt über starke übersinnliche und heilende Kräfte. Mit all diesen Fähigkeiten eignet sie sich hervorragend für das Amt eines Priesters oder Geistlichen. Wie sieht es in der heutigen Zeit mit der Lehrfunktion der Frau aus? Es gibt zwar weibliche Lehrer, doch gewöhnlich nehmen sie nur untergeordnete, keine höheren Stellungen ein. Mit ihrer Weisheit und ihrem intuitiven Einfühlungsvermögen hat die Frau jedoch eine sehr gute Eignung für den Lehrberuf. Sie verfügt über Geduld und Bescheidenheit und besitzt jene natürlich angeborene Weisheit, die dafür sorgt, daß sie die wahren und nicht die falschen Seiten des Lebens lehren wird. Wo befindet sich die Frau in den heutigen Regierungen? Warum fehlt sie, von ganz wenigen Ausnahmen abgesehen, in den Parlamenten und politischen Zusammenschlüssen der Welt? Es gibt heute auf der Erde ebenso viele Frauen wie Männer, doch überall beherrscht der Mann die politische Szenerie. Genau aus diesem Grunde, weil der männliche Aspekt, der Verstand und die Macht, ohne den Ausgleich durch den weiblichen Aspekt, die Weisheit und Empfänglichkeit, die Herrschaft über eure Nationen ausübt, befindet sich die Welt in ihrem gegenwärtigen Zustand. Dafür ist die Frau verantwortlich zu machen, denn würde sie nur in ihre ursprüngliche, hohe Stellung zurückkehren, würde sie nur den göttlichen, den jungfräulichen Aspekt der Schöpfung zum Ausdruck bringen und das sein, was in der Absicht ihres Schöpfers lag – ein lebendiges Beispiel für seine Weisheit –, dann würde der Mann ihr wieder Achtung entgegenbringen und ihr folgen.

Ich fordere daher alle Frauen auf, welche dies lesen, sich auf ihre Verpflichtungen zu besinnen, die mit jenem Schöpfungsakt vor vielen Zeitaltern entstanden sind. Es liegt bei euch, erneut eure hohe Stellung einzunehmen. Es ist eure Aufgabe, an dem festzuhalten, was ihr tief in eurem Inneren als richtig und der Wahrheit entsprechend anseht, und dies ungeachtet dessen, wie sehr es den Lebensanschauungen des Mannes und den modernen gesellschaftlichen Verhältnissen widerspricht. Eure Aufgabe ist es zu sagen, daß die politischen Ordnungen und die Währungssysteme des heutigen Menschen falsch, seine Glaubensvorstellungen irrig, die Werte, auf denen sein Leben beruht, und der Weg, auf den diese Welt jetzt eingeschwenkt ist, unrichtig und fehlerhaft sind. Wolltet ihr euch nur erheben, zusammenschließen und eure göttliche Weisheit einsetzen, dann wäre diese Welt immer noch vor der herannahenden Massenvernichtung zu erretten.

Ein Weiser sagte einmal, daß hinter jedem großen Mann eine Frau stehe. Dies entspricht häufig der Wahrheit, denn wenn Mann und Frau in Harmonie miteinander vereint sind, werden sie zu einer starken Kraft. Sie ergänzen sich gegenseitig und bilden zusammen in gleichwertiger Ausgewogenheit eine Einheit. Sie können einen großen Beitrag für die Kräfte des Guten in dieser Welt leisten. Zur Herstellung dieses Gleichgewichtes ist es jedoch erforderlich, daß jeder den anderen als den individuell verschiedenen Funken der Schöpfung achtet, der er ist, und daß jeder in dem anderen diejenigen Schöpfungsaspekte anerkennt, wofür er jeweils die Verantwortung trägt.

Natürlich sind Mann und Frau beide für die Einleitung der Empfängnis notwendig, doch ist es die Frau, die das Kind in ihrem Schoß trägt und zur Welt bringt, die es nährt und großzieht, die es lehrt und unterweist. Damit fällt auch die Entwicklung und Erziehung eines Kindes hauptsächlich unter die Verantwortung des Weisheitsaspektes. Einer der Gründe für den heutigen Niedergang der Gesellschaft ist darin zu sehen, daß die Frau nicht mehr die ihr bestimmte Rolle beim Aufziehen von Kindern einnimmt. In erster Linie ist die Mutter, mit ihrer natürlich angeborenen Weisheit, für die Erziehung ihres Kindes verantwortlich. Das soll nicht heißen, daß die Gegenwart des Vaters nicht wichtig und notwendig sei, denn zwischen beiden Elternteilen muß ein Gleichgewicht herrschen; doch das Kind, das sich seine Mutter dafür erwählt hat, um auf diese Erde zu gelangen, hat sich aus eben diesem Grunde für sie entschieden, daß es ihre Weisheit sucht, wenn es seinen physischen Körper bildet und heranreifen läßt.

Natürlich haben vergangene Kulturen, von denen der Mensch keine Kenntnis hat, fortschrittlichere Methoden der Kindererziehung praktiziert. Es gab Gesellschaftsformen, wo die Eltern, sobald sie ein Kind empfangen hatten, sich nur noch um die Vorbereitungen, die Geburt, die Erziehung und Unterweisung ihres Kindes kümmerten. Dies wurde als eine hauptsächliche Beschäftigung angesehen, und weder der Mann noch die Frau arbeiteten außer Haus, bis das Kind zwölf Jahre alt war.

Es wäre ratsam, wenn ihr diesen Gedanken in eurer heutigen Gesellschaft einmal in Betracht ziehen würdet, wo eine Frau ihr Kind häufig in einem frühen Alter anderen Menschen überläßt, damit sie selbst arbeiten gehen kann. Wenn eine Mutter ihr Kind faktisch einem Fremden aushändigt, dann beraubt sie sich damit selbst ihres kostbarsten Besitzes, den sie zu geben hat. Sie sollte sich ihrem Kind vollständig widmen, bis dieses das Alter von zwölf Jahren erreicht hat. Kein Lehrer kann einem Kinde das vermitteln, was seine Mutter ihm geben kann, und eine Mutter, die einem anderen die Verantwortung für ihr Kind überträgt, geht das Wagnis einer großen karmischen Schuld ein.

Die meisten Frauen gehen eine eheliche Verbindung zu einem Mann ein, da die Ehe ein notwendiger Status für den augenblicklichen Entwicklungsstand des Menschen ist; die Tatsache, daß sie verheiratet sind, bedeutet jedoch nicht automatisch, daß sie auch Kinder haben sollten. Ich möchte nachdrücklich hervorheben, daß die Rolle und Funktion der Ehe nicht einzig und allein in der Zeugung von Kindern besteht. Aus vielen Ehen, die geschlossen werden, sollten keine Kinder hervorgehen, und wenn man die Rolle einer Mutter nicht mit völliger Verantwortung seinem Kinde gegenüber ausführen kann, dann sollte man ohne Zweifel keine Kinder haben. Wären sich alle Mütter dieser Tatsache bewußt, bevor sie ihre Kinder empfingen, so würde es in der heutigen Welt weniger unausgeglichene Kinder geben. Die unangemessene Rolle der Ehe und die falsche Stellung, die von der Frau eingenommen wird, sind Ursache für das Vorherrschen von Zerstörung und Gewalttätigkeit in der heutigen Welt. Mann und Frau, die durch die Ehe miteinander verbunden sind, können durch die Harmonisierung und Übereinstimmung ihrer individuellen Kräfte und Fähigkeiten Großes leisten – nicht allein durch die Zeugung von Kindern, sondern auch auf den Gebieten von Kunst, Musik, Wissenschaft, Politik und Religion. Wenn sich Mann und Frau in Harmonie befinden, stellen sie eine einflußreiche Kraft dar; sie lernen nicht nur voneinander und dienen sich gegenseitig zur Demonstration, sondern durch die Verbindung ihrer individuellen Fähigkeiten schaffen sie auch eine starke Einheit, ein großes Ganzes und werden zu den wahren Pharaonen.

Wenn Mann und Frau Kinder zeugen, sollten sie sich auf ihre Verantwortung für diesen Schöpfungsakt besinnen. Der Mann darf nicht vergessen, daß er den Kindern gegenüber genauso verantwortlich ist und die gleiche Verpflichtung hat wie die Frau und daß die Rollen von Mutter und Vater, wie sie von der modernen Gesellschaft festgelegt werden, nicht unbedingt korrekt sind. Es ist schwierig, die etablierten gesellschaftlichen Verhältnisse umzustürzen, doch muß der Mann nicht immer der Ernährer sein und die Frau den Haushalt besorgen. Das richtige Gleichgewicht zwischen beiden wird Harmonie in der Familie und Harmonie in den Kindern entstehen lassen. Es sollte nicht immer als Aufgabe der Frau betrachtet werden, das Essen zu bereiten und das Haus zu säubern; diese Arbeiten kann jeder der beiden Ehepartner übernehmen. Die Frau sollte nicht immer an das Haus, an den Küchenherd gefesselt sein, denn sie trägt – genauso wie der Mann – ihren eigenen Funken individueller Äußerung in sich. Warum sollte die Frau und nicht der Mann auf diese Art und Weise Einschränkungen erfahren? Es liegt in der Natur ihres fraulichen Wesens, daß sie bereitwillig das Opfer bringt und zu Hause bleibt, wenn sie ein Kind hat, doch wenn ihr Kind das Alter von zwölf Jahren erreicht hat, dann hat sie dieses Opfer erbracht und ist wieder frei. Es ist in der Tat sogar unbedingt notwendig, daß sie dann erneut ihre Individualität geltend macht und das Gleichgewicht in ihrer Ehe wiederherstellt.

In einer Gesellschaft wie der heutigen ist es offensichtlich schwierig für eine Frau, ihre wahre Rolle zu verkörpern. Es wird eine große Anstrengung von seiten der Frauen erfordern, dies zu verändern, doch wird dies notwendig sein. Die alten Seelen, die sich jetzt zu Anfang des Wassermann-Zeitalters in weiblichen Körpern inkarnieren, beginnen bereits damit, sich gegen die Ketten ihrer Gefangenschaft aufzulehnen, die der Mann geschmiedet hat. Sie werden den Gedanken von der Ungleichheit der Geschlechter nicht länger hinnehmen, denn in Wahrheit existiert diese nur im Denken des Mannes. Sie beginnen, das zu verlangen, was ihr Geburtsrecht ist, nämlich die Gleichstellung im Leben mit dem Mann, und insofern als sie diese Gleichberechtigung fordern und an dem festhalten, was sie glauben, was sie mit ihrem inneren Intuitionsvermögen erkennen, werden sie das Aussehen dieser Erde zum Besseren hin verändern.

Somit fordere ich schließlich alle Frauen, ungeachtet ihres Alters, dazu auf, sich auf die Verantwortung ihres Daseins als Frau zu besinnen. Diese Verantwortung geht weit darüber hinaus, Kinder zu haben, Mutter und Ehefrau zu sein. Es ist dies die Verantwortung für die eine Hälfte der Schöpfung, und wenn diese Hälfte nicht im Gleichgewicht ist, dann wird sich auch die gesamte Schöpfung in Disharmonie befinden. Erinnert euch daran, was ich zu Anfang dieser Lesung gesagt habe: daß sich die beiden Hälften, in völligem Gleichgewicht, schließlich zu einer Form vereinigen werden, damit daraus das hochentwickelte Wesen dieser Erde hervorgehen kann. Dies werden die Wesen des Neuen Zeitalters sein, die auf dieser Erde leben und diejenige Lebensform vervollkommnen und beispielhaft demonstrieren werden, wie sie in Wahrheit sein sollte – nämlich ohne die heute überall auf der Welt vorhandene Trennung und Spaltung.

Die Frau muß ein Beispiel für das zu werden versuchen, was ihr Geburtsrecht ist: das Weibliche, das Empfängliche und Aufnahmebereite, die Weisheit, die Liebe, die Kraft Gottes in Bewegung. Wenn alle Frauen damit beginnen, dann werden sie eine Verwandlung dieser Erde herbeiführen. Haltet euch vor Augen, daß ihr jedesmal, wenn ihr bei dieser Aufgabe versagt, wenn ihr euch dem

Willen des Mannes fügt, nur weil es der Mann ist, nur weil es dem Gang der Gesellschaft entspricht, nur weil es seit Hunderten von Jahren so gehandhabt worden ist, nicht nur an euch selbst, nicht nur an allen Frauen in der gesamten heutigen Welt und in vergangenen Zeitaltern Verrat übt, sondern auch an der Schöpfung selbst, denn damit verleugnet ihr die eigentliche Zielsetzung eurer Existenz.

Die physischen und spirituellen Hüter und Beschützer des Menschen

Während seiner Existenz in der physischen Materie ist der Mensch niemals allein auf sich selbst gestellt gewesen. Es war nicht beabsichtigt, daß er seinen Weg, der ihn zurück zum unendlichen Geist führen würde, ohne Hilfe sollte antreten müssen. Wie alle übrigen Aspekte der Schöpfung hat auch der Mensch göttliche Führung erhalten, damit er seine Aufgabe sowohl innerhalb des Plans für die Evolution der Erde als auch für seine eigene individuelle Evolution erfüllen kann. Viele unsichtbare Einflüsse, die der Mensch größtenteils nicht bemerkt, umgeben ihn während seines Lebens in einer dreidimensionalen Welt, die durch seine fünf Sinne begrenzt wird. In kurzer Zeit wird er jedoch seinen sechsten Sinn ausbilden und sich in eine vierdimensionale Welt hineinbewegen, wo er sich dieser Einflüsse bewußt werden wird.

In dieser Lesung möchte ich einen Blick auf die Wirkkräfte werfen, die verantwortlich für den Schutz und die Obhut des Menschen sind, die über ihn wachen, während er bemüht ist, den Willen seines Schöpfers zu erfüllen, und die ihn in seinen Bahnen unterweisen, führen und lehren. Dies liegt innerhalb der Verantwortung jener Wesen, die als Engel, Meister, Führer, Lehrer, Torhüter oder Hüter der Schwelle bezeichnet werden. Der Mensch auf der Erde hat diesen Wesen viele Namen gegeben, um damit den unterschiedlichen Grad ihres Bewußtseins und ihren Stellenwert innerhalb der Evolution der Erde zu bestimmen. Durch diese hohen Wesen erfährt der Mensch Inspiration, wird er belehrt, werden seine Fehler berichtigt; sie spielen eine entscheidende Rolle für seine geistige Weiterentwicklung. Heutzutage lebt ihr jedoch in einem Zeitalter, wo die überwiegende Mehrheit der Menschen bereits die bloße Existenz dieser Wesen leugnet und kein Gefühl für ihre Einwirkungen hat, sondern vollständig auf ihren eigenen Intellekt und ihre Urteilskraft vertraut. Da ihr jedoch jetzt in ein Zeitalter eintretet, in dem die Menschheit diese Wesen erneut anerkennen und tatsächlich physisch wahrnehmen wird, ist die Zeit gekommen, den Menschen mit ihnen bekannt zu machen.

Während der gesamten Menschheitsgeschichte, von der ihr heute Kenntnis habt, hat der Mensch immer die Gegenwart von Engeln anerkannt. Zahlreiche Geschichten in der Bibel, besonders im Alten Testament, handeln von Engeln, die den großen spirituellen Führern jener alten Zeit erschienen sind. Auch im Neuen Testament ist zu lesen, daß Engel bei allen spirituell bedeutsamen Geschehnissen anwesend waren, die das Leben des Nazareners betrafen: bei seiner Geburt, seiner Taufe, seiner Verklärung, Kreuzigung und Auferstehung. Sie wurden von vielen Menschen wahrgenommen, und selbst in der heutigen Zeit können noch Engel gesehen werden. Man wird sich vielleicht daran erinnern, daß viele Soldaten, die während des Ersten Weltkrieges auf feindlichen Seiten kämpften, Zeuge der Erscheinung wurden, die später als der »Engel von Mons« bekannt wurde. Selbst heute sehen kleine Kinder Engel, auch wenn ihre Eltern ihnen keinen Glauben schenken. Diese hohen Wesen existieren tatsächlich und können dann wahrgenommen werden, wenn man seine Sinne, sei es bewußt oder unbewußt, über den Bereich der begrenzenden Materie hinaus erweitern kann.

Engel haben bereits seit Beginn der Schöpfung und schon vor der Erschaffung des Menschen auf dieser Erde existiert. Es ist sowohl für dich als auch für mich unmöglich, die Schöpfung voll und ganz zu verstehen; dennoch muß ich versuchen, eine sehr allgemein gehaltene Beschreibung davon zu geben, damit du die Rolle verstehen wirst, welche die Engel darin spielen. Es genügt, wenn ich sage, daß der unendliche Geist das Universum, das von dir wahrgenommen wird, durch seinen vollkommenen Odem erschaffen hat. Der unendliche Geist ließ seinen Atem ausströmen, und Millionen und Abermillionen von Schwingungen gingen aus seinem Herzen hervor, um zu Lebensfunken im Universum zu werden. Diese Lebensfunken wurden allmählich zu Bewußtheit erweckt und nahmen mit der Zeit Form an. Jede dieser Formen übernahm gemäß der Schwingung, auf der sie arbeitete, eine gewisse Aufgabe bei der Errichtung des Universums. Dieser Aufbau wurde unter der Leitung der unendlichen Intelligenz ausgeführt. Die Geistesfunken brachten sich dann selbst gemäß dem göttlichen Plan und dem ihnen innewohnenden Bewußtseinskeim auf jeder Schwingungsebene der Existenz zum Ausdruck, die es heute innerhalb des Universums gibt.

Zu diesem Zeitpunkt wurden auch die Engel erschaffen. Sie waren mit dem unendlichen Geist verbunden, und ihre Schwingungen folgten seiner Kraft und seinem Willen. Sie gehorchten den Geboten des unendlichen Geistes und erfüllten ganz von selbst seinen Plan für das Universum, da sie – im Unterschied zum Menschen – keine freie Wahl hatten. Sie pulsierten durch das göttliche Herz und dachten mittels der göttlichen Vernunft. Die Engel könnten als die

Boten des unendlichen Geistes angesehen werden. Sie existieren auf allen Ebenen der Schöpfung. Als euer Gott, der Sonnen-Logos, dessen Geist der Sonne innewohnt, ausatmete und dieses Sonnensystem erschuf, wovon ihr ein Teil seid, waren es daher die Engel, welche für die Unterstützung und Hilfe beim Plane eures Schöpfers für die Ausbildung seines Körpers verantwortlich waren. Sie trugen die Verantwortung für die Entstehung eines jeden der zwölf Planeten innerhalb des Sonnenkörpers und für jede auf diesen Planeten vorhandene Existenzstufe. Für jede Stufe der Schöpfung, für jede Schwingung des Lebens ist eine Sphäre der Engel zuständig.

Zum Zeitpunkt, als die Erde erschaffen wurde, lebten dort Engel und waren verantwortlich für sie. Weil sie durch ihre Herzen mit dem unendlichen Geist verbunden waren, sind auch ihre Schwingungen und ihre Existenz vollkommen gewesen, und daher herrschten überall auf der Oberfläche dieser Erde Harmonie und Vollkommenheit. Als aus Gründen, die sich eurer Vorstellungskraft entziehen, beschlossen wurde, das als »Mensch« bezeichnete Wesen auf der Oberfläche dieser Erde zu erschaffen, wurde auch er zu Anfang durch den vollkommenen Odem hervorgebracht und nicht durch den physischen Vorgang der Fortpflanzung, wie ihr ihn heute kennt. Der Mensch wurde auf einer etwas tieferstehenden Stufe als die Engel erschaffen. Er gehorchte wie sie dem Willen des unendlichen Geistes und seines Schöpfers, denn zu diesem Zeitpunkt hatte er noch keine Intelligenz und besaß noch nicht die göttliche Gabe der freien Wahl. Er konnte nur dem Willen seines Schöpfers gehorchen und diesen erfüllen. Er wurde durch die Kraft der vollkommenen Liebe gelenkt und durch vollkommene Weisheit beherrscht.

Während vieler Zeitalter lebte der Mensch in diesem Zustand der Vollkommenheit. Dann entschied die geistige Hierarchie, welche über diese Erde und den Sonnenkörper wacht, daß es dem Menschen zugestanden werden sollte, sich selbst zu entwickeln, die Schöpfung zu begreifen, vom Baum der Erkenntnis zu essen, wie es in der Bibel heißt, und Ursache und Zielsetzung dieser Schöpfung zu verstehen. Der Mensch wurde daher erneut auf der Oberfläche der Erde geboren und erhielt die göttliche Gabe der freien Wahl sowie die Fähigkeit, sich selbst fortzupflanzen. Diese Anlagen besitzen die Engel nicht: Sie können die Schöpfung nicht begreifen, sondern wirken lediglich an ihrer Erfüllung. Sie besitzen keinen Intellekt, kein Gehirn, und haben deshalb keine freie Wahl. Sie können sich nicht selbst fortpflanzen wie der Mensch. Auf diese Weise erhielt der Mensch die Freiheit seines Weges, das der Schöpfung immanente Wissen selbst zu entdecken. Als Wegweiser setzte er sein physisches Gehirn, seinen von Gott gegebenen Verstand, seine Urteilskraft ein. Er entschied sich jedoch dafür, seine Fähigkeiten für den Gewinn von materiellem Reichtum und persönlicher Befriedigung zu benutzen, und in dem Maße, wie sich seine Lebensweise langsam verschlechterte und seine Schwingung verdichtete, entglitt ihm auch der Kontakt mit den Engeln. Während er vorher Schritt mit ihnen halten konnte und gemeinsam mit ihnen auf der Erde lebte, verschwanden sie jetzt, als sich seine Schwingungsfrequenz veränderte, aus seinem Blickfeld. Doch ist jene Verbindung zu den Engeln immer noch vorhanden, da der Mensch kein physisches, sondern ein geistig-spirituelles Wesen ist.

Als der Mensch die Gabe der freien Wahl und die Freiheit zu seinem eigenen Weg erhielt, blieb er durch seinen physischen Körper mit den Bereichen der Engel verbunden. Es wurde entschieden, daß jede Seele, die sich auf der Oberfläche dieser Erde inkarnierte, zwei Schutzengel erhalten sollte, die den Menschen zu der höchstmöglichen Realisation der Schöpfungsgesetze, soweit sie diese Erde betrafen, führen würden. Sie nahmen daher eine dem Menschen ähnliche Körperform an, und aus diesem Grunde werden Engel als Männer und Frauen, nur in weitaus feinstofflicheren Körpern, wahrgenommen. Sie begleiten den Menschen vom Augenblick seiner physischen Empfängnis bis zum Zeitpunkt seines physischen Todes. Sie tragen die Verantwortung für seine Führung und Unterstützung auf dem ihm bestimmten Pfade, damit er den Willen seines Schöpfers erfüllen kann, und sind dazu verpflichtet, auf die Erfüllung des göttlichen Willens zu achten.

Jeder von euch hat zwei Schutzengel. Die Schwingung des einen ist männlich; er wirkt auf der positiven Ausstrahlung von spiritueller Kraft und ist mit dem Menschen durch den Bereich der Hypophyse (Hirnanhangdrüse) verbunden. Die Schwingung des anderen ist weiblich; er wirkt auf der negativen oder empfänglichen Ausstrahlung von spiritueller Weisheit und geht durch den Bereich der Epiphyse (Zirbeldrüse) eine Verbindung mit dem Menschen ein. Diese beiden Schutzengel sind dem Menschen auf seinem Weg jederzeit zur Seite. Sie sind ihm besonders nahe, wenn er sich in seinen physischen Körper inkarniert und bis zum Alter von sieben Jahren, dem Ende des ersten Zyklus seiner irdischen Entwicklung von insgesamt siebzig Jahren. Während der ersten sieben Lebensjahre, während die Seele ihren Platz im physischen Körper einnimmt, sind die beiden Schutzengel eng damit verbunden, und deshalb sehen kleine Kinder tatsächlich so häufig, wie ihre Schutzengel über sie wachen, sie beschützen und leiten.

Diese Schutzengel führen den Menschen durch eine bestimmte Inkarnation. Sie greifen niemals in seine freie Wahl ein, sind jedoch immer dazu bereit, ihm auf seinem Weg des spirituellen Fortschritts beizustehen, wenn er um Hilfe und Führung bittet. Sie dienen nur der Erfüllung der schicksalhaften Bestimmung des Menschen und seiner Aufgabe innerhalb des höheren Planes. Ihr Interesse gilt allein der universellen, nicht der individuellen Kraft. Sie werden nicht von Emotionen bestimmt, sie geben und verleihen große Macht und stellen Verbindungen zu dem unendlichen Geist her. Jeder Planet besitzt seine verschiedenen Reiche der Engel, die ihm während seiner unterschiedlichen Evolutionsstufen von Dienst sind. Diese Bereiche der Engel existieren für jede Lebensschwingung auf der Erde: Einer von ihnen arbeitet innerhalb der Erdmitte und dient der Unterstützung des Mineralreiches. Ein anderer ist für das Pflanzenreich tätig und leitet die Naturgeister bei ihrer Arbeit. Ein weiterer für das Tierreich lenkt die Gruppenseelen der Tiere.

Abgesehen von seinen beiden Schutzengeln wird der Mensch auf seinem Lebensweg noch von einem weiteren Wesen beschützt und geführt, das gewöhnlich als Führer oder Torhüter bezeichnet wird. Es existiert demnach eine Dreiheit von Wesen, die über dich wachen: deine beiden Schutzengel und dein Führer. Dein Führer ist in der Regel eine ziemlich hochentwickelte Seele, die selbst viele Leben auf der Erde verbracht und sich bis zu einer Evolutionsstufe entwickelt hat, die deiner vergleichbar, wenn nicht sogar fortgeschrittener als diese ist. Du wirst daher einen Führer haben, der dir im Hinblick auf die Seelen-Schwingung zumindest ebenbürtig ist und der Einblick in deinen Bewußtseinsstand und deine schicksalhafte Bestimmung haben wird. Er, der selbst viele Leben auf dieser Erde geführt hat, wird die Beschaffenheit und die Einschränkungen des physischen Lebens verstehen. Er wird dich deshalb darin unterstützen können, wenn du in deinem Leben weiterzukommen versuchst. Dieses Wesen besitzt wirklich den Schlüssel für das Tor zu den verschiedenen Bewußtseinsebenen oberhalb und jenseits des physischen Bereiches und wird dir dabei behilflich sein können, jene Ebenen zu betreten; von daher kommt seine Bezeichnung als »Torhüter«.

Ein Führer ist jemand, der aufgrund seiner großen Liebe für die Menschheit und für die Schöpfung im allgemeinen dazu bereit ist, eine Bestimmung auf einer höheren Bewußtseinsstufe dafür zu opfern, um mit dem Menschen in der physischen Aura der Erde weilen zu können. Dein Führer kann aus zwei verschiedenen Gründen zu dir hingezogen werden: Erstens kann er von dir angezogen werden, da auch er auf dem unaufhörlichen Pfad der Weiterentwicklung lernt, da er die schicksalhafte Bestimmung kennt, der zu folgen du dich zum gleichen Zeitpunkt entschieden hast, als dir deine Schutzengel auf den höheren Existenzebenen zugewiesen wurden, weil er erkennen wird, daß auch er dadurch lernen würde, wenn er bei der Erfüllung dieser schicksalhaften Bestimmung über dich wacht. Zweitens kann zwischen deinem Führer und dir eine bestimmte karmische Verpflichtung bestehen. Durch Handlungen in anderen Leben mag er dir, oder magst du ihm, etwas schuldig sein, und diese Schuld kann durch sein freiwilliges Opfer eingelöst werden, während dieser physischen Inkarnation dein Führer zu sein.

Dein Führer ist dir jederzeit nahe, während du dich im physischen Bereich befindest, und diejenigen, die ihre übersinnlichen Kräfte auszubilden suchen, werden dabei von ihrem Führer geleitet und beschützt. Dein Führer, der die göttliche Gabe der freien Wahl anerkennt, die du besitzt, wird und kann dir nicht sagen, was zu tun ist. Er ist nur dafür verantwortlich, dich auf deinem Lebensweg zu führen und dir Schutz zu geben. Er wird dich jedesmal auf den dir schicksalhaft vorgegebenen Weg zurückführen, den du dir zu Beginn dieser Inkarnation erwählt hast, wenn du von diesem abgekommen bist, und er wird dich immer dazu auffordern, den Willen des unendlichen Geistes zu befolgen. Viele Menschen sind sich ihres Führers bewußt, wenn nicht namentlich, dann doch durch seine Präsenz; für einige von ihnen ist durch das übersinnliche Phänomen medialer Fähigkeiten ein Kommunikationsmittel verfügbar, mittels dessen ihr Führer tatsächlich zu ihnen und zu anderen Menschen sprechen kann.

Viele esoterische Schriften verwenden den Begriff »Meister«. Was ist nun ein Meister? Ein Meister ist ein Wesen, ein Funken des unendlichen Geistes genauso wie du, der im Laufe vieler Zeitalter und Inkarnationen bis zu der Stufe der Meisterschaft auf derjenigen Ebene fortgeschritten ist, zu der er sich entwickelt hat. Er hat eine vollkommene Erkenntnis des Lichtes dadurch errungen, daß er die Gesetzmäßigkeiten des Kosmos entdeckt und sich ihnen unterstellt hat. Er hat es gelernt, die Dualität von Licht und Finsternis, von Gut und Böse, von Glück und Leid zu überwinden. Auf derjenigen Ebene, bis zu welcher er sich zu jedem gegebenen Zeitpunkt entwickelt hat, hat er eine Stufe von höchster Vollkommenheit erreicht. Es gibt sieben Existenz- oder Bewußtseinsstufen innerhalb der Aura dieser Erde. Du hast allein Kenntnis von der physischen oder irdischen Ebene, doch über dieser liegen noch die ätherische, die astrale, die emotionale, die vitale, die mentale und die spirituelle Ebene. Nachdem man über die Meisterschaft auf der physischen Ebene hinausgeschritten ist, sind noch sechs weitere Ebenen zu beherrschen und zu meistern. Man kann selbstverständlich die Meisterschaft auf einer der höheren Ebenen erreichen, ohne unbedingt die physische Stufe gemeistert zu haben; bevor man es jedoch zur Meisterschaft auf der spirituellen Ebene bringen kann, welche für die Evolution auf dieser Erde die höchste Stufe bedeutet, muß man zuerst alle übrigen Ebenen gemeistert haben.

Meister sind demnach große Wesen mit einem hohen Grad an Weisheit und Bewußtheit. Sie erfüllen universellen Dienst und stehen daher nicht mit einer individuellen Seele auf der Erde in Verbindung, wie beispielsweise deine Schutzengel und dein Führer. Sie dienen einer weitaus höheren Sache, und wenn sie auf die Erde kommen, so geschieht dies nicht um des Einzelnen willen, sondern für diese Erde als Ganzes. Sie werden jedoch durch inspirierte Kanäle Botschaften an die Menschheit weitergeben. Wenn sich solche Wesen, Meister wie beispielsweise Moses, Buddha, Pythagoras und Jesus, auf der Erde inkarnieren, kommen sie in der Absicht, der Menschheit zu dienen und der Erde, als Ganzes gesehen, Weisheit und Erkenntnis zu bringen. Ihre Arbeit gilt nicht dem einzelnen, sondern dem höheren Plan. Durch sie wird das Wissen für diese Erde offenbart und der Menschheit weitergegeben, durch sie wird der Plan für diese Erde sichtbar gemacht und ausgeführt.

Auf einer tieferen Schwingungsebene als die Meister existiert weiterhin eine Gruppe von Wesen, die als Lehrer oder die sogenannten »Controls« bezeichnet werden. Diese hochentwickelten Wesen haben im Verlaufe vieler Inkarnationen auf den verschiedenen Existenzebenen ein spezialisiertes Wissen auf dem einen oder anderen Gebiet ausgebildet. Wenn du von einem bestimmten Gegenstand oder Thema angezogen wirst, dann schließt sich der geeignete Lehrer der Schar der euch umgebenden Lehrer an, um dir seine Botschaft zu vermitteln. Jeder von euch hat viele Lehrer innerhalb dieser Schar, die ihn als Gruppe von Dienern während seiner physischen Existenz begleiten. Diese Lehrer sind hochentwickelte Wesen, die aufgrund deiner Seelen-Ausstrahlung von dir angezogen werden, und sie lehren den besonderen Aspekt, zu dem sie befähigt sind. Wenn du daher im Verlaufe deines Lebens bewußtseinsmäßige Fortschritte machst, werden sich damit auch deine Lehrer verändern.

Ein Lehrer kann nur seinen eigenen Bewußtseinsstand widerspiegeln. Daraus erklärt sich, warum überall auf der Welt inspirierte Kanäle und Medien Wissen weitergeben, das manchmal im Widerspruch zueinander steht, denn allein die Tatsache, daß sich diese

Lehrer auf einer höheren Existenzebene befinden, bedeutet noch nicht, daß sie sich damit auch plötzlich und unvermittelt vollkommene Erkenntnis und absolute Weisheit erworben hätten. Sie können immer noch lediglich ihren eigenen Bewußtseinsstand widerspiegeln, jene Sprosse auf der Stufenleiter, bis zu der sie sich entwickelt haben. Wenn beispielsweise ein Lehrer während seiner Existenz auf der physischen Ebene nicht an Reinkarnation geglaubt hat, so wird er in der Regel auch auf einer höheren Ebene genau die gleiche Meinung vertreten und deshalb auch diese Anschauung lehren. Ein Lehrer, der von den Begriffen und Grundwahrheiten des Christentums geprägt wird, pflegt im allgemeinen von diesem Blickwinkel aus zu lehren und wird den Lehren eines anderen möglicherweise nicht zustimmen. Bei all diesen Aspekten bleibt es daher jedem einzelnen überlassen, liegt es bei dir, deinem eigenen Bewußtsein entsprechend zu entscheiden, ob die Worte des Lehrers für dich richtig und anwendbar sind, denn auf eurer Erde gibt es nichts dergleichen wie vollkommene Erkenntnis und absolutes Wissen. Lediglich ein Bruchstück des Ganzen wird dir geboten, und es ist dein von Gott gegebenes Geburtsrecht, selbst die Entscheidung zu treffen.

Es gibt natürlich viele falsche Propheten, viele negative Kräfte, und besonders in eurer heutigen Welt könnt ihr von zahlreichen Fällen falscher Kommunikation und Aktivität zwischen Kräften auf den höheren Existenzebenen und dem Menschen auf der physischen Ebene hören. Es ist möglich, daß der Mensch disharmonische und sogar schädliche Schwingungen von außerphysischen Bereichen anziehen kann und von diesen sogar beeinflußt wird, denn es existiert nicht nur Reinheit außerhalb der physischen Welt. Auch auf den höheren Existenzebenen herrscht Disharmonie, doch stehst du, wie in allen Dingen, unter dem Schutze deines Schöpfers, denn eine der großen natürlichen Gesetzmäßigkeiten dieses Universums ist das Gesetz von Anziehung und Abstoßung, was ganz einfach bedeutet, daß eine tiefere Schwingung keine höhere anziehen kann, sondern nur die höhere die niedere Schwingung auf sich lenken darf. Wenn du daher höherentwickelt als diese schädlichen Kräfte bist, so können und dürfen sie nicht auf dich einwirken, es sei denn, daß du sie mit deinem eigenen Verhalten – deinen Gedanken, Worten und Taten – selbst auf dich ziehst.

Während deines Lebens auf dieser Erde hast du somit viele Hüter und Beschützer. Du gehst deinen Weg nicht allein, sondern wirst von vielen Krafteinflüssen umgeben, die von der Dreiheit deiner beiden Schutzengel und deines Führers bis hin zu den Tausenden von Meistern und Lehrern reichen, die zu deiner Verfügung stehen. Du erhältst eine ständige Unterweisung und Führung, die dir dabei helfen soll, das Leben auf dieser Erde zu begreifen und den für dich richtigen Weg zu gehen. In den vergangenen tausend Jahren hat sich der Mensch in der Dunkelheit fortbewegt und der Führung durch diese Wirkkräfte weitgehend keine Beachtung geschenkt. Es blieb den wenigen Weisen oder Sehern überlassen, den richtigen Gebrauch und die Nutzbarmachung dieser Einflüsse weiterzugeben, und dafür wurden sie in der Regel von unwissenden und unbewußt lebenden Menschen verfolgt. Ihr steht im Begriff, in ein Zeitalter einzutreten, wo diese Einflüsse wieder Anerkennung finden werden. Wie in früheren Zeiten werdet ihr dazu fähig sein, die Meister zu sehen und zu erkennen, die Hallen des Lernens zu erblicken, zu den Füßen hoher Wesen zu sitzen und – soweit es euer Bewußtsein zuläßt – die wahre Natur des Lebens in diesem Universum zu begreifen.

Geburtstage

Der Mensch ist nicht allein ein Wesen dieser Erde, das durch seinen physischen Körper und durch den Aktionsradius seiner fünf körperbezogenen Sinne begrenzt wird, sondern auch ein kosmisches Wesen. Er steht in ständiger Verbindung zu Kräften und Energien, die außerhalb des Frequenzbereiches der Materie auf dieser Erde liegen. Sein physischer Körper ist schwingungsmäßig nicht nur auf die Erde und ihre vier Reiche, sondern auch auf die anderen Teile des Sonnenkörpers, die Planeten, eingestellt. Der Mensch wird unaufhörlich von vielen anderen unsichtbaren Kräften und Energien beeinflußt und erfährt durch sie Hilfe und Führung. Wenn er sich auf der Erde inkarniert, ist er nichts anderes als ein vorübergehender Besucher. Er kommt lediglich für die Dauer einer kurzen Zeitspanne, damit er die Erfahrung des Lebens in seinem begrenzenden physischen Körper machen kann, und dann kehrt er wieder zu seiner wirklichen Existenz in Bereichen zurück, die über der physischen Welt liegen.

Wenn sich der Mensch in die physische Materie inkarniert, wird er zu einem Schwingungsinstrument. Im Augenblick der Geburt, wenn er durch den Äther einen elektrischen Funken erhält, der den physischen Körper in Bewegung setzt, wirken sehr viele unsichtbare Einflüsse auf ihn ein. Für diese besondere Inkarnation setzt er für sich selbst eine bestimmte Schwingungsfrequenz fest. Sein Geist, der individuelle Bewußtseinsfunke seines Schöpfers, ist einzigartig; es gibt keinen anderen Funken im Kosmos, der ihm gleich wäre. Mit dem Augenblick der Geburt, wenn er seinen Lebensweg in einem physischen Körper beginnt, setzt er die himmlischen Einwirkungen auf das vor ihm liegende Leben fest.

Die Einflüsse, die sich auf dieser Erde niederschlagen, unterliegen ständiger Veränderung, da sich die Gestirne und Planeten in Umlaufbahnen um die Erde bewegen und die genaue Beschaffenheit ihrer Einflüsse mit ihrer Bewegung variiert. Daher ist deine exakte Geburtszeit von Bedeutung, weil du damit die Schwingungsfrequenz für dein Leben festsetzt. Bevor sich die Seele in der Materie inkarniert, wählt sie sich mit äußerster Sorgfalt den Augenblick ihrer Geburt, damit sie unter denjenigen Einflüssen geboren werden kann, die sie während ihres Lebensweges beherrschen lernen möchte. Viele Kräfte wirken auf diese Erde ein: die Macht eures Schöpfers, die sieben Hauptstrahlen, die Einflüsse von planetarischen und interplanetarischen Wesen und die Einwirkungen der vielen Reiche von Engeln und Devas, die dem Menschen unbekannt sind. Diese Einflüsse tragen dazu bei, die Schwingungen des Kindes im Augenblick der Geburt zu bilden.

Vielleicht beginnst du jetzt zu erkennen, warum es von solch entscheidender Wichtigkeit ist, daß Kinder auf natürliche Art und Weise, zu dem für sie festgesetzten Zeitpunkt, geboren werden sollten und warum der Augenblick der Geburt so bedeutsam ist. Das soll nicht heißen, daß es dabei auf die genaue Sekunde ankommt, doch ohne Zweifel plant eine Seele ihren Eintritt in die physische Materie innerhalb eines Zeitraums von zehn Minuten nach eurer irdischen Zeit. Daher ist es ein großer Fehler, wenn die Medizin in irgendeiner Form Einfluß auf den Zeitpunkt der Geburt nimmt; die gegenwärtigen Tendenzen und Praktiken von Ärzten und Krankenschwestern, Geburten entweder künstlich einzuleiten oder aufzuschieben, sind in spiritueller Hinsicht nicht korrekt, da sie mit dem Schicksal des Kindes, das sich in die Materie inkarniert, ihr Spiel treiben. Es gibt viele Menschen, die auf dieser Erde leben und sich verloren fühlen, die nicht das Empfinden haben, irgendeine Zielsetzung zu erfüllen oder überhaupt irgend etwas in ihrem gegenwärtigen Leben zu leisten und zu erreichen. Dies rührt wahrscheinlich daher, weil ihre Geburtszeit – und damit die schicksalhafte Bestimmung, für die sie sich vor ihrer Inkarnation in der physischen Materie entschieden hatten – durch medizinische Maßnahmen abgeändert worden ist.

Im Augenblick der Geburt künden viele Kräfte die Ankunft von diesem Funken des unendlichen Geistes in der Materie an. Zum Zeitpunkt der Geburt einer Seele in der physischen Materie sind buchstäblich Hunderte von Einflüssen gegenwärtig, die sich von den Bereichen der Engel und Devas bis zu den Geistführern, den Schutzengeln, den Meistern und Lehrern sowie bis zu denjenigen Wesen erstrecken, welche diese Seele während ihres Lebens begleiten werden. Sie alle sind als Zeuge bei diesem Schöpfungsakt gegenwärtig, und ihre Macht, ihr Einfluß, ihre Präsenz sind zum Zeitpunkt der Geburt am stärksten ausgeprägt.

Es ist wichtig, daß du die genaue Zeit feststellst, zu der du geboren wurdest, und wenn dein Geburtstag dann in jedem Jahr wiederkehrt, solltest du dich in tiefer Meditation niedersetzen und auf diejenigen Einflüsse einstimmen, die auf dich herabwirken; denn sie werden gegenwärtig sein und ihre Pflicht erfüllen, dir auf deinem

Lebensweg Unterstützung zukommen zu lassen. Aber wie viele Menschen lassen diese Hilfe in der heutigen Zeit unbeachtet – sei es entweder aufgrund von Unwissenheit oder aus Bequemlichkeit? Es ist in der Tat so, daß viele die helfende Hand ihres Schöpfers ausschlagen, die sie durch das kommende Jahr führen würde, denn wenn sie sich zum Zeitpunkt ihrer Geburt zur Meditation niedersetzen, dann können sie ihre schicksalsmäßige Bestimmung für das nächste Jahr erkennen; sie dürfen das erforschen, was sie gewesen sind und was sie sein werden, so wie es in der Akasha-Chronik für diese Welt niedergeschrieben ist. Sie können die Leben einschätzen, die sie bisher geführt haben, und die wahre Natur ihres Schicksals und ihrer Bestimmung erkennen lernen, und sie dürfen ihren Schöpfer um die Hilfe und Führung bitten, die sie für die Erfüllung des ihnen vorherbestimmten Geschicks benötigen. An jedem wiederkehrenden Jahrestag seiner Geburt ist dem Menschen sehr vieles möglich, wenn er sich dies nur zunutze machen würde.

Die meisten Menschen feiern ihren Geburtstag nur auf der physischen Ebene, denn sie sind sich nur seiner physischen Implikationen bewußt: daß nämlich ein weiteres Jahr ihres Lebens in einem Körper verstrichen ist, daß sie älter geworden sind, daß sie reicher oder ärmer geworden sind, daß sie sich in einem guten oder schlechten Gesundheitszustand befinden. Sie vergleichen ihren irdischen Fortschritt mit ihrer Idealvorstellung dessen, was sie ihrer Ansicht nach für ihre Altersstufe im Hinblick auf materiellen Besitz oder materiell bestimmten Erfolg erreicht haben sollten, und fassen ins Auge – wiederum im Hinblick auf ihre persönliche Befriedigung –, was sie noch gerne in den Jahren erreichen möchten, die ihnen ihrem Gefühl nach bleiben. Wenn du wirklich innerhalb der physischen Begrenzungen lebst, dann wird sich dein Geburtstag in dieser Art und Weise gestalten, und du wirst daher nichts anderes als physisch bestimmte Ergebnisse erzielen. Du wirst Glückwünsche, Grußkarten und Geschenke von deinen Freunden erhalten. Vielleicht wirst du dich mit übermäßigem Essen und Trinken vergnügen. Doch dann wird dieser Geburtstag vorbeigezogen sein, um sich den vielen anderen Geburtstagen zuzugesellen, die du nicht nur in diesem Leben, sondern in deinen vielen früheren Leben begangen hast. Er verblaßt in der Erinnerung, ist für immer vergangen – doch was wirst du gewonnen haben? Wie viele von euch können sich überhaupt noch an ihren Geburtstag vor zehn Jahren erinnern?

Wenn du einen Geburtstag nach rein materialistischen Erwägungen betrachtest, wird er dir keinen dauerhaften Nutzen bringen. Für diejenigen von euch aber, die mit der Weiterentwicklung ihres Bewußtseins begonnen haben, die von der Verbindung des Menschen mit dem ewig fortdauernden Leben und von den Existenzebenen jenseits des physischen Bereiches wissen, bringt die wirkliche Bewußtheit von einem Geburtstag großen Nutzen mit sich; denn im Augenblick der jährlichen Wiederkehr deiner Geburt kannst du die wahre Spiritualität deines Seins richtig einschätzen lernen. Du kannst darauf zurückblicken, wie du dein letztes Jahr, deinen letzten Lebenszyklus verbracht hast. Du kannst beurteilen, wo du erfolgreich gewesen bist und wo du Fehlschläge erlitten hast. Du kannst einschätzen, in welchem Maße du dein Bewußtsein weiterentwikkelt und auf welche Art und Weise du ihm Beschränkungen auferlegt hast. Du kannst vorausplanen, was du in dem vor dir liegenden Jahr erreichen möchtest, denn ohne einen solchen Plan wirst du nichts erreichen. An deinem Geburtstag wird dir die Möglichkeit geschenkt, zu planen und deinen Schöpfer um die Erfüllung dieses Planes zu bitten. Du hast die Gelegenheit dazu, einen Blick auf das kommende Jahr zu werfen und zu entscheiden, wie du, als Individuum, dieses Jahr nutzen möchtest. Die schicksalhafte Bestimmung deines Lebens wird ausgebreitet vor dir liegen; du wirst in ihr lesen und, unter Berücksichtigung der Einflüsse deines gegenwärtigen Umfeldes und deines bisherigen Lebens, entscheiden können, was du in den dir verbleibenden Jahren noch erreichen kannst oder nicht. Alles dies vollzieht sich natürlich auf Ebenen, die höher als das physische Bewußtsein liegen. Selbst wenn du dir dessen nicht bewußt bist, so finden diese Vorgänge und noch vieles mehr, wovon der Mensch nichts weiß, zu diesem Zeitpunkt statt.

Diejenigen von euch, die ihr Bewußtsein auf dem Pfad der Evolution schon etwas weiter haben fortschreiten lassen, mögen mit der Betrachtung der tieferen spirituellen Sinngebung von Geburtstagen beginnen. Der Geburtstag deiner gegenwärtigen Inkarnation in der physischen Materie ist, wenngleich wichtig, nicht von höchster Bedeutung, denn deine Geburtszeit verändert sich von Inkarnation zu Inkarnation, während du auf dem Planeten Erde lebst und unterschiedliche Lektionen zu lernen bemüht bist. Entscheidender ist es jedoch für dich, nach dem wichtigeren Jahrestag, nach dem Geburtstag deiner ursprünglichen Erschaffung zu suchen. Du solltest bestrebt sein, dir über diesen tatsächlich in der Zeit existierenden Augenblick bewußt zu werden, als der unendliche Geist den Keim erschuf und als dieser, der sich dann aufspaltete, um zu zwei individuellen Funken des Geistes zu werden, eine reale Form annahm. Auf diesen Zeitpunkt deiner anfänglichen Erschaffung solltest du dich einstimmen, und gleichzeitig solltest du auch versuchen, dich schwingungsmäßig auf deine andere Hälfte, deine innere Entsprechung, deinen Seelenpartner für die Unendlichkeit, einzustellen, denn mit ihm wirst du dich schließlich vereinigen, um wieder ein Ganzes zu bilden, das dann zu seinem Schöpfer zurückkehren wird. In dem Maße, wie du damit beginnst, dich auf jenen wichtigeren Geburtstag einzuschwingen, wirst du auch nach und nach die Bedeutung und Sinngebung deiner Geburtstage in dieser gegenwärtigen Inkarnation verstehen und realisieren lernen.

An deinem Geburtstag kannst du dich zu Orten begeben, die dir auf der physischen Ebene unbekannt sind. Du hast das Vorrecht, in die Tempel des Lernens und die Hallen der Weisheit einzutreten, die du normalerweise nicht aufsuchen würdest, damit du deine Vertrautheit mit jenen Wesen erneuern kannst, die dich führen und dir dienen, und damit du lesen kannst, was in dem vor dir liegenden Jahr geplant ist. Der Mensch taumelt blind seinen ihm schicksalsmäßig bestimmten Pfad entlang und beklagt sich entweder darüber, daß er nicht weiß, was ihm widerfahren wird, oder aber daß er nicht verstehen kann, warum ihm bestimmte Geschehnisse zustoßen. Er macht das blinde Schicksal, den Zufall oder sogar seinen eigenen Gottesbegriff dafür verantwortlich, doch hat er nicht einmal den Versuch unternommen, seine vorgegebene Bestimmung selbst herauszufinden und Pläne für die Zukunft zu machen. Die Gelegenheit dazu erhält er an seinem Geburtstag.

Geburtstage sind nicht nur auf der spirituellen Ebene, sondern auch auf der physischen Ebene bedeutsam. Du weißt nur allzu gut, daß sich mit jedem Jahr, das vergeht und um das du älter wirst, so viele Veränderungen deines physischen Körpers bemerkbar machen. Es ist ganz natürlich, daß der physische Mensch mit einem physischen Auge auf Geburtstage blicken sollte, und daher möchte ich jetzt Geburtstage von einem physischen Standpunkt aus betrachten. Geburtstage sind nichts anderes als eine Widerspiegelung der überaus einflußreichen Zeitalter, denen die Erde und der Sonnenkörper unterliegen. Diese zyklisch verlaufenden Zeitalter, die jeweils eine Dauer von etwa zweitausend Jahren haben, spielen eine wichtige Rolle innerhalb des Plans für die Evolution dieser Erde; da die Erde und der Sonnenkörper bestimmte Zeitalter oder zyklische Veränderungen durchlaufen, spiegelt daher auch der Mensch – in einem geringeren Ausmaß – diese Fortentwicklung in seinem physischen Körper wider.

Der Mensch hat eine Lebenserwartung von siebzig Jahren, wie die Bibel erwähnt. Diese siebzig Jahre lassen sich in sieben Zyklen unterteilen, denn ein Zyklus auf der Erde dauert zehn Jahre. Die spirituelle Zahl dieser Erde ist die Zahl Sieben, und die Erde ist auf der Wellenlänge und Schwingung der Sieben und durch diese wirksam. In Entsprechung zu der spirituellen Schwingung der Erde besteht ein irdischer Zyklus des Menschen daher aus sieben Jahren. Weitere drei Jahre werden hinzugefügt, die für Ruhe und Verjüngung vorgesehen sind, ehe der nächste Zyklus beginnt; diese werden in der Astrologie durch die Häuserspitze dargestellt. Somit tritt alle zehn Jahre eine Veränderung im Zyklus des Menschen ein. Ebenso wie das größere Ganze, die Erde, die verschiedenen Zeitalter durchläuft, sei es nun das Fische-Zeitalter, das Wassermann-Zeitalter oder das Steinbock-Zeitalter, so geht auch der Mensch – in kleinerem Umfang – im Verlaufe seines eigenen Lebens durch verschiedene Zyklen. Jeder dieser Zyklen ist von großer Bedeutung für sein Wachstum, denn seine irdische Entwicklung ist in Entsprechung zu dem jeweiligen Zyklus geplant worden, in dem er sich gerade befindet.

Der physische Körper des Menschen hat sieben spirituelle Zentren oder Chakras, die bisher von der medizinischen Wissenschaft noch nicht entdeckt worden sind; sie sind für seine fortlaufende Evolution verantwortlich, während er sich im physischen Körper befindet. Diese sieben spirituellen Zentren sind die sieben Keime, aus denen die sieben Körper des Menschen entstehen, und durch diese höheren Körper wird die Verbindung zwischen ihm und den Existenzebenen jenseits des physischen Bereiches hergestellt. In jedem der sieben Zyklen des Menschen wird eines seiner spirituellen Zentren geöffnet und ausgebildet.

Das jeweilige Chakra gelangt während der ersten sieben Jahre eines Zyklus zur vollen Reife, und während der letzten drei Jahre hat der Mensch dann Gelegenheit, durch seine Persönlichkeitsentfaltung und sein Seelen-Wachstum das zu demonstrieren, was er gelernt hat. In jedem dieser Zehn-Jahres-Zyklen hat er daher eine besondere Aufgabe zu erfüllen.

Im ersten Zyklus, vom Zeitpunkt der Geburt bis zum Alter von zehn Jahren, wenn der Mensch sein unterstes Zentrum, an der Basis der Wirbelsäule nahe des Steißbeins, öffnet und ausbildet, konzentriert er sich lediglich darauf, sich das Leben in seiner gegenwärtigen Inkarnation bewußtzumachen. Er wird mit der ihn umgebenden Materie und mit den fünf Sinnesorganen seines physischen Körpers vertraut. Er nimmt das Leben, die Energie und die gesamte ihn umgebende Natur wahr. Er entwickelt und begründet seine Persönlichkeit und erfährt sich selbst als Individuum. Auch sein Selbsterhaltungsinstinkt tritt in Erscheinung.

Während des zweiten Zyklus, zwischen dem elften und dem zwanzigsten Lebensjahr, kommt das zweite spirituelle Zentrum zur Reife, das im Bereich der Milz gelegen ist. Der Mensch erweitert seinen Gesichtskreis und nutzt die Fähigkeiten, die er sich im Verlaufe seines ersten Lebenszyklus angeeignet hat, um sich damit Kenntnisse sowohl über das Universum als auch über seine Umwelt zu erwerben. Dies ist ein Zeitraum der Selbst-Verwirklichung. Er lernt, seine Kräfte und physischen Sinne für nützliche Zwecke einzusetzen. Er lernt, mit Menschen zu verkehren, Verbindungen zu ihnen einzugehen, er besucht die Schule und erlangt ein Bewußtsein des Lebens, das über den individuellen Bereich hinausgeht; sein Denken richtet sich mehr auf die Gemeinschaft aus.

Während des dritten Zyklus, zwischen dem einundzwanzigsten und dem dreißigsten Lebensjahr, gelangt das dritte spirituelle Zentrum zur Reife, das im Bereich des Solarplexus gelegen ist. Der Mensch wendet seine Aufmerksamkeit der Familieneinheit zu. Er erweitert seinen Horizont und sein Bewußtsein über das eigene Selbst hinaus und bezieht die Verantwortung ein, eine Familie zu gründen, zu heiraten, Kinder zu haben, sich niederzulassen und sich ein eigenes Zuhause zu schaffen. Er sollte sich daher während dieses Zyklus einen Ehepartner suchen und heiraten. In diesem Zeitraum erfährt der Mensch die ersten wirklichen Lektionen darin, was es heißt, Opfer zu bringen und anderen den Vorrang vor sich selbst zu geben. Er lernt unaufhörlich durch das Gesetz des Gegenteils. Er erlebt Gefühlsregungen von großer Freude und Glück, gemeinsam mit starkem Kummer und Leid sowie persönlicher Enttäuschung. Mit dem Alter von dreißig Jahren sollten die drei unteren Chakras voll entfaltet sein und der Mensch die physische Reife erlangt haben.

Während des vierten Zyklus, zwischen dem einunddreißigsten und dem vierzigsten Lebensjahr, gelangt das vierte spirituelle Zentrum zur Reife, das der Gegend des Herzens zugeordnet wird. Nachdem der Mensch die Zyklen der Begründung seiner Individualität, seiner Erziehung und seiner familiären Verpflichtungen durchlaufen hat, richtet er nun seine Gedanken über die kleine Gruppe seiner eigenen Familie hinaus auf die Verhältnisse in der Welt als Ganzes gesehen, auf die Erdenfamilie. Während dieses Zyklus sollte der Mensch weniger ichbezogen und weniger besitzorientiert werden. Er sollte physisch zum Nutzen der Menschheit wirken und darauf achten, daß die Völker der Welt in ausreichendem Maße Nahrung und Kleidung haben und die Freiheit besitzen, sich ihrem individuellen Bewußtsein gemäß entwickeln zu können.

Während des fünften Zyklus, zwischen dem einundvierzigsten und dem fünfzigsten Lebensjahr, gelangt das fünfte spirituelle Zentrum zur Reife, das dem Bereich der Schilddrüse zugeordnet wird. Nun ist der Mensch, der die physischen Lektionen des Lebens gemeistert hat, in der Lage, den Weg wahrer spiritueller Entfaltung zu betreten. Er beginnt damit, ein wenig von der Weisheit praktisch anzuwenden und zu demonstrieren, die er sich während seines bisherigen Lebens erworben hat. Durch sein Beispiel beginnt er, die Harmonie des Lebens erkennen zu lassen, die er bis zu diesem Zeitpunkt erlernt haben sollte. Durch sein Beispiel hilft er seinen weniger entwickelten Brüdern dabei, daß sie erkennen, auf welche Art und Weise das Leben in Harmonie gelebt werden sollte. Er sollte in seiner eigenen Lebensführung die Liebe seines Schöpfers zum Ausdruck bringen und die wahre Lebensweise anschaulich demonstrieren können.

Während des sechsten Zyklus, zwischen dem einundfünfzigsten und dem sechzigsten Lebensjahr, kommt das dem Bereich der Zirbeldrüse zugeordnete, das sechste spirituelle Zentrum zur Reife. Nachdem der Mensch vorher die Erkenntnis und Weisheit, die er sich während seines Lebens erworben hat, praktisch erkennen ließ, beginnt er sie nun zu lehren. In diesem Zyklus wird er zu einem Lehrer der Weisheit, die er besitzt, und er gibt der Menschheit jetzt das zurück, was sie ihm während der vergangenen fünfzig Jahre gegeben hat. Während dieses Zeitraums sollte er in der Lage sein, der Menschheit wahre spirituelle Dienste zu leisten. Er sollte fähig sein, die Unwissenden zu lehren und ihnen mittels seiner vollkommenen Meisterung und Beherrschung des Selbst aufzuzeigen, wie die gesamte Schöpfung nach dem göttlichen Gesetz – dem Gesetz der Natur – arbeitet. Das sechste Chakra ist das geistige Chakra, und in diesem Zyklus sollte der Mensch die geistige Reife erlangen.

Während des siebenten und letzten Zyklus, zwischen dem einundsechzigsten und dem siebzigsten Lebensjahr, kommt das dem Bereich der Hirnanhangdrüse zugeordnete, das siebente spirituelle Zentrum zur Reife. Während dieses Zyklus schätzt der Mensch, mit Hilfe eines wahren Verstehens und spirituellen Wissens, das Leben ein, das er geführt hat, alles das, was er erlebt und erduldet, die Weisheit und Erkenntnis, die er erworben hat. Er bereitet sich auf den Übergang des Todes vor. Er betrachtet das Leben mit ganz wachen Augen und erkennt die wahren Werte des ihn umgebenden Lebens, seine eigene Zielsetzung und die Aufgabe, zu deren Erfüllung er gekommen ist. Er sollte sich spirituell an den Früchten seiner Mühen und Arbeit erfreuen können, doch der Menschheit weiterhin nach besten Kräften dienen. Er sollte die Meisterschaft über alle übrigen Reiche dieser Erde erlangt haben und nicht mehr an die Materie gebunden sein.

Je nach deinem Alter kannst du dich, wie du jetzt erkennen wirst, in den entsprechenden Zyklus einordnen und sehen, was du im Idealfall anstreben solltest. Ich habe hier die fortschreitende Weiterentwicklung eines spirituell bewußten Menschen beschrieben. Viele Seelen, die sich auf dieser Erde inkarnieren, werden nicht über den dritten Zyklus hinausgelangen, selbst wenn sie über hundert Jahre alt werden, da dies dem Stand ihrer Evolution entspricht. Andererseits kann ein sehr weiser Mensch, ein großer Meister wie beispielsweise der Nazarener, diese Entwicklungszyklen weitaus schneller zum Abschluß und zur Vollendung bringen als ein gewöhnlicher Mensch. Er dürfte jeweils zwei Zentren in jedem einzelnen Zyklus geöffnet haben und mit dem Ende des dritten Zyklus, als er dreißig Jahre alt war, die volle Bewußtheit erlangt und einen Stand erreicht haben, wo er der Menschheit etwas geben konnte. Die Tatsache, daß der Mensch das Öffnen all seiner Zentren mit dem Alter von siebzig Jahren abgeschlossen haben sollte, bedeutet nicht unbedingt, daß ihm nur ein Leben von siebzig Jahren zusteht. Tatsächlich befindet er sich, nachdem er das Alter von siebzig Jahren erreicht hat, in der Lage, der Menschheit wirklich etwas geben zu können, denn dann wird er eine vollentwickelte Persönlichkeit sein.

Sowohl die Jahre, die du bereits gelebt hast, als auch die Jahre, die noch vor dir liegen, sind von Wichtigkeit. Die Jahre fließen nicht endlos und ohne Bedeutung dahin, denn genauso wie die schicksalhafte Bestimmung dieser Erde einem Plan unterliegt, so gilt dies auch für deine individuelle Bestimmung, und die Zyklen dieser Erde folgen ebenso einem Plan wie die Zyklen deines eigenen persönlichen Geschicks. Die Jahre, die du bereits gelebt hast, sind von großer Bedeutung – genauso wie die Jahre, die dir noch bleiben. Ein Geburtstag stellt nicht nur eine Gelegenheit dar, bei der man erkennt, daß man ein Jahr älter geworden ist, denn dies ist wirklich bedeutungslos. Die Anzahl der Lebensjahre in einem physischen Körper kann nicht mit spiritueller Weisheit und Erfahrung gleichgesetzt werden. Du magst siebzig Jahre deines Lebens verbracht und nur geringe spirituelle Erkenntnis erlangt haben, doch in deinem letzten Lebensjahr kannst du Weisheit gewinnen, die sich sehr stark auf dein Bewußtsein in der nächsten Inkarnation auswirken wird. Denke daher nicht, daß Geburtstage die Jahre anzeigen, welche vergangen sind, sondern betrachte sie als das, wofür sie von deinem Schöpfer bestimmt wurden: als Augenblicke der Wiedergeburt. Ein

Geburtstag ist in Wirklichkeit ein Zeitpunkt der Reinkarnation. In jedem Jahr deines Lebens wird das Grundprinzip der Reinkarnation veranschaulicht, denn mit der Erinnerung an den Augenblick deiner Geburt kannst du dich selbst reinkarnieren.

Wenn du zurückblickst und dein Verhalten in deinem letzten Lebensjahr überprüfst, so sei dir darüber im klaren, daß alle Fehler, die du begangen hast, und sämtliche Irrtümer, die dir unterlaufen sind, auf die Waagschale gelegt werden. Alle deine schlechten Taten werden aber solange nicht in deine wahre Akasha-Chronik aufgenommen, bis der zeitliche Augenblick deiner Geburt eintritt und die richtigen planetarischen Einflüsse herrschen. Dann gehst du, gemeinsam mit den großen Wesen auf den höheren Ebenen, noch einmal dein Verhalten in dem gerade zu Ende gegangenen Jahr durch und bestimmst selbst, was Eingang in diese Chronik finden sollte. Natürlich kannst du dich dem Gesetz des Karma nicht entgegenstellen, denn dein Verhalten wird seine Wirkung zeigen, doch schon durch das bloße Erkennen dessen, was du getan hast, kannst du dies in dem sich anschließenden Jahr umwandeln. Es ist daher wichtig, daß du dir über das vergangene Jahr Rechenschaft ablegst. Betrachte dich selbst und erkenne, was du getan hast, was du gewesen bist, und stelle einen Plan dafür auf, was du in Zukunft sein möchtest.

Alle zehn Jahre findet daher für jeden von euch ein wichtiger Geburtstag statt. Alle zehn Jahre solltest du besondere Mühe darauf verwenden, dich hinzusetzen und wirklich deinen Fortschritt im Hinblick auf den Zyklus zu beobachten, den du gerade vollendet hast. Ab dem Alter von dreißig Jahren ist auch der dazwischen liegende Fünf-Jahres-Zyklus von Bedeutung, das heißt, der fünfunddreißigste, der fünfundvierzigste, der fünfundfünfzigste und der fünfundsechzigste Geburtstag. Diese sind von großer Wichtigkeit, weil du nach deinem dreißigsten Geburtstag, wenn du deine drei niederen Chakras geöffnet und physische Reife erlangt hast, dann mit der Entfaltung der vier höheren Chakras beginnen wirst, die dich mit der Spiritualität des Lebens jenseits des physischen Bewußtseins verbinden werden.

Ich fordere daher alle von euch dazu auf, Nutzen aus ihrem Geburtstag zu ziehen, und wenn ihr nächster Geburtstag herankommt, ihn mit einer neuen Sichtweise zu betrachten – nicht in der Weise, wie sie wahrscheinlich all ihre übrigen Geburtstage gesehen haben, sondern als eine Gelegenheit, die sie von ihrem Schöpfer als einen Augenblick der Wiedergeburt erhalten. Zu diesem Zeitpunkt könnt ihr euch verändern, denn alle Kraft, alle Liebe eures Schöpfers fließt auf euch herab. In diesem Augenblick läßt die Gesamtheit der himmlischen Bereiche ihre Kräfte und Energien auf euch herabströmen, um euch für den nächsten Zyklus neu zu beleben und zu stärken. Ihr seid von den Sphären der Engel umgeben, und das, worum ihr bittet, wird euch gewährt – doch wird es euch nur dann gegeben, wenn ihr es euch erbittet. Wollt ihr einen Anfang damit machen?

Die Brüder des Menschen im Weltraum

Diese Lesung dient dem Zweck, zu euch über das Wesen eurer Brüder im Weltraum, über ihre Rolle innerhalb des Planes für die Entwicklung der Erde und über ihre Präsenz innerhalb der Aura dieser Erde, selbst im gegenwärtigen Augenblick, zu sprechen. Das, was ich zu sagen beabsichtige, will euch keinesfalls auf die eine oder andere Weise davon überzeugen, daß es Lebewesen im Weltraum gibt, denn eine Kenntnis und ein Verständnis von diesen Wesen stellt einen bestimmten Bewußtseinsgrad dar. Ich möchte euch daher lediglich dazu auffordern, meine Worte gründlich zu erwägen und sie im Herzen zu bewahren; vielleicht wird jenes Überzeugtsein dann eines Tages, ganz plötzlich und unvermittelt, wie eine Intuition aufblitzen und euch zufallen, so wie sich andere Geschehnisse ereignen, die plötzlich den Schlüssel in der Tür zu eurem inneren Bewußtsein herumdrehen, wodurch sich die Tür auftun und das dahinter liegende Licht enthüllen kann. Wenn ich jetzt zu euch spreche, dann kann ich das Leben nur soweit verstehen, wie es innerhalb dieses Sonnenkörpers existiert, das heißt, innerhalb der Begrenzungen meines Bewußtseins; denn diejenigen Bewußtseinsebenen, die über die Stufe unseres Schöpfers hinausgehen, kann ich nicht mehr erfassen. Er ist es, der dieses Sonnensystem erschaffen hat, in welchem ihr lebt, der die Planeten oder Organe dieses Sonnenkörpers und alles auf diesen Planeten existierende Leben entstehen ließ.

Die Erde, auf der ihr jetzt lebt, wurde als vorletzter der zwölf Planeten innerhalb unseres Sonnenkörpers erschaffen. Viele Zeitalter – nicht nach der Zeitrechnung des Menschen, sondern nach der wahren, spirituellen Zeit – liegen zwischen der Entstehung des ersten Planeten und der Entstehung der Erde; alle übrigen Planeten, ausgenommen einer, innerhalb dieses Sonnenkörpers, von welchen ihr einige kennt und einige noch entdecken müßt, hatten buchstäblich bereits Millionen von Jahren vor der Erschaffung des Menschen existiert und sich fortentwickelt. Daher werden Bewußtseinsgrad und Verständnis des Lebens bei den dort existierenden Wesen notwendigerweise höher als bei euch sein.

Ich möchte die Lebensformen auf den anderen Planeten nicht ausführlich beschreiben, sondern lediglich sagen, daß sie sich von den Lebensformen auf der Erde vollkommen unterscheiden. Eure Wissenschaftler pflegen euch in dem Glauben zu halten, daß die Existenz auf diesen Planeten aufgrund von zu heißen oder zu kalten Temperaturen, von zu dünner Luft usw. nicht möglich sei, denn sie betrachten die Dinge mit physischen, mit irdischen Augen. Doch jede Zelle der Materie, sei es nun auf der Venus, auf dem Jupiter oder der Erde, enthält in sich die Anlage, den Keim für ihr potentielles Wachstum innerhalb des großen Planes. Ein Keim der Materie auf dem Jupiter unterscheidet sich völlig von einem solchen auf der Erde, und jeder Keim bildet seine Form gemäß den Lebensbedingungen auf der Oberfläche des betreffenden Planeten aus.

Der Mensch ist in Wirklichkeit kein Wesen von dieser Erde. Er lebt nur vorübergehend auf ihrer Oberfläche, um damit seine weitere Entwicklung zu fördern. Seine Seele begibt sich erst im Augenblick der Empfängnis in die Aura der Erde herab. Nachdem der Keim befruchtet ist, beginnt er damit, da er die Beschaffenheit des Lebens auf dieser Erde kennt, sich im Mutterleib einen Körper zu erschaffen, der für die Lebensbedingungen auf der Erde geeignet ist. Eure physischen Körper sind daher einzig und allein für das Leben auf dieser Erde vorgesehen, und deshalb empfindet es der Mensch als so unnatürlich, wenn er sich in seinen Raumschiffen zu anderen Planeten fortbewegt. Er ist in physischer Hinsicht ausschließlich für das Leben auf dieser Erde erschaffen worden. Wollte der Mensch sich zu anderen Planeten begeben und dort leben, so müßte dies in einer ganz anderen Art und Weise geschehen, als er sich dies bisher vorgestellt hat.

Es existiert daher Leben auf den anderen Planeten, wenn auch in einer für den Menschen unbegreiflichen Form. Ebenso wie sich der Mensch auf der Erde keine Vorstellung von Naturgeistern, Elfen, Devas und Engeln, von Lebensformen jenseits des physischen Bereiches und der wahren Natur seiner Existenz machen kann, so kann er sich auch das Leben auf anderen Planeten nicht vorstellen – doch dieses existiert, und zwar auf einer weitaus fortgeschritteneren Evolutionsstufe, als der Mensch sie selbst erreicht hat. Viele der Lebewesen auf diesen Planeten haben in ihrer Entwicklung bereits selbst die Schule des Lebens durchlaufen, die »Erde« genannt wird, und weilen jetzt auf diesen höheren Ebenen. Viele große Meister, die sich auf dieser Erde inkarniert haben, halten sich eigentlich in diesen Bereichen auf. Die Tatsache, daß sie während eines kurzen Zeitraums in einem physischen Körper der Materie gelebt haben, macht sie noch nicht der Erde zugehörig – und auf die gleiche Art und Weise seid auch ihr keine Wesen von dieser Erde. In Wahrheit steigt ihr nur für eine kurze Zeitspanne auf diese Existenzebene herab, damit ihr die Lektionen des Lebens auf der Erde erlernen könnt.

Aufgrund des Bewußtseinsgrades, den sie erreicht haben, sind die Lebewesen auf den anderen Planeten dazu in der Lage, die Schule des Lebens auf dieser Erde zu beobachten und zu überwachen. Weil sie die wahre Natur der spirituellen Existenz innerhalb dieses Sonnenkörpers verstehen und die Grenzen und Beschränkungen des physischen Lebens überschritten haben, sind sie sich über die Art und Weise der Fortentwicklung des Menschen und über die Lektionen bewußt, die er zu lernen hat. Daher greifen sie keinesfalls in den Fortschritt des Menschen ein, denn würde sich dieser von der gedanklichen Vorstellung leiten lassen, es gebe Wesen, die nach Belieben zu ihm herabkommen könnten, um ihm aus seinen Schwierigkeiten zu helfen und eine Veränderung seines Weges herbeizuführen, so würde damit eine der wichtigsten Lektionen dieser Erde aufgehoben, wonach sich der Mensch nämlich aus eigener Kraft verändern muß. Dies bedeutet jedoch nicht, daß in Zukunft ein Erkennen und Verstehen dieser Wesen die Fähigkeiten des Menschen übersteigen wird, denn in dem Maße, wie er die Scheuklappen von seinen Augen ablegt und über die physische Materie auf dieser Erde hinausblickt, so wird er auch zu einem tieferen Verständnis des Lebens auf den anderen Planeten geführt werden.

Viele Menschen sind Zeuge für das Phänomen der unbekannten Flugobjekte (Ufos) gewesen. Einige von ihnen hatten das Vorrecht, Lebewesen in diesen beobachten zu können, doch die meisten haben darüber geschwiegen. Nur einige wenige haben von Begegnungen mit ihren Brüdern aus dem Weltraum berichtet. Dies erklärt sich daraus, weil der Mensch auf der Erde bisher noch nicht dazu bereit ist, die Natur und die Aufgabe dieser Wesen zu akzeptieren, da er weitgehend durch die begrifflichen Konzepte und Dogmen von organisierter Religion und Wissenschaft eingeschränkt wird. Ebenso wie man auf ein kleines Kind herabblickt und beispielsweise zögern würde, seinen Glauben an den Weihnachtsmann zu zerstören, selbst wenn man weiß, daß dieser falsch ist, so blickt der Marsbewohner oder der Venusier auf den Menschen und seine begrifflichen Vorstellungen über das Leben herab und erkennt, daß der Mensch selbst lernen und die Dinge herausfinden muß. Daher warten sie geduldig auf jenen Augenblick, wo der Mensch die Unwahrheit eines Großteils der organisierten Religion und Wissenschaft entdecken, wo er diese zurückweisen und damit beginnen wird, sein Denken auszuweiten und anderswo nach der wahren Konzeption des Lebens innerhalb dieses Sonnenkörpers Ausschau zu halten.

Die Tatsache, daß Wesen von anderen Planeten überhaupt auf diese Erde kommen, ist nicht auf oberflächliche Neugier und nicht einmal auf den Wunsch zurückzuführen, dem Menschen seine Bürde während seines Lebensweges auf der Oberfläche dieser Erde zu erleichtern. Sie kommen einzig und allein in der Absicht, diese Erde zu bewahren und zu erhalten, denn der Mensch mit seinem Intellekt und seiner Technologie, doch ohne das ausgleichende Gefühl der Liebe, zerstört diesen Planeten. Mit den Satelliten, die er in den Weltraum sendet und die das ätherische Netz um die Erde zerschneiden, mit den Mondraketen, die ein empfindliches Gleichgewicht über sein Vorstellungsvermögen hinaus zerstören, mit der Art und Weise, wie er seine Umwelt verschmutzt und die anderen Reiche der Materie mißbraucht, vernichtet er sowohl sich selbst als auch diesen Planeten. In der Tat hätte er sich inzwischen mit den Kernversuchen, die er auf der gesamten Erdoberfläche durchgeführt hat, ohne die Hilfe seiner Brüder im Weltraum bereits selbst ausgelöscht. Sie sind gekommen und haben dem Menschen geholfen – nicht als Einmischung in seine freie Wahl, sondern zur Erhaltung der Erde. Sie haben die Erde im Gleichgewicht gehalten, damit der Mensch in seiner Torheit nicht die letzte große Vorwärtsbewegung in der Evolution dieses gesamten Planetensystems störend beeinflussen und hindern würde.

Eure Brüder aus dem Weltraum kommen aus freundschaftlichen Motiven und voller Verständnis zu euch. Es lag in ihrer Absicht, sich im allgemeinen überall auf der Erde selbst bekannt zu machen, doch dies ist infolge der Feindseligkeit des Menschen nicht möglich gewesen. Sie haben Schwingungsfrequenzen unterbrochen, die für eure Evolution eine Gefahr bedeuten konnten. Sie haben von ihren eigenen Planeten Strahlen ausgehen lassen, um bestimmte atmosphärische Verhältnisse und Schichten, die um eure Erde herum unterbrochen waren, aufzulösen und gleichzeitig wieder neu zusammenzusetzen. Bei vielen Gelegenheiten in der Vergangenheit haben sie eure Weltraumfahrer überwacht und gelenkt.

Viele der Flugobjekte, die von Menschen gesehen wurden, sind von Mars und Venus gekommen. Der Mars versorgt eure Erde mit elektrischer Energie. Die Wesen von diesen Planeten haben in den vergangenen Jahren einen Teil der atomaren Strahlung zerstreut, die der Mensch törichterweise in Umlauf gebracht hat. Ohne ihr Eingreifen wäre die Erde aus ihrer Position im All herausgeschleudert worden. Als der Mensch die ersten Kernversuche unternahm, wurde soviel an Energie freigesetzt, daß sie weit über diejenige Energiemenge hinausging, die für eine harmonische Funktionsweise dieses

Planetensystems erforderlich ist. Augenblicklich setzten die Marsbewohner ein Gegenmittel zur Bekämpfung dieser schädlichen Energie ein. Für diese Aufgabe wurden einige der Raumschiffe verwendet, welche der Mensch gesichtet hat. Als der Mensch in seiner Torheit fortfuhr und größere und gefährlichere Kernwaffen zur Explosion brachte, begannen die daraus resultierenden Strahlungen die anderen Planeten innerhalb des Sonnensystems zu beeinträchtigen und dessen gesamten Aufbau zu stören. Darauf kamen die Venusier dem Menschen auf der Erde zu Hilfe und sandten Objekte aus, welche diese erhöhte Disharmonie abwenden sollten. Diese Flugobjekte bezeichnet der Mensch als Ufos.

Eure Brüder im Weltraum helfen und unterstützen euch in wahrhaft »christlicher« Art und Weise. Sie bringen euch damit ein wirkliches Opfer, denn sie verlangen weder Belohnung noch Dank, sondern sie wollen lediglich der höheren Sache, der Erhaltung des Ganzen, dienen. Ihr könnt dieses Verhalten mit einer Krankheit in eurem physischen Körper vergleichen: Wenn einer der Körperteile erkrankt ist, so schließen sich alle übrigen zusammen, um zur Behebung der inneren Krankheit beizutragen. Diese Analogie möchte ich im Hinblick auf eure Brüder, die Lebewesen in diesem Sonnenkörper, aufstellen. Sie unterstützen euch zum Nutzen und Wohle des Ganzen – und dies entspricht einer Weltanschauung, von der sich der Mensch, in den meisten Fällen, noch keinen Begriff machen kann, denn er ist dem Gedanken an die Wichtigkeit des Individuums vollkommen ausgeliefert und läßt sich durch diese Scheuklappen hinters Licht führen. Die Existenzform des Menschen ist so beschaffen, daß er noch entdecken muß, daß die Zielsetzung des Lebens auf dieser Erde darin besteht, in der Entwicklung über das Individuum, über das Persönliche hinauszugehen, das größere Ganze anzuerkennen und das Individuelle tatsächlich zugunsten dieses größeren Ganzen aufzugeben und zu opfern.

Jene Wesen kommen weiterhin in unterschiedlichen Beförderungsmitteln zur Erde, um dort das gestörte Gleichgewicht wieder richtigzustellen. Mit ihrer höheren Weisheit, mit ihrem größeren Verstand und ihrer hochentwickelten Technologie setzen sie die Erde dort wieder instand, wo der Mensch sie verwüstet hat. Wie die Engel, die Boten des unendlichen Geistes, sind auch sie bei allen bedeutenden spirituellen Geschehnissen und Erweckungserlebnissen auf der Oberfläche dieser Erde gegenwärtig gewesen. Wenn ihr auf die Menschheitsgeschichte zurückblickt, soweit sie euch bekannt ist, dann sind diese großen Wesen bei allen wichtigen Ereignissen, die den Gang der Geschichte verändert haben, zugegen gewesen. Da ihr euch jetzt einer weiteren Phase großer Veränderung nähert, werden diese Wesen wiederum gegenwärtig sein und ihren Brüdern auf der Erde darin beistehen, sich auf das kommende Geschehen vorzubereiten. Dies bedeutet selbstverständlich nicht, daß sie in ihren Raumschiffen herabkommen und dem Menschen automatisch dabei helfen werden, dem zu entgehen, was er selbst hervorgerufen hat. Sie werden vielmehr nur denjenigen Hilfe gewähren, welche Gedanken aussenden, die sie anzuziehen vermögen. Nur jene, die in der rechten Weise denken und handeln, werden in der herannahenden Weltvernichtung gerettet werden. Aufgrund eurer individuell geprägten Gedanken werden sie Kenntnis von euch haben und den Kontakt zu euch herstellen.

Es ist nur natürlich, daß der Mensch – in den meisten Fällen – hauptsächlich mit seinen physischen Lebensbedingungen beschäftigt ist, doch allmählich fängt er damit an, seinen Horizont zu erweitern. Er beginnt zu erkennen, daß das Leben auf dieser Erde nicht an seine fünf Sinne gebunden ist. Er beginnt zu erkennen, daß er die Erde nicht als Einzelwesen, als eine für sich existierende Lebenseinheit betrachten und nur an diese und das auf ihr bestehende Leben denken kann. Er beginnt zu erkennen, daß die Erde Teil eines größeren Ganzen ist und daß dieses größere Ganze, der Sonnenkörper, wiederum Teil eines noch größeren Ganzen ist, denn keine Existenzform innerhalb der Schöpfung kann isoliert betrachtet werden. Alles ist wechselseitig miteinander verbunden und voneinander abhängig: das Niedere von dem Höheren und das Höhere von dem Niederen. Zwischen allen Formen vollzieht sich gleichzeitig ein Geben und ein Nehmen. Der Mensch ist dazu verpflichtet, die Bewußtheit über sein wahres Selbst zu erlangen und Gebrauch von seinem Geburtsrecht zu machen, das er von seinem Schöpfer erhalten hat: ein Gott zu werden. Ihr alle steht mitten in der Entwicklung zu Göttern. Letztlich könnt ihr alle die Kraft und die Macht eures Schöpfers erlangen. Ihr alle könnt das erreichen, was euch demonstriert worden ist, könnt dem Pfad der großen Meister folgen, die von den höheren Existenzebenen zu euch herabgesandt worden sind, um als Beispiel für das zu dienen, was möglich ist. Dies hat auch der Nazarener dem Menschen gezeigt.

Der Entwicklungszyklus dieser Erde während der vergangenen zweitausend Jahre ist nicht einfach und mühelos verlaufen, doch dies ist auf das Wesen der planetarischen Einflüsse zurückzuführen, welche auf die Erde eingewirkt haben. Ihr tretet jetzt in einen neuen Zeitraum, in eine Phase rascher Veränderung ein. Innerhalb der nächsten dreißig Jahre wird es zu Entwicklungsvorgängen kommen, die den Menschen vom Fische-Zeitalter in das Wassermann-Zeitalter erheben werden; dann wird er sich über sein wahres Selbst bewußt werden und nicht nur das Leben, das über seine fünf Sinne hinausgeht, sondern auch das Leben auf den höheren Existenzstufen anerkennen. Er wird sich der wahren Natur seines Schöpfers bewußt werden, den er jetzt grundlos in einer personalisierten Form verehrt. Er wird entdecken, daß jene Wesen, die sich ständig in seiner Nähe aufhalten, die ihn führen und unterstützen, die sein Leben auf dieser Erde formen und gestalten, ihre Rolle und Funktion innerhalb des größeren Ganzen erfüllt haben, genauso wie er seinerseits seine Aufgabe für die Millionen Lebewesen in seinem Inneren ausgeführt hat – denn auch er ist ein Gott. In der gleichen Art und Weise, wie der Mensch innerhalb seines Gottes lebt, so existieren auch in seinem Inneren Lebewesen, welchen er als ein Gott erscheint. Er ist ihnen gegenüber genauso verantwortlich wie seinem Schöpfer.

Abschließend möchte ich euch dazu auffordern, euer Bewußtsein ebensosehr nach innen wie nach außen zu richten und nicht nur eure Brüder auf den anderen Planeten anzuerkennen, sondern auch jene Millionen Lebewesen in euch, in eurem Körper, die ein euch vergleichbares Leben, nur auf einer tieferen Bewußtseinsstufe, führen und für die ihr tatsächlich Gott seid.

Die wahre Natur des Heilens

Vor vielen Weltaltern, nach der Erschaffung aus dem vollkommenen Odem seines Schöpfers, brachte der Mensch in seinem Leben und in seinen Schwingungen einen Zustand der Vollkommenheit zum Ausdruck. Als dann die Hierarchie dieses Sonnenkörpers nach einer langen Entwicklungszeit der Erde zu dem Entschluß kam, dem Menschen die göttliche Gabe der freien Wahl zu verleihen, was ihn dazu befähigen sollte, die vielen Stufen der Evolution zu durchlaufen und selbst zu einem Gott zu werden, wurde der Mensch in neuer Form auf der Erde wiedergeboren. Von diesem Augenblick an, als er Gebrauch von seinem göttlichen Geburtsrecht machte, trat seine Unvollkommenheit in Erscheinung. Weil er von allen Lebewesen auf den überaus zahlreichen Existenzstufen dieser Erde das am höchsten entwickelte ist, wirkte sich sein Einfluß gleichzeitig auch auf die anderen Reiche der Materie aus, und seine eigene Unvollkommenheit führte bei diesen ebenfalls zu Unvollkommenheit. Daher existiert in der heutigen Welt ein disharmonischer und krankhafter Zustand zwischen allen Lebewesen und Geschöpfen auf der Oberfläche dieser Erde und hat in der Tat schon während ihres gesamten geschichtlichen Verlaufs bestanden, von dem ihr Kenntnis habt.

Ungeachtet der Tatsache, wie rein die Motivation des Menschen für seine Gedanken und Handlungen ist, so wird diese Reinheit von Denken und Tun doch nicht unverfälscht erhalten bleiben, sobald sie sich mit den Gedanken und Handlungen anderer Menschen vermischt. In ähnlicher Weise kann der harmonische, der gesunde Mensch durch disharmonische Menschen und Schwingungen in seiner Umgebung Einwirkungen erfahren. Es muß jedoch betont werden, daß kein disharmonischer oder schädlicher Einfluß dich als Individuum beeinträchtigen kann, sofern du es nicht zuläßt, daß er Eingang in dein Wesen und Sein findet. Würdest du in dir selbst ein vollkommen harmonisches Wesen sein, dann würdest du tatsächlich in Harmonie auf dieser Erde leben, und selbst wenn sich deine Vollkommenheit mit allen dich umgebenden disharmonischen Schwingungen vermischen würde, so würdest du selbst doch einen Zustand der Harmonie zum Ausdruck bringen und in diesem verweilen. Als Beispiel dafür dienen dir die großen Meister, nicht unbedingt im Verlaufe ihres gesamten Lebens, doch zweifellos während der Zeit ihres Dienens, als sie die ihnen bestimmte Aufgabe und Zielsetzung erfüllten. Trotz aller Vollkommenheit in deinen Gedanken und Handlungen kann jedoch der Tag kommen, wo du aufgrund einer charakterlichen Schwäche, aus Unwissenheit, durch die Gefährdung deines Körpers in irgendeinem törichten Vorhaben oder aufgrund deiner eigenen mangelnden Ausgewogenheit, entweder vorübergehend oder dauerhaft, einen Zustand des Unwohlseins verursachen und krank werden wirst. Dann bist du mit der Entscheidung konfrontiert, auf welche Art und Weise du deine vollkommene Harmonie und Gesundheit wiederherstellen kannst.

Immer hat es im Verlaufe der Menschheitsgeschichte Heiler gegeben. Diese haben unterschiedliche Methoden angewendet, und in der heutigen Zeit wird eine große Vielfalt von diesen sowohl befürwortet als auch praktisch eingesetzt. Die dir verfügbaren Möglichkeiten sind sehr verschiedenartig, und wenn du krank wirst, bist du unweigerlich vor die Entscheidung gestellt, in welcher Weise du für deine Heilung sorgen wirst. Je nach dem Grad deiner Evolution wird dein Bewußtsein die Richtschnur dafür sein, bestimmten Wegen zu folgen. Der gedankenlose und unsensible Mensch wird sich gewöhnlich den allgemein anerkannten Heilmethoden seiner Zeit unterziehen. Dabei spielt es keine Rolle, ob er sie für richtig oder falsch hält – er wird sie akzeptieren, weil sie von anderen Menschen als empfehlenswerte Heilbehandlung der entsprechenden Zeit anerkannt sind und Verwendung finden. Dies gilt jedoch für alle Kulturen, die jemals existiert haben, und jede von ihnen hat ihre eigenen unterschiedlichen Heilmethoden besessen. In der gleichen Art und Weise, wie du heute auf die Heilkunst vor zweitausend Jahren zurückblickst und es als barbarisch betrachtest, daß ein Arzt Blutegel am menschlichen Körper ansetzen konnte, um damit eine Heilung herbeizuführen, so wird die Menschheit in zweitausend Jahren, von jetzt an gerechnet, auf eure heutigen Heilmethoden zurückblicken, wo beispielsweise der menschliche Körper aufgeschnitten und verletzt wird, und diese als gleichermaßen barbarisch ansehen. Aufgrund welcher Maßstäbe ist daher die Heilkunst zu beurteilen?

Wenn du die wahre Natur des Heilens herausfinden willst, so stehen dir lediglich zwei Quellen zur Verfügung: erstens, das Beispiel der großen Meister, die sich auf dieser Erde zu dem Zwecke inkarniert haben, dem Menschen die unendliche Wahrheit demonstrativ vor Augen zu führen; und zweitens, deine innere Bewußtheit, die dir intuitiv aufzeigen wird, welchem Weg du zu folgen hast, um die richtige Behandlung für deine Krankheit zu ermöglichen. Der Weg, den du einschlagen wirst, wird ohne Zweifel entsprechend deiner individuellen Schwingung unterschiedlich ausfallen, doch vergiß nicht, daß dir kein einzelner Mensch dabei helfen kann, deinen Körper von all seinen Krankheiten zu heilen – es sei denn, dabei handelt es sich um ein Wesen auf einer hohen Evolutions- und Schwingungsstufe. Es gibt unterschiedliche Schwingungen, unterschiedliche Heiler für die verschiedenen Krankheiten. Mit Gewißheit wird es unter den Heilern, mit denen du voraussichtlich in Berührung kommst, niemanden geben, der ein vollkommener Heiler ist und die Kraft besitzt, wie beispielsweise der Nazarener, dich von deinen sämtlichen Krankheiten zu einem Zeitpunkt deines Lebens zu heilen. Selbst im geistigen Heilen gibt es daher Spezialisten, wenn ich sie einmal so bezeichnen darf.

Krankheit oder körperliches Unwohlsein stellt einen der wichtigsten Faktoren im Leben des Menschen dar. Weil der Mensch die freie Wahl hat, weil er sich für das Falsche anstelle des Richtigen entscheiden kann und seinen Körper durch falsche Verhaltensweisen beeinträchtigt, wird er in einen Zustand der Disharmonie geraten. Dies entspricht dem Weg der Evolution und ist eine Notwendigkeit. Krankheit, körperliches Unwohlsein und Leiden, ist eine Lektion, die es zu erfahren, zu lernen und anzuerkennen gilt. Sie ist Teil deiner Bestimmung auf deinem Lebensweg, und du kannst sie nicht umgehen, fernhalten, unbeachtet lassen oder verdrängen. Sie ist ein unabänderliches Faktum des Lebens, dem man ins Auge sehen, eine Prüfung, mit der man es aufnehmen muß. Die moderne Medizin betrachtet jedoch jegliche Krankheit als unnötig und sinnlos und ist der Meinung, daß alle Schmerzen grundsätzlich vermieden werden sollten. Sie ist mehr daran interessiert, eine Krankheit zu behandeln und zu kurieren, als ihre Ursache festzustellen. Bedenke daher, daß der Mensch aufgrund seiner eigenen Verhaltensweisen unter körperlichem Unwohlsein leidet und daß er durch seine eigenen Handlungen lernen wird.

Wir wollen nun kurz betrachten, auf welche Art und Weise der Nazarener geheilt hat. Du wirst die Beobachtung machen können, daß es für die Zeit seines Wirkens ebenso viele Berichte von Heilungen wie von Belehrungen gibt. Tatsächlich gehörte das Heilen und Belehren der Menschen in seiner Zeit mit zur Demonstration seiner Aufgabe. Jeder Heiler – oder jeder, der heilen möchte oder sich damit beschäftigt – sollte die Worte und Taten des Nazareners zum Zwecke seiner eigenen Motivation für das Heilen beachten. Er heilte die Menschen nicht einfach aus dem Grunde, weil sie krank waren, und er machte auch nicht jeden Kranken wieder gesund, dem er begegnete. In der Bibel wird natürlich nur von einigen Heilungen berichtet, nicht aber von jenen Menschen, die er nicht heilte. Man darf nicht vergessen, daß der Nazarener nur diejenigen Menschen heilte, die an ihn glaubten – nicht an ihn als Individuum, sondern an die Kraft des Schöpfers in ihm. Ihr Glaube, ihre Einstellung dem Leben gegenüber führte zu ihrer Heilung. Die Frau, welche den Saum seines Gewandes berührte, kam tatsächlich gar nicht mit ihm selbst, sondern mit seiner Aura in Berührung, und weil sie darauf vertraute und geheilt werden wollte, konnte auch eine Heilung erfolgen. Sie wurde durch ihren Glauben an Gott geheilt.

Der Nazarener heilte auf vielfältige Art und Weise. Wenn du die Berichte von seinen Heilungen in der Bibel liest, dann wirst du feststellen, daß er viele Methoden verwandte: angefangen vom Handauflegen und Segnen bis hin zur physischen Anwendung von Materie auf dem Körper, wie er beispielsweise Schlamm auf die Augen eines Blinden legte. Es gibt viele Möglichkeiten des Heilens und viele Formen der Heilung. Die gewählte Heilmethode wird zum ersten durch den Evolutionsgrad des betreffenden Menschen bestimmt, den man heilen möchte, und zum zweiten durch die Art seiner Krankheit.

Der Nazarener heilte natürlich weitgehend mittels seiner Hände. Dies ist an sich nicht weiter von Bedeutung, wenn man bedenkt, daß die Hände die ausführenden Gliedmaße des Denkens sind und daß eine Heilung durch die Hände lediglich eine Ausdehnung des Heilens durch das Denken, durch den Geist bedeutet. Einzig und allein der Geist ist der Ursprung und die Quelle allen Heilens. Selbst wenn eure heutigen Chirurgen mit ihren Instrumenten arbeiten, versuchen sie, durch ihr Denken und nicht mittels ihrer Instrumente zu heilen. Daher steht das Auflegen der Hände nur symbolisch für das Heilen durch den Geist.

Aufgrund seiner außersinnlichen Wahrnehmung, deren Ausmaß weit über das Bewußtsein des heutigen Menschen hinausging, besaß der Nazarener die Fähigkeit, die wahre Natur einer Krankheit zu erkennen. Er konnte aus den Farben der Chakras eines Menschen und der ihn umgebenden Aura nicht nur die Art seiner Krankheit, sondern auch deren Ursache bestimmen. Wenn du daher selbst heilst, so denke daran, daß sich der Heilungsvorgang aus zwei Teilen zusammensetzt: aus der Heilung der Krankheit und aus der Heilung der Ursache für diese Krankheit.

Es ist weitaus besser, wenn man die Ursache zu heilen versucht, als die akute Krankheit selbst zu kurieren. Der grundlegende Irrtum der heutigen Medizin besteht darin, daß sie nicht die Ursache, sondern nur die Auswirkung zu heilen sucht.

Während deines Lebens auf dieser Erde bist du ein hauptsächlich magnetisches Wesen. Dein gesamter Körper ist eine Ansammlung von Magnetfeldern, die innerhalb des größeren magnetischen Feldes dieser Erde vibrieren, und diese vibriert selbst wiederum innerhalb des noch größeren Magnetfeldes dieses Sonnenkörpers und der dazugehörigen Planeten. Wenn du dich körperlich unwohl oder krank fühlst, so befinden sich die magnetischen Schwingungsfelder deines Körpers nicht mehr in harmonischer Übereinstimmung; die machtvolle Wirkung der – nennen wir sie einmal – »Heilkunst« des Nazareners erklärt sich daraus, daß er die gestörte Harmonie dieser Felder erkannte und die Fähigkeit besaß, diese wieder in Harmonie zueinander zu bringen oder sie zu polarisieren, so daß sich dann automatisch eine Heilung anschließen konnte. Nehmen wir beispielsweise eine Schnittverletzung in der Hand. Es ist nicht sinnvoll, wenn man versucht, einen Schnitt direkt zu heilen, sobald die physische Verletzung einmal vorhanden ist. Statt dessen ist es notwendig, die körpereigenen Heilkräfte zu diesem Schnitt hinzulenken, damit eine tiefgehende Heilung eintreten kann. Wenn du dieses Beispiel auf alle weiteren Krankheiten überträgst, die der menschliche Körper aufweisen kann, so wirst du erkennen, was ich hervorzuheben versuche: Du mußt nicht unbedingt die sichtbaren Symptome der Krankheit kurieren wollen, sondern du aktivierst die Heilungsprozesse des Körpers selbst, um damit eine grundlegende Heilung herbeizuführen. Jeder einzelne von euch ist ein durch und durch individuell geprägtes und unterschiedliches Wesen, und wenn ihr auch alle ähnliche physische Körper zu haben scheint, so gleicht in Wirklichkeit doch keiner von euch dem anderen. Jeder von euch wird auch auf unterschiedliche Art und Weise selbst heilen. Du heilst einen anderen Menschen dadurch, daß du die ihm eigenen Heilungsprozesse aktivierst, damit er sich selbst wieder »heil« machen kann. Vielleicht beginnst du jetzt zu erkennen, wie schwierig und vielschichtig der Vorgang der Diagnose und des Heilens eigentlich ist.

Es gibt zwei grundlegende Formen des Heilens: Entweder ist der Heiler ein inspiriertes Werkzeug und als solches ein Kanal für die Kraft höherer Wesen - in dieser Form finden die meisten Heilungen auf dieser Erde statt –, oder er heilt tatsächlich als individuelle Persönlichkeit, die eine beträchtliche Seelen-Evolution erreicht hat, mit Hilfe seiner Fähigkeiten und durch sein eigenes Wissen, wobei er immer noch die Kraft seines Schöpfers heranzieht. Natürlich muß die Entwicklung aller Menschen letztlich bis hin zu dieser

Stufe erfolgen. Es gehört zur evolutionären Gesetzmäßigkeit des Lebens auf dieser Erde, daß du zuerst zu einem inspirierten Werkzeug wirst und es zuläßt, für Heilzwecke eingesetzt zu werden; daraus wird jedoch dann der Wunsch in dir erwachsen, nicht nur ein Instrument zu sein, sondern auch selbst Einsicht in das zu erlangen, was durch dich hindurch geschieht. Du wirst das Wie, das Warum und das Weshalb des Heilens erkennen wollen, du möchtest wissen, warum einige Menschen krank werden und andere nicht, warum einige Menschen zu heilen sind und andere wieder nicht. Es wird nur wenigen Menschen auf dieser Erde zuteil, ein Heiler aus eigener Kraft und Berechtigung zu sein, und dabei handelt es sich dann gewöhnlich um Seelen auf einer beachtlichen Evolutionsstufe, die sich einen speziellen Weg und eine besondere Bestimmung erwählt haben, um auf dieser Erde eine bestimmte Heilmethode einzusetzen. In der heutigen Welt gibt es überwiegend inspirierte Heiler, das heißt, sie sind Kanäle für die von oben herabkommende Kraft höherer Wesenheiten. Kein Heiler sollte sich selbst für die Quelle solcher Heilungen halten und sich im Besitz von Kräften fühlen, die anderen fehlen, denn er ist nichts anderes als ein Werkzeug.

Ebenso wie sich die höheren Wesen auf unterschiedlichen Schwingungsebenen befinden, die ihre verschiedenen Bewußtseins- und Evolutionsstufen widerspiegeln, so gilt dies auch für ihre Heilmethoden. Mehrere Meister haben während ihrer vergangenen Inkarnationen verschiedenartige Heilmethoden entwickelt. Deshalb stellt man fest, wenn man sich heute auf dem Gebiet der Heilkunst, besonders bei den Methoden des Neuen Zeitalters, umschaut, daß es hier viele Ansätze und zahlreiche Verfahren gibt, um eine Heilung herbeizuführen. Interessant ist jedoch die Beobachtung, daß die Heilmethoden des Neuen Zeitalters den Heilverfahren, wie sie von der heute herrschenden Medizin entwickelt worden sind, sehr häufig diametral entgegengesetzt sind. Binnen kurzer Zeit wird es zu einem großen Konflikt kommen. Die etablierte Medizin wird sich vor die Entscheidung gestellt sehen, die Heilmethoden der sogenannten »ungelernten« Nicht-Mediziner ohne formale Ausbildung entweder zu akzeptieren oder aber zu bekämpfen. Es wird zu einer Auseinandersetzung kommen, die nur eine der beiden Richtungen überdauern wird, und es kann kein Zweifel darüber bestehen, welche es sein wird.

In der heutigen Welt existieren viele Heilverfahren, die als fremdartig, unrealistisch, außerhalb der Grenzen menschlicher Erkenntnis liegend betrachtet werden. Dazu gehört beispielsweise das Phänomen der »parapsychischen Chirurgie«. Diese spiegelt, für sich genommen, nicht die wahre Natur des Heilens wider, sondern ist im wesentlichen eine Form der Heilung für primitive Völker, wobei die Heiler lediglich als Kanäle für die von oben kommende, höhere Heilkraft dienen. Für die Umwelt, in welcher diese Heiler arbeiten und leben, ist diese Methode die am besten geeignete, wobei es entscheidend ist, daß eine Heilung tatsächlich stattfindet.

Ihr alle, die ihr als Individuen Heiler sein möchtet, braucht nicht zu glauben, daß ihr den seit altersher ausgetretenen Pfaden folgen müßt, denn dies ist nicht der Fall. Wenn ihr in euch den Wunsch zu heilen verspürt, so geht diesem nach und laßt eure innere Intuition, euer eigenes Bewußtsein die Richtschnur dafür sein, wie ihr heilen solltet, nach welcher Methode ihr heilen solltet und welche Menschen ihr heilen solltet.

Wenn du wahres geistiges Heilen praktizieren willst, dann ist es unbedingt erforderlich, daß du die Schwingung der betreffenden Person richtig einschätzen kannst, die zu dir kommt und geheilt werden möchte. Es ist wichtig, daß du nur dort heilst, wo die Lektion gelernt worden ist, wo der Schmerz und die Ursache für diese Erkrankung richtig verstanden worden sind. Wenn du jemanden heilst, nur damit er eine kurze Zeit später die gleiche Krankheit erneut durchmachen muß, so schaffst du damit Karma für dich selbst. Der Vorgang des Heilens ist mit einer großen Verantwortung verbunden, und nur hochentwickelte Seelen sollten diese Verantwortung auf sich nehmen. Ich sage dies nicht, um irgend jemanden davon abzuhalten, sondern lediglich deshalb, damit sich die Betreffenden über die damit verbundene Verantwortung bewußt werden.

Vergiß nicht, daß du nicht jeden heilen kannst. Du wirst intuitiv zu jenen Menschen hingeführt werden, die du heilen kannst. Urteile nicht über die Erfolge deiner Heilung, wenn du ein Kanal bist. Versuche zu erkennen, warum einige Menschen geheilt werden und andere nicht, doch stelle diesen Sachverhalt nicht in Frage, denn du bist lediglich der Kanal für eine höhere Kraft. In dem Maße, wie du dich in deinen Schwingungen auf die heilende Kraft einstellst, die dich durchfließt, wirst du sie auch zunehmend begreifen können. Du wirst das Wesen ihrer Kraft und auch den Grund für ihre Anwendung zu erkennen beginnen, so daß du schließlich zu einer solchen Harmonie mit dieser Heilkraft gelangen wirst, daß du eins mit ihr und fast zu einem Heiler aus eigener Berechtigung geworden bist. Denke daran, daß du dich letzten Endes durch Schulung darauf vorbereitest, ein solcher zu werden. Du lernst zu den Füßen von großen Meistern, über deren Präsenz du dir nur undeutlich bewußt bist, deren Kräfte du jedoch verspürst.

Innerhalb der geistigen Hierarchie dieser Erde existiert eine Gruppe von Wesenheiten, die mit Heilkräften begabt sind. Sie widmen sich ausschließlich der Aufgabe, die Menschheit auf dieser Erde zu heilen, und alle Heiler stehen unter dem Einfluß ihrer Schwingungen. Diejenigen von euch, die das Gefühl haben, Heiler zu sein, werden alle mit dieser sogenannten Schule des Heilens in Verbindung stehen, die auf den höheren Lebensstufen existiert. Nachts kehren sie im Schlafzustand in diese Schule zurück und werden mit der wahren Natur des Heilens und mit den besonderen Einflüssen ihrer eigenen Meister und Heiler vertraut.

Ihr tretet jetzt in das Wassermann-Zeitalter ein, und dieses Zeitalter wird auch die ihm angemessenen und geeigneten Heilmethoden mit sich bringen. Auf dem Gebiet der Medizin wird es zu einer Veränderung kommen. In der Einstellung des Menschen gegenüber körperlichem Unwohlsein, in seiner Vergegenwärtigung und Heilung von Krankheit wird ein Wandel erfolgen. Er wird zu einer tieferen Erkenntnis von sich selbst geführt werden und verstehen, daß jegliches Unwohlsein, alle Krankheit von innen, nicht von außen kommt und daß die einzige Aufgabe des Heilers darin besteht, nicht das Äußere, sondern das Innere wieder »heil« zu machen. Nicht die krankhafte Auswirkung, sondern die Ursache des Unwohlseins wird geheilt. Wenn jemand zu euch kommt, der geheilt werden möchte, und ihr jedesmal die Ursache für seine Krankheit zu ergründen sucht und um die Heilung dieser Ursache, nicht ihrer Auswirkung, bittet, dann werdet ihr eure wirkliche Aufgabe und Funktion als Heiler erfüllen.

Große Opferbereitschaft und Demut sind dafür erforderlich, ein Heiler zu sein – doch vor allem bedarf es dazu einer hervorstechenden und einzigartigen Eigenschaft: der Liebe, denn ohne Liebe werdet ihr nichts ausrichten können. Wenn ihr keine Liebe für einen Menschen empfindet, und ich gebrauche das Wort »Liebe« in seiner wahren spirituellen Bedeutung, wie sie der Nazarener vorgeführt hat, so versucht nicht, ihn zu heilen, denn ihr werdet ihm mehr Schaden als Nutzen erweisen. Ihr könnt und dürft die wahre Natur einer jeden Erkrankung nicht verstehen. Ihr könnt und dürft nicht in jede Heilmethode Einblick nehmen, die heute auf der Welt existiert. Ihr könnt lediglich das widerspiegeln, was ihr als Wahrheit erkennt: das heilende Licht, das seinen Weg durch euch nimmt.

Das Wiedererscheinen von Atlantis

Viele Legenden existieren in der heutigen Zeit über die Kultur von Atlantis, doch die tatsächlichen Fakten sind rar, die vorhandenen Beweismittel peinlich. Bevor der Mensch nicht dazu in der Lage ist, sich die Weisheit der Alten zu erschließen und sie zu begreifen, kann er sich der Existenz von Atlantis nicht bewußt sein oder diese anerkennen. Es hat jedoch eine solche Kultur gegeben, und sie hat in der Tat den höchsten Entwicklungsgrad erreicht, den die Menschheit jemals auf dieser Erde gesehen hat; sowohl in technologischer als auch in spiritueller Hinsicht hat diese Kultur den heutigen Stand des Menschen bei weitem übertroffen.

Bald wird sich ein tiefergehendes Verständnis von Atlantis realisieren. In naher Zukunft werden Wissenschaftler exakte Aufzeichnungen über Atlantis entdecken, doch dient die Freigabe dieses Wissens nicht dem Zweck, die Neugier des Menschen zu befriedigen, sondern dieses soll die Welt auf das Wiedererscheinen von Atlantis vorbereiten, das sich während der umwälzenden Veränderungen auf dieser Erde gegen Ende dieses Jahrhunderts ereignen wird. Das Wiedererscheinen von Atlantis zu diesem Zeitpunkt ist nicht ohne tieferen Sinn, denn während der Umwandlung dieses Erdballs, wenn die Wasser hierhin und dorthin bewegt werden, wenn sich Berge erheben und Landmassen senken, wenn die Oberfläche dieser Erde aufgrund göttlicher Absicht und um einer göttlichen Zielsetzung willen umgeformt wird, dann wird auch das Land, die Substanz und Materie dessen, was einmal Atlantis gewesen ist, zur Nutzung durch den Menschen erneut an die Oberfläche aufsteigen. Das Neue Zeitalter wird ein neues Atlantis mit sämtlichen Möglichkeiten und Entwicklungsbegriffen des alten herbeiführen.

Das endgültige Verschwinden von Atlantis hat sich vor fünfzehntausend Jahren ereignet, obwohl sein Verfall bereits fünfunddreißigtausend Jahre früher begonnen hatte. Das Wassermann-Zeitalter leitet nun seine Wiedergeburt in der Materie ein. Glaubt jedoch nicht, daß diese Wiedergeburt nur Gutes mit sich bringen wird, denn gemeinsam mit Atlantis werden auch seine negativen Kräfte wieder an der Oberfläche auftauchen: sämtliche disharmonischen Schwingungen, Irrtümer und Übertretungen, die vor so langer

Zeit seine Zerstörung notwendig werden ließen. Es liegt bei euch, den Atlantiden, die sich jetzt inkarniert haben, dieses Negative anzunehmen und umzuwandeln und damit dieses Land auf das kommende Zeitalter vorzubereiten. Viele hochentwickelte Seelen, die während der verheerenden Katastrophe bei der Zerstörung von Atlantis ihr Leben verloren, haben während all dieser Jahre das Gleichgewicht aufrechterhalten, doch mit dem Aufsteigen von Atlantis werden sie die Verantwortung dafür abtreten. Daher wird es der Mensch mit Hilfe seiner erhöhten Bewußtheit, die er während seiner vielen Inkarnationen seit der damaligen Zeit erlangt hat, mit diesen negativen Einflüssen aufnehmen müssen, während ihm gleichzeitig die nützlichen Gaben, die Errungenschaften und die evolutionären Erkenntnisse von Atlantis zugute kommen werden.

Ich mache mir keine Gedanken darüber, ob ihr an Atlantis glaubt oder nicht. Wie bei allen Aspekten tiefer Einsicht wird eure Bewußtseinsstufe den Grad eures Erkennens bestimmen. Ich möchte jedoch darauf hinweisen, daß mehrere hohe Kulturformen, von welchen der heutige Mensch keine Kenntnis hat, auf der Oberfläche dieser Erde entstanden und wieder vergangen sind. Weil das Wissen des Menschen über die frühen Stufen seiner Entwicklung völlig unzureichend ist und weil die Bauwerke und schriftlichen Zeugnisse darüber, die Chronik der Menschheit, seit langem verschwunden sind, läßt sich die wahre Geschichte dieser Erde nicht durch äußerlich sichtbare Mittel und Wege feststellen und beweisen.

Als der Mensch zuerst auf diese Erde gelangte, wurde er von dem Herrn der Sonne in Nachbildung seiner eigenen Vollkommenheit erschaffen. Er war kein Geschöpf von dieser Erde und nicht einzig und allein dazu bestimmt, auf ihr zu leben. Während seiner ersten Zeit auf der Erde lebte er in Vollkommenheit und war frei von Fehlern und Irrtum. Er lebte in einer Kultur namens Cordemia, der ersten großen Zivilisationsform des Menschen auf dieser Erde, die – wollte man sie geographisch bestimmen – im Bereich des Gewässers lag, das ihr als das Tote Meer bezeichnet. Erst später erhielt der Mensch die göttliche Gabe der freien Wahl, und damit begann sein Niedergang.

In der gleichen Weise, wie sich die zyklische Evolution der Tierkreis-Zeitalter vollzog, so entstanden die Kulturen der Menschheit und vergingen wieder, strebten zu Höhen auf und stürzten wieder in Tiefen herab. Große Kulturformen, wie beispielsweise Lemuria, kamen und gingen. Allmählich entwickelte sich der Mensch bewußtseinsmäßig bis hin zu dem Punkt, wo er dazu bereit war, am Wissen des Kosmos teilzuhaben. Er hatte die wahre Bedeutung des physischen Lebens auf dieser Erde erkannt und war nun gewillt, mit dem Erlernen des Wissens von höheren Ebenen zu beginnen. Als Vorbereitung auf dieses bedeutsame Ereignis wurde eigens ein Land für ihn bereitgestellt, welches bis zu diesem Zeitpunkt von Menschen noch unberührt geblieben war; es hatte unter Wasser gelegen und war dort von den Wesen der geistigen Hierarchie aus dem Zentrum der Erde vorbereitet worden. Als sich ein neues Zeitalter ankündigte, tauchte somit der große Kontinent von Atlantis aus einer Erdbewegung in einer kataklystischen Wiedergeburt auf, und das Zeitalter von Atlantis brach an.

Wenn ich die geographische Lage von Atlantis auf eurem Globus zu bestimmen hätte, so würde es mitten im Atlantischen Ozean liegen. Ist es nicht merkwürdig, wie sich der Name selbst bis zum heutigen Tage erhalten hat? Atlantis erstreckte sich von Island im Norden bis zu den Falkland-Inseln im Süden und von der jetzigen Westküste Afrikas bis zur Ostküste Amerikas. Es war ein herrliches Land mit hoch aufragenden Bergen, von welchen einige Gipfel als die Azoren erhalten geblieben sind. Von diesem großen Kontinent existieren heute nur noch wenige verstreute Kraftpunkte und Orte von hoher Schwingung, die hochgeschleudert wurden, als Atlantis wieder in den Fluten versank, und von welchen euch einige bekannt sind. Mehrere von ihnen gehören zu Großbritannien, vor allem Iona, doch auch die Inselgruppe der Hebriden, die Westschottischen Inseln und Westengland zählen dazu. Island und Grönland, die kanadische Ostküste und die Ostküste der Vereinigten Staaten bis zum Staate Maine sind ebenfalls Teile des alten Atlantis. Diese geographischen Gebiete sind als einziges von dem übriggeblieben, was einmal Atlantis war.

Viele verschiedene Nationalitäten haben Atlantis bewohnt, so wie dies bei jeder bedeutenden Kultur der Fall ist, und ich möchte einen Vergleich zu dem großen Zeitalter ziehen, das jetzt in Amerika anbricht. Auch dort haben sich alle Nationalitäten der Welt zu einem Kontinent zusammengeschlossen. So hat es sich auch in Atlantis verhalten: Die am höchsten entwickelten und bedeutendsten Vertreter aller Rassen wurden nach Atlantis geführt, um dort diesem Traum der Erde zur Erfüllung zu verhelfen.

Das Zeitalter von Atlantis hat für die Dauer von Jahrtausenden bestanden. Es gab mehrere, deutlich unterschiedene Phasen in seiner Geschichte, da verschiedenartige Wirkkräfte, wie beispielsweise die Wurzelrassen und die Tierkreis-Zeitalter, Einfluß auf seine Bestimmung nahmen, doch letztlich stieg Atlantis auf, um in hohem Grade zu einer Nachbildung, zu einer äußeren Verkörperung des Lebens auf den höheren Existenzebenen zu werden. Die Atlantiden gelangten zur Erkenntnis der höchsten Lebenswahrheit auf dieser Erde, nämlich daß Gott, der Schöpfer allen Lebens, in allen Lebensformen existiert. Sie ließen keinen Unterschied und keine Trennung zwischen diesem Planeten und dem Sonnenkörper gelten, wovon er ein Teil ist. Sie erkannten zwar das Physische an, jedoch akzeptierten sie nicht seine Begrenzungen. Sie gelangten zu der Erkenntnis, daß die kraftvolle Macht der Sonne, die kosmische Energie unseres Sonnen-Logos, der Schöpfer allen Lebens in diesem Sonnenkörper, gleichzeitig auch die formgebende Kraft jeglicher physischen Materie auf dieser Erde war. Sie waren sich darüber bewußt, daß sie selbst keine Geschöpfe von dieser Erde waren und daß sie, während sie in einem physisch-materiellen Körper lebten, für den sie die Verantwortung trugen, in Wirklichkeit weitaus höherstehende Wesen als die Materie dieser Erde waren. Daher schenkten sie der Individualität, als dem niederen Aspekt des »Ichs«, weniger Beachtung, sondern waren seinem höheren Aspekt zugewandt. In Atlantis existierte ein auf die Gemeinschaft ausgerichtetes Lebenssystem. Obgleich viele verschiedene Nationalitäten dort vertreten waren, entsprach der Geist von Atlantis dem Geist Gottes. Sie sahen keinen Unterschied zwischen den einzelnen Rassen, sondern lediglich die gemeinsame Zielsetzung des Lebens auf dieser Erde wurde anerkannt.

Im Laufe vieler Kulturen erreichten die Atlantiden einen hohen technologischen Entwicklungsstand. Sie machten die Sonnenenergie für sich nutzbar und setzten diese für den Aufbau und die Erhaltung ihrer Gesellschaft ein. Heute ignoriert der Mensch diesen, den bedeutendsten Faktor in seinem Leben und nimmt die Kräfte der Sonne als selbstverständliche Gegebenheit hin. Er weiß wenig über die wirklichen Gaben und Möglichkeiten der Sonne, doch die Atlantiden erkannten ihre wahre, machtvolle Energie an und machten sie sich zunutze. Sie setzten diese nicht nur für ihre Transportmittel, für die Errichtung von Bauwerken und zu Heilzwecken ein, sondern nutzten sie außerdem für jeden Aspekt ihres spirituellen Lebens, beispielsweise zur kultischen Verehrung. Weil jede Zelle der Materie in sich einen Aspekt der Gottheit enthält, der von der Sonne mit Leben und Energie erfüllt wird, gelangten die Atlantiden zu der Erkenntnis, daß auch jegliche Materie durch die Herrschaft der Sonne gelenkt wird. Sie entdeckten die Beziehung zwischen dem energiespendenden Faktor der Sonne und dem Leben auf dieser Erde.

Einige wenige Beispiele sind bis heute von den gewaltigen Bauwerken erhalten geblieben, welche die Atlantiden hervorbrachten. Die großen ägyptischen Pyramiden und Stonehenge in England sind

Muster ihrer Baukunst. In anderen Ländern existieren ebenfalls archäologische »Probleme«, die der Mensch bis heute nicht lösen kann und deren Ursprung sämtlich auf Atlantis zurückgeführt werden kann. Weil die Atlantiden Einblick in den strukturellen Aufbau der Materie hatten, konnten sie diese auflösen und wieder neu erschaffen und zusammensetzen. Die riesigen Steinblöcke, die für die Konstruktion dieser Bauwerke Verwendung fanden, wurden entmaterialisiert, zu der Stelle fortbewegt, wo sie gebraucht wurden, und wieder in ihre stoffliche Form zurückverwandelt. Dies mag euch unmöglich erscheinen, doch entspricht es der Wahrheit. Die Materie dieser Erde wird durch die Sonnenenergie zusammengehalten; wenn man die Art und Weise herausfindet, wie die Materie zusammengehalten wird, dann kann man sie zerlegen und nach Belieben wieder in neuer Form erschaffen.

Die Regierung von Atlantis lag natürlich in den Händen der Priester oder Ältesten des Tempels. Diese waren Männer von hoher Evolution, Meister, die sich eigens für diese Aufgabe geschult und inkarniert hatten und die das Land mit großer Spiritualität regierten und lehrten. Die Kommunikation mit den höheren Wesen gehörte zu den alltäglichen Gegebenheiten. Während sich die Priester nach Wunsch jederzeit in ihren Schwingungen auf die geistige Hierarchie einstellen konnten, waren selbst die einfachen Menschen aus dem Volke dazu in der Lage, sich durch ein magnetisches Hilfsmittel mit den höheren Existenzebenen in Einklang zu bringen. Wenn sie dieses zu den Zeiten von Gebet und Meditation anlegten, so intensivierten sie damit ihre Sinne und konnten auf diese Weise direkt mit den höheren Wesen in Verbindung treten. Während dieser Epoche lebten auch Meister von den anderen Planeten auf dieser Erde. Die Kommunikation mit anderen planetarischen Wesen und ihre Gegenwart zählten zu den allgemein anerkannten Tatsachen. Auch suchten die Atlantiden selbst die anderen Planeten innerhalb dieses Sonnenkörpers auf, doch benutzten sie dafür keine Raketen und Raumschiffe, denn sie hatten die Macht des Geistes entdeckt: Sie hatten die Schwerkraft überwunden und konnten »fliegen«, konnten sich von Ort zu Ort bewegen, ohne dem Gesetz der Schwerkraft unterworfen zu sein.

In Fällen von körperlichem Unwohlsein oder Krankheit erkannten die Atlantiden, daß die Quelle dafür nicht im physischen, sondern in einem höheren Körper lag. Sie suchten daher immer den höheren, und nicht den physischen, Körper zu heilen. Wenn jemand krank war, so wurde er zu einem Tempel in einen besonderen Raum der Heilung gebracht. Dieser Raum war aus einem bestimmten kristallinischen Gestein erbaut, und seine Form war derart gewinkelt, daß die Kraft der Sonne zu verschiedenfarbigen Strahlen von kosmischem Licht und Energie gebrochen wurde. Die betreffende Person wurde dann in die Mitte des Raumes gesetzt, und je nach Art ihrer Erkrankung wurden die entsprechenden Licht- und damit Farbstrahlen auf sie gerichtet. Natürlich konnten die Priester der damaligen Zeit, als hochentwickelte Seelen auf einer fortgeschrittenen Bewußtseinsstufe, auch einen Blick in die Akasha-Chronik des erkrankten Menschen werfen – denn eine Krankheit ist nicht unbedingt nur dem augenblicklichen Leben zugehörig, sondern kann viele frühere Leben zurückreichen – und konnten dann die wahre Ursache für die Störung bei diesem Menschen heilen oder zu heilen versuchen.

Mit dem Bild vor Augen, das ich gerade beschrieben habe, könntet ihr mir die Frage stellen: »Warum ist Atlantis dann überhaupt gefallen?« Atlantis ging aus dem gleichen Grunde wie auch alle übrigen Kulturen unter: durch Irrtum und Fehlverhalten des Menschen. Obgleich die Bewohner von Atlantis einen hohen Evolutionsstand erreicht hatten, obwohl sie sich kosmische Kräfte erschlossen und nutzbar gemacht und aufgrund des Zeitalters, in dem sie lebten, ihre übersinnlichen Fähigkeiten weit über euer Vorstellungsvermögen hinaus entwickelt hatten, folgten sie dabei nicht der rechten Motivation. Sie setzten ihr Wissen vom Kosmos, ihren Evolutionsgrad nicht dafür ein, um den Willen ihres Schöpfers und seinen göttlichen Plan zu erfüllen, sondern um ihre eigenen Schöpfungsideen auszuführen. Sie gebrauchten ihre Erkenntnisse für persönliche Befriedigung und eigenen Vorteil, zu Machtzwecken, zur Ansammlung von Reichtum, zur Beherrschung anderer Wesen, zur Unterstützung ihrer eigenen Pläne – ungeachtet der Tatsache, um welchen Preis dies geschah. Die Kräfte, welche die Atlantiden erhalten und die sie in den anfänglichen Entwicklungsstufen für Konstruktionszwecke verwendet hatten, wurden schließllich zur Vernichtung eingesetzt, und damit begann der Niedergang von Atlantis, bis es endlich wieder in den Fluten versank. Dieser Untergang wurde nicht nur von den hohen Wesen der geistigen Hierarchie, sondern auch von den wenigen wahren Priestern von Atlantis herbeigeführt, die noch verblieben waren. Sie erkannten, daß Atlantis vernichtet werden mußte und boten sich an, gemeinsam mit ihm zu versinken, um die negativen Kräfte im Gleichgewicht zu halten. Sie sahen ein, daß der Mensch noch weitere Evolutionszyklen durchlaufen müßte, bevor er erneut die Stufe erreichen würde, die Verantwortung und das Wissen von Atlantis auf sich nehmen zu können.

Bevor sich eine große Kultur auflöst, werden ihre Samen für die nächste Zivilisationsform in Sicherheit gebracht. Aus Atlantis gingen diejenigen Völker hervor, welche zu den Begründern der heute existierenden Rassen werden sollten. Alle charakteristischen Merkmale der gegenwärtigen Rassen lassen sich bis nach Atlantis zurückverfolgen. Atlantis versank dann in den Fluten, und mit ihm verschwanden seine negativen Kräfte, um von großen Wesen im Gleichgewicht gehalten zu werden. Die Erde erlebte eine kataklystische Umwandlung, der Mensch wurde wiedergeboren, und sein mühevoller Aufstieg begann von neuem. Viele von euch sind Atlantiden gewesen. Jeder, der in einem gewissen Grade übersinnliche Kräfte besitzt, verdankt diese jener großen Kultur von Atlantis und dem Gebrauch, den er damals von solchen Kräften gemacht hat. Überall auf der Welt ereignen sich heute parapsychische Enthüllungen als Vorbereitung auf das neue Zeitalter von Atlantis.

Viele der Seelen, die auf Atlantis gelebt haben, inkarnieren sich jetzt in Erwartung seines Wiedererscheinens. Sie sind jung an physischen Jahren, doch in ihrer spirituellen Evolution sind es sehr alte Seelen. Bedauerlicherweise werden viele von ihnen in der heutigen Zeit irregeleitet, weil es ihnen an spiritueller Ausrichtung und Motivation mangelt und weil ihr höheres Selbst, ihr Geist, die Beschränkungen des grobstofflichen physischen Lebens heutzutage auf der Erde nicht verstehen oder hinnehmen kann, da sie nur die Spiritualität des alten Atlantis im Gedächtnis bewahrt haben.

Atlantis wird erneut aufsteigen. Der Christus wird wiederkehren. Die Samen für das Neue Zeitalter sind bereits gesät – nicht nur die physischen Samen von Mann und Frau, sondern auch die Samen von Geist und Materie, die Samen der Schöpfung und der anderen Reiche auf dieser Erde. Alles ist vorbereitet für dieses große Erwachen, für diesen entscheidenden Schritt nach vorn in der Evolution der Erde. Dies ist die Gelegenheit für die Menschheit, sich selbst zu befreien und unter Beweis zu stellen, daß dieses, das nächste Zeitalter von Atlantis, das letzte sein wird.

Die kosmische Bedeutung des Kreuzes

Wenn ich die Altäre eurer Kirchen betrachte, so erblicke ich dort das Kruzifix, das zum Symbol für die christliche Religion in der heutigen Zeit geworden ist. Doch das Kruzifix, das ich sehe, ist kein von Gott gegebenes Symbolzeichen, sondern ein künstlich erschaffenes Sinnbild des Menschen: Weil er sich selbst ans Kreuz geschlagen hat, betet er ein Kruzifix an. Das wahre Symbol für Ostern, das wirkliche Sinnbild für diese Erde, ist nicht das Kruzifix, sondern das echte Kreuz, das vier symmetrisch gleiche Arme hat. Über die kosmische Bedeutung dieses echten Kreuzes möchte ich jetzt sprechen.

Wie bei allen Themen des kosmischen Wissens ist es auch hier schwierig, sich für einen Zeitpunkt in der Evolutionsgeschichte dieser Erde zu entscheiden, bei dem man anfängt, denn dem heutigen Menschen, der so wenig sieht, ist so vieles unbekannt. Das soll nicht heißen, daß ihm diese Einsichten und Erkenntnisse nicht zugänglich sind, denn überall auf dieser Erde leben verschiedene Meister auf einer hohen Evolutionsstufe, welche dieses Wissen besitzen und für das große Zeitalter bewahren, das kommen wird. Wie dem auch sei, ich will damit beginnen, daß diese Erde am Anfang in sieben Zeitaltern, den sieben Weltaltern, erschaffen wurde, die im ersten Buch der Bibel, der Schöpfungsgeschichte, als die sieben Schöpfungstage beschrieben werden. Nachdem der Schöpfer der Erde ihre Form gestaltet, das Land vom Wasser geschieden und Pflanzen- und Tierreich erschaffen hatte, schuf er schließlich am sechsten Tage oder während des sechsten Zeitalters den Menschen und gab ihm seinen Platz auf der Erde. Zu dieser Zeit war der Mensch mit der Göttlichkeit verbunden. Er kannte nur die Vollkommenheit und war noch nicht der individualisierte Bewußtseinsfunken, den er jetzt verkörpert. Er lebte gemeinsam mit den Engeln und mit großen Wesen von den anderen Planeten dieses Sonnenkörpers und tatsächlich auch von galaktischen Systemen außerhalb von diesem Sonnenkörper. Hinweise auf diese Zeitepoche finden sich im alten Schrifttum der Menschheit. Es war, wie es in der Schöpfungsgeschichte heißt, ein wahrer Garten Eden, ein Paradies. Diese Kultur, die den spirituellen Namen Cordemia trug, befand sich etwa in dem Gebiet, das wir heute als das Tote Meer kennen. Hier, in diesem Garten Eden, inkarnierte sich der Mensch zuerst und wurde von den Engeln und hohen Wesen über die wahre Zielsetzung dieser Erde belehrt.

Nachdem der Mensch während vieler Zeitalter im Zustand der Vollkommenheit in der Kultur von Cordemia gelebt hatte, wurde es als notwendig angesehen, daß er eine individuelle Form als Bewußtseinsfunken annehmen und sich durch die Ausübung seiner eigenen Wahl auf der Oberfläche der Erde selbst weiterentwickeln sollte. Daher wurde der Mensch in jener Kultur von Cordemia in neuer Form wiedergeboren, er gelangte noch einmal auf die Erde, doch jetzt mit der göttlichen Gabe der freien Wahl: Adam und Eva, Mann und Frau, das Positive und das Negative, die Kraft – der männliche Aspekt – und die Weisheit – der weibliche Aspekt – wurden erschaffen. Dies bildete die Grundlage für die Erschaffung des Menschen, denn durch seine Einsicht in das Gesetz des Gegenteils sollte er sich entwickeln und die Erkenntnis seines Schöpfers erlangen. Er besaß jetzt in sich selbst die Fähigkeit, zu einem vollkommenen Ebenbild seines Schöpfers, dem Gott dieses Sonnensystems, zu werden. Zu diesem Zeitpunkt wurde der Mensch über das Symbol für diese Erde, das echte Kreuz, belehrt. In seinem neu entdeckten Wissen und seiner neu gefundenen Ausdrucksform stellte dieses Kreuz, das Sinnbild für die Materie auf der Erde, für den Menschen die Einheit allen Lebens auf diesem Erdball dar.

Jeder Planet innerhalb dieses Sonnenkörpers besitzt ein Symbol, das ihn nicht nur mit seinem jeweiligen solaren Herrscher verbindet, sondern auch mit dem Schöpfer seines Sonnensystems, dem Gott, dessen Geist der Sonne innewohnt, und mit dem unendlichen Geist jenseits davon. Das Symbol für diese Erde ist, wie bereits erwähnt, das wahre Kreuz mit den vier symmetrisch gleichen Kreuzesarmen. Dieses Symbolzeichen hat die Erde von eurem Schöpfer erhalten, und es soll die Zielsetzung und das Wesen dieser Erde veranschaulichen, die ihr bewohnt. Unser Sonnenkörper arbeitet auf der spirituellen Wellenlänge der Zahl Zwölf, und diese Tatsache tritt dadurch in Erscheinung, daß es zwölf Planeten und zwölf Existenzebenen innerhalb dieses Sonnenkörpers gibt. Die physische Materie auf der Erde operiert dagegen auf der Wellenlänge der Zahl Vier, und diese Tatsache – symbolisch dargestellt durch die vier Arme des Kreuzes – zeigt sich an den vier Hauptrichtungen des Kompaß, den vier Reichen der Materie, den vier wichtigsten Elementen und den vier Rassen, den Grundpfeilern, von welchen der heutige Mensch sein Erbe ableitet. Wird jede Vierheit nochmals in eine Dreiheit unterteilt, so ergibt sich die Zahl Zwölf, und damit ist die Verbindung zu der spirituellen Wellenlänge des Sonnenkörpers hergestellt.

In der Schöpfungsgeschichte heißt es, daß aus dem Garten Eden vier Ströme herausflossen. Diese vier Flüsse verweisen auf die vier voneinander getrennten Ströme des kosmischen Bewußtseins, die sich zu den vier Grundtypen des Menschen auf dieser Erde, den vier Rassen, ausformten: die weiße, die gelbe, die schwarze und die rote Rasse. Jede dieser vier Rassen unterteilte sich weiterhin in die Dreiheit der spirituellen Gesetzmäßigkeit, in die Dreieinigkeit der Schöpfung: Vater, Mutter und Sohn oder Kraft, Weisheit und Empfänglichkeit oder – wie es in der Bibel heißt – Vater, Sohn und Heiliger Geist. Damit ergeben sich wiederum zwölf Untergliederungen, auf welche die Bibel als die zwölf Stämme Abrahams verweist und die eine Widerspiegelung der zwölf Unterteilungen des Sonnenkörpers darstellen.

Das wahre Kreuz steht damit symbolisch für diese vier Rassen. Wenn wir das Kreuz als Versinnbildlichung der vier Hauptrichtungen des Kompaß betrachten, so würde ich die weiße Rasse dem Norden, die gelbe Rasse dem Osten, die schwarze Rasse dem Süden und die rote Rasse dem Westen zuordnen. Durch die Evolution dieser vier Rassen, jeweils in Entsprechung zu ihrem eigenen kosmischen Strukturmuster und Plan, sollte sich die Welt selbst in Harmonie bringen und in ihrer Evolution fortschreiten. Es wurde anerkannt, daß sich die Rassen jeweils einzeln für sich entwickeln sollten, daß sie zwar in Eintracht miteinander leben, doch zuerst ihre eigene individuelle Bewußtseinsform ausbilden sollten, bevor sie zu einer kosmischen Einheit verschmolzen. Ihr mögt nun erkennen, warum in der heutigen Zeit so viele Konflikte auf dieser Erde dadurch verursacht worden sind, daß sich die Rassen miteinander vermischt haben, daß eine Rasse eine andere überwältigte und dann unterdrückte, daß eine Rasse einer anderen ihr Evolutionsmuster aufzwang. Würden nur die Rassen der heutigen Welt zu einem Verständnis ihres wahren kosmischen Bewußtseins zurückfinden, so würden sie nicht wenig zur Wiederherstellung der Harmonie auf dieser Erde beitragen, auf der sie leben.

Weiterhin stellt jede der vier Rassen, der Reihe nach, eine Entsprechung zu einem der vier Elemente der Materie dar: Die weiße Rasse steht für Luft, die gelbe für Wasser, die schwarze für Erde und die rote für Feuer. Durch die Schwingung und das Verständnis dieser vier Elemente soll die jeweilige kosmische Evolution der Rassen erreicht werden. Obwohl ich die weiße Rasse der Spitze des Kreuzes zugeordnet habe, bedeutet dies nicht, daß sie die höchststehende und überlegene Rasse ist, denn alle Rassen sind einander ebenbürtig und nicht miteinander vergleichbar. Es bedeutet lediglich, daß sich die weiße Rasse, als die Rasse des Elementes Luft, des Denkens, des Geistes, an der Spitze des Kreuzes befindet, weil sie die aufsteigende Rasse ist, da wir uns einem Luft-Zeitalter, dem Zeitalter des Wassermanns, nähern.

Aufgabe und Zielsetzung einer jeden der vier Rassen hat darin bestanden, die individuelle Befähigung, die sie besaß, auszubilden und zu veranschaulichen. Die gelbe Rasse, die das Element Wasser darstellte, sollte sich mittels der Schwingung des Heilens auf die Weisheit der Schöpfung einstimmen und jene Kräfte auf die Erde herabziehen, welche für die Evolution der Menschheit erforderlich waren. In ihrer göttlichen Gemütsbewegung, ihrer Philosophie, ihrem rhythmischen Pulsieren mit dem kosmischen Herzen sollte die gelbe Rasse der Menschheit die Ausstrahlung der Weisheit herabbringen. Wenn ihr der gelben Rasse angehört, so seid ihr gekommen, damit ihr die Vollkommenheit im Bereich der Weisheit und Erkenntnis hervorbringt.

Die schwarze Rasse, die das Element Erde darstellte, war dafür verantwortlich, die Menschheit zu »erden«, sie fest in der Erde zu verwurzeln. Sie war das leitfähige Element zur Erde hin, und ihr spirituelles Wissen sollte sie dazu befähigen, die für diese Erde notwendige Kraft und Harmonie aus der Erdmitte hervorzubringen. Die schwarze Rasse ist auf die Schwingungszahl der Erde eingestellt. Wenn ihr der schwarzen Rasse angehört, so seid ihr gekommen, damit ihr die Vollkommenheit im Bereich der Erde hervorbringt.

Die rote Rasse, die für das Element Feuer stand, war diejenige Rasse, die mit dem Reinigungsaspekt des Lebens assoziiert wurde, denn nur dann, wenn sich Mensch und Erde einer vollkommenen Reinigung unterziehen, werden sie sich selbst in Harmonie bringen und überleben können. Durch ihre Verbindung zu den Elementen der Erde und ihre Kenntnis des Pflanzen- und Tierlebens sollte die rote Rasse eine direkte und harmonische Kommunikationsform zu allen Bewußtseinsaspekten herstellen. Wenn ihr der roten Rasse angehört, so seid ihr gekommen, damit ihr die Vollkommenheit im Bereich der Reinigung hervorbringt.

Die weiße Rasse schließlich, die das Element Luft verkörperte, sollte die Rasse des Denkens, des Geistes werden – diejenige Rasse, die Mensch und Leben mit geistigen Kräften ausstatten sollte. Heute könnt ihr erkennen, wie sich dies bewahrheitet hat, denn die abendländische Kultur stellt das verstandesbetonte Denken in den Vordergrund, wobei nur wenige andere Einflüsse zu seiner Harmonisierung vorhanden sind. Mittels ihrer geistigen Kapazität sollte die weiße Rasse demnach das für die Erziehung und Ausbildung der

Welt und für das Neue Zeitalter erforderliche kosmische Wissen herabbringen. In diesem Luft-Zeitalter, dem schöpferischen Zeitalter des Geistes, sollte die weiße Rasse die Erde in ihrer Entfaltung von Kreativität, in ihrer Suche nach kosmischem Leben und der Enthüllung kosmischer Gesetzmäßigkeiten, in ihrer neuen Form von Erziehung unterstützen. Wenn ihr der weißen Rasse angehört, so seid ihr gekommen, damit ihr die Vollkommenheit im Bereich des Geistes hervorbringt.

Seitdem diese vier Ströme, die vier Rassen, aus dem Garten Eden herausgeflossen sind und in verschiedene Teile der Welt gelangten, haben sich im Verlaufe vieler Zeitalter ihre kosmischen Blutströme allmählich miteinander vermischt und sind verschmolzen. Während des Kommens und Gehens der Rassen im natürlichen Aufstieg und Fall der zyklisch verlaufenden Evolution hat sich auch ihre ursprüngliche Reinheit verloren. In dem Maße, wie die Nationen in Wettbewerb zueinander getreten sind, wie die Völker der Welt nur noch auf ihren eigenen Nutzen und nicht auf die Ziele ihrer Mitmenschen bedacht waren, so ist die ursprüngliche Harmonie und Ausgewogenheit verschwunden. Wenn ihr das echte Kreuz betrachtet, so macht euch daher bewußt, daß es symbolisch für die Aufgabe und Zielsetzung dieses Planeten steht: die Harmonisierung der vier Rassen, der vier Elemente, zuerst jeweils einzeln für sich, doch um dann zu einer Einheit miteinander zu verschmelzen, um damit die wahre Kraft und Herrlichkeit dieser Erde sich offenbaren zu lassen. Dieser Vorgang mag in Vergleich zu einer Windmühle mit vier Flügeln gesetzt werden. Wenn sich die Flügel im kosmischen Wind zu drehen beginnen und an Geschwindigkeit zunehmen, so fließen die Farben, welche die Rassen versinnbildlichen, zu einer zusammen und ergeben ein Bild der Vollkommenheit, das beim Stillstand der Flügel nicht wahrzunehmen ist. Daher müssen sich die Rassen in der heutigen Welt, jede für sich, einzeln entwikkeln und doch miteinander vereinigen. Sie müssen getrennt voneinander bleiben, jede von ihnen muß ihrem eigenen kosmischen Bewußtsein folgen und nicht die in technologischer oder intellektueller Hinsicht weiter fortgeschrittenen Rassen zu imitieren suchen, sondern für ihre wahren, inneren Gefühle empfänglich sein.

Der heutige Mensch verbindet Ostern mit Tod und Auferstehung. Seine Gedanken sind allein auf den physischen Aspekt des Kreuzes ausgerichtet; daher versinnbildlicht es für ihn Tod und Auferstehung, obwohl es in Wirklichkeit eine weitaus tiefere Bedeutung hat, denn es steht symbolisch für die Gesetzmäßigkeiten, welche diese Erde beherrschen. Der Mensch ist von der Realität des physischen Lebens überzeugt, doch würde er nur einmal seine Augen öffnen und über das Physische hinaus auf die wahre, die kosmische Bedeutung und Sinngebung des Lebens blicken, dann würde er die eigentliche Realität des kurzen Übergangsstadiums in seinem physischen Körper der Materie zu verstehen beginnen.

Die wahre Bedeutung und Sinngebung von kataklystischen Erdveränderungen

In dieser Lesung möchte ich über die wahre Bedeutung und Sinngebung von kataklystischen Erdveränderungen sprechen. Jeder von euch wird bei dem Begriff »Kataklysmus« eine unterschiedliche Vorstellung haben, die wahrscheinlich von der Art und Weise abhängig sein wird, wie ihr von euren weltlichen Lehrern und durch die euch umgebende Umwelt geprägt und konditioniert worden seid. Ebenso wie bei dem Grundgedanken der Reinkarnation entspricht auch der Glaube an die grundlegende Gesetzmäßigkeit kataklystischer Veränderung einem bestimmten Bewußtseinsgrad. Nichts von dem, was ich sagen werde, wird dich von diesem Grundprinzip überzeugen können, wenn deine eigene spirituelle Untersuchung und deine Bewußtseinsstufe dies nicht zulassen. Daher erwarte ich nicht, dich mit dieser Lesung zu der Überzeugung zu bringen, daß erdgeschichtliche Katastrophen tatsächlich als eine Auswirkung aus dem natürlichen Gesetz erfolgen. Ich fordere dich lediglich dazu auf, gründlich über das Gesagte nachzudenken und zu sehen, ob du in deinem Herzen keine Reaktion auf meine Worte feststellen kannst.

Wenn man die eigentliche Bedeutung des Wortes »Kataklysmus« untersucht, so wird man feststellen, daß es sich aus dem Griechischen ableitet: »kata« bedeutet herab, fort, »klysmos« Überschwemmung, Sintflut, so daß damit ein Versinken oder Überflutetwerden gemeint ist. Der Grund für diese Begriffswahl besteht darin, daß Wasser bei einem kataklystischen Vorgang eine entscheidende Rolle spielt – ein Geschehen, das zu einer weitreichenden Veränderung der Erdoberfläche führt, wobei ausgedehnte Landflächen im Meer versinken und andere Teile überflutet werden, woran sich die Zerstörung und Neugestaltung des betreffenden Gebietes anschließt. Wenn ich über dieses Thema spreche, so spreche ich weder von der bevorstehenden erdgeschichtlichen Veränderung noch von den kataklystischen Umwälzungen, die bereits stattgefunden haben: Eine solche Erdveränderung ist nicht bedeutsamer als jede andere, denn sie stellt nichts anderes als eine Richtungsänderung, eine Umstrukturierung der Materie dar, damit sich der göttliche Wille, der Plan für diese Erde, erfüllen kann.

Eine solche erdgeschichtliche Veränderung wird wahrscheinlich von den meisten als ein tragisches Geschehen betrachtet. Sie bedeutet für euch Tod, Zerstörung, die Auslöschung eines Großteils der Menschheit, die Vernichtung der Schönheit der Natur und weiter Teile des Tier-, Pflanzen- und Mineralreiches sowie die Rückverwandlung der menschlichen Zivilisation in Schutt und Trümmer. In Wirklichkeit handelt es sich bei einem solchen kataklystischen Geschehen jedoch weniger um einen sinnlosen Akt der Zerstörung als vielmehr um einen Evolutionsprozeß mittels extremer Veränderung. Eure Welt befindet sich in einem Zustand des unaufhörlichen Wandels. Menschheit und Erde verändern sich stetig innerhalb der fortlaufenden Weiterentwicklung des Planes für diese Erde, doch weil diese Veränderung normalerweise langsam und fast unmerklich verläuft, nimmt der Mensch sie nicht wahr; er beobachtet und verspürt nur die plötzlich erfolgende Veränderung. Wenn ich von einem kataklystischen Geschehen spreche, möchte ich daher nicht, daß ihr euch darunter eine tragische Begebenheit vorstellt.

Wenn ich sage, daß eine solche erdgeschichtliche Veränderung bevorsteht, so denkt nicht, eine schreckliche Katastrophe rücke drohend näher, Sinn und Zweck eures Lebens sei damit begrenzt, alles werde der Zerstörung anheimfallen und von daher sei es sinnlos, eure Lebensziele noch weiter zu verfolgen. Ein kataklystisches Geschehen bringt Veränderung mit sich, doch seid ihr unaufhörlicher Wandlung unterworfen. Mit jeder Stunde eines jeden Tages, während ihr in einem physischen Körper der Materie lebt, verändert ihr euch, und bis zum Zeitpunkt jenes kataklystischen Geschehens werdet ihr euch fortgesetzt verändern und weiterentwickeln. Einige werden in diesem Geschehen den Tod finden, doch – wie ihr wißt – bedeutet der Tod nur eine andere Form der Veränderung. Der Tod innerhalb eines kataklystischen Geschehens ist nicht gleichbedeutend mit einer Auslöschung, dem unwiderruflichen Ende des Lebens – er ist vielmehr einer Wiedergeburt vergleichbar. Deshalb möchte ich euch dazu auffordern, ein solches Geschehen nicht als einen endgültigen Schlußpunkt, sondern in der Tat als einen Neuanfang zu sehen. Betrachtet die erdgeschichtliche Veränderung, die sich am Ende dieses Jahrhunderts ereignen wird, nicht als den Endpunkt eines Zeitalters, sondern als die Geburt, den Anbruch eines neuen Zeitalters.

Mittels kataklystischer Geschehen sorgt euer Schöpfer dafür, daß der unaufhörliche Plan für die Evolution dieser Erde zur Ausführung kommt. Sie sind ebenso naturgemäße Ereignisse wie die anderen Veränderungen, welche der Mensch auf der Oberfläche dieser

Erde wahrnehmen kann: Geburt und Tod des Menschen, Wachstum und Verfall der Natur, die Neustrukturierung der Elemente des Mineralreiches – ihr alle steht Jahr für Jahr inmitten dieses Geschehens. Alles innerhalb der Materie befindet sich in einem fortwährenden Zustand der Veränderung. Es bleibt dem menschlichen Bewußtsein überlassen, Sinn und Zweck dieses Wandels zu deuten und zu erkennen, und dies wird seine Evolution ermöglichen.

Man wird vielen Menschen begegnen, welche den Gedanken an eine kataklystische Veränderung nicht akzeptieren können; diese Einstellung entspricht ihrem Bewußtseinsgrad und muß respektiert werden. Andere können das Grundprinzip eines solchen Geschehens gelten lassen, begreifen jedoch nicht die Ursache dafür und werden ihm daher mit einer falschen Motivation gegenüberstehen. Diese Lesung hat demnach die Absicht, sich an jene Menschen zu wenden, die tatsächlich an kataklystische Veränderung glauben, und sie dazu aufzufordern, ihr Denken in der rechten Art und Weise zu motivieren, damit sie die wirkliche Natur und Zielsetzung eines solchen Geschehens richtig einschätzen und würdigen können.

Weil der Mensch sich eine Welt geschaffen hat, die einzig und allein materielle und finanzielle Sicherheiten kennt, möchte er sich keinen Zustand vor Augen führen, wo diese Sicherheiten keinerlei Gültigkeit mehr besitzen; aus diesem Grunde widerstrebt es ihm, die wahre Natur von kataklystischer Veränderung zu erforschen. Die offenkundigen Beweise dafür kann er jedoch wahrnehmen: Überall auf diesem Erdball existieren Anzeichen nicht nur für eines, für zwei, sondern für mehrere solcher kataklystischen Geschehen, die das Aussehen dieser Erde verwandelt haben. Abgesehen von den zwei oder drei Erdveränderungen, deren Vorkommen der Mensch feststellen kann, hat es noch viele weitere gegeben, die er niemals entdecken wird.

Verschiedene alte Handschriften enthalten Beschreibungen der jeweils letzten kataklystischen Vorgänge. Mindestens zwei davon werden in der Bibel erwähnt, wenn auch ihre, in eine moderne Sprache übersetzte, Schilderung etwas verschwommen erscheint. Das letzte dieser Ereignisse, das sich vor fast siebentausend Jahren zugetragen hat, wird in der Schöpfungsgeschichte in dem Geschehen um die Arche Noah und die Sintflut beschrieben. Auch diese Geschichte weist wiederum symbolische Züge auf, doch dessen ungeachtet leitet sich diese Darstellung direkt von den Menschheitsgeschichten ab, die über viele Generationen hin von Vater zu Sohn weitergegeben worden sind, bevor sie im Buch der Juden niedergeschrieben wurden. Im ersten Kapitel der Schöpfungsgeschichte kann man ebenfalls einen Hinweis auf ein vorangegangenes kataklystisches Geschehen in der Beschreibung der Entstehung – oder vielmehr der Veränderung – dieser Erde erkennen. Der Mensch kann und wird keinen Einblick in die göttlichen Schöpfungsprozesse des unendlichen Geistes nehmen, und das erste Kapitel der Schöpfungsgeschichte bezieht sich nicht, wie die meisten Menschen glauben, auf die Erschaffung dieser Welt – ein Schöpfungsvorgang, den der Mensch auf seiner gegenwärtigen Bewußtseinsstufe niemals begreifen wird –, sondern auf die Neubildung, die Wiederherstellung des Lebens nach einer weiteren und tiefgreifenden erdgeschichtlichen Umwälzung.

Nicht nur in der Bibel, sondern auch in vielen anderen heiligen Büchern, in den Einkerbungen und Gravuren frühzeitlicher Rassen, in Legenden, die sich selbst bis zur heutigen Zeit erhalten haben, gibt es viele Beweise und Zeugnisse für die bedeutenden kataklystischen Veränderungen, die sich auf dieser Erde ereignet haben. Moderne Geologen haben durch die Untersuchung von Gesteinsschichten zweifelsfrei bewiesen, daß sich in der Tat große kataklystische Veränderungen auf der Oberfläche dieser Erde zugetragen haben. Kräfte, die sich der Mensch weder auf wissenschaftliche noch auf natürliche Weise erklären kann, führten diese Umwandlungen herbei. Es gibt viele Rätsel, für die eure Wissenschaftler keine Erklärung finden können, zum Beispiel die Entdeckung großer prähistorischer Tiere in einem unverhältnismäßig gut erhaltenen Zustand in Teilen der Welt, wo man sie nicht erwarten würde. Der Mensch hat auch uralte Legenden mit Darstellungen menschlicher Rassen entdeckt, die nicht mehr existieren. Er kennt die Geschichten von Atlantis, Lemuria und Mu. Alle diese Beweismittel liegen offen vor ihm, wenn er sie nur beachten und untersuchen würde. Für die höherentwickelten Seelen, die sich über die nächste erdgeschichtliche Veränderung informieren möchten, gibt es Zeugnisse darüber, sie müssen sich nur danach umschauen. Ich sage dies nicht, weil ich euch zu der Vorstellung von kataklystischer Veränderung bekehren möchte, sondern vielmehr, um eure Neugier zu wecken und euch dazu veranlassen, selbst danach zu suchen.

Wir wollen nun kurz den mechanischen Ablauf eines kataklystischen Geschehens untersuchen. Diese Erde, auf der ihr jetzt lebt, ist kein so stabiler und unveränderlicher Körper, wie man annehmen könnte. Ich meine damit, daß es zahlreiche Abweichungen und Schwankungen innerhalb der gesetzmäßigen Struktur der Erdumdrehung gibt, von welchen eure heutigen Wissenschaftler einige ausfindig gemacht haben. Die Neigungswinkel der Erdachse variieren geringfügig, was sich tatsächlich nachmessen läßt. Wenn stärkere Einflüsse zur Geltung kommen, kann die Rotationsachse der Erde erhebliche Veränderungen erfahren, wodurch ein kataklystisches Geschehen hervorgerufen wird. Ich muß an dieser Stelle jedoch zwischen einem natürlichen und einem künstlich vom Menschen verursachten Kataklysmus unterscheiden, denn mittels des gegenwärtigen Entwicklungsstandes seiner wissenschaftlichen Erkenntnisse, doch ohne die Weisheit, sie anzuwenden und zu nutzen, kann der Mensch selbst eine kataklystische Erdveränderung herbeiführen. Wenn er den Weg fortsetzt, den er jetzt eingeschlagen hat, und seine Kernexplosionen auf einem so wenig stabilen Körper wie der Erde weiterhin durchführt, dürfte er damit die natürliche kataklystische Umwälzung beschleunigen und verstärken, die sein Schöpfer ungefähr gegen Ende dieses Jahrhunderts geplant hat. Sollte sich dies ereignen, dann wären Tod und Verheerung innerhalb der Menschheit weitaus größer als bei einem natürlich verursachten Geschehen.

Kräfte, die sich eurer Kontrolle entziehen und die sowohl innerhalb als auch außerhalb des Bereiches dieses Planeten wirksam sind, setzen den Mechanismus in Gang, der ein kataklystisches Geschehen einleiten wird. Wollte ich von den solaren Herrschern, von eurem Schöpfer – jenem Wesen, das ihr Gott nennt – und von hohen Wesenheiten außerhalb dieses Sonnenkörpers sprechen, welche nicht nur die schicksalhafte Bestimmung eures eigenen Sonnensystems, sondern auch von Galaxien jenseits davon lenken und beherrschen, so würde dies über eure Vorstellungskraft hinausgehen. Daher möchte ich nur erwähnen, daß das Geschick dieses Sonnenkörpers, in dem ihr gegenwärtig lebt, gemeinsam mit dem Leben auf eurem Planeten, der Erde, von großen Kräften gelenkt wird, die damit einen Evolutionsplan erfüllen, der weder Irrtum noch Fehlschlag kennt. Diese hohen Wesen beherrschen sowohl das Leben innerhalb dieses Sonnenkörpers als auch auf eurer Erde, und in Entsprechung zu der zyklischen Gesetzmäßigkeit der planetarischen und interplanetarischen Evolution erfährt eure Erde die Einwirkungen von bestimmten Schwingungen. Wenn solche Einflüsse auf der Erde zur Geltung kommen, reagieren magnetische Kräfte im Erdinneren auf diese Schwingungen und lösen dadurch einen Zustand der Verflüssigung in der Erdrinde aus, was die Bewegung von Landmassen an der Oberfläche ermöglicht.

Wenn diese kataklystischen Veränderungen stattfinden, werden weite Landstrecken wie einzelne Teile eines Puzzlespiels umherbewegt und verschoben. Große Teile der Erdoberfläche steigen auf und versinken, werden sichtbar und verschwinden wieder. Dies läßt eure heutigen Geologen in Verwirrung geraten, denn sie betrachten die Oberfläche dieser Erde so, wie sie sich ihnen heute zeigt, und sie versuchen, die gesamte Entwicklungsgeschichte der Erde von lediglich einem kleinen Teil ihrer jetzigen Oberfläche deduktiv abzuleiten. Aus diesem Grunde müssen sie scheitern, denn die Gesamtstruktur der Erde ist für die heutige Menschheit nicht sichtbar. Alte Legenden erzählen von der hohen Kultur von Atlantis, das ungefähr dort existierte, wo heute der Atlantische Ozean liegt. Ihr habt wahrscheinlich auch schon von der großen Kultur von Lemuria gehört, das in dem jetzigen Gebiet des Pazifischen Ozeans gelegen war, und vielleicht sogar von Cordemia, das in der Gegend um das Tote Meer im Mittleren Osten lag. Alle diese Kulturen sind verschwunden, scheinbar ohne Spuren zu hinterlassen – doch haben sie existiert. Eure heutigen Forscher entdecken fortwährend Material, das auf Aspekte in der menschlichen Entwicklungsgeschichte hinweist, die sie sich nicht erklären können: Bauwerke, die der Mensch des zwanzigsten Jahrhunderts nicht errichten könnte, Symbolzeichen, Darstellungen von großen Wesen aus dem All, Lebensbedingungen, die nicht einmal der heutige Mensch erreicht hat. Doch immer noch nicht will der Mensch die wahre Antwort erkennen und sich darüber klar werden, daß die Menschheit in vergangenen Kulturen, die jetzt unter den Wassern der Meere oder unter den Gesteinsformationen der Erdoberfläche begraben liegen, weitaus größere Höhen erreicht hat als er selbst in seinem gegenwärtigen kurzen Zyklus seit dem kataklystischen Geschehen zur Zeit der Arche Noah vor siebentausend Jahren.

Der Mensch hat nicht genügend Zeit gehabt, um Fortschritte zu machen und sich weiterentwickeln zu können. Er hat über sechstausend Jahre dafür gebraucht, damit er sich einigermaßen zivilisieren konnte, und nun, wo der Zeitraum für wirklichen Fortschritt gekommen ist, folgt er nicht der richtigen Motivation. In der Vergangenheit gab es Kulturen, die weitere sechstausend Jahre Zeit dafür hatten, sich über jene Stufe hinaus zu entwickeln, auf der sich der Mensch jetzt in seinem gegenwärtigen Zyklus befindet; ihr könnt von daher einschätzen, wohin der menschliche Geist von diesem Zeitpunkt an gelangen konnte, wenn er in der rechten Weise motiviert war. In früheren Zeiten hat der Mensch schon große Höhepunkte erreicht: Er ist mit seinen eigenen »fliegenden Untertassen« zu anderen Teilen dieses Sonnenkörpers geflogen; er hat die allgemeinen Lebensbedingungen in einer Weise verstanden, die weit über das gegenwärtige Vorstellungsvermögen des Menschen hinausging; er hat in größerer Harmonie mit den göttlichen Gesetzen gelebt, als dies heute der Fall ist, und ebenso wie eine herrliche Rose voll erblüht und dann verwelkt und stirbt, so ist auch der Mensch in jenen vergangenen Kulturen gestorben, denn dies entspricht dem Gesetz des Wandels. Ohne Verwandlung gibt keine Evolution, und große Veränderung auf dieser Erde wird durch den göttlichen Mechanismus eines kataklystischen Geschehens herbeigeführt.

In nicht allzu ferner Zukunft wird die Erde eine weitere große kataklystische Wiedergeburt erfahren, damit sich das Gesetz der zyklischen Evolution erfüllen kann. Die sogenannte abendländische Kultur der Menschheit wird größtenteils in winzige Partikel zerschmettert werden. Die Lebensform, die aufgebaut worden ist und sich etabliert hat, wird in sieben Tagen großer Veränderung verschwinden, und am Ende des siebenten Tages, dem Tag der Ruhe, wenn das kataklystische Geschehen sein Ende findet, wird der Mensch – ebenso wie in früheren Zeiten – eine neue Erde vor seinen Augen erblicken. Viele Menschen werden durch den physischen Tod, den sie in diesem kataklystischen Geschehen finden, diese Erde verlassen und in ihre höheren Körper zurückkehren, denn dies gehört zu der individuellen Vorherbestimmung ihrer gegenwärtigen Inkarnation. Diese kataklystische Veränderung ist ein großer regulierender Faktor für die Bevölkerungszahl dieser Erde – oder sollte ich es eher so ausdrücken, daß der Mißbrauch der göttlichen Gabe der Schöpfungskraft durch den Menschen von den höheren Kräften auf diese Art wieder ausgeglichen und richtiggestellt wird.

Die Verwandlung der Erde nach diesem kataklystischen Geschehen wird euer Vorstellungsvermögen weit übersteigen. Der Mensch wird in der Tat in eine neue Steinzeit zurückgekehrt sein, doch wird er sich in der Gesellschaft von jenen wenigen unschätzbaren Seelen befinden, die ihr Bewußtsein dahin entwickelt haben, ein solches kataklystisches Geschehen zu begreifen, sich darauf vorzubereiten und es zu überleben. Ebenso wie sich Gott an den Menschen wandte, den ihr als Noah bezeichnet, und ihn vor dem warnte, was sich ereignen würde, so spreche ich jetzt zu euch. Ebenso wie Noah eine Warnung erhielt und sich daher auf die herannahende kataklystische Veränderung vorbereiten konnte, so müßt auch ihr euch verhalten; wenn jener Tag herankommt, wo sich plötzlich die Erde auf ihrer Achse verschiebt, wo die Sonne stillzustehen scheint, wo sich Finsternis auf die Erde niedersenkt und unvorstellbare Verwüstung stattfindet, so werdet ihr diesen Tag voller Erkennen begrüßen, als ein Zeichen für das kommende Geschehen, als eine Bestätigung für euren Glauben und euer festes Vertrauen in euren Schöpfer.

Ich fordere euch daher dazu auf, die Notwendigkeit für ein solches kataklystisches Geschehen und seinen Sinn und Zweck zu begreifen und zu erkennen, warum sich der Mensch zu verändern hat, warum er sich unbedingt verändern muß. Ich fordere euch dazu auf, euch auf dieses Geschehen vorzubereiten, damit ihr nach dem Kataklysmus um die Jahrhundertwende über die notwendigen Hilfsmittel für die Weiterentwicklung im Wassermann-Zeitalter verfügt. Ihr seid die Samenkörner, die in den Schmutz und die Trümmer einer kataklystischen Veränderung hineingepflanzt worden sind und die dann Früchte tragen und das Neue Zeitalter verkünden werden. Die Verantwortung für euch alte Seelen, die ihr jetzt zu diesem äußerst schwierigen Zeitpunkt in der Evolution der Erde inkarniert seid, besteht darin, die Transformation von Zerstörung zu Wachstum und Entwicklung herbeizuführen. Viele werden sterben, sie werden zu ihren höheren Körpern zurückkehren und einen langen Zeitraum abwarten, ehe sie wieder auf diese Erde gelangen, denn das Zeitalter des Wassermanns wird sich auf einer hohen Evolutionsstufe befinden. Nach dem kommenden Kataklysmus wird die Zeitspanne, bevor das nächste derartige Geschehen eintritt, länger als in der Vergangenheit andauern. Der Mensch wird einen lange währenden Evolutionszyklus erleben, doch schließlich wird sich auch dieser verändern. Er wird sich in diesem Neuen Zeitalter über seine kühnsten Träume hinaus weiterentwickeln und Fortschritte machen. Die Erde wird zu dem werden, was sie sein sollte: eine Schwingung von universeller Liebe, die ihre Aufgabe und Zielsetzung innerhalb dieses Sonnenkörpers erfüllt. Sie wird ihre Ausstrahlungen nicht nur zu diesem Sonnenkörper, sondern auch zu der Schöpfung jenseits davon aussenden.

Von vielen ist das Herannahen eines kataklystischen Geschehens vorausgesagt worden. Während der vergangenen tausend Jahre haben viele Seher und Propheten von diesem Ereignis gesprochen. Bevor ihr diese Prophezeiungen als die Warnrufe von wunderlichen Spinnern in den Wind schlagt, solltet ihr festzustellen versuchen, warum sie diese Warnungen für euch ausgesprochen haben. Sie selbst sind schon seit langem gestorben, die Warnungen waren nicht für sie selbst bestimmt. Die einzige Motivation, die sie dafür hatten, ihre Prophezeiungen auszusprechen, bestand darin, ein künftiges Geschehen vorauszusagen. Sie sprachen ihre Prophezeiungen aus, um damit ein Menschengeschlecht zu warnen, das sich sowohl in seiner Lebensform als auch in seiner Evolutionsstufe weitgehend von ihnen unterscheiden würde. Ihr mögt die Stimme Gottes auf eure eigene Gefahr hin unbeachtet lassen.

Gesundheit und Harmonie

Ihr lebt in einem Zeitalter großer technologischer Errungenschaften und Leistungen. In einem Zeitraum von wenig mehr als fünfzig Jahren hat die Entwicklung den Menschen vom Bau der ersten Flugzeuge bis zur Landung von Raketen auf dem Mond geführt. Diejenigen von euch aber, die sich allmählich über die wahre Bedeutung des Lebens bewußt werden, haben zu erkennen begonnen, daß gemeinsam mit diesen bedeutenden materiellen Leistungen nicht die dementsprechenden Fortschritte in der Spiritualität des Menschen erzielt worden sind und daß die überall auf dieser Erdkugel in Erscheinung tretenden Konflikte und die Disharmonie auf dieses gestörte Gleichgewicht zurückzuführen sind. Die gleichen kritischen Einwände können auch gegen die medizinischen Fortschritte des Menschen erhoben werden, und in dieser Lesung möchte ich gern dieses Gebiet untersuchen, besonders deshalb, weil sich in dem jetzt anbrechenden Zeitalter die Einstellung des Menschen gegenüber der Medizin und Heilkunst auf äußerst dramatische Art und Weise verändern wird.

Ich will als erstes erwähnen, daß ich keinesfalls den gesamten medizinischen Berufsstand der heutigen Zeit geringschätze und mit Verachtung strafen möchte, denn vieles an der medizinischen Wissenschaft ist gut. Medizinische Wissenschaftler, Ärzte und Chirurgen stehen häufig unter dem Schutz der heilenden Hierarchie, die sie bei ihrer Arbeit unterstützt. Der medizinische Berufsstand hat jedoch seit Tausenden von Jahren existiert und ist – als Folge aus den überlieferten Grundsätzen, die sich eingebürgert haben – in seinen Anschauungen ziemlich engstirnig geworden. Nur ein mutiger Arzt oder Chirurg stellt sich heute gegen die etablierten medizinischen Praktiken und Glaubenssätze.

Der heutige Mensch besitzt einen Stand der medizinischen Kunstfertigkeit, der seinem Evolutionsgrad entspricht. Es mag euch schwerfallen, dies zu glauben, doch so etwas wie »neue Erkenntnisse« gibt es nicht. Wissen und Erkenntnisse werden dem Menschen nur als Folge aus den Äußerungen seiner Seelenbestimmung freigegeben, die wiederum von dem Zeitalter geprägt werden, in welchem er lebt. Der Mensch ist gerade aus dem Fische-Zeitalter herausgetreten, das ein Zeitalter der Dunkelheit gewesen ist. Dies war vorherbestimmt, denn allein durch das Wissen um die Dunkelheit kann der Mensch das Licht erkennen, und daher stellen seine Erfahrungen in diesem Zeitalter einen wesentlichen Bestandteil seiner Evolution dar. In ähnlicher Weise hat auch der medizinische Berufsstand ein Zeitalter der Dunkelheit erlebt, und die heute ausgeübten Methoden leiten sich aus diesem gleichen Evolutionsprozeß ab. Für diejenigen unter euch, die über die Medizin Bescheid wissen, steht unzweifelhaft fest, daß sie sich mit großer Zielstrebigkeit der Untersuchung und Erforschung von Krankheiten gewidmet hat. Sie kann jetzt nahezu jede Krankheit oder körperliche Schädigung, die dem heutigen Menschen bekannt ist, erkennen, kategorisieren und zu heilen versuchen.

Wäre nur diese gleiche Energie auf die Erforschung und Untersuchung von Gesundheit anstatt auf die diagnostische Feststellung von Krankheit verwandt worden! Der Mensch hat sein Augenmerk lediglich auf die Krankheitssymptome gerichtet und allein diese zu behandeln versucht, doch hat er sich nicht mit den Ursachen für die Erkrankung beschäftigt. Diese Sachlage ist nicht allein dem Zeitalter zuzuschreiben, in dem er gelebt hat, sondern auch der Entwicklungsstufe seiner Seelen-Evolution. Ihr tretet jetzt in ein Zeitalter ein, wo der Mensch damit beginnen wird, die wahre Natur von Gesundheit – im Unterschied zu Krankheit – zu erforschen, und daher möchte ich gern die wesentlichen Faktoren untersuchen, die Gesundheit ausmachen.

Viele von den Lehrern, welche diese Durchsagen geben, haben einen Vergleich zwischen diesem Sonnenkörper, in dem ihr existiert, dieser kleinen Erde, auf der ihr lebt, und dem physischen Körper des Menschen gezogen. Wenn diese Nebeneinanderstellung auch nicht ganz und gar exakt ist, so läßt sich doch behaupten, daß die Planeten innerhalb dieses Sonnenkörpers ähnliche Funktionen und Aufgaben wie die Organe in deinem eigenen physischen Körper ausüben. Sie sind tatsächlich beide eng miteinander verknüpft, denn jedes der wichtigsten Organe in deinem Körper ist in seiner Schwingung jeweils auf den Einfluß eines Planeten eingestimmt. Auf diese Art und Weise ist der physische Mensch mit dem kosmischen Menschen verbunden. Wenn du zum Himmel aufblickst und siehst, wie die Planeten in ihren festgesetzten Umlaufbahnen kreisen, wenn du die Harmonie des Universums beobachtest, dann erkennst du wahrlich den göttlichen Plan in Tätigkeit. In ähnlicher Weise sollten die Organe in deinem eigenen physischen Körper harmonisch miteinander arbeiten.

Alles, was innerhalb des Universums existiert, ist auf eine genau festgelegte Schwingungsfrequenz eingestellt, und die verschiedenen Schwingungsraten können aufgrund ihrer Farbe voneinander unterschieden werden. Deine gesamte physische Existenz besteht aus einer Ansammlung von Farbe, und wenn ich einen Menschen betrachte, so sehe ich keine physische Gestalt, sondern Farbausstrahlungen. Diese werden als Aura bezeichnet und können auch von Menschen wahrgenommen werden, die mit hellseherischen Kräften begabt sind. Die Farben, die dich umgeben, sind entstanden aus der Vermischung der Strahlen von den Planeten mit den Strahlen deiner eigenen tiefsten Wesensessenz, die von deinen inneren spirituellen Zentren ausgesendet werden. Wären deine Augen nicht auf das normale physische Gesichtsfeld beschränkt, so könntest du zum Himmel aufblicken und feststellen, wie sich ähnliche Farbmuster zwischen den Planeten und der Erde miteinander vermischen. Wenn deine Ohren nicht auf die normale Skala des physischen Hörvermögens beschränkt wären, so könntest du desgleichen die Klänge von wirklicher himmlischer Musik vernehmen – nicht die Musik des Menschen, sondern Sphärenmusik. Deshalb heißt es, daß im Neuen Zeitalter Heilungen mit Hilfe von Farbe und Klang erzielt werden, doch wird dies nicht mittels der Farbe geschehen, die der Mensch jetzt sieht, und nicht durch den Klang, den er jetzt hört.

Die Organe schwingen demnach im physischen Körper des Menschen, damit sie ihre individuellen Funktionen ausüben. Sie werden durch sieben Zentren von kosmischer Strahlungskraft mit Energie versehen, die bisweilen auch als Chakras bezeichnet werden. Diese Chakras, von denen ihr bereits Kenntnis habt, sind auf einer vertikalen Achse angeordnet, die vom unteren Ende der Wirbelsäule bis zum Scheitelpunkt des Kopfes aufsteigt; das unterste Chakra liegt in der Nähe des Steißbeins, das zweite im Bereich der Milz, das dritte im Bereich des Solarplexus, das vierte in der Herzgegend, das fünfte im Bereich der Schilddrüse, das sechste bei der Zirbeldrüse und das siebente bei der Hirnanhangdrüse. Jedes von ihnen strahlt eine Farbe aus, die einem Farbton des Spektrums entspricht: das erste und unterste Rot, das zweite Orange, das dritte Gelb, das vierte Grün, das fünfte Blau, das sechste Indigoblau und das siebente Violett. Diese Farbzentren versehen den physischen Körper des Menschen mit Energie und sorgen für seine Harmonie.

Du magst jetzt erkennen, daß die Gesundheit deines physischen Körpers davon abhängt, wie deine Organe, sowohl einzeln für sich als auch gemeinsam, schwingungsmäßig eingestellt sind und vibrieren. In vergleichbarer Art und Weise, wie sich die Erde zum gegenwärtigen Zeitpunkt aufgrund mangelnder Spiritualität in einem Zustand der Disharmonie befindet und damit den Sonnenkörper in seiner Gesamtheit beeinträchtigt, so zieht gleichermaßen auch eines deiner Organe, das nicht in harmonischer Übereinstimmung ist, deinen ganzen physischen Körper in Mitleidenschaft. Der Mensch kann nicht isoliert für sich innerhalb seines Sonnenkörpers leben, und ebensowenig können seine Organe isoliert innerhalb seines physischen Körpers tätig sein. Sie alle sind Teil des Ganzen.

Es sollte sich verstehen, daß alle Organe im physischen Körper des Menschen auf unterschiedliche Schwingungsfrequenzen eingestellt sind. Jeder von euch hat, als einzigartiger Funken des Geistes, eine individuell besondere Schwingung, die sich nirgendwo sonst im Kosmos wiederfinden läßt. Wenn daher die Mediziner versuchen, Männer und Frauen in Gruppen einzuteilen und ähnliche Behandlungsmethoden für ähnliche Krankheiten zu verordnen, so begehen sie damit einen schwerwiegenden Fehler, denn zwei Menschen sind niemals gleich. Zweifellos hat jeder Mensch gleichartige Organe, die in ähnlicher Weise ihre Funktion erfüllen, doch sind sie auf unterschiedliche Schwingungslängen eingestellt. Wenn daher beispielsweise ein Chirurg solche Operationen wie Organverpflanzungen durchführt, sollte er sich darüber im klaren sein, daß er sein Ziel niemals vollständig erreichen wird, denn wenn er ein Organ mit einer unterschiedlichen Schwingung in einen anderen Menschen verpflanzt, so dürfte er damit zwar dessen Leben für eine kurze Zeitspanne verlängern, doch kann dieses Vorgehen letztlich nur Disharmonie bewirken und zu weiteren Krankheiten führen. Eure medizinischen Wissenschaftler sind sich bereits der Tatsache bewußt, daß der Körper jegliche fremden Organe ablehnt und daß diese Transplantationen nicht gelingen werden, solange kein Weg zur Überwindung dieser Ablehnung gefunden wird. Es ist selbstverständlich völlig natürlich für den Körper, daß er etwas zurückweist, was fremd für ihn ist und was er nicht haben möchte.

In dieser Ära der Herztransplantationen ist die medizinische Wissenschaft der Meinung, sich dem Höhepunkt ihrer Kunstfertigkeit und ihres Wissens zu nähern. Tatsächlich werden Wissenschaftler in Zukunft vielleicht sogar Körperformen – ich möchte sie nicht als Babys bezeichnen – künstlich aus der Retorte entwickeln. Es wäre daher gut für die Mediziner, auf die Warnungen derjenigen zu hören, die sich einer tieferen Bedeutung und Sinngebung des Lebens bewußt sind. Im Herzen, innerhalb der linken Herzkammer, liegt der Ort für den Geist und die Seele des Menschen, während er sich in einem physischen Körper befindet. Wenn man daher das

Herz eines Menschen entfernt, so entfernt man gleichzeitig damit seine Seele und seinen Geist. Wenn man das ursprüngliche Herz des Organempfängers herausnimmt und es durch das Herz eines anderen Wesens ersetzt, so bringt man damit nichts anderes als ein völlig geistloses Geschöpf hervor. In der Bibel heißt es, die Zeit werde kommen, wo der Geist Gottes nicht mehr auf dieser Erde weilen werde. Damit wird in der Tat die Prophezeiung ausgesprochen, daß eines Tages eine Rasse von geistlosen Wesen auf der Erde leben wird, die nicht mehr am Geiste teilhaben und nicht mehr mit der Göttlichkeit verbunden sein wird. Das gleiche trifft auch für Babys aus der Retorte zu, womit die medizinischen Wissenschaftler zum gegenwärtigen Zeitpunkt Experimente anstellen.

Wenn der Mensch seinen physischen Körper in vollkommener Gesundheit erhalten will, dann muß er in Harmonie leben, doch abgesehen davon, daß sich sein physischer Körper in Übereinstimmung befinden muß, muß er auch sein Denken, seine Worte und Taten in Harmonie bringen. Ebenso wie dein Schöpfer, dessen Geist der Sonne innewohnt, seinen eigenen Körper, in welchem du lebst, in einen Zustand der Harmonie versetzt hat, um dich mit dem Licht, der Kraft, der Energie der Sonne und der Liebe zu versorgen, die deine Existenz ermöglichen, so blicken auch die Millionen von Wesen, die in deinem Inneren existieren, zu dir als ihrem »Gott« auf, der sie mit ähnlichen harmonischen Bedingungen zu versehen hat, denn diese gehören zu ihrem Geburtsrecht. Der Gedanke, daß dein Körper nicht dir selbst gehört, ist schwierig zu begreifen, doch sei dir dessen bewußt, daß du aufgrund der Gnade einer höheren Macht in deinem physischen Körper lebst. Du hast ihn zu treuen Händen erhalten, und diese heilige Verpflichtung mußt du achten und respektieren, denn andernfalls wirst du eine große karmische Schuld auf dich laden. Du solltest Sorge für deinen Körper tragen, wenn nicht für dich selbst, so doch für die Millionen von Wesen, die sich in ihrer Evolution befinden und in der gleichen Art und Weise auf dich blicken, wie du auf deinen Gott schaust. Es geschieht durch die Harmonisierung zwischen den einzelnen Organen, indem das Herz mit der Lunge und die Leber mit der Gallenblase pulsiert, daß die harmonische Übereinstimmung des Ganzen herbeigeführt wird. Darin liegt ein beispielhaftes Vorbild für den Menschen, denn wenn er nur zwischen sich selbst und dem ihn umgebenden Leben Harmonie herstellt, dann wird er die Erde, auf welcher er lebt, als Ganzes in einen Zustand der Harmonie versetzen.

Wie kannst du dich selbst in Harmonie und Übereinstimmung mit dem Leben bringen? Dies ist einfach. Viele Meister haben den

Weg und die Methode dafür aufgezeigt. Sie sind – unter großen Opfern für sich selbst – auf der Oberfläche dieser Erde erschienen, um die Art und Weise zu demonstrieren, wie der Mensch in Harmonie leben sollte, damit er die innerste Natur seines Wesens weiterentwickeln könne. Vielleicht lautet das höchste Gebot aller Zeiten, welches die Meister gelehrt haben, daß du dich anderen gegenüber so verhalten solltest, wie du selbst von anderen behandelt werden möchtest. Diese Aussage scheint, oberflächlich betrachtet, eine einfache Erklärung und Ausdeutung zu haben, doch ihre kosmische, ihre mystische Bedeutung geht weitaus tiefer, denn dies heißt, daß du jedem Wesen in deiner Umgebung, wie wenig entwickelt es auch sein mag, den Grad an Einstimmung, an Harmonisierung zugestehst, den du selbst für dich erwartest. Dies besagt daher, daß du nur die reinsten Gedanken, die reinsten Worte, die reinsten Handlungen aussendest, denn das, was du aussendest, nimmt auf Ebenen oberhalb der physischen Stufe Form an und kann, hat es diese Form erst einmal gefunden, von der gesamten Menschheit überall auf der Welt angezapft und nutzbar gemacht werden. Wenn du daher Disharmonie, Eifersucht, Haß, Habsucht und Gleichgültigkeit entstehen läßt, so werden sich diese Kräfte mit ähnlichen Verdichtungen zusammenballen und können von anderen Menschen angezapft werden, denn in seinem physischen Körper hat der Mensch, wie ich bereits erwähnt habe, das Hilfsmittel, womit er sich die vielen weiteren Ebenen des Kosmos erschließen kann.

Ein Weiser hat einmal gesagt: »Mensch, erkenne dich selbst.« Eine der hauptsächlichen Fluchtmöglichkeiten für den Intellektuellen besteht darin, daß er nach irgendeiner großen esoterischen Wahrheit – und zwar außerhalb von sich selbst – sucht, während sich diese Wahrheit in Wirklichkeit in seinem Inneren befindet: nicht nur in der fast unhörbaren Stimme seines Seelenbewußtseins, sondern auch schon im bloßen Aufbau und in der Struktur seines eigenen Seins. Wenn du tatsächlich wahrnehmen und erkennen kannst, wie sich die verschiedenen Teile deines physischen Körpers zu einer Einheit, zu einem Ganzen verbinden, in welcher Weise sie gegenseitig füreinander verantwortlich sind, wie sie geben und nehmen, wie sie miteinander harmonieren und wie sie mit allem Leben in Übereinstimmung sind, dann wirst du darin das Wirken deines Schöpfers und die Zielsetzung des Lebens auf dieser Erde erblicken.

Wenn ihr alle in Harmonie leben wollt, so müßt ihr als erstes euren physischen Körper achten lernen als das göttliche Geburtsrecht, das er darstellt, denn wenn es heißt, daß der Mensch nach dem Bilde seines Schöpfers erschaffen wurde, so wird damit die wahre Natur und das Potential seines physischen Körpers bestimmt. Ihr seid in der Tat Götter im Prozeß des Werdens. Dies wurde von solchen Meistern wie beispielsweise dem Nazarener anschaulich unter Beweis gestellt, die während ihrer Existenz in einem physischen Körper der Materie das Wissen des Kosmos praktisch vorführen und demonstrieren konnten – jene Dinge, welche der Mensch in seiner Einfalt als »Wunder« bezeichnet. Es ist dem Menschen möglich, auf dem Wasser zu gehen, die sogenannten unheilbar Kranken zu heilen, von den Toten zu erwecken. Ihr seid zu diesen Dingen fähig, wenn ihr nur euren Körper in Harmonie bringen werdet. Ihr müßt im Hinblick auf euren Körper erkennen, daß er eine Wesenheit in sich selbst darstellt, der Achtung und Rücksicht verdient und in der Tat zu Rate gezogen werden sollte, denn er kann euch sagen, was er braucht. Dies ist keine stumme Kreatur, die sich nicht mitteilen kann, sondern er kann euch zu jeder Stunde des Tages seine Wünsche angeben. Gewöhnlich hört der Mensch nur in Zeiten von Krankheit auf diese Stimme, doch wieviel besser wäre es, würde er sie beachten, wenn er gesund ist, und auf diese Weise für den Fortbestand seiner Gesundheit sorgen.

Gesundheit wird im wesentlichen durch das Denken, durch den Geist reguliert. Dies ist vielleicht schwierig für dich zu verstehen, doch letztlich ist die Geistesverfassung die Hauptursache für jeglichen schlechten Gesundheitszustand, denn du selbst ziehst das an, was du bist.

Wenn du Haß ausstrahlst, wenn du Gedanken der Furcht oder Habsucht aussendest, dann wirst du ähnliche Kräfte auf dich lenken, und wenn sie in deinen Körper einfließen, werden Disharmonie und damit Unwohlsein und Krankheit die Folgen sein. Eure Wissenschaftler werden allmählich gewahr, daß viele Krankheiten auf der ätherischen Ebene entdeckt und untersucht werden können, noch ehe sie Form annehmen und auf der physischen Ebene sichtbar werden. In der Tat wird das zukünftige Heilen die ätherische Ebene berücksichtigen, und der Mensch wird seine Krankheiten behandeln, bevor sie sich überhaupt im physischen Bereich manifestiert haben.

Wenn der Mensch in Harmonie leben möchte, muß er – soweit es die individuelle Evolution seiner Seele zuläßt – das begreifen lernen, was von ihm während seines Lebens auf der physischen Ebene verlangt wird. Er muß die schicksalhafte Bestimmung, die er sich selbst erwählt hat, und seine Stellung im Leben akzeptieren. Er muß lernen, sich damit zufriedenzugeben und anzuerkennen, daß der göttliche Plan frei von Irrtum und Fehler ist. Viele der sogenannten

Krankheiten beim heutigen Menschen werden durch seine innere Unzufriedenheit mit dem verursacht, was er sich selbst geschaffen hat.

Wenn ihr zu Leuchtfeuern werden wollt, wenn ihr euch auf die kataklystischen Veränderungen vorbereiten wollt, die in naher Zukunft eintreten werden, wenn ihr bereit sein wollt für die Krankheiten, die Hungersnöte und Dürren, welche nach den Prophezeiungen von vielen Weisen und Sehern der Menschheit Schaden zufügen werden, dann müßt ihr jetzt damit beginnen, euer eigenes innerstes Wesen in Harmonie zu bringen. Wenn ihr dazu fähig seid, wenn ihr euch eure Gesundheit, so wie ihr sie definiert, erhalten könnt, dann werdet ihr für die kommenden Prüfungen bereit sein; wenn ihr jedoch nicht in Harmonie mit dem Leben existieren könnt, dann werdet ihr zugrunde gehen. Die Entscheidung ist einfach.

Rat und Führung für einen jungen Menschen

In dieser Lesung möchte ich umrißhaft die Situation darstellen, in der sich viele junge Menschen in der heutigen Zeit befinden, und die Wahlmöglichkeiten, die zu ihrer Verfügung stehen. Denkt aber bitte trotzdem nicht, diese Lesung sei ausschließlich für junge Menschen bestimmt. Einer der Fehler der heutigen Gesellschaft besteht darin, daß sie sich selbst in verschiedene, voneinander getrennte Segmente unterteilt. Die Alten glauben, daß zwischen ihnen und der Jugend keine Verbindung besteht, und die Jungen sind der Ansicht, daß sie mit der älteren Generation nichts gemeinsam haben; auf diese Weise wird eine Trennlinie geschaffen, und der wechselseitige Austausch, die Kommunikation zwischen Alt und Jung, die so wesentlich für beider Entwicklung ist, wird beschränkt.

Wenn ich von einem jungen Menschen spreche, dann beziehe ich mich selbstverständlich auf einen Menschen, der jung an physischen Jahren, nicht an Seelen-Evolution ist, denn zum gegenwärtigen Zeitpunkt inkarniert sich eine große Anzahl hochentwickelter Seelen in jungen physischen Körpern. Wenn ich von einem jungen Menschen spreche, so meine ich damit eine Person unter dreißig Jahren, denn mit diesem Alter ist im allgemeinen die volle physische Reife erreicht. Am Ende des dreißigsten Lebensjahres hat die Seele die drei unteren Chakras des Körpers geöffnet und sensibilisiert. In jedem der ersten drei Zehn-Jahres-Zyklen wird jeweils eines der drei unteren Chakras ausgebildet, und erst wenn das dritte Chakra, das emotionale Chakra im Bereich des Solarplexus, entwikkelt ist, hat ein Mensch die volle physische Reife erreicht.

Aufgrund der heutigen Situation der Welt, wo nur noch kurze Zeit bis zu einer kataklystischen Veränderung vergehen und die Oberfläche dieser Erde eine Wiedergeburt erfahren wird, muß man sich vergegenwärtigen, daß die Seelen, die sich zu diesem Zeitpunkt auf der Erde inkarnieren, dies aus ganz bestimmten und prädestinierten Gründen tun. Es ist dies eine schwere Zeit, sich zu inkarnieren, und schwierige Lektionen sind zu lernen. Während dieser äußerst kritische Zeitpunkt in der Evolutionsgeschichte der Erde eine wichtige Möglichkeit des Lernens und der spirituellen Weiterentwicklung darstellt, ist dies gleichzeitig auch eine Phase großer Prüfungen. Aus diesem Grunde werden viele junge Menschen der heutigen Zeit dem Untergang anheimfallen, doch sollten deshalb keine Anklagen, keine Vorwürfe, keine Schuldgefühle aufkommen, denn dies ist eine Zeit der Prüfungen, denen sich junge Menschen normalerweise nicht gegenübersehen würden.

Alle Menschen, die nun in ihrer Jugend stehen, haben sich eine Inkarnation in diesen dramatischen und turbulenten Zeiten gewählt, weil sie die Erfahrung dessen machen wollen, was sich jetzt auf dieser Erde entfaltet. Sie sahen in den Veränderungen, die eintreten würden, Lektionen, die sie erlernen könnten, und erkannten, daß darin eine bedeutende Möglichkeit für ihre Seelen-Evolution besteht. Weil diese Wiedergeburt der Erde eine kataklystische Umwälzung einschließen und weil in diesem Augenblick der Wiedergeburt Atlantis erneut aufsteigen wird, sind viele der Seelen, die sich jetzt in jungen Körpern hier befinden, früher Bewohner von Atlantis gewesen; sie sind gekommen, um das schädliche Tun zu transformieren, das sich vor über zwanzigtausend Jahren ereignet hat. Junge Menschen sollten daher anerkennen, daß sie aufgrund ihrer eigenen Wahl in diesem Zeitalter leben. Sie können nicht behaupten, dies entspreche nicht ihren Vorstellungen und ihren Wünschen an das Leben, denn sie selbst haben sich dafür entschieden, und niemand hat ihnen diese Entscheidung aufgezwungen. Sie sind sogar dadurch bevorrechtet, daß sie zu diesem Zeitpunkt von großem evolutionären Wachstum auf dieser Erde anwesend sind, denn noch warten viele Seelen auf den höheren Existenzstufen auf eben eine solche Gelegenheit. Ihr alle seid wahrscheinlich darüber unterrichtet, daß die Entscheidung, sich zu inkarnieren, auf Ebenen oberhalb des physischen Bereiches lange vor dem Augenblick der Empfängnis getroffen wird. Folglich sollten sich auch alle jungen Menschen, die in diesem turbulenten Zeitalter leben, darüber bewußt sein, daß ihnen diese Zeit eine Lektion bietet. In diesem Chaos und dieser Disharmonie ist eine Lektion enthalten, die ihr lernen müßt, sind Hindernisse gegenwärtig, die ihr zu überwinden habt.

Weil die Schwingungsrate dieses Planeten zunimmt, weil die Frequenzzahl der Erde von den Herrschern dieses Sonnenkörpers erhöht wird, tritt diese offenkundige Beschleunigung der Zeit und der Geschwindigkeit ein, mit der ihr euer Leben führt. Man kann viele disharmonische und negative Einflüsse wahrnehmen, da das gesamte Fehlverhalten der Menschheit an die Oberfläche gelangt. Es ist daher ein schwieriger Zeitpunkt für die Jugend, ihre Lektionen zu lernen, und er ist besonders schwierig aus einem hauptsächlichen Grunde: Mit der Gesellschaft, wie sie euch vertraut ist, geht es bergab, sie steht vor dem völligen Zusammenbruch. Wenn ihr euch umblickt, könnt ihr bei nahezu jedem Aspekt des Lebens Zeuge von dem endgültigen Dahinsterben der abendländischen Kultur werden, denn der Mensch, der dem Weg des Verstandes ohne den Ausgleich durch die Spiritualität gefolgt ist, hat sich eine vollständig materialistische Gesellschaft geschaffen, deren Ziele dem eigenen Ich und der Selbstbereicherung dienen. Als Folge daraus läßt sich beobachten, daß die heutige Jugend eine Generation von jungen Menschen ist, die zum erstenmal in diesem Zeitalter die Freiheit erhalten haben, nicht arbeiten zu müssen.

In den vergangenen Jahrhunderten war es ein unabdingbarer Bestandteil des Lebens, daß junge Menschen von dem Augenblick an arbeiteten, wo sie in der Lage dazu waren; dies war unerläßlich, sowohl um die Familie zu ernähren, als auch, um ihr gesellschaftliches Überleben zu sichern. Mit dem Beginn der industriellen Revolution und den großen technologischen Fortschritten des Menschen in der Folgezeit hat jedoch eine rasche Zunahme an persönlicher Freiheit stattgefunden, zu deren Auswirkungen es gehört, daß die jungen Menschen der heutigen Zeit die Möglichkeit haben, der Arbeit aus dem Weg zu gehen, die sie eigentlich ausführen sollten. Sie haben daher die unbedingt erforderliche Arbeitsdisziplin verloren. Heute gehen die jungen Menschen zur Schule und haben lange Ferien; während dieser ausgedehnten Phasen der Ruhe und Erholung sollten sie in der Tat jedoch wirklich zu arbeiten beginnen, sollten sie darin unterwiesen werden, die wahren Lebenswerte schätzen zu lernen, denn das gegenwärtige Erziehungssystem ist so beschaffen, daß ihnen derartige Wertmaßstäbe nicht vermittelt werden, sondern lediglich solche Lektionen, die sie dazu veranlassen werden, sich die heute in der Gesellschaft vorherrschenden Wertbegriffe anzueignen: die Werte des Materialismus, die Vorstellung, nur für sich selbst zu sorgen, persönlichen Besitz, Macht und Einfluß für das eigene Ich zu erlangen.

Die jungen Menschen von heute wachsen mit der Freiheit und mit der Zeit dazu auf, all dem nachgehen zu können, was sie sich wünschen, doch haben sie nicht die entscheidende Führung und Anleitung erhalten, sich selbst in rechter Weise zu motivieren. Es sind Suchende, sie halten nach etwas Ausschau, was ihrem Leben eine Motivation geben könnte, damit sie ihre freie Zeit in nützlicher Weise verbringen können. Ihr braucht euch nur in der heutigen Welt umzublicken, um zu erkennen, wie viele Möglichkeiten und Wege junge Menschen auf ihrer verzweifelten Suche verfolgt haben, eine Sinngebung für ihr Leben zu finden. Sie haben viele Glaubensvorstellungen übernommen, viele Dogmen hervorgebracht, viele Kultformen gebildet und ihr Leben auf eine Art und Weise geführt, welche der älteren Generation, die in ihrer Jugend nicht das gleiche Maß an Freiheit besessen hat, als ungewöhnlich erscheint. Die ältere Generation kann nicht verstehen, warum junge Menschen derartigen Zielen nachstreben können, doch ist sie sich nicht über den Mangel an Motivation bei der heutigen Jugend bewußt.

Wenn ich das Leben von vielen jungen Menschen der gegenwärtigen Zeit betrachte, so muß ich sagen, daß ihre grundlegende Motivation – die voll und ganz von ihren Eltern und der Gesellschaft verursacht worden ist, in der sie aufgewachsen sind – diejenige ihrer eigenen Befriedigung und Genußsucht ist. Vielen von ihnen fehlt es auch an Bewußtheit, denn im Grunde genommen ist mangelnde Bewußtheit und Unachtsamkeit Selbstsucht und Egoismus: Sie entspricht einer Unkenntnis von den Bedürfnissen anderer Menschen, dem alleinigen Denken an das eigene Ich unter Ausschluß von allen anderen ringsumher. In der heutigen Zeit sind die jungen Menschen zum allergrößten Teil selbstsüchtig und egoistisch. Sie haben nicht die Werte erfahren, in einer echten Familieneinheit zu leben; sie sind nicht in den Werten des Lebens in einer wirklichen Gruppe oder Gemeinschaft unterwiesen worden. Man hat ihnen lediglich beigebracht, es ihren Eltern und der sie umgebenden Gesellschaft gleichzutun, die dazu anleitet, sich zuerst um das eigene Ich, als nächstes um die Familie, dann um das Land und erst danach um die Welt zu kümmern.

Hand in Hand mit diesem Zusammenbruch der modernen Kultur und Zivilisation ist der Verfall der organisierten Religion gegangen. Dieses Geschehen als solches ist vorherbestimmt gewesen, doch ist kein Ersatz an ihre Stelle getreten, und aufgrund dessen hat die spirituelle Führung und Unterweisung gefehlt, die das lebensnotwendige Geburtsrecht für jeden jungen Menschen darstellt. Daher lebt die heutige Jugend in einer Zeit von Wohlstand und Überfluß, die ihren Launen Rechnung trägt, und sie sucht überall nach einer Art von Orientierung und nach einer Zielsetzung für ihr Leben, die das Ego, das eigene Selbst befriedigt. Glaubt jedoch nicht, daß meine Worte auf alle jungen Menschen der heutigen Zeit zutreffen, denn dies ist nicht der Fall. Es gibt viele junge Menschen, die einer inneren Führung und Motivation folgen, die ihre schicksalhafte Bestimmung erfüllen, doch ebenso gibt es viele verlorene Seelen ohne diese innere Führung, die nicht ihren schicksalsmäßig vorherbestimmten Weg gehen und Anlaß zu großer Besorgnis geben, denn die jungen Menschen von heute werden die Begründer des Neuen

Zeitalters sein. Unter ihnen befinden sich viele Seelen von hoher Weisheit und evolutionärer Entwicklung, doch weil sie als Kinder nicht in der rechten Art und Weise Anregungen erfahren haben und ermutigt worden sind, konnte ihre Persönlichkeit ihr innerstes Wesen in einem solchen Ausmaß in Besitz nehmen, daß sie nun ausschließlich an ihre individuell geprägte Persönlichkeit und nicht an ihr höheres Selbst denken. An diese jungen Menschen wende ich mich in dieser Lesung.

Viele von euch haben als alte Seelen in früheren Inkarnationen auf der Erde die Erfahrung von Existenzebenen gemacht, die weit von dem entfernt waren, wo ihr euch heute befindet. Ihr blickt auf die Zeitalter zurück, als es noch wahre Spiritualität auf der Erde gab, auf die großen Tage von Atlantis, als der Mensch noch nicht in einem so grobstofflichen Körper lebte, als die Erde noch nicht derart geprägt von Verwüstung, Krankheit und Disharmonie war, und ihr möchtet jene Evolutionsstufe noch einmal erleben. Aus diesem Grunde greifen so viele junge Menschen in der heutigen Zeit zu Drogen, denn ihr Seelen-Gedächtnis hat das Wissen um den Gebrauch von Drogen in jenen Tagen von Atlantis bewahrt. Drogen wurden in Atlantis von den Priestern der Tempel verwendet, doch möchte ich unterstreichen, daß nur hochentwickelte Seelen Gebrauch von ihnen machten, die vorher viele körperliche und geistige Initiationen als Prüfungen bestanden hatten und diese Drogen unter strengster Aufsicht und Kontrolle und nur mit der allerreinsten Motivation benutzten. Heute verwenden Jugendliche die Drogen als eine Form der Wirklichkeitsflucht, um damit den Realitäten des physisch-materiellen Lebens aus dem Weg zu gehen. Wenn sie das Wesen des sie umgebenden Lebens nicht begreifen, wenn sie keinen Sinn und Zweck darin entdecken können, dann versuchen sie, eine andere Existenzebene in der Hoffnung zu erreichen, daß sie dort etwas Derartiges finden werden.

Ich kann die damit verbundenen Gefahren gar nicht allzu sehr betonen. Drogen können euch, Drogen *werden* euch auf eine höhere Bewußtseinsebene versetzen. Dies kann nicht geleugnet werden, doch schaltet ihr damit den euch natürlich angeborenen Abwehrmechanismus eures physischen Körpers aus, womit euer Schöpfer euch in weiser Absicht versehen hat. Bevor ihr euch nicht in vollkommener Harmonie und Ausgewogenheit befindet, ehe ihr nicht die Einsicht, das Verstehen und Wissen besitzt, um die Art der Existenz auf jenen höheren Stufen des Lebens erkennen zu können und zu wissen, wie mit dem umzugehen ist, womit ihr dort in Berührung kommt, setzt ihr lediglich eure gesamte Inkarnation aufs Spiel, denn mit einem derart gestörten Gleichgewicht werdet ihr nicht mehr in der Lage dazu sein, eure schicksalhafte Bestimmung zu erfüllen. Worin liegt der Sinn, die Erfahrung von höheren Existenzebenen machen zu wollen, wenn ihr diese nicht begreifen könnt? Worin liegt der Sinn eines solchen Erlebens, wenn ihr diese Erfahrungen nicht in einer verständlichen und erklärbaren Form zurück auf die physische Ebene bringen könnt, denn wie könnt ihr die Farben und Formen des Astralbereiches mittels der Farben und Formen des physischen Bereiches beschreiben wollen? Überdies wirken sich Drogen äußerst schädlich auf den physischen Körper aus. Die medizinische Wissenschaft muß dies noch in vollem Ausmaß erkennen – und ich möchte in diesem Augenblick nicht auf spezifische Krankheiten eingehen –, doch selbst die Drogen, die als harmlos und unschädlich angesehen werden, haben eine anhaltende und stetige Wirkung auf den physischen Körper, denn sie erzeugen einen Zustand der Disharmonie zwischen den höheren Körpern des Menschen. Könnte der Mensch überdies die Auswirkung sehen, die Drogen auf seinen ätherischen Körper – den energiespendenden Körper – haben, so wäre er überrascht. In diesem besonderen Körper richten sie schwere Verwüstungen an, die zu einem Verlust an Energie und zu nachfolgender Teilnahmslosigkeit oder einem schlechten Gesundheitszustand führen.

Ihr seid auf diese Erde gekommen, damit ihr die Lektionen des physischen Bereiches, nicht die Lektionen der astralen, der emotionalen oder der mentalen Ebene lernen könnt; ihr habt euch auf der physischen Ebene der Erde inkarniert, um die physischen Lektionen der Erde zum gegenwärtigen Zeitpunkt zu lernen, und nur dann, wenn ihr hochentwickelt seid und eine genaue Kenntnis dessen habt, was geschehen wird, wenn ihr euch auf jene höheren Existenzebenen erhebt, solltet ihr Gebrauch von Drogen machen. Laßt die großen Meister, die sich auf der Erde inkarniert haben, beispielgebend für euch sein, denn niemals haben sie den Gebrauch von Stimulantia befürwortet oder in der Tat selbst praktiziert, um damit höhere Bewußtseinsebenen zu erreichen. Stets lehrten sie, daß der Mensch mittels seiner eigenen inneren Entwicklung zu diesen Ebenen gelangen, daß er alles, was er hat, dafür einsetzen und sich bemühen muß, um das Wissen und die Erkenntnis seines Schöpfers zu erwerben.

Für viele junge Menschen der heutigen Zeit, die nur Untätigkeit und Müßiggang gekannt haben, ist dies jedoch der bequemste, der schnellste Weg, auf dem sie dahin kommen können, wohin das Selbst möchte und was ihm gefällt.

Wenn ich mich auf Drogen beziehe, so spreche ich nicht nur von den Drogen, die heute bei den jungen Menschen Verwendung finden, sondern auch von den vielen anderen Arten von Reizmitteln, die der Mensch gebraucht, denn sie alle fügen seinen höheren Körpern Schaden zu. Es ist der medizinischen Wissenschaft gelungen, auf einige spezifische Krankheiten des physischen Körpers aufmerksam zu machen, die dem Konsum von Alkohol, Zigaretten und anderen pflanzlichen Reizmitteln zugeschrieben werden können, doch den wirklichen Schaden, welche diese anrichten, hat sie noch zu entdecken: die durch Stimulantia verursachte Disharmonie seiner höheren Körper, die vom Menschen nicht wahrzunehmen ist. Je mehr der Mensch zu diesen Reizmitteln greift, desto mehr bringt er sich selbst in Disharmonie und damit in eine Situation, wo er nicht mehr in der Lage dazu sein wird, eine richtige Entscheidung im Hinblick auf sein Leben zu treffen. Daher besteht heute die Gefahr, daß viele junge Menschen einen solchen Mißbrauch mit ihrem Körper getrieben haben, daß sie nur noch geringe Aussichten haben, jemals wieder zurück zu ihrem schicksalhaft vorgegebenen Pfad zu finden – nicht nur aufgrund des Schadens, den sie ihrem physischen Körper im Hinblick auf die Nerven, das Gehirn und die Verbindung zwischen Gehirn und Verstand zugefügt haben, sondern auch, weil sie sich selbst in eine Lage gebracht haben, wo sie niemals wieder einen Zustand der Normalität zurückgewinnen und die Verfassung erkennen können, in der sie in Wirklichkeit existieren. Es ist schwierig, einem Trunksüchtigen erklären zu wollen, daß er sich selbst zum Narren hält, denn er wird dies niemals gelten lassen. Das gleiche trifft auf einen Menschen zu, der Drogen nimmt oder raucht. Das Ego übt eine solche Herrschaft aus, daß es nicht beherrscht werden kann.

Die Zeit ist nun für die jungen Menschen vorbei, weiterhin die Verhaltensweisen müßiger Tatenlosigkeit aufrechtzuerhalten. Dies ist eine Zeit des Handelns, eine Zeit der Arbeit und des Bemühens, so wie sich der Mensch noch niemals zuvor bemüht hat. Das soll nicht heißen, daß er ohne Ruhepause den ganzen Tag über arbeiten muß, ohne daß ihm die Zeit für geistige und spirituelle Entwicklung bliebe, sondern daß die gesamte gegenwärtige Vorstellung von Arbeit aufgrund der Lebensweise des Menschen unrichtig ist. Wenn ihr auf das Leben von vielen der großen Meister blickt, dann werdet ihr feststellen, daß sie ein einfaches, doch tätiges Leben führten und daß sie Beschäftigungen nachgingen, wofür sie sowohl ihre Hände als auch ihr Denken gebrauchten. Sie haben sich nicht in solche Stellungen hinein inkarniert, die man – gleichgültig in welchem

Zeitalter – als die höchsten technologischen oder politischen Ämter bezeichnen würde. Sie haben sich einfache und bescheidene Aufgaben erwählt, denn bei einer solchen Tätigkeit kann man sein Wesen am besten in Harmonie halten. Man kann vielleicht tatsächlich sagen: Je einfacher die Arbeit, desto leichter der Weg zu körperlicher Harmonie.

Es gibt heute viele Berufe, die von den alten Seelen, die sich jetzt in physischen Körpern inkarnieren, nicht ergriffen werden und auch nicht ergriffen werden sollten. Natürlich sollten alle Tätigkeiten, die eine Erniedrigung und Ausnutzung des Tier-, Pflanzen-, Mineral- und des Menschenreiches einschließen, zurückgewiesen werden; doch die jungen Menschen der heutigen Zeit erkennen nicht immer, daß sie die Gesellschaft nicht dadurch verändern, daß sie diese meiden und sich davon fernhalten, daß sie ihren eigenen Lebensstil isoliert von ihr aufbauen, sondern indem sie sich ausdrücklich mit der Gesellschaft vermischen, damit sie ihre eigene Lebensform demonstrieren können. Die Gesellschaft kann nur von innen heraus verändert werden, und in dieser Veränderung der Gesellschaft besteht die hauptsächliche Zielsetzung, weshalb sich die jungen Menschen der heutigen Zeit inkarniert haben. Wenn ich mich gegenwärtig in der Welt umblicke, dann kann ich den Einfluß junger Menschen auf vielen Gebieten feststellen. Sie haben frischen Wind in zahlreiche gesellschaftliche Institutionen und erstarrte Lebensformen hineingebracht. Die heutigen jungen Menschen sind nicht dazu bereit, die Urteile und Wertmaßstäbe derjenigen gelten zu lassen, die älter und damit vermeintlich überlegen sind. Sie bringen die Erkenntnis und Weisheit mit sich, die sie sich im Laufe vieler Inkarnationen erworben haben, und langsam verändern sie die Gesellschaft; doch vollzieht sich diese Veränderung nicht in dem Ausmaß, wie sie dies eigentlich sollte, weil so viele junge Menschen der heutigen Zeit ihre Pflichten vernachlässigen und ihre Verantwortung nicht nur sich selbst, sondern auch ihrem Schöpfer gegenüber verleugnen.

Wie aber sollen sich die jungen Menschen der heutigen Zeit dann selbst verändern, damit sie zu verantwortungsbewußten Mitgliedern der Gesellschaft werden und die schicksalhafte Bestimmung erfüllen können, zu der sie ihre Einwilligung gegeben haben? Denkt als erstes daran, daß die Fortschritte, die ihr macht, in der Einfachheit des Lebens liegen werden. Als zweites müßt ihr lernen, ausgeglichen zu werden und eure Gefühlsbewegungen zu beherrschen. Ihr müßt euch klarmachen, daß keinerlei Ursache für Krankheit oder Unwohlsein im physischen Körper selbst existiert. Erkennt den Körper als den Tempel der Seele an und bringt ihn mit allem in Übereinstimmung, was euch umgibt. Ihr müßt es mit Hilfe von Meditation, Konzentration und vor allem vollkommenem innerem Gleichgewicht lernen, euren Körper zu beherrschen, Krankheiten aufzulösen, Schwächen des Fleisches zu beseitigen, die Früchte der Erde zu essen und euch an ihnen zu erfreuen, was euer Geburtsrecht ist, doch ohne euch von Essen und Trinken beherrschen zu lassen. Als drittes müßt ihr euch selbst in Harmonie und Übereinstimmung mit der Natur bringen. Ihr müßt eins mit ihr werden. Seid euch des Windes, der Berge, des Regens und der Bäume bewußt. Entwickelt euch dahin, auf sie zu lauschen, mit ihnen in Kommunikation zu treten, die Elementargeister und Devas anzuerkennen und zu wissen, daß auch sie eine Funktion auszuüben haben, die ihr respektieren müßt. Lernt als viertes, mit euch selbst und mit dem Gott in euch zu Rate zu gehen, damit ihr in Krisenzeiten ohne Zweifel, ohne Unsicherheit, ohne Abwarten wißt, was zu tun ist; allein die innere Gewißheit eurer Seelen-Evolution wird euch dann raten, was zu tun ist, damit ihr nicht dort sein werdet, wo das Verderben herannaht, damit ihr nicht leiden werdet, wenn Krankheit droht.

Wenn ihr diese vier Ziele erreichen wollt, so wird dies ohne Zweifel bedeuten, daß ihr ein Leben führen müßt, welches sich sehr von dem unterscheidet, wofür die heutige Gesellschaft eintritt. So soll es sein. Ihr werdet diese Welt dadurch verändern, daß ihr ein solches Leben führt, doch denkt daran, daß diese Lebensweise von anderen gesehen, daß sie mitten unter den Völkern der Welt vorgelebt werden muß und daß ihr Seite an Seite mit jenen arbeiten müßt, die nicht verstehen, damit ihr sie lehren könnt. Wie wollt ihr beispielsweise mittels eurer Erkenntnisse diejenigen von etwas überzeugen, die dabei sind, die gegenwärtige Gesellschaft durch ihre politischen und finanzpolitischen Ansichten zu ruinieren, wenn ihr nicht in einer Stellung seid, wo ihr Einfluß auf sie ausüben könnt? Ihr müßt mitten unter den Menschen arbeiten. Ihr müßt die Dinge mitten unter den Menschen demonstrieren. Ihr müßt mitten unter den Menschen lehren.

Daher sage ich zu den jungen Menschen der heutigen Zeit: Die Zukunft dieses Planeten liegt in euren Händen. Viele hochentwikkelte Seelen werden sich noch inkarnieren, die bei dem kommenden kataklystischen Geschehen eine wichtige Rolle spielen werden; doch bei euch, die ihr euch jetzt dem Alter von dreißig Jahren nähert, wird die Verantwortung für die Phase des Übergangs liegen, ihr werdet Tod, Krankheit und Zerstörung ins Auge sehen müssen. Wenn ihr zum gegenwärtigen Zeitpunkt nicht die Lebensform wiederherstellt, die euch früher vertraut gewesen ist, dann werdet auch ihr das Schicksal von vielen weniger entwickelten Seelen erleiden und zugrunde gehen. Wie immer liegt die Wahl bei euch, doch vergeßt nicht, daß viele von euch aus dem gleichen Grunde bei der kataklystischen Zerstörung von Atlantis ihr Leben verloren haben: Ihr seid nicht dazu bereit gewesen, euer Ego zu bezwingen und über das eigene Ich hinaus auf die gemeinsame Zielsetzung des Lebens auf dieser Erde zu achten. Ihr seid jetzt der gleichen Wahl gegenübergestellt. Die Herren des Karma haben ihre Entscheidung getroffen. Wie werdet ihr darauf antworten?

Meditation

Im heutigen Abendland ist das Interesse für die Praxis der Meditation stark angestiegen. Viele Menschen sind in den Osten gegangen, haben dort unterschiedliche Meditationsmethoden erlernt und diese zurück in den Westen gebracht. Auch hat es Besuche von sogenannten »Gurus« gegeben, die aus dem Osten gekommen sind, um den Abendländer die Meditation zu lehren. Ich möchte daher diese Gelegenheit ergreifen und euch eine Betrachtungsweise der Meditation, von den höheren Existenzebenen aus gesehen, vorstellen.

Die Meditation hat große Ähnlichkeit mit dem Gebet. Wenn du dich niederkniest und sagst: »Vater, ich bete zu Dir, daß Du mir dieses oder jenes gewähren wirst, daß Du meine Last von mir nimmst, daß Du mich gesund machen wirst, daß Du meinen Lebensweg ebnen mögest«, so schränkst du damit die gesamte Grundvorstellung und Absicht des Gebetes ein. Wenn du in den Zustand der Meditation mit dem Gedanken eintrittst, nur das eigene Selbst weiterentwickeln und für dieses Vorteile daraus ziehen zu wollen, um beispielsweise ein besseres Leben zu führen und vorwärtszukommen, dann schränkst du damit in ähnlicher Weise das gesamte Grundanliegen der Meditation ein, denn die Motivation für die Meditation sollte ebenso selbstlos und uneigennützig wie die Motivation für das Gebet sein. Wenn ich den Menschen auf der heutigen Erde betrachte und sehe, wie er selbstsüchtig um seiner eigenen Wünsche willen betet, so sehe ich ihn auch in der gleichen Art und Weise selbstsüchtig zur Unterstützung seiner eigenen Ziele meditieren. Dies entspricht nicht dem Weg des wahren Gebetes oder der wahren Meditation.

Ebenso wie du dich niederkniest und in einer Weise betest, wie es deinem Bewußtseinsgrad entspricht, so solltest du gleichermaßen bei der Meditation deiner eigenen inneren Erkenntnis gemäß meditieren, und von daher ist es ganz und gar falsch, wenn irgendein anderer kommt und dir ein Meditationssystem auferlegt. Meditation sollte eine ausschließlich persönliche Form der inneren Einkehr sein. Die Art und Weise, wie ein Mensch meditiert, unterscheidet sich von der eines anderen, und wenn du ein feststehendes Meditationssystem übernimmst, dann legst du damit in Wahrheit deiner inneren Wesensnatur Begrenzungen auf, denn jeder ist auf eine einzigartige Schwingungsfrequenz eingestellt. Es ist daher völlig falsch, wenn man hingeht und irgendeine der im Osten praktizierten Meditationsmethoden übernimmt, denn diese Methoden sind nicht nur für eine andere Rasse geeignet, sondern ihre nutzbringende Anwendbarkeit wird auch durch die Evolutionsstufe der Individuen begrenzt, welche sie entwickelt haben. Einige Meditationslehrer sind mit der höchsten Motivation in den Westen gekommen, doch andere haben sich als falsche Propheten erwiesen, denen es allein um die schmeichelnde Bewunderung ihrer Anhänger geht und die Vergnügen an der Vorstellung finden, ihre Methode, ihr System übertreffe alles übrige auf der Erde. Der Weise erkennt, daß die Meditation eine individuelle, eine persönliche Angelegenheit ist und daß dasjenige, was der eine herausgefunden hat, nicht an einen anderen weitergegeben werden kann.

Wenn wir die Meditation untersuchen, dann können allgemein zwei Aspekte bestimmt werden, die ich als die horizontale und die vertikale Ebene bezeichnen möchte. Die horizontale Ebene bezieht sich auf das Reich des Menschen, die vertikale Ebene auf das Reich Gottes. Auf der horizontalen Stufe der Meditation beschäftigt sich der Mensch gewöhnlich an erster Stelle mit sich selbst, denn er meditiert, weil er die Antworten auf die Fragen und Probleme der Welt, in der er lebt, herausfinden möchte. Er ist bemüht, ruhig zu werden, sein Persönlichkeits-Bewußtsein zur Ruhe zu bringen, die Antwort auf alle Probleme herauszufinden, mit denen er konfrontiert ist, über einen Handlungsplan zu entscheiden und sich selbst auf diese Weise zu helfen, ein harmonischeres Leben zu führen. Diese Art der Meditation ist nun ohne Zweifel eine wünschenswerte Form der Praxis, denn während du dich auf der physischen Ebene aufhältst, mußt du die Probleme lösen, mit denen du konfrontiert bist. Du mußt deinen Tag vorausplanen, du mußt dein Leben planmäßig aufbauen; wenn du den Tag ohne Planung beginnst, dann wird viel Zeit unnütz vergeudet werden, doch wenn du ihn nach einer frühen Morgenmeditation beginnst und Geist und Körper nach einer gemeinsamen Zielsetzung ausgerichtet sind, dann wirst du viel erreichen können.

Wenn du dich den Problemen des physischen Bereiches gegenübergestellt siehst, dann ist es richtig, daß du dich in die Stille zurückziehst und darüber meditierst, damit du alle Aspekte so unparteiisch wie möglich betrachten und erwägen kannst, damit du jenes Persönlichkeits-Bewußtsein, das sich so laut bemerkbar macht, überprüfst und gleichzeitig einmal zum Schweigen bringst, damit du nach der Antwort, nach dem Weg suchen kannst, den du einschlagen solltest. Es ist auch richtig, daß du versuchen solltest, aus deiner Erfahrung damit eine gewisse Erkenntnis über Sinn und Zweck des Lebens abzuleiten, daß du die darin für dich enthaltenen Lektionen erkennen solltest, daß du die Geschehnisse des Tages – deine Gedanken, Worte und Handlungen – betrachtest und vielleicht etwas in ihnen wahrnimmst, was dein Wissen und deine Erkenntnis über das Leben Fortschritte machen läßt. Für alle diese Dinge ist die horizontale Ebene der Meditation daher von Wichtigkeit, doch wenn du dich weiterentwickelst, so wirst du bald über diese Stufe hinausgelangen und den Wunsch haben, mehr über den Kosmos und die wahre Natur Gottes zu wissen. Du wirst dann beginnen, auf der vertikalen Ebene, über den kosmischen Aspekt zu meditieren. Du wirst nach dem Reich Gottes anstatt nach dem Reich des Menschen streben.

Wenn du dich im Zustand der Meditation auf der vertikalen Ebene befindest, so bist du einzig und allein darum bemüht, dich selbst in deiner Schwingung auf die Göttlichkeit einzustellen. Es ist daher von Wichtigkeit, daß du in diesem Meditationsstadium einen klaren Geist hast, daß du dein physisches Gehirn, welches die Tageserinnerungen und alles Vorgefallene speichert, zur Ruhe gebracht hast, damit du in der inneren Stille des Geistes in wirkliche Kommunikation mit deinem höheren Selbst treten kannst, denn dieses verbindet dich mit der Göttlichkeit. Die Zielsetzung dieser Meditationsform besteht deshalb darin, dich in Verbindung mit deinem höheren Selbst zu bringen, damit dir das Wissen, jegliche Erkenntnis über das Leben, die du jemals erworben hast, gemeinsam mit dem Wissen vom Kosmos verfügbar ist.

Dem inneren Wesen dieser Meditationsform entspricht es, daß du meditierst, um zu geben und nicht, um selbst etwas zu empfangen. Du sitzt da und sendest die Kraft deines Seins in den Kosmos aus. Tritt daher in diesen Meditationszustand nicht mit Gedanken hinein, die sich um das niedere Selbst drehen, um das, was du erreichen oder wie du deine Bewußtheit erhöhen kannst. Es geschieht dadurch, daß du meditierst und dich selbst darbietest, daß du – fast in der Form eines Gebetes – die Kraft deines innersten Seins in den Kosmos aussendest und jenen höheren Wesen zur Verfügung stellst, die über die schicksalhafte Bestimmung dieses Planeten herrschen und wachen, daß du selbst dafür das Wissen des Kosmos empfangen wirst.

Es gibt viele Möglichkeiten und Wege, wie Meditation ausgeführt werden kann. Es bleibt dir als Individuum überlassen, diejenige Art und Weise herauszufinden, die am besten für dich geeignet ist. Sei, wie schon gesagt, auf der Hut vor jenen, die systematische Methoden lehren, denn Meditation bedeutet eine vollständig persönliche Verbindung zur Göttlichkeit, die nicht nachgeahmt werden kann, und nur du allein kannst diese Verbindung herstellen. Natürlich können dich höherentwickelte Seelen auf dem zu deiner Meditationsform hinführenden Weg unterstützen und anleiten, doch der kluge Lehrer weiß, daß der Schüler die für ihn am besten geeignete Methode selbst erlernen muß und ermutigt ihn deshalb dazu, aus seinem eigenen Inneren den Weg zutage treten zu lassen, der seinem Bewußtsein am ehesten entspricht.

Meditation kann einzeln oder in einer Gruppe ausgeübt werden. Es ist wichtig, daß beide Formen aufgegriffen werden, besonders Gruppenmeditation, denn wenn zwei oder drei Menschen zur Meditation zusammengekommen sind und die ihnen eigene Kraft dem Kosmos darbieten, dann verbindet sich diese Energie mit ähnlichen Kräften überall auf der Welt und übt eine starke Wirkung auf die Transformation dieses Erdballs aus. Es gibt Organisationen, die göttlicher Inspiration folgen und die Menschen dahin bringen wollen, zu festgesetzten Stunden des Tages zu meditieren, damit die starke, zu diesen Zeiten hervorgebrachte Kraft dann von den hohen Wesen der geistigen Hierarchie genutzt werden kann. Es ist ebenfalls von Bedeutung, daß du, als Einzelwesen, dich hinsetzt und meditierst, daß du dich selbst in Harmonie mit der Göttlichkeit bringst, denn ohne dies wirst du nicht in der Lage sein, diese Welt verändern zu können.

Ich möchte dir ein praktisches Beispiel dafür geben. Wenn du auf der physischen Ebene mit einer problematischen Beziehung konfrontiert bist, so kannst du diese schwierige Situation dadurch lösen, daß du dich selbst in Übereinstimmung bringst, damit du hoch in den Kosmos reichen und auf den höheren Existenzstufen in Kontakt mit jenem Menschen treten kannst, mit dem dich ein Problem verbindet. Du kannst natürlich versuchen, dieses Problem ausschließlich auf der physischen Ebene zu lösen, doch wie häufig ist dieser Weg aufgrund des Persönlichkeits-Bewußtseins zum Scheitern verurteilt? Durch diesen Vorgang aber, zuerst nach oben und dann nach unten zu gehen, kann die Kraft deines wahren Wesens und die wirkliche Natur deiner Gedanken jenem Menschen mitgeteilt und übertragen werden, mit dem du dich in Konflikt befindest. Ehe du jedoch dein wahres inneres Wesen nicht in einen Zustand der Harmonie gebracht hast, kannst du derartige Wunden nicht auf eine solche Art und Weise zu heilen versuchen.

Betrachte deine Meditation so, als würdest du beten, denn sie ist eine heilige Form der Kommunikation und des Verbundenseins. Sie ist ein Akt des Bittens, ein Akt des Gebens und sollte keine Methode sein, selbst etwas erreichen oder empfangen zu wollen, obwohl viele sie in der heutigen Zeit auf diese Art und Weise nutzen. Selbstverständlich trifft es zu, daß du in der Meditation persönlichen Trost, Erleichterung und innere Geistesruhe finden kannst und vielleicht zu einer harmonischeren Lebensform gelangst, doch sind dies Begleiterscheinungen, keine Hauptziele der Meditation. Ihr alle solltet versuchen, morgens und abends zu meditieren, wobei ihr euch am Morgen auf die horizontale Ebene und am Abend auf die vertikale Ebene ausrichtet. Sei dir jedoch dessen bewußt, daß Meditation kein Zustand ist, in den man sich nur ein- oder zweimal am Tag hineinversetzen muß. Sie entspricht einem ständigen Seinsakt, einer Daseinsform, und wenn du einmal dein Bewußtsein auf diese höheren Stufen erhoben hast, dann wirst du feststellen, daß Meditation in jeder Minute, in jeder Stunde des Tages gegenwärtig ist und daß in dir eine immerwährende Verbindung zu deinem Schöpfer existiert. Während du deinem Lebensweg folgst, mit deinen Mitmenschen in Berührung kommst und die Prüfungen und Mühen des Lebens erfährst, wirst du derart in Einklang mit deinem höheren Selbst sein, daß du ein Leben der vollkommenen Harmonie und Liebe führen wirst.

Versuche daher, während du im Augenblick ein- oder zweimal am Tag meditieren magst, dir klarzumachen, daß du dich während deines gesamten Tages im Wachzustand in Meditation befinden solltest. Dies bedeutet nicht, daß du dich in eine Traumwelt verlieren sollst, sondern daß du dich, während du mit den Tagesproblemen konfrontiert bist, bewußt auf dein höheres Selbst einschwingst. Dein Bewußtsein wendet sich nach oben zu den Bereichen der höheren Wesen anstatt nach unten zu den Schwingungen deiner Mitmenschen. Wenn du wirklich aus deinem innersten Sein dasjenige hervortreten lassen willst, was du während vieler Leben durch zahllose Mühen, Schmerz und Leiden in Erfahrung gebracht hast, dann mußt du damit beginnen, dich auf dieses höhere Bewußtsein einzustimmen.

Worin liegt der Zweck deiner Inkarnation auf dieser irdischen Ebene, wenn du die deinem wahren Wesen innewohnende Weisheit unbeachtet läßt?

Worin liegt der Sinn deiner Inkarnation, wenn in dir selbst die schicksalhafte Bestimmung deines Lebens, die Zielsetzung, weshalb du gekommen bist, die Lektionen, mit denen du konfrontiert sein wirst, und das Erkenntnisvermögen deines wahren Wesens zu finden sind, und du diese Quelle dennoch verleugnest?

Du magst jetzt zu erkennen beginnen, warum Meditation den Schlüssel zu deiner Evolution darstellt. Sie ist der einzige Schlüssel, denn bevor du nicht das Tor zu deinem höheren Bewußtsein aufgeschlossen hast, wirst du die Sinngebung des Lebens auf dieser Erde nicht wirklich erfahren können. Wenn ihr alle euch daher nur große Mühe geben werdet, damit ihr eure Fähigkeit zur Meditation verbessert und in Kontakt zu eurem höheren Selbst tretet, dann werdet ihr zu einer Evolutionsstufe aufgestiegen sein, von welcher ihr niemals wieder herabfallen könnt, und in euren künftigen Inkarnationen werdet ihr diese Bewußtheit über das Leben weiterhin aufrechterhalten.

Abschließend möchte ich euch alle dazu auffordern, die Meditation mit anderen Augen zu betrachten. Überprüft die Motivation, die eurer eigenen Meditation zugrunde liegt. Richtet ihr eure Gedanken horizontal oder vertikal aus, denn durch die Art und Weise dieser Ausrichtung lenkt ihr eure Meditation? Wenn ihr eure Augen nach oben richtet, dann werdet ihr wahrhaft aufwärtssteigen, doch wenn eure Augen nur nach unten auf das Reich des Menschen gerichtet sind, dann werdet ihr auf der Stufe des Menschen bleiben. Wie immer liegt die Wahl bei euch.

Die schicksalhafte Bestimmung von Deutschland

Wenn ich heute über die schicksalhafte Bestimmung von Deutschland zu euch spreche, so ist es wichtig, daß wir uns von Anfang an darüber im klaren sind, was mit Deutschland gemeint ist; denn es gibt eine deutsche Rasse *und* eine deutsche Nation, einen Staatsverband. Wenn ich das Wort »Rasse« verwende, so gebrauche ich es nicht im Sinne der vier Wurzelrassen – der schwarzen, der weißen, der roten und der gelben Rasse – als den ursprünglichen Keimen, aus denen sich die Menschheit entwickelt hat, sondern vielmehr mit der Bedeutung, daß es sich bei Deutschland um eine Unterrasse des Evolutionsstromes der weißen Rasse handelt. Die deutsche Rasse wird durch die kennzeichnenden Merkmale von Rassenzugehörigkeit, Sprache und Karma bestimmt. Die deutsche Nation, der deutsche Staat, ist eine politische Institution, die von Zeit zu Zeit von Teilen der Rasse gebildet wird und deren letzte erst seit hundert Jahren besteht. Daher ist dasjenige Deutschland, von dem wir heute sprechen, eine sehr junge Nation und hat als solche viele Lektionen zu erlernen.

Die deutsche Rasse ist, im Unterschied zum deutschen Staat, ebenso alt wie die Menschheit. Sie hat seit der Entstehung der abendländischen Kultur existiert, die viele Zeitalter zurückliegt. Wenn wir daher die Probleme des heutigen Deutschland und im besonderen die gegenwärtig bestehende Teilung des Landes zwischen Ost und West betrachten, so sollten wir klar erkennen, daß es sich dabei um eine politische und wirtschaftliche, um eine Teilung der *Nation* handelt und nicht um eine Teilung der Rasse im eigentlichen Sinne des Wortes; denn eine Rasse, die in sich selbst eine Einheit darstellt, kann niemals gespalten werden – ungeachtet dessen, welche politischen Institutionen zu der jeweiligen Zeit existieren. Wenn die Deutschen dieser Tatsache zum gegenwärtigen Zeitpunkt nur Beachtung schenken und ihr spirituelles Erbe und die Einheit der Rasse anerkennen würden, dann würde keine politische Teilung existieren.

Ich möchte heute hauptsächlich über die schicksalhafte Bestimmung von Deutschland sprechen. Ich möchte nicht allzu lange bei der Vergangenheit verweilen, denn da die heute blühende Blume aus dem Samenkorn des vergangenen Jahres hervorgegangen ist, da vieles von dem Karma, das zum gegenwärtigen Zeitpunkt angenommen und umgewandelt werden muß, während der vergangenen hundert Jahre geschaffen wurde, müssen wir diesen Zeitraum einer Überprüfung unterziehen, um daraus zu lernen und zu erkennen, warum sich bestimmte Geschehnisse ereignet haben.

Deutschland hat, als eine derart junge Nation, im Verlauf von weniger als hundert Jahren zwei Weltkriege auf sich gezogen. Es hat in der Tat vielleicht den größten Krieg geführt, den diese Erde jemals erlebt hat. Die Gründe dafür sind vielfältig und komplex, doch sie haben hauptsächlich damit zu tun, daß Deutschland eine so junge Nation ist. Es hatte ein Gefühl von Unterlegenheit und empfand die Notwendigkeit, sich selbst auf vielen Ebenen Ausdruck zu verschaffen – politisch, wirtschaftlich, notfalls mit Waffengewalt, um damit die Präsenz und Überlegenheit des neuen deutschen Staates fest zu begründen. Eine höherentwickelte deutsche Nation, welche die Wurzeln anerkennen würde, aus denen die deutsche Rasse hervorgegangen ist, würde sich nicht in dieser Weise verhalten müssen, denn durch das Wissen um die Merkmale und Werte der deutschen Rasse würde sie nicht das Bedürfnis verspüren, diese mittels Gewalt zum Ausdruck zu bringen; sie würde vielmehr in der Stärke ihrer eigenen Weisheit Sicherheit finden. Während ihrer gesamten Geschichte, sowohl der bekannten als auch der unbekannten, ist die deutsche Nation emporgestiegen und wieder gefallen, ist sie zusammengeschlossen worden und hat sich wieder aufgelöst. Viele kleine Staaten, viele kleine Fürstentümer schließen sich zu einer Nation zusammen, um den Grundgedanken des germanisch-deutschen Wesens zu veranschaulichen, und durch den Mißbrauch eben dieser charakteristischen Wesenszüge wird die Nation dann wieder zerteilt und muß sich einem Zeitraum des Lernens und der Belehrung unterziehen, bevor sie wieder vereint werden kann.

Der Zyklus, den wir gegenwärtig erleben, hat in den Jahren um 1870 begonnen, als die kleinen Königtümer wieder einmal zu einem deutschen Staat zusammengeschlossen wurden. Aufgrund zahlreicher Umstände hatte diese Nation jedoch die vorgesehene Entwicklungsstufe an geistiger und physischer Reife erneut nicht erreicht. Immer noch war bei den Deutschen die Neigung vorhanden, sich selbst als einzigartig und überlegen, als eine »Über-Rasse« zu betrachten. Ebenfalls gegenwärtig waren ihre Bereitschaft zum Krieg um ihrer eigenen Interessen willen – ein charakteristisches Merkmal, das in früheren germanisch-deutschen Zyklen demonstriert worden war – sowie ihr Wunsch, eine beherrschende Macht in der

Welt zu sein. Beide Kennzeichen lassen sich bei jungen Völkern feststellen und können auch in der heutigen Welt bei einigen der aufsteigenden Nationen beobachtet werden. Aufgrund vieler Faktoren war es daher bei dieser Sachlage zuerst für Kaiser Wilhelm und dann für Adolf Hitler möglich, an die Macht zu gelangen und das deutsche Volk unter ihre Herrschaft zu bringen.

Beiläufig ist die Feststellung interessant, daß Hitler der letzte der sogenannten »großen Eroberer« gewesen ist, die während des gesamten geschichtlichen Verlaufs der abendländischen Zivilisation in Erscheinung getreten sind. Dieser Entwicklungsweg hat mit Cäsar begonnen, hat mit Napoleon seinen Höhepunkt erreicht und ist schließlich für immer verschwunden; denn der Evolutionszyklus des Abendlandes wird nun dadurch bestimmt, daß das Schicksal seiner Nationen und Völker nicht mehr entschieden wird durch das Charisma und die Führerschaft eines Mannes oder einer Frau, durch ihre Fähigkeit, ein Land zu vereinen und zu ungeahnten Höhen zu führen, wobei ein Großteil seiner Bewohner in Unwissenheit oder Teilnahmslosigkeit lebt und sich seinen Führern voller Vertrauen und Hoffnung anschließt. Künftig wird die schicksalhafte Bestimmung von Nationen durch ihre Bewohner mittels der Anwendung des demokratischen Prinzips, durch das Bewußtsein von einem allgemeingültigen Willen und einer universellen Zielsetzung gelenkt werden. Die Führer werden sich nach den Wünschen und Hoffnungen der Völker richten. Es wird durch das Wesen des Evolutionszyklus, in dem ihr gegenwärtig lebt, im Abendland nicht mehr möglich sein, daß ein einzelner Mensch einer ganzen Nation seinen Willen auferlegen kann.

Im Deutschland der Jahre nach 1930 hat es jedoch anders ausgesehen. Die überwiegende Mehrheit des deutschen Volkes strahlte eine starke *negative* Energie aus und war von einem Gefühl der Hoffnungslosigkeit ergriffen. Es läßt sich heute leicht erkennen, auf welche Art und Weise eine kleine Gruppe von *positiven* Menschen so rasch an die Macht gelangen und einen derart starken Einfluß ausüben konnte. Deutschland wurde durch das Blendwerk von Hitler und seine gedanklichen Vorstellungen verführt – und zwar bereitwillig. Das deutsche Volk hatte natürlich sowohl wirtschaftliche als auch politische Schwierigkeiten, doch die Seelen von hoher Weisheit, die mitten unter ihm lebten, waren nicht darauf vorbereitet, hervorzutreten und beispielgebend zu sein, waren nicht bereit dazu, ihr Licht zu zeigen und bei der deutschen Rasse ein wahres Bewußtsein für ihre Zielsetzung und schicksalhafte Bestimmung zu begründen. Natürlich gab es einige große Seelen, die für die lichten

Kräfte eintraten und versuchten, das deutsche Volk zu lenken, doch mangelte es ihnen an Unterstützung. Sie wurden nicht beachtet, und als Hitler zur Macht aufstieg, konnten die dunklen Kräfte damit beginnen, ihren Willen in Deutschland durchzusetzen.

Während das deutsche Volk die Verantwortung dafür trug, daß Hitler und seine Partei die Macht ergreifen konnten, sollten wir davon ausgehen, daß die Geschehnisse, die sich in Deutschland und in der Folgezeit überall auf der Welt ereigneten, von weitaus höheren Kräften als dem deutschen Volk selbst verursacht worden sind. Tatsächlich standen die sieben Männer, welche den inneren Kreis der Nationalsozialistischen Partei bildeten, im Schatten von einflußreichen, übelwollenden Wesenheiten, und dasjenige, was während des Zweiten Weltkrieges auf der Erde Form annahm – angefangen von den schwerwiegendsten bis hin zu den geringfügigsten Handlungen der Nazis –, erfolgte unter der Einwirkung dieser böswilligen Wesen. Während Hitler und die innere Nazi-Clique anfänglich die Verantwortung für ihr Handeln trugen und ihre eigenen Wünsche und gedanklichen Vorstellungen ihre Antriebskraft war, wurden sie allmählich von diesen Wesen in Besitz genommen und waren sich am Ende über ihr Tun vollkommen unbewußt. Die Kräfte des Bösen, welche durch sie in Erscheinung traten, waren die Folge aus einem weitaus größeren Kampf auf den höheren Sphären des Lebens.

Diese Tatsache sollte das deutsche Volk zum gegenwärtigen Zeitpunkt klar erkennen und keine Schuldgefühle haben. Das soll nicht heißen, daß dasjenige, was sich zugetragen hat, abgeleugnet oder ignoriert werden sollte und daß aus dem Geschehenen kein Karma entstanden ist. Die Verantwortung dafür muß anerkannt und das Negative umgewandelt werden. Es waren jedoch höhere Kräfte am Werk, als es die Menschheit heute vermutet, und die Tatsache, daß sie sich zu diesem Zeitpunkt in Deutschland manifestierten, erklärt sich aus der Gelegenheit, die sich ihnen aus dem Evolutionsstadium dieser Nation anbot. Es gibt viele Länder im Abendland, die eine ebenso wechselvolle Vergangenheit wie Deutschland aufweisen, als sie die entsprechende Evolutionsstufe durchschritten haben. In der Tat kann kein Land im heutigen Abendland auf seine Vergangenheit zurückblicken und behaupten, daß nichts daran zu tadeln und zu bemängeln sei, denn sie alle sind diesen Weg gegangen und haben diesen Aspekt der Evolution selbst erlebt. Die Tatsache, daß die Nazis und Hitler eine Niederlage erlitten, ist auf einen Kampf zurückzuführen, der auf den höheren Existenzebenen ausgetragen wurde. Die Alliierten, die den Krieg gewannen, waren tatsächlich Werkzeuge des göttlichen Willens und der göttlichen Zielsetzung.

Dennoch muß man auch klar erkennen, daß die dunklen Kräfte immer noch die Oberhand hätten behalten können, wenn die Alliierten den Kampf auf der physischen Ebene nicht dank ihrer eigenen seelischen Willenskraft und Entschlossenheit gewonnen hätten.

Nach dem Kriege war Deutschland in Trümmer verwandelt. Sein Volk war moralisch, physisch und geistig völlig zerstört, denn das Übel mußte gänzlich ausgelöscht werden – Halbheiten hätte es dabei nicht geben dürfen. Selbst wenn die Nazis um Frieden ersucht hätten, wäre er ihnen nicht gewährt worden, denn unter den Alliierten gab es weise Seelen, die erkannten, daß die negativen Kräfte dauerhaft durch das Feuer der Reinigung, durch eine völlige Ausmerzung des Übels, beseitigt werden müßten, damit eine neue Nation aus den Trümmern der alten hervorgehen könnte. Daher bedeuteten die Bombardierungen und Zerstörungen in Wirklichkeit eine Reinigung für Deutschland.

Wenn wir Deutschland heute betrachten, so erblicken wir ein Land, das in politischer und finanzieller Hinsicht ebenso stabil, wenn nicht sogar stabiler, als die Alliierten ist, die es besiegt haben. In einem derart kurzen Zeitraum ist sehr viel erreicht worden. Die Willenskraft der deutschen Nation, ihre seelische Entschlossenheit ist beispielhaft für die übrige Welt geworden. Es gibt manche, die heute voller Neid auf Deutschland blicken. Es gibt manche, die heute die »Überlegenheit« der deutschen Rasse anerkennen, und zwar nicht wegen ihrer Waffengewalt, sondern wegen der Stärke ihres Willens und ihrer Technologie – um derjenigen Dinge willen, die sie in Friedenszeiten erreicht hat. Ihre beispielgebende Wirkung ist dadurch um vieles größer, als sie jemals durch kriegerische Handlungen oder Eroberungen hätte werden können.

Natürlich ist die Vergangenheit im heutigen Deutschland immer noch gegenwärtig. Dies läßt sich nicht leugnen, denn die Kinder und Kindeskinder werden von den Sünden ihrer Väter heimgesucht. Das heute existierende Deutschland unterscheidet sich jedoch sehr stark von dem Deutschland vor fünfzig Jahren. Für diejenigen Seelen, die in den vergangenen Jahren geboren worden sind, besteht keine Notwendigkeit, irgendein Schuldgefühl für das zu empfinden, was sich ereignet hat. Sie sollten in sich den glühenden Wunsch verspüren, den Schandfleck auf dem guten Namen der deutschen Rasse zu entfernen, sich aber nicht schuldig fühlen. Tatsächlich trennt dieses charakteristische Merkmal die junge von der älteren Generation und führt zu Konflikten in der heutigen Nation.

Was sehe ich daher im heutigen Deutschland? Worin besteht seine Aufgabe und schicksalhafte Bestimmung? Wenn die Lektion des letzten Jahrhunderts erlernt worden ist, wenn Aufstieg und Fall von Hitler wirklich im rechten Lichte gesehen, wenn die Kräfte des Lichtes und der Finsternis und der Kampf, der geführt und dann verloren wurde, erkannt worden sind, ist Deutschland dann auf die noch größere Herausforderung vorbereitet, mit der es sich in nicht allzu ferner Zukunft konfrontiert sehen wird? Denn die strategische Position des heutigen Deutschland zwischen Ost und West, zwischen dem Kommunismus und der sogenannten Freien Welt, sucht ihresgleichen. In der Tat spiegelt das heutige Deutschland diesen Konflikt sogar innerhalb seiner eigenen Nation mit der Teilung in Ost und West wider: Diese Nation versinnbildlicht den größeren Kampf, der gegenwärtig in der Welt stattfindet. Sie stellt sozusagen ein mikrokosmisches Abbild des Makrokosmos dar. Wenn Deutschland die Rasse höher als die Politik, die Seele höher als das Ego stellen kann, dann wird es für die Welt, als Ganzes gesehen, ein großes Vorbild sein. Die Frage, der sich das deutsche Volk heute gegenübersieht, heißt, ob sein Land zu einem Schlachtfeld zwischen Ost und West werden wird. Wird es erneut in Krieg, Tod und Zerstörung zurückgeführt werden, oder wird es sich durch die richtige Veranschaulichung des wahren Charakters seiner Rasse und seiner Seele zusammenschließen und zu der Transformation der Welt für das Neue Zeitalter beitragen?

Die hauptsächliche Lektion für die deutsche Rasse besteht darin, das spirituelle Prinzip der harmonischen Evolution mittels Konflikt zu erlernen und beispielhaft zu demonstrieren. Der Konflikt ist für die Evolution notwendig; er ist nicht negativ anzusehen, denn dasjenige, was momentanen Konflikt im Denken hervorruft, bewirkt auch Wachstum und Evolution. Die Deutschen können den Konflikt, der gerade jetzt mitten unter ihnen zwischen Ost und West vorhanden ist, beherrschen lernen und in ihrer Einigkeit eine Lektion aufzeigen, welche das Erstaunen der Welt hervorrufen wird. Die beiden Teile können sich zu einem verbinden und in dieser Einheit die charakteristischen Kennzeichen der Rasse, nicht der Nation, demonstrativ zum Ausdruck bringen. Die Welt kann zwar eine geteilte Nation, nicht aber eine vereinte Rasse ignorieren.

Daher ist heute für die hochentwickelten Seelen, die in Deutschland geboren wurden, ein Zeitpunkt gekommen, sich für das einzusetzen, sich mit den innersten Kräften ihres Seelen-Wesens um die Begründung und Manifestation dessen zu bemühen, was sie als die Wahrheit für sich selbst und für ihre Rasse erkennen. Dies erfordert Opfer und wird außerdem Konflikt verursachen. Die Gefahr, der sich das deutsche Volk heute gegenübersieht, besteht darin, daß es den Weg des Materialismus beschreiten wird, daß es – wie in der Vergangenheit – das Physisch-Materielle höher als das Geistig-Spirituelle stellen und damit Kräften der Negativität Einlaß gewähren wird. Wenn dies geschieht, dann werden andere Länder der Erde Deutschland mit materialistischen Augen betrachten, und der materielle Reichtum und die Sicherheit, die es sich geschaffen hat und die es nicht mit Waffengewalt verteidigen kann, wird ihm durch Waffengewalt wieder fortgenommen werden. Das aber, was es an spirituellen Werten erlangt hat und was es als Teil der Seelen-Kennzeichen der deutschen Rasse praktisch demonstriert, kann ihm niemals genommen werden, sondern wird vielmehr freiwillig gegeben, und dies wird die Einheit von Europa herbeiführen.

Das deutsche Volk blickt daher einer großen Herausforderung entgegen. Wird es, in Unwissenheit um seine wahren spirituellen Werte und die Werte seiner Rasse, den Weg des Materialismus einschlagen? Wird es erneut zu einer Wiederholung der dreißiger Jahre kommen, so daß, wenn die Herausforderung kommt und die wenigen Seelen von starker lichter Kraft sich in diesem Lande erheben und sich zugunsten der deutschen Rasse gegen diese Herausforderung aussprechen, sie entweder aufgrund von Gleichgültigkeit oder um materieller Vorteile und nationalen Stolzes willen keine Beachtung finden werden? Wird Deutschland erkennen, daß das deutsche Volk keine »überlegene« Rasse von Gottes Gnaden ist und daß die gegenwärtige deutsche Nation nicht mit Hilfe von materieller Gewalt überleben kann, wie sie es in der Vergangenheit versucht hat, und ihr Ziel nicht auf dem Weg erreichen wird, den sie in diesem Jahrhundert bereits zweimal eingeschlagen hat? Wird Deutschland erkennen, daß die deutsche Rasse ihre schicksalhafte Bestimmung und Aufgabe erfüllen kann, wenn sich seine Menschen nur nach innen, der Kraft des Geistes zuwenden werden? Werden sie offen sein für die kosmischen Mächte, die jetzt diese Rasse umgeben, für die großen Kräfte, unter deren Schutz sie stehen und die zum gegenwärtigen Zeitpunkt die wahre Zielsetzung von Deutschland fest in ihnen zu verwurzeln suchen? Werden sie diese Gelegenheit ergreifen, ihrer schicksalhaften Bestimmung zu folgen, Ost und West miteinander zu verbinden, Europa zu vereinen und unter Beweis zu stellen, daß selbst im allergrößten Konflikt immer noch Liebe, immer noch Einigkeit herrschen kann? Dieser Herausforderung sieht sich Deutschland heute gegenübergestellt.

Innerhalb dieses Landes vollzieht sich bereits eine langsam wachsende Entwicklung nach vorn und nach oben. Besonders unter den jungen Menschen existiert eine zunehmende Unzufriedenheit mit dem Streben nach ausschließlich materiellem Gewinn und Fortschritt, mit dem Wunsch nach Größe durch Reichtum und Technologie. Es muß sich dabei um einen Teil der deutschen charakterlichen Wesensart handeln, doch ist es nicht der wichtigste Teil, und dies beginnen jetzt viele zu erkennen. Das deutsche Volk muß sich nach innen wenden; es muß nach jenen Werten suchen, die es während seiner gesamten Geschichte unterstützt und getragen haben. Es muß sich über die spirituellen Wesensmerkmale und Fähigkeiten seiner Rasse bewußt werden und versuchen, diese Eigenschaften fest zu verwurzeln und beispielhaft zu verkörpern, um auf diese Weise die Welt zu lehren. Darin besteht sein angestammtes Geburtsrecht, und dies ist auch sein Karma. Es bleibt nun nicht mehr viel Zeit. Schon sind Kräfte außerhalb seiner Kontrolle freigesetzt worden, und auf den höheren Existenzebenen hat bereits ein Kampf zwischen Licht und Finsternis begonnen. Bald schon werden die dunklen Kräfte zur Herausforderung antreten und versuchen, die deutsche Nation zu verführen. Möge diese Nation auf die Stimme der Rasse hören. Möge sie die Kräfte des Lichtes beachten. Möge sie sich ihrer Verantwortung bewußt sein. Möge sie aus ihrer Vergangenheit lernen und ihrer ruhmvollen Zukunft entgegenstreben.

Der Christus des Wassermann-Zeitalters

Wenn ihr euch in der heutigen Welt umschaut, so könnt ihr viele falsche Religionen, viele falsche Dogmen, viele falsche Propheten erkennen – die tönernen Götzenbilder, an die sich der Mensch klammert, damit er der Realität seiner persönlichen Verantwortung ausweichen kann, den Christus in sich selbst anzuerkennen. Seine vielen weltlichen Lehrer und religiösen Führer haben ihn zu dem Glauben veranlaßt, daß er immer nach außen blicken, daß er sich an sie wenden müsse für spirituellen Beistand in seinem Leben und Unterweisung darin, wie er denken und was er glauben sollte. Nirgendwo tritt dies deutlicher zutage als bei der heutigen religiösen Einstellung gegenüber dem Christfest. Eine einzige Religion hat die Verantwortung auf sich genommen, stellvertretend für den Christus zu stehen und hat seine Lehren überall auf der Welt verbreitet; sie hat ihre Unfehlbarkeit erklärt und behauptet, daß die Menschen an die Auslegung der Kirche glauben müßten, wenn sie Christus verstehen wollten. Diese Auslegung entspricht jedoch nicht der Wahrheit und ist in der Tat dafür verantwortlich, Millionen von Seelen in die Irre geleitet zu haben, die ihren Lehren gefolgt sind. Der Christus ist ein Licht, eine Form der inneren Erleuchtung, eine Grundwahrheit für alle Menschen, alle Religionen, alle Glaubensbekenntnisse, für alle Hautfarben und Rassen. Das Licht des Christus ist nicht allein im Besitz der christlichen Religion. Es ist der inneren Natur eines jeden Wesens auf dieser Erde eingeprägt, und wenn dieses Licht verstanden und seinem Beispiel gefolgt wird, dann wird die Menschheit auf der ganzen Welt Erlösung finden.

Für das jetzige Zeitalter ist es ganz selbstverständlich, daß der Mensch die physische Form als wesentlichen Bestandteil des Lebens betrachtet. Nachdem er gerade das Fische-Zeitalter durchlebt und erfahren hat, ist er hauptsächlich mit den physischen Aspekten des Lebens und dessen Begrenzungen, wie sie durch seine fünf Sinne festgelegt werden, beschäftigt. Ehe daher nicht eine kosmische Kraft physische Gestalt auf der Oberfläche der Erde annimmt, wird der Mensch nur zögernd und widerstrebend ihre Bedeutung verstehen oder erkennen können. Deshalb sind hochentwickelte Wesen in physischer Gestalt auf der Oberfläche dieser Erde erschienen.

Die Form des Christus hat sich zuletzt durch den Nazarener auf der Erde manifestiert; durch seine Gestalt wurde der Christus auf der physischen Ebene begründet und zum Ausdruck gebracht. Er war die Ausdrucksform für das Christus-Prinzip zu Beginn des Fische-Zeitalters, und seine Lehren haben das Leben vieler Menschen im Verlauf dieses Zeitalters bestimmt und mit Licht erfüllt. Der Mensch hat natürlich viele Lehren des Nazareners falsch erklärt und ausgedeutet; in der Tat sind einige von ihnen sogar dahingehend verändert worden, die eigenen Lebensanschauungen des Menschen zu bestärken – doch immer noch ist die Schwingung des kosmischen Geistes in seinen Worten lebendig. Ihr tretet jetzt in das Wassermann-Zeitalter ein. Der Christus für dieses Zeitalter wird bald erscheinen, und daher möchte ich euch mit dieser Lesung vorbereiten und zu einem Verständnis des Christus für das Wassermann-Zeitalter führen. Dies soll nicht heißen, daß sich der Christus des Wassermann-Zeitalters von dem Christus des Fische-Zeitalters unterscheiden wird, doch wird die Form, die das Christus-Prinzip auf der Erde annehmen wird, anders aussehen, denn der Christus des Fische-Zeitalters findet, besonders bei der heutigen Jugend, in diesem, dem Wassermann-Zeitalter, keinen Anklang mehr.

Wenn ihr zum Mond aufblickt, dem Trabanten der Erde, so ist die interessante Tatsache festzustellen, daß ihr dort einen Himmelskörper erblickt, der zwar Form, aber kein sichtbares Leben im Gegensatz zu eurer Erde hat, die eurer Kenntnis nach sowohl Form als auch Leben besitzt. Dies ist der Fall, weil sich die Schwingungsfrequenz des Lebens auf dem Mond von jener auf der Erde unterscheidet. Würde sich die Schwingungsfrequenz des Lebens auf der Erde jedoch verändern, wie dies in den kommenden Jahren passieren wird, dann könnt ihr euch vielleicht vorstellen, daß Wesen auf dem Mond existieren könnten, die auf die Erde herabblicken und nicht mehr die Ausdrucksform des Lebens, so wie sie dann sein wird, wahrnehmen würden. Sie würden die Erde, ebenso wie ihr jetzt den Mond, als öden und unbelebten Planeten betrachten. Die physische Ausdrucksform kann in vielfältiger Weise in Erscheinung treten, was von der Frequenzzahl der Materie und von der Schwingungsrate des Lebens auf dem betreffenden Planeten abhängt. Mit dem Eintritt in das Wassermann-Zeitalter wird sich die Struktur der Materie auf der Erde verändern. Die Schwingungsrate der Erde wird sich erhöhen und die Frequenzzahl der Materie beschleunigen, denn der gesamte Sonnenkörper bewegt sich auf einer aufwärts führenden Evolutionsspirale fort. Daher wird sich die physische Gestalt des Lebens auf dieser Erde verändern, und da der Christus innerhalb jeder

Lebensform auf dieser Erde existiert, so wird auch seine äußere Erscheinung eine andere sein.

Das Grundprinzip des Christus, das er auf dieser Erde ausstrahlt, die Wahrheit, welche sowohl die Menschheit als auch diese Erde erlösen wird, besteht in aufopfernder und dienender Liebe. Der Christus verkörpert daher den Geist des Dienens, der Aufopferung und des Verzichtes auf das eigene Selbst, damit sich der Mensch durch die Beherrschung der niederen Elemente seines Seins dazu erheben kann, ein Werkzeug des Dienens zu werden. Darin hat sicherlich eine der wichtigsten Demonstrationen des Nazareners bestanden. Er hatte sein Wesen durch viele Inkarnationen, durch viele Anfechtungen, Prüfungen und Initiationen derart vollkommen gemacht, daß er bei seiner erneuten Inkarnation zu jenem Zeitpunkt dazu befähigt war, ganz von dem Christus-Prinzip erfüllt zu werden und den Christus in physischer Form zu verkörpern. Das Leben des Nazareners war dazu bestimmt, das aufzuzeigen, was der Mensch erreichen und was er tun kann, wenn auch er ganz von Christus durchdrungen ist. Glaubt jedoch nicht, daß der Christus nur in einigen Wesen von hoher Evolutionsstufe gegenwärtig sei. Der Christus-Ausdruck existiert in euch allen, und das Licht, das ihr ausstrahlt, das Christus-Licht, wird sich nur entsprechend eures Bewußtseinsgrades, eurer Seelen-Erkenntnis unterscheiden, in Übereinstimmung mit dem, was ihr sowohl im Verlaufe eurer vielen vergangenen Leben als auch besonders im Hinblick auf diese gegenwärtige Inkarnation in diesem kritischen Augenblick innerhalb der Geschichte der Erde gelernt habt. Ihr alle seid Christus im Zustand des Werdens.

Weihnachten ist nicht die Geburtszeit des Nazareners, sondern derjenige Zeitpunkt, wo die höheren Lebewesen die Geburt des Christus-Lichtes feierlich begehen, ebenso wie ihr einen Geburtstag feiert. Dies ist eine Zeit, zu der ihr alle ganz besonders auf den Christus in euch selbst achten solltet. Dies ist eine Zeit, sich ins Gedächtnis zu rufen, daß der Christus in euch gegenwärtig ist und daß ihr durch ihn diese Erde und euer innerstes Sein verändert werdet. Welche Bedeutung hat der Christus für euch, wenn ihr einmal der allgemein verbreiteten Weihnachtsgeschichte entwachsen seid und sie aufgegeben habt? Was bedeutet der Christus für euch, die ihr alte Seelen seid, wenn euch einmal aufgezeigt worden ist, daß Weihnachten nicht das ist, wozu es die Kirchen erklären, daß sich der Christus bereits Tausende von Jahren, bevor an die christliche Religion überhaupt nur gedacht wurde, manifestiert hat und noch viele weitere Jahre nach dem Verschwinden der christlichen Religion existieren wird? Wie viele von euch haben nach innen geschaut, um dort das Licht des Christus wahrzunehmen? Wie viele von euch haben erkannt, daß das Christus-Licht das einzige Licht verkörpert, dem ihr folgen könnt, um damit gleichzeitig euch selbst und diese Erde, auf welcher ihr lebt, in ihrer Evolution weiterzubringen?

Seid ihr euch dessen bewußt, daß das Christus-Licht allein auf der Erde leuchtet? Wißt ihr, daß es eine Zeit auf dieser Erde gab, wo das Christus-Licht noch nicht existierte, weil es nicht notwendig war? Erst nach vielen Zeitaltern der Evolution, nachdem der Mensch auf dieser Erde mit der göttlichen Gabe der freien Wahl wiedergeboren worden war, die zu seinem allmählichen Fall und Niedergang führte, wurde das Christus-Licht von eurem Schöpfer auf diese Erde herabgesandt. Ist euch bewußt, daß die anderen Planeten innerhalb dieses Sonnenkörpers den Christus nicht kennen? Darin ist sicherlich die Bedeutung jener drei Weisen in der Weihnachtsgeschichte zu sehen, denn als sie zur Geburt des Christus erschienen, sind sie nicht nur gekommen, damit sie ihm ihre Verehrung bezeugten, sondern auch, um ihn zu betrachten, denn sie hatten den Christus zuvor noch nicht gesehen. Seid ihr euch im klaren darüber, daß sich die Wesen auf den drei Hauptplaneten eures Sonnenkörpers, woher jene Weisen gekommen waren, bis zu ihrer jeweiligen Evolutionsstufe entwickeln konnten, ohne daß sie den Christus kannten und seine Kraft nutzen konnten? Die Weisen brachten Geschenke von Gold, Weihrauch und Myrrhe mit sich, die symbolisch für die Gaben ihrer drei planetarischen Kräfte standen: Wahrheit, Liebe und Harmonie. Sie kamen, um den Christus hier auf Erden willkommen zu heißen.

Besinnt euch darauf, daß das Christus-Licht in euch die höchste Gabe eures Schöpfers an euch ist, denn es ist ein Teil von ihm selbst. Es ist etwas, was der Mensch aufgrund der Natur seines Wesens und seiner schicksalhaften Bestimmung innerhalb der Evolutionsspirale dieses Sonnenkörpers als offensichtliches Vorrecht erhalten hat, denn die Erschaffung der Erde und des Menschen, der auf ihr lebt, nimmt eine besondere Bedeutung ein. Jeder von euch ist in Nachahmung, als Ebenbild eures Schöpfers erschaffen worden, und daher seid ihr Götter im Zustand des Werdens. Ihr tragt in euch die Fähigkeit, euch eines Tages zu einem Gott, zu einer Sonne zu entwickeln, um dann euer Licht über einen ebenso großen Körper wie diesen Sonnenkörper erstrahlen zu lassen und über das Wachstum und die Evolution eures eigenen Seins genauso zu wachen wie nun euer eigener Schöpfer, dessen Geist der Sonne innewohnt. Daher stellt ihr eine sehr große Besonderheit innerhalb des Sonnenkörpers dar, in welchem ihr lebt. Eure Inkarnation in physischer Form auf der Erde bedeutet ein ausgesprochenes Vorrecht, doch so viele betrachten diese Schule des Lebens gedankenlos als eintönige Mühsal, als harte Arbeit mit nur geringer Belohnung, und haben nicht das große Vorrecht erkannt, das ihnen gewährt worden ist: die Erfahrung des Christus-Ausdrucks in physischer Form zu machen.

Der Christus des Wassermann-Zeitalters wird in einer diesem Zeitalter entsprechenden Form erscheinen. In der kataklystischen Veränderung am Ende dieses Jahrhunderts wird der Mensch die Form seines physischen Körpers verändern, und ebenso wird sich die Form des Christus wandeln. Zum gegenwärtigen Zeitpunkt existieren innerhalb dieses Sonnenkörpers die Seinsessenzen oder Lebenskeime zweier Planeten: Der eine befindet sich im Bereich der Aura der Sonne, der andere innerhalb der Satellitenringe des Saturn – desjenigen Planeten, den der Mensch manchmal als »Satan« versteht, der jedoch nicht der schädliche, sondern der prüfende Planet ist und der die Sonne in vollkommenem Gleichgewicht und regelmäßiger Bewegung hält. Zum richtigen Zeitpunkt und zur Erfüllung des himmlischen Planes, sowohl von jenem Wesen, das ihr Gott nennt, als auch von Wesenheiten oder Kräften außerhalb dieses Sonnenkörpers, werden diese Lebensessenzen physische Form annehmen und zu Planeten werden. Wenn der Planet im Bereich der Saturnringe zur Entstehung kommt, so wird dies zur Freisetzung des Drucks von Saturn auf das Sonnensystem führen, und dann wird Saturn nicht mehr der prüfende und beschränkende Planet sein. Nachdem sich die Erde auf ihrer Achse aufgerichtet hat, wird sich Saturn im Gleichgewicht mit der Sonne befinden, und gemeinsam werden sie eine vollkommene Dreiheit bilden; und in dieser Dreiheit von Liebe, Kreativität und Weisheit, welche von diesen drei Aspekten ausströmen, wird die Erde ihren tausendjährigen Frieden erfahren.

Nachdem Saturn seinen Planeten hat sichtbar werden lassen, wird die Sonne ihren Planeten in eine Umlaufbahn bringen, und dies wird gewissermaßen der Sohn der Sonne sein. Diese beiden Planeten, der männliche und der weibliche, der positive und der negative, werden die Natur des Lebens auf dieser Erde verändern. Dann wird der Christus erneut erscheinen, doch wird er sich nicht, wie im Falle des Nazareners, in einem Manne begründen und beispielhaft verkörpern, sondern in der vollkommenen Einheit eines Mannes und einer Frau, welche die Führer eines neuen Menschengeschlechtes auf Erden sein werden. Ihr werdet daher einen neuen Aspekt des Christus erfahren, einen Aspekt, der euer Leben auf äußerst radikale Weise verändern wird, denn die Seite des Teuflischen, der Aspekt der Prüfung, wird nicht mehr auf der Erde gegenwärtig sein. Der Mensch wird nicht mehr Herr der Einflüsse werden müssen, unter denen er jetzt um seine Weiterentwicklung kämpft und zu denen alle Unruhen, Schmerzen, Disharmonie und Zerstörung gehören, die zum gegenwärtigen Zeitpunkt auf der Erde vorherrschend sind. Er wird sich in dieses neue Zeitalter des Christus fortbewegt haben. Sein Körper wird sich verändert, er wird seine Sinnesfähigkeiten erweitert haben; er wird das Leben jenseits des Physischen, so wie er es heute kennt, wahrnehmen können und auch den Christus in einer anderen Form sehen, die über die physische Ebene hinausgeht. Er wird zu einem tieferen Verständnis des Christus in sich selbst geführt werden.

Alles dies wird jedoch nicht möglich sein, bevor ihr nicht den Christus in euch erweckt habt, damit ihr, wenn sich diese große Erhebung der Erde ereignet, wenn sich die Erde auf ihrer Achse bewegt, wenn sich das Christus-Licht in euch verändert, auch zu dieser Veränderung bereit sein werdet. Das Christus-Licht sollte diejenige Kraft sein, die eurem Leben seine Motivation gibt. Wenn ihr dieses Licht annehmt, wenn ihr diese Kraft euer gesamtes Sein bestimmen laßt, dann werden euch die Kräfte des Kosmos zufließen, dann wird euch das Recht zukommen, Gebrauch von den natürlichen Gesetzen des Universums zu machen und, wie der Nazarener, »Wunder« auszuführen. Ihr werdet die Gabe der Prophezeiung, die Fähigkeit zur Erkenntnis außerhalb des irdischen Bereiches, die Vereinigung des Lebens mit unsichtbaren Welten erlangen. Alles dies wartet in den kommenden Jahren auf euch, doch kann es nur eine solche Form erreichen, die vorbereitet ist; es kann nur zu jenen gelangen, die den Christus wirklich erschaut und die wahre Bedeutung von Dienen, von Liebe, von Harmonie und gutem Willen erkannt haben.